그대 가슴속의
꽃을 피워라 I

The Tantra Experience

Copyright © 2001 by Osho International Foundation, Switzerland. www.osho.com
OSHO is a registered trademark of Osho International Foundation,
used under license.
Korean Translation Copyright © 2011 by Sodam&Taeil Publishing Co., Ltd.
This Korean edition was published by arrangement with Osho International Foundation,
Switzerland through Best Literary & Rights Agency, Korea.
All rights reserved.

이 책의 한국어판 저작권은 베스트 에이전시를 통한 원저작자와의 독점 계약으로 (주)태일소담에서 소유합니다. 신저작권법에 의하여 한국 내에서 보호를 받는 저작물이므로 무단전재와 무단복제를 금합니다.

그대 가슴속의
꽃을 피워라 Ⅰ

The Tantra Experience

오쇼 강의 | 이경옥 옮김

태일출판사

옮긴이 이경옥(Prem Merudevi)

서울에서 태어났다. 1980년 요가를 시작으로 명상과 비파사나, 선(禪), 기독교 신비주의에 관심을 갖고 국내외의 여러 선지식과 수련단체를 통해 공부했으며, 1987년 인도의 오쇼 아쉬람에서 산야스에 입문한 후 10여 년간 명상센터를 운영했다. 그리고 지금은 삶 속에서의 명상과, 의식 확장 및 신념을 다루는 Belief Consultant(아봐타 마스터)로 활동하고 있다. 옮긴 책으로는 『말 없는 자의 말』, 『42장경』, 『법의 연꽃:이꾸』 등이 있다.

21세기를 사는 지혜의 서 11

그대 가슴속의 꽃을 피워라 I
The Tantra Experience

펴낸날 | 2012년 3월 30일 중판 1쇄

지은이 | 오쇼
옮긴이 | 이경옥
펴낸이 | 이태권
펴낸곳 | (주)태일소담
       서울시 성북구 성북동 178-2 (우)136-020
       전화 | 745-8566~7 팩스 | 747-3238
       e-mail | sodam@dreamsodam.co.kr
       등록번호 | 제2-42호(1979년 11월 14일)
       홈페이지 | www.dreamsodam.co.kr

ISBN 978-89-8151-181-4 04150
     978-89-8151-170-8 (세트)

- 책값은 뒤표지에 있습니다.
- 잘못된 책은 구입하신 곳에서 교환해드립니다.

Spontaneous discourses
given by Osho
to disciples and friends
in Chuang Tzu Auditorium,
Poona, India.

이 강의는
인도 푸나의 장자 홀에서
오쇼가 그의 제자와
친구들에게 한 것이다.

옮긴이의 말

　오쇼는 참 독특한 성자이다. 보통, 성자는 그저 자비롭고 친절하고 고귀한 말씀만 하시는 이미지로 비추이기 일쑤이나, 오쇼는 무엇이든 거침이 없고 어떤 의문이든 명확하게 밝혀준다. 그러면서 늘 전체성과 지금 여기를 강조한다. 어느 한쪽으로 치우치거나 억압하지 않고 전체를 수용하고 통합하며, 궁극의 해방으로 나아가라고.
　그러기에 탄트라의 메시지는 오쇼를 통해 더욱 빛을 발한다.
　탄트라는 무엇인가? 오쇼는 말한다.

　"그것은 의식의 확장을 의미한다. 그대가 최상으로 확장되어 그대와 존재의 경계선에 나뉘지 않은, 하나가 된 상태이다. 그대가 전체가 될 때, 전체와 하나가 될 때, 그대가 이 우주만큼 광대해질 때, 그대가 모든 것을 품을 때, 그대가 이 우주적 확장을 가질 때 작업은 끝난다. 그대는 집에 돌아왔다. 이것이 탄트라의 목적이다."

　늘 이분법적인 사고에 길들어 있는 우리의 마음은 또다시 한계 짓고 나누고 의심한다. 특히 성과 사랑은 오랜 세월 동안 욕망과 좌절의 뿌리가 되어온 아주 민감한 부분이다. 강의와 강의 사이에 나오는 질문들은 우리가 특히 혼동하기 쉬운, 왜곡하기 쉬운 부분으로써 오쇼의 명쾌하고 과학적인 대답은 성과 사랑과 영성의 전체적이고 유기적인 시각을 열어준다.
　탄트라는 말한다.

　"이제 이분법적인 태도들은 더 이상 인간의 마음을 붙잡을 수 없다. 그런 이분법적인 태도들은 수많은 세월 동안 인간을 불구자로 만들고 인간에게 죄의식을 심어왔다. 그런 태도는 인간을 부자유스럽게 만들었고 죄인으로 만들었다. 그리고 인간을 행복하게 해주지 못했을 뿐 아니라 오히려 몹시 불행하게까지 했다. 그것은 모든 것을 부정해왔다. 음식에서 성, 관계에서 우정에 이르기까지 모든 것을 비난했다. 사랑을 비난하고 육체를 비난하고 마음을 비난하며, 그대가 서 있을 수 있는 공간은 조금도 남겨두지 않았다. 그런 태도들로 인해 모든 것을 빼앗긴 인간은 그저 허공에 매달려 있을 뿐이다. 그저 매달려 있을 뿐이다. 이러한 상태는 더 이상 묵인될 수 없다."

    이 통쾌한 통찰은 편견과 왜곡된 관념으로 인해 어두운 지하 창고 속에 갇혀 있던, 그래서 우리가 빛을 향해 한 발 내딛을 때마다 뒤에서 끌어당기던 실체들을 햇빛에 들추어낸다. 그럼으로써 투쟁과 억압 대신에 이해와 조화의, 분리와 단절 대신에 어우러짐과 사랑의 길을 제시한다. 어느 극단으로 치우치지 않은 중도를 통해, 또 어떤 것으로 덧씌우지 않는 있는 그대로의 모습을 통하여 바로 지금 여기에서 궁극의 자유, 니르바나를 경험하는 것이다.
    그러나 이 길은 열린 마음과 용기, 매 순간 깨어 있음을 필요로 한다. 길은 우리 앞에 활짝 펼쳐져 있지만 그 길을 걸어가는 것은 어디까지나 우리 자신의 몫이므로.

    『그대 가슴속의 꽃을 피워라』는 특히 내가 네팔의 히말라야 코뮨에 머물렀던 시절 감명 깊게 읽었던 책으로, 이제 그 가르침과 감동을 많은 사람들과 함께 나눌 수 있게 되어 기쁘다. 내가 내면의 세계에 눈뜰 무렵 신선한 충격으로 다가와 내 삶의 여정에 비와 햇빛이 되어준 것처럼 탄트라의 지혜가 많은 분들의 가슴에 단비가 되어주길 바라며 두 손 모은다.

그런데 어디선가 빙그레 웃으며 속삭이는 오쇼의 장난기 어린 목소리,
"너무 말이 많다. 그냥 네 삶을 살아라…… 그냥!"

청량한 가을밤
둥근달 하나,
온 누리에 번지는
미소…….

이경옥

차례

하나를 향해 · 12

거위는 나왔다 · 52

이 꿀은 그대의 것 · 92

사랑은 죽음이다 · 132

인간은 신화 · 168

나는 파괴자다 · 210

진리는 결코 성스럽지도 속스럽지도 않다 · 252

사랑에 진실하라 · 292

마음은 그 자체로 티 없이 순수하다 · 332

힝글 데 지, 비피티 쟁 댕 · 370

1

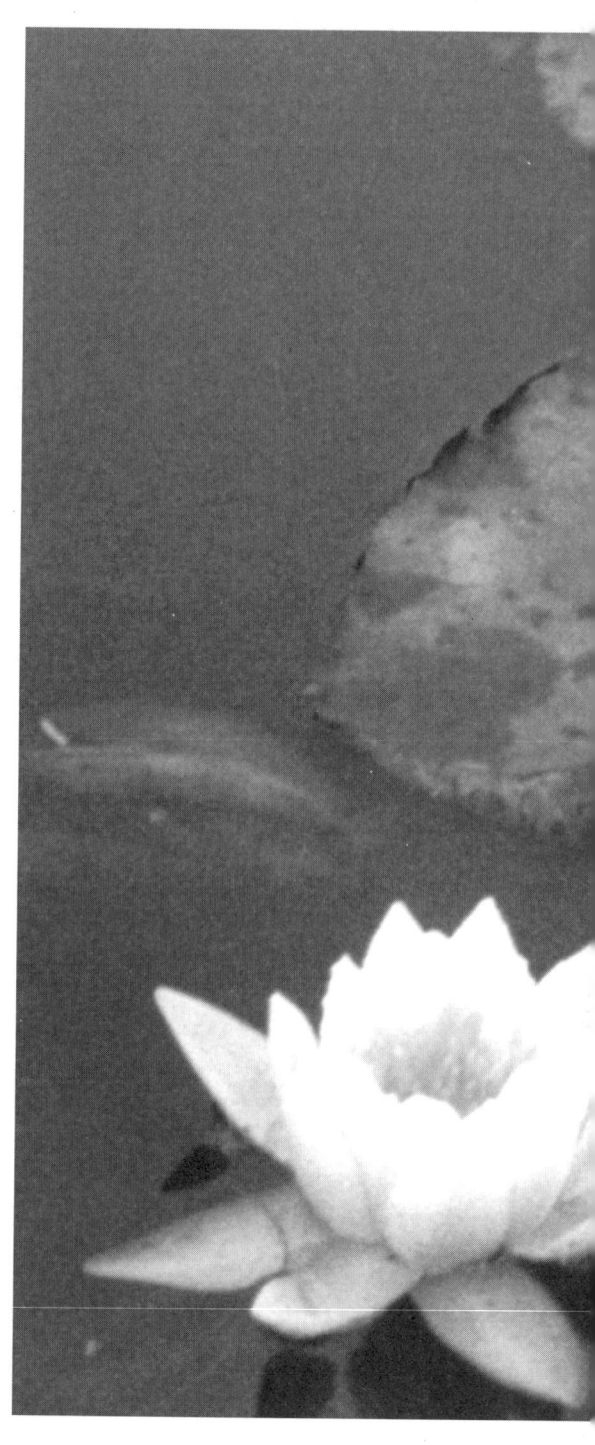

하나를
향해

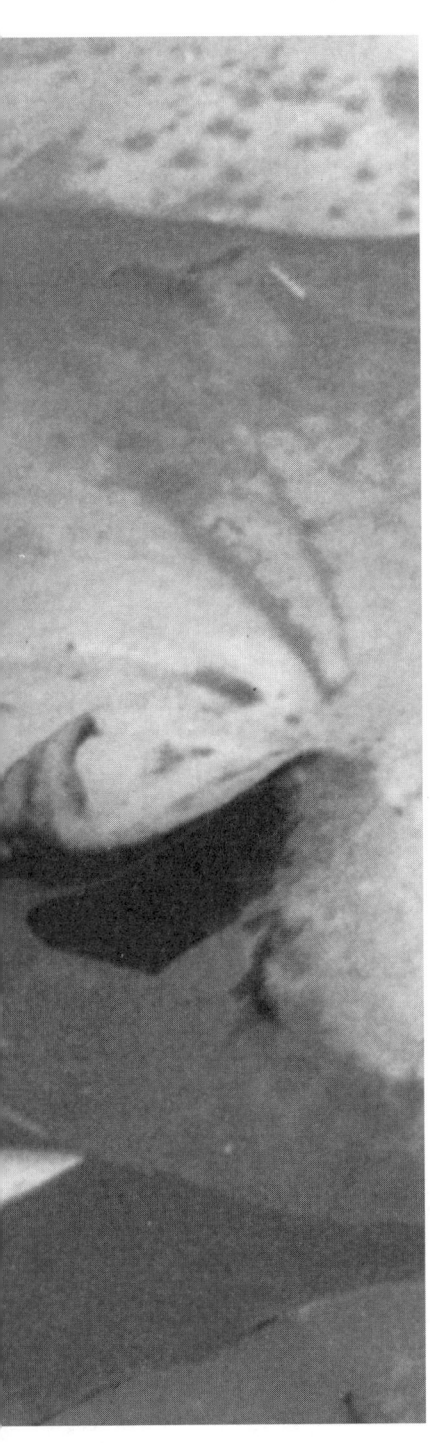

왕을 위한 사라하의 노래

거룩하신 문수보살에게 경배하나이다.
유한성을 정복하신 분에게 예경하나이다.

고요한 수면 위에 바람이 휘몰아치면
물결이 흩어지듯이
왕은 한 사람인 사라하를
여러 사람으로 생각하네.

사팔눈의 어리석은 자에게
하나의 등불이 두 개로 보이누나.
보이는 것과 보는 자는 둘이 아닌데
아! 마음의 작용으로 인하여
둘로 나뉘어 보이나니.

집 안에 램프가 켜져 있는데도
눈먼 자는 어둠 속에서 사네.
자연스러움이
가까이에서 모든 것을 에워싸고 있건만
미혹된 마음이 보기엔
항상 멀기만 하다.

숱한 강들이 있을지라도
바다에서 강들은 하나이다.
수많은 거짓이 있을지라도
하나의 진실이 그 모든 것을 정복하리라.
하나의 태양이 떠오르면
어둠이 아무리 깊을지라도
소멸되리라.

고타마 붓다는 지상에 존재했던 스승 가운데 가장 위대한 스승이다. 그리스도 또한 위대한 스승이고 크리슈나, 마하비라, 모하메드도 위대한 스승이며 그 외에 많은 위대한 스승이 있음에도 붓다는 가장 위대한 스승이다. 그것은 붓다가 성취한 깨달음이 다른 사람의 깨달음보다 더 위대해서가 아니다. 깨달음에는 더하고 덜한 것이 없다. 붓다는 마하비라, 그리스도, 짜라투스투라, 노자와 똑같은 의식에 도달했다. 붓다가 가장 위대한 스승이라는 것은 한 각자(覺者)가 다른 각자보다 더 많이 깨달았다는 얘기가 아니다. 그러나 스승이라는 측면에 있어서는 그 누구도 붓다에게 견줄 수 없다. 그것은 붓다를 통하여 무수한 사람들이 깨달음을 얻었기 때문이다.

그것은 다른 스승에게서는 전례가 없는 일이다. 붓다의 맥(脈)은 가장 풍성한 맥이다. 그의 가문은 지금까지도 가장 창조적으로 번성하는 가문이다. 그는 수많은 가지를 드리운 커다란 나무와 같다. 가지마다 풍성하다. 가지마다 과실이 가득 달려 있다. 마하비라는 일정한 지역에 한정되고 말았고 크리슈나는 학자들의 수중에 떨어

져 빛을 잃었으며 그리스도는 성직자들에 의해 완전히 파괴되어, 많은 일들이 일어날 수 있었음에도 불구하고 그렇지 못했다. 붓다는 이 점에 있어 무척 운이 좋았다. 승려들이 가만 놔둬서도 아니고 학자들이 시도하지 않은 바 아니나, 붓다의 가르침은 훼손될 수 없는 형태로 구성되어 있었다. 그 가르침은 아직도 생생하다. 25세기가 지난 지금에도 여전히 많은 꽃들이 붓다의 나무에서 피어나고 있다. 봄이 오면 다시 향기를 퍼뜨리고 열매를 맺을 것이다.

사라하 역시 같은 나무의 열매이다. 사라하는 붓다보다 약 2세기 후에 태어났다. 그는 다른 가지로 내려온 붓다의 직계 맥(脈)에 속한다. 한 가지는 마하가섭에게서 보리달마로 내려가, 선(禪)을 탄생시켰다. 그 가지에서는 아직도 풍성한 꽃들이 피어나고 있다. 그리고 다른 가지는 붓다로부터 그의 아들인 라훌 바드라에게로 내려갔고 라훌 바드라에서 스리 기르티, 스리 기르티에서 사라하, 사라하로부터 나가르주나로 이어진다. 이것이 탄트라의 맥이다. 탄트라는 지금도 티벳에서 열매를 맺고 있다. 탄트라는 티벳을 변화시켰다. 보리달마가 선의 시조이듯이 사라하는 탄트라의 시조이다. 보리달마가 중국, 한국, 일본을 정복했듯이 사라하는 티벳을 정복했다.

사라하의 이 노래들은 참으로 아름답다. 그것들은 바로 탄트라의 토대이다. 그대는 먼저 삶을 향한 탄트라의 자세, 삶에 대한 탄트라의 비전을 이해해야 할 것이다. 탄트라의 가장 기본적인 점이면서 아주 급진적이고 반역적이며 근본적인 비전은, 세상은 더 낮거나 더 높은 것으로 나누어진 것이 아닌 한 덩어리라는 것이다. 높은 것과 낮은 것은 손을 맞잡고 있다. 높은 것은 낮은 것을 포함하고 낮은 것은 높은 것을 포함한다. 높은 것은 낮은 것 속에 숨어 있다. 따라서 낮은 것이 부정되거나 비난받거나 파괴되거나 죽임을 당해서는 안 된다. 낮은 것은 변형되어야 한다. 낮은 것은 위쪽으로 움직이도록 허용되어야 한다. 그러면 낮은 것은 높은 것이 된다. 악마와 신 사이에 다리가 이어질 수 있다. 악마는 가슴속 깊이 신성을 지니고 있다. 그 가슴이 한 번 작동하기 시작하면 악마는 신이 된다.

악마(devil)라는 말의 어원이 신성(divine)과 같은 것도 그 때문이다. 악마라는 말은 신성에서 비롯되었다. 악마란 아직 진화되지 않은 신이라는 뜻이다. 악마는 신성을 반대하지 않는다. 악마는 신성을 파괴하려 하지 않는다. 실은 악마는 신성을 찾으려 애쓰고 있다. 악마는 신성을 향한 도상에 있다. 악마는 적이 아니라 씨앗이다. 신성은 꽃이 만발한 나무이고 악마는 씨앗이다. 그러나 나무는 씨앗 속에 숨겨져 있다. 씨앗은 나무를 거부하지 않는다. 실제로 씨앗이 없다면 나무는 존재할 수 없다. 또한 나무도 씨앗을 거부하지 않는다. 둘은 절친한 친구이다. 둘은 함께 있다. 독물과 넥타는 같은 에너지의 양면성이다. 삶과 죽음도 마찬가지다. 모든 것이 그렇다. 낮과 밤, 사랑과 죽음, 성과 초의식이.

탄트라는 말한다.

"결코 아무것도 비난하지 마라. 비난하는 것은 어리석은 태도이다. 비난함으로써 그대는 낮은 것을 진화시켜 이루어낼 수 있는 것을 스스로 부정하는 것이다. 진흙을 비난하지 마라. 연꽃은 진흙 속에 숨어 있기 때문이다. 진흙을 연꽃을 만드는 데 사용하라. 물론 연꽃은 아직 진흙에서 나오지 않았지만 그것은 가능한 일이다. 창조적인 사람이나 종교적인 사람은 진흙이 그 연꽃을 해방시켜서 진흙에서 연꽃이 자유로워지도록 도울 것이다."

사라하는 탄트라 비전의 창시자이다. 탄트라의 비전은 더없이 중요하다. 인류역사의 현시점에서는 더욱더 그렇다. 지금은 새로운 인간이 태어나려고 몸부림치고 새로운 의식이 문을 두드리고 있기 때문이다. 그리고 미래는 탄트라의 것이 될 것이다. 이제 이 분법적인 태도들은 더 이상 인간의 마음을 붙잡을 수 없다. 그런 이분법적인 태도들은 수세기 동안 인간을 불구자로 만들고 인간에게 죄의식을 심어왔다. 그런 태도는 인간을 부자유스럽게 만들었고 죄인으로 만들었다. 그리고 인간을 행복하게 해주지 못했을 뿐 아니라 오히려 인간을 몹시 불행하게 만들었다. 그것은 모든 것을 부정해왔다. 음식에서 성에 이르기까지, 관계에서 우정에 이르기까지 모든 것을 비난했다. 사랑을 비난하고 육체를 비난하고 마음을 비난하며, 그대가 서 있을 수 있는 공간은 한 치도 남겨두지 않았다. 그런 태도들로 인해 모든 것을 빼앗긴 인간은 그저 허공에 매달려 있을 뿐이다. 그저 매달려 있을 뿐이다. 인간의 이러한 상태는 더 이상 묵인될 수 없다.

탄트라는 그대에게 새로운 전망을 줄 수 있다. 그런 까닭에 나는 사라하를 택했다. 사라하는 내가 가장 사랑하는 사람이다. 사라하에 대한 나의 애정은 오래된 것이다. 그대는 사라하의 이름을 들어본 적이 없을지도 모르지만 사라하는 인류에게 가장 커다란 은혜를 베푼 사람 중의 한 사람이다. 만약 내가 인류의 은인을 열 손가락으로 꼽는다면 사라하가 그 열 명 중의 한 사람이 될 것이다. 다섯 사람을 꼽을 때도 나는 사라하를 빠뜨릴 수 없을 것이다.

사라하의 노래로 들어가기 전에 그의 생애에 관한 몇 가지 이야기를 들려주겠다. 사라하는 비다르다(Vidardha)에서 태어났다. 비다르다는 마하라수트라의 지역으로서 푸나에서 아주 가까운 곳이다. 그는 마하팔라 왕이 통치하던 시절에 태어났다. 그는 마하팔라 왕의 궁정에서 살았던 매우 학식 있는 브라만의 아들이었다. 아버지를 따라 이 청년도 궁정에서 살았는데 그에게는 네 명의 형제가 있었다. 네 형제 모두 훌륭한 학자였으나 그중에서도 막내인 사라하가 가장 총명했다. 그의 이름은 전국에 퍼져갔고 마침내 왕은 그의 뛰어난 지성에 완전히 매료되었다. 그 네 형제 모두가 위대한 학자였지만 사라하에게는 비할 수 없었다.

그들은 장성했고, 네 명의 형제들은 결혼을 했다. 왕은 그의 딸을 사라하와 결혼시키고 싶어했으나 사라하는 극구 사양하며 산야신(구도자 ; 역주)이 되고 싶어했다. 왕은 상심했다. 왕은 사라하를 설득하려고 노력했다. 사라하는 참으로 기품 있고 지적이며 수려한 용모의 청년이었다. 그의 명성이 전국으로 퍼져나가 마하팔라 궁정까지 유명해진 것이다. 왕은 근심했다. 왕은 이 청년이 산야신이 되는 것을 원치 않았다. 왕은 그가 산야신이 되는 것을 막고 그에게 모든 안락을 주고 싶었다. 왕은 그를 위해 무엇이든 다 해주려고 했다. 하지만 왕은 사라하의 고집을 꺾을 수 없어 하는 수 없이 사라하가 산야신이 되도록 허락해야 했다. 사라하는 산야신이 됐고, 스리 기르티의 제자가 되었다.

스리 기르티는 붓다의 직계 맥이다. 고타마 붓다의 뒤를 그의 아들인 라훌 바드라가 잇고 바로 이 스리 기르티에 이른다. 붓다와의 사이에 단 두 명의 스승만이 있을 뿐이어서 사라하는 붓다로부터 별로 떨어지지 않았다. 나무는 여전히 푸르고 그 울림은 여전히 생생했을 것이다. 붓다가 막 떠난 그 자리는 분명 붓다의 향기로 가득 차 있었을 것이다.

왕은 충격을 받았다. 사라하는 브라만이었기 때문이다. 만일 그가 산야신이 되려 한다면 힌두 산야신이 되어야 마땅한데 불교 스승을 택한 것이다. 사라하의 가족들도 몹시 근심했다. 사실 그들은 모두 적이 되어 '그것은 옳지 않다'고 했다. 그리고 나서 사태는 더욱 악화되었는데, 이제 그 일에 대해 알아보자.

사라하의 원래 이름은 라훌이었다. 그의 아버지가 지어준 이름은 라훌인데 어떻게 해서 그의 이름이 사라하가 되었는지 알아보자. 그가 스리 기르티에게 갔을 때 스리 기르티의 맨처음 말은 "베다와 네가 배운 모든 것들, 그 모든 넌센스들을 잊어라"였다. 그것은 쉬운 일이 아니었으나 사라하는 기꺼이 할 준비가 되어 있었다. 스리 기르티의 현존의 어떤 것이 사라하를 끌어당겼다. 스리 기르티는 엄청난 자석이었다. 사라하는 그가 배운 모든 것을 버렸다. 그는 다시 무지해졌다.

이것은 가장 위대한 포기 중의 하나이다. 재산을 포기하기는 쉽다. 거대한 왕국을 포기하기는 쉽다. 하지만 지식을 포기하기는 세상에서 가장 어려운 일 중의 하나이다. 무엇보다도 무슨 수로 포기할 것인가? 지식은 그대 안에 있는 것인데. 왕국에서 도망가기는 쉽다. 히말라야로 도망가기는 쉽다. 재산은 분배할 수 있다. 하지만 어떻게 지식을 포기하겠는가? 다시금 무지해진다는 것은 굉장히 괴로운 일이다. 다시 무지해진다는 것, 다시 어린아이와 같이 순진해진다는 것은 가장 위대한 고행이다.

하지만 사라하는 결심했고, 여러 해가 흘러 마침내 자신이 알았던 모든 지식을 지워버렸다. 사라하는 위대한 명상가가 되었다. 위대한 학자로서 명성을 날렸던 것처럼 이제 그의 이름은 위대한 명상가로서 퍼져나가기 시작했다. 사람들은 싱그러운 풀잎처럼, 풀잎에 달린 아침이슬처럼 더없이 순수해진 이 젊은이와 만나기 위해 멀리에서부터 몰려왔다.

그러던 어느 날 명상을 하던 사라하는 문득 비전을, 그의 진정한 스승이 될 한 여자가 시장에 있는 비전을 보았다. 스리 기르티는 그를 길에 들여놓았을 뿐이고 진정한 가르침은 여성으로부터 오게 될 것이었다.

자, 이것은 반드시 이해해야 한다. 남성우월적이지 않았던 것은 탄트라뿐이다. 실제, 탄트라로 들어가려면 지혜로운 여성의 협력이 필요하다. 지혜로운 여성이 없이는 탄트라의 복잡미묘한 세계 속으로 들어갈 수 없을 것이다. 사라하는 한 여성이 시장 속에 있는 비전을 보았다. 첫 번째는 여성이고, 두 번째는 시장 속이다. 탄트라는 시장 속에서, 질퍽한 삶 속에서 무르익는다. 탄트라는 부정적 자세가 아닌 순수 긍정이다.

사라하는 일어섰다. 스리 기르티가 물었다.

"어디로 가려고 그러느냐?"

"스승님은 제게 길을 보여주었습니다. 저의 지식을 걷어냈으니 일의 반은 스승님이 하셨습니다. 저를 백지로 만드셨죠. 이제 나머지에 대한 준비가 됐습니다."

미소 띤 스리 기르티의 축복을 받으며 사라하는 떠나갔다. 시장으로 갔을 때 사라하는 깜짝 놀랐다. 비전에서 본 여인이 정말로 있었던 것이다. 여인은 화살을 만들고 있었다. 여인은 화살을 만드는 여자였다.

탄트라에 대해서 기억해야 할 세 번째는 너무 세련되고 문명화된 사람은 탄트라를 통해 변형될 가능성이 적다는 사실이다. 탄트라는 덜 문명화되고 보다 원시적인 사람, 생명력이 넘치는 사람에게 가능성이 있다. 문명화될수록 그대는 더 플라스틱처럼 되고 인공적이 되며 지나치게 경직되어 땅속의 뿌리를 잃어버리게 된다. 그리고 진흙투성이의 세상을 겁내고 세상에서 떨어져 살며 마치 자신이 세상 사람이 아닌 척 꾸미기 시작한다.

탄트라는 말한다.

"참된 사람을 찾으려면 뿌리로 들어가야 한다."

따라서 탄트라는 말한다. "아직 문명화되지 않고 교육받지 않은 소박한 사람들은 더욱 살아 있고 생명력이 넘친다"고. 그것은 현대 심리학자들이 관찰한 바이기도 하다. 흑인은 미국인보다 더 생명력이 강하다. 그것이 미국인들의 두려움이다. 미국인들은 흑인들을 굉장히 겁낸다. 미국인들은 플라스틱처럼 되었고 흑인들은 생명력으로 넘치며 실제적이기 때문이다.

미국에서 일어나는 흑백간의 갈등은 실제로 흑백간의 갈등이 아니다. 그것은 플라스틱과 진짜의 갈등이다. 미국인들, 즉 백인들은 흑인들을 몹시 두려워하는데 그 두려움의 근본 원인은 만일 흑인들을 허용한다면 자기들의 여자를 잃을 것이라는 것이다. 흑인들은 훨씬 생기에 차 있으며 정력적이고 싱싱하다. 그들의 에너지는 보다 야생적이다. 자기의 여자를 잃는다는 것은 문명인들의 가장 큰 공포 중의 하나이다. 야생적인 사람들이 많으면 자기들의 여자를 지킬 수 없다는 사실을 그들은 잘 알고 있다.

탄트라는 말한다. "아직도 원시적인 사람들에게는 성장의 가능성이 있다"고.

그대는 잘못 성장했지만 그들은 아직 성장하지 않았기 때문에 바른 방향을 선택할 수 있는 것이다. 그들은 보다 많은 가능성을 가지고 있다. 그리고 그들은 돌이켜야 할 것이 없기에 곧장 나아갈 수 있다.

화살 만드는 여자는 비천한 여자다. 그런데 학식 있는 브라만이고 명성 있는 브라만이며 왕궁의 일원이었던 사라하가 화살 만드는 여자에게 간다는 것은 상징적이다. 배운 자는 생명력에게로 가야 한다. 플라스틱은 진짜에게로 가야 한다. 사라하는 이 젊은 여자, 생생하게 살아 있고 생기로 빛나는 이 여자가 화살대를 깎으면서 좌도 보지 않고 우도 보지 않으며 화살 만드는 데만 완전히 몰입되어 있는 것을 보았다. 사라하는 곧 그녀의 현존 속에서 범상치 않은 어떤 것을, 그가 한 번도 보지 못한 어떤 것을 느꼈다. 그의 스승인 스리 기르티조차도 이 여자의 현존 앞에서는 빛을 잃었다. 그녀에게는 그토록 싱싱한 어떤 것, 바로 근원에서 나오는 어떤 것이 있었다…

스리 기르티는 위대한 철학자였다. 그렇다, 그는 사라하에게 모든 지식을 버리라고 말했지만 그럼에도 그 자신은 여전히 지식인이었다. 그는 사라하에게 모든 베다와 경전의 지식을 버리라고 말했지만 그럼에도 그 자신은 여전히 자신의 경전과 자신의 베다들을 간직하고 있었다. 그가 비록 반(反)철학적이었다 해도 반철학은 철학의 일종이었다. 지금 여기 철학적이지도 반철학적이지도 않은, 철학이 무엇인지조차 모르는, 철학이나 사념의 세계는 알지도 못하며 그저 지복에 차 있는 한 여자가 있다. 그녀는 행위의 여자였고, 자신의 행동 속에 완전히 몰입되어 있었다.

사라하는 주의 깊게 지켜보았다. 화살이 준비되자 여자는 한쪽 눈은 감고 한쪽 눈은 뜬 채 보이지 않는 과녁을 겨냥하는 자세를 취했다. 사라하는 좀더 가까이 갔다… 거기 과녁은 없었다. 그녀는 그저 자세만 취하고 있을 뿐이었다. 그녀는 한쪽 눈은 감고 한쪽 눈은 뜬 채 미지의 과녁을 겨냥하고 있었다. 사라하는 뭔가 메시지를 느끼기 시작했다. 사라하는 이 자세가 상징적이라고 느꼈지만 그것이 무엇인지는 아직 애매하고 깜깜한 것이었다. 사라하는 거기에 뭔가 있다고 느꼈지만 그것이 무엇인지는 가늠할 수 없었다.

그래서 사라하는 여자에게 전문적으로 화살을 만드는 사람인지 물어보았다. 그러자 여자는 큰소리로 웃었다. 큰소리로 깔깔거리며 웃고 나서 말했다.

"바보 같은 브라만아! 베다는 버렸지만 붓다의 말 법구경 (Dhammapada)을 잡고 있구나. 쓰잘데없는 짓! 책을 바꾸고 철학을 바꿨을 뿐 바보스럽기는 매 한 가지!"

사라하는 충격을 받았다. 아무도 그에게 그런 식으로 말한 적이 없기 때문이다. 오직 문명화되지 않은 여성만이 그런 식으로 말할 수 있다. 그리고 그녀의 웃음은 조금도 문명의 때가 묻지 않고 원초적인, 그러면서도 아주 생생하게 살아 있는 것이었다. 그는 그녀에게 끌리는 걸 느꼈다. 그녀는 거대한 자석이었고 자신은 쇳조각에 지나지 않았다.

그리고 나서 여자가 말했다.

"이젠 불교도라고 생각하시나?"

그는 분명 불교 승려의 승복인 황색 가사를 입고 있었을 것이다. 그녀는 다시 웃으면서 말했다.

"붓다의 참뜻은 살아 있는 행동으로만 알 수 있을 뿐 말이나 책하고는 상관 없는 것. 질리지도 않았는가? 물리지도 않았단 말인가? 쓰잘데없는 것을 붙잡느라 시간낭비 마시라. 자, 나를 따라오시라."

그때 교감과 같은 어떤 것이 일어났다. 이전에는 그런 느낌을 가져본 적이 없었다. 그 순간 사라하에게 그녀가 한 행위의 영적인 의미가 새벽빛처럼 떠올랐다. 좌로 치우치지도 않고 우로 치우치지도 않으면서 사라하는 여자를 보았다. 바로 중도(中道)에 서서 본 것이다.

처음으로 사라하는 극단을 피하고 중도에 존재하라는 붓다의 말을 이해했다. 사라하는 처음에는 철학자였다가 다음 반(反)철학자가 되어 있었다. 한 극단에서 반대의 극단으로 옮겨온 것이다. 처음에 어떤 것을 숭배했다면 이제는 정반대의 것을 숭배하고 있는 것이다. 그러나 무엇을 숭배한다는 점에 있어서는 전과 다름없었다. 그대는 좌에서 우로, 우에서 좌로 움직이지만 그것은 아무 소용이 없다. 그대는 좌측에서 우측으로, 우측에서 좌측으로 움직이는 시계추와 같아질 것이다.

그대는 관찰해본 적이 있는가? 시계추가 우측으로 가려 할 때는 다시 좌측으로 가려는 힘을 모으고 있다는 사실을. 시계추가 좌로 갈 때는 다시 우로 가려는 힘을 모으고 있는 것이다. 시계는 계속되고… 세상도 계속된다. 중심에 있으라는 것은 추가 우측도 아니고 좌측도 아닌 중앙에 있으라는 뜻이다. 그때 시계는 멈춘다. 그때 세상은 멈춘다. 그때 시간은 사라진다. 그때 영원성이 존재한다…

그는 그 말을 스리 기르티로부터 수도 없이 들었다. 그 말에 대해 읽고 숙고하고 사색했었다. 중도에 존재하는 것이 옳다며 사람들과 논쟁도 했었다. 그러나 처음으로 그는 행위 속에서 그것을 보았다. 그 여인은 우측도 보지 않고 좌측도 보지 않았다. 그녀는 바로 중심을 보고 있었다. 중심에 초점이 있었다.

중심은 초월이 일어나는 지점이다. 거기에 대해 생각하고 사색하라. 삶 속에서 그것을 지켜보라. 인간은 돈을 쫓는다. 인간은 미쳐 있다. 돈에 미쳐 있다. 돈만이 유일한 신이다…

한 여자가 다른 여자에게 물었다.
"왜 남자친구를 떠났지? 무슨 일이 있었어? 나는 너희가 약혼한 다음 결혼했을 거라고 생각했는데 어떻게 된 거야?"
여자가 대답했다.
"우린 종교가 달라. 그게 우리 사이가 깨진 이유야."
물어보던 여자는 당황했는데, 그녀가 알기로 두 사람 다 가톨릭 신자였기 때문이다.
"종교가 다르다는 게 무슨 말이야?"
여자가 대답했다.

"나는 돈을 신앙하는데 그는 파산했어."

돈만을 유일한 신(神)으로 생각하는 사람들이 있다. 어느 날인가 신은 기대를 저버린다. 그건 그럴 수밖에 없다. 돈은 신이 될 수 없다. 그것은 그대가 투사한 환영이었다. 어느 날 그대는 돈 속에 신이 없다는 것을, 그 속에는 아무것도 없으며 자신이 인생을 낭비해 왔다는 것을 알게 되는 지점에 이르며, 그때는 돈에서 돌아선다. 그때는 돈을 반대하고 적대하는 자세를 취하며 돈을 떠나 돈은 건드리지도 않는다. 그것은 여전히 돈에 사로잡혀 있는 것이다. 지금 돈을 반대하는 것도 여전히 돈에 사로잡혀 있는 것이다. 왼쪽에서 오른쪽으로 이동했지만 의식의 중심은 여전히 돈에 있다.

하나의 욕망을 다른 욕망으로 바꿀 수 있다. 그대는 굉장히 세속적이었다가 어느 날은 또 다른 면에서 세속적이 될 수 있다. 그대는 여전히 마찬가지다. 여전히 병적이다.

붓다는 말한다.

"세속적이 되는 것도 세속적인 것이고 비(非)세속적이 되는 것 또한 세속적인 것이다. 돈을 위해 존재하는 것은 돈을 쫓아 미치는 것이고 돈을 부정하는 것 또한 돈을 쫓아 미치는 것이다. 권력을 구하는 것도 어리석지만 그것으로부터 도망가는 것 또한 어리석다."

바로 중도에 존재하는 것, 그것이 지혜이다.

사라하는 거기서 처음으로 중도를 실제로 보았다. 그것은 스리 기르티에게서도 보지 못했던 것이다. 중도가, 실제가 거기 있었던 것이다. 그리고 그 여자가 옳았다. 그 여자는 말했다.

"당신은 오직 살아 있는 행동을 통해서만 배울 수 있다."

그리고 여자는 자신을 지켜보며 서 있는 사라하를 쳐다도 안 볼 만큼 완전히 몰입되어 있었다. 그녀는 그토록 철저히 몰입해 있었고 전적인 행위 속에 있었다. 그것은 한편 불교의 가르침인 '전적인 행위는 행위로부터 자유롭게 한다'를 뜻하는 것이다.

카르마(業)는 행위 안에 온전히 있지 않았기 때문에 생기는 것이다. 행위 안에 온전히 있었다면 행위는 아무 흔적도 남기지 않는다. 무엇이든 전적으로 행위할 때 그 행위는 종결된다. 그때는 그것에 대한 심리적인 기억이 남지 않을 것이다. 불완전하게 행위할 때 행위는 계속 달라붙어 있을 것이다. 그것은 잔존물(殘存物)이다. 마음은 계속해서 행위를 완결하고 싶어한다. 마음은 굉장히 완성을 원한다. 행위가 완성되면 마음은 떠나간다. 그대가 늘 전적으로 행위한다면 어느 날 문득 무심(無心)을 발견할 것이다. 마음은 모든 미완성된 행위의 축적된 과거이다.

그대는 어떤 여자와 사랑하고 싶었으나 사랑하지 못한 채 여자는 죽었다. 그대는 아버지에게 그대가 한 모든 것들을, 그를 상심시킨 모든 것들을 용서받고 싶었으나 아버지는 죽었다. 이제 찌꺼기가 남을 것이다. 이제는 유령이… 지금 그대는 무력하다. 어찌하겠는가? 누구에게 간단 말인가? 그리고 어떻게 용서를 구하는가? 그대는 친구에게 다정히 대하고 싶었지만 그대가 닫혀 있었기 때문에 그럴 수 없었다. 이제 친구는 없다. 그것은 상처다. 그대는 죄의식을 느끼기 시작한다. 그대는 후회한다. 이런 식으로 일은 계속된다.

어떤 행위든 전적으로 할 때는 그것으로부터 자유로워지고 뒤돌아보지 않게 된다. 참 사람은 결코 뒤돌아보지 않는다. 거기 봐야 할 아무것도 남아 있지 않기 때문이다. 참 사람에겐 잔존물이 없다. 그는 단순하게 나아간다. 그의 눈은 과거의 구름이 없이 명료하다. 그의 시야엔 구름이 끼어 있지 않다. 그 명료함 속에서 인간은 진리를 알게 된다.

　그대는 모든 미완성된 행위들 때문에 그토록 걱정하는 것이다. 그대는 고물창고 같다. 하나의 미완성품은 여기에 있고 또 다른 미완성품은 저기에 있다. 아무것도 완성되지 못했다. 그것을 지켜본 적이 있는가? 그대는 도대체 어떤 것이라도 완성해본 적이 있는가? 아니면 모든 것이 그저 미완성인 채 남아 있는가? 그대는 하던 것을 옆으로 제쳐두고 다른 것을 시작하고는 그것을 완성하기도 전에 또 다른 것을 시작한다. 그대는 점점 더 짐만 지게 된다. 이것이 카르마라는 것이다. 카르마는 완성되지 못한 행위를 의미한다.

　전체적이 돼라… 그러면 그대는 자유로우리라.

　그 여자는 전적으로 몰입해 있었다. 그 때문에 그녀는 그토록 빛나고 아름다워 보였던 것이다. 그녀는 평범한 여자였지만 그 아름다움은 지상의 것이 아니었다. 그 아름다움은 전적인 몰입에서 왔다. 그 아름다움은 그녀가 극단주의자가 아니라는 데서 왔다. 그 아름다움은 그녀가 중도에 있었다는 데서, 균형을 이루었다는 데서 왔다. 균형에는 우아함이 있다. 사라하는 처음으로 육체만이 아닌 영성의 아름다움을 지닌 여자를 만났다. 자연스레 헌신이 일어났다. 내맡김이 일어났다.

　전적인 몰입, 그녀는 하고 있는 일에 완전히 몰입해 있었다… 사라하는 명상이 이런 것임을 처음으로 이해했다. 명상이란 일정 시간 앉아서 만트라나 반복하는 그런 것이 아니다. 명상이란 교회나 절이나 모스크에 가는 것이 아니다. 명상은 삶 속에 존재한다. 사소한 일을 하되 모든 행동 속에서 가장 심원한 것이 드러나도록 그렇게 몰입하는 것이다. 사라하는 처음으로 명상을 이해했다. 사라하는 명상을 해왔으나, 열심히 명상을 해왔으나 처음으로 명상이 거기에 살아 있었다. 그는 그것을 느낄 수 있었고 만져볼 수 있었다. 그것을 거의 만져볼 수 있었다. 그때 그는 한쪽 눈은 감고 한쪽 눈은 뜨고 있는 상징을, 불교적 상징을 상기했다.

붓다는 말한다. 심리학자들은 이제 붓다에게 동의할 것이다. 2천5백 년이나 지나 심리학은 붓다가 말한 그 지점에 이르렀다. 붓다는 마음의 반은 이성이고 반은 직관이라고 말한다. 마음은 두 부분, 두 범주로 나뉘어 있다. 왼쪽 부분은 이성, 논리, 추론적인 생각, 분석, 철학, 신학… 말, 말, 말, 그리고 논쟁과 삼단논법, 추론의 기능이다. 왼쪽 마음은 아리스토텔레스적이다. 오른쪽 마음은 직관적이고 시적인 영감, 비전, 선험적인 의식(a priori consciousness), 선험적인 각성(a priori awareness)이다. 그것은 논쟁이 아니라 단순히 앎에 이르는 것이며 추론하는 것이 아니라 단순히 알아차리는 것이다. 그것이 선험적인 각성의 의미이다. 그것은 단순히 거기에 있다. 진리는 오른쪽 마음을 통해 알게 된다. 왼쪽 마음은 진리를 추론해왔다. 추론은 추론일 뿐 체험은 아니다.

문득 사라하는 여인이 한쪽 눈을 감고 있던 것을 깨달았다. 그녀는 이성과 논리의 눈을 감는 상징으로써 한쪽 눈을 감고 있었던 것이다. 그리고 사랑과 직관과 각성을 상징하는 한쪽 눈을 뜨고 있었다. 그런 다음 그는 그 자세를 상기했다.

미지(未知), 불가시(不可視)의 것을 겨냥하면서 우리는 미지를 아는, 알 수 없는 것을 아는 여행의 도상에 있다. 알 수 없는 것을 아는 것, 깨달을 수 없는 것을 깨닫는 것, 이를 수 없는 곳에 이르는 것, 그것이 진정한 앎이다. 도저히 실현 불가능한 것에 대한 이 열정이 사람을 종교적인 구도자로 만든다.

그렇다, 그것은 불가능하다. 그러나 불가능하다고 해서 그런 일이 일어나지 않는다는 의미는 아니다. 그대가 완전히 탈바꿈되지 않고는 그 일이 일어날 수 없다는 의미로 불가능하다는 것이다.

지금 그대로는 그 일이 일어날 수 없다. 하지만 다른 존재방식이 있다. 그대는 전적으로 새 사람이 될 수 있다… 그때 그 일은 일어난다. 그것은 새 사람에게만 가능한 일이다. 그래서 예수는 이렇게 말한 것이다.

"거듭나지 않고는 알 수 없으리라. 새 사람만이 그것을 알리라."

그대가 내게로 온다. 그대는 모를 테지만 나는 그대를 죽이지 않으면 안 된다. 나는 그대에게 철저히 위험한 사람이 되어 그대가 사라지게 해야 한다. 그때 새 사람이 태어나고 새 의식이 들어온다. 그대 안에는 결코 파괴될 수 없는 불멸의 것이 있기 때문이다. 그것은 아무도 파괴할 수 없다. 오직 파괴될 수 있는 것만이 파괴되고 파괴될 수 없는 것은 존재할 것이다. 그대가 그대 안에 있는 그 불멸의 요소에, 그 영원한 각성에 도달하는 때 그대는 새 사람 새 의식이 된다. 그것은 그 불가능을 통해 가능해지고 이룰 수 없는 것이 이루어진다.

따라서 사라하는 그 자세를 기억했다. 미지의 것, 불가시의 것, 알 수 없는 것, 하나—그것이 과녁이다—를 향해 겨냥하는 자세를. 어떻게 존재와 하나가 되는가? 비(非)이원성, 즉 주체와 대상이 사라진 곳, 나와 네가 사라진 곳, 그곳이 과녁이다.

『나와 너(I and Thou)』라고 하는 마르틴 부버(Martin Buber)의 아주 유명하고 위대한 책이 있다. 마르틴 부버는 기도의 체험이란 나-너의 체험이라고 말한다. 그가 옳다. 기도의 체험은 나-너의 체험이다. 신은 너(Thou)이고 그대는 나(I)로 남아서 문답을, 신과의 교감을 갖는다. 하지만 불교에는 기도란 게 없다. 불교는 더욱 높은 차원이다. 불교에서는 말한다.

"설령 나-너라는 관계라 해도 분리되어 있다는 점은 이전과 다름없다."

그대는 여전히 분리된 채로 있다. 서로 외칠 수는 있으나 교감은 없을 것이다. 교감은 오직 나-너라는 구별이 없을 때, 주체와 대상이 사라질 때, 나도 없고 너도 없으며 구하는 자도 구함도 없는 곳에… 일치와 조화 속에서 일어난다.

사라하는 이것을 깨달았다. 이 여인의 행동을 보면서 사라하는 진리를 깨달았다… 여인은 그를 사라하라 불렀다. 원래의 이름은 라훌이었지만 여인은 사라하라 불렀다. 사라하는 아름다운 낱말이다. 사라(sara)는 화살을 뜻하고 하(ha)는 쏘았다는 뜻이다. 사라하는 '화살을 쏜 자'를 의미한다. 여인의 행위가 상징하는 것과 그 상징적인 몸짓들을 사라하가 깨달은 순간, 여인이 주려고 하는 것, 여인이 보여주려고 하는 것을 읽고 사라하가 해독한 순간 그녀는 무진장 기뻤다. 그녀는 춤췄다. 그리고 그를 사라하라 부르며 말했다.

"오늘 이 시각부터는 사라하라 불리리라. 화살을 쏘았으니!"

사라하가 말했다.

"당신은 화살을 만드는 평범한 여인이 아닙니다. 당신이 화살을 만드는 평범한 여자라고 생각한 것에 대해 사과 드립니다. 미안합니다. 정말 미안합니다. 당신은 위대한 스승이고 나는 당신을 통해 다시 태어납니다. 어제까지의 나는 진정한 브라만이 아니었습니다. 오늘에서야 나는 진정한 브라만입니다. 당신은 나의 스승이고 나의 어머니이며 나에게 새로운 탄생을 주었습니다. 나는 더 이상 예전의 사람이 아닙니다. 그러니 나의 옛 이름을 버리고 새로운 이름을 주신 것이 옳습니다."

그대는 가끔 내게 묻는다.

"왜 새 이름을 주십니까?"

예전의 동일시를 버리고 과거를 잊고 과거에 더 이상 집착하지 말라는, 절대적인 단절을 하라는 뜻이다. 그대는 과거와 단절되지 않으면 안 된다. 라훌은 사라하가 되었다.

구전(口傳)에는 그 여인이 보기에는 평범했지만 숨은 붓다였다고 전해진다. 경전에 나오는 그 붓다의 이름은 석가나타(Sukhnatha)로서 커다란 잠재력을 지닌 사라하를 돕기 위해 온 붓다였다. 붓다, 즉 석가나타라는 붓다가 여자의 형상을 취한 것이다. 그러면 왜, 왜 여자의 형상을 취했는가? 탄트라는 남자는 여자로부터 태어나야 하며, 따라서 제자의 거듭남 또한 여자로부터 이루어져야 한다고 믿기 때문이다. 실제 모든 스승들은 부성적이라기보다는 모성적이다. 그들은 여성적 특질을 지닌다. 붓다는 여성적이다. 마하비라도 그렇고 크리슈나도 그렇다. 그들에게서 여성적 우아함을, 여성적 원만함과 여성적 아름다움을 볼 수 있다. 그들의 눈에서는 남성적 폭력성을 찾을 수 없을 것이다.

따라서 붓다가 여성의 형상을 취했다는 것은 무척 상징적이다. 붓다들은 항상 여성의 형상을 취한다. 비록 남성의 육체에 있을지라도 그들은 여성적이다. 태어나는 모든 것은 여성에너지로부터 태어나기 때문이다. 남성에너지는 탄생에 방아쇠를 당길 수는 있지만 탄생 자체를 줄 수는 없다.

스승은 그대를 여러 달, 여러 해, 때로는 여러 생 동안 그의 자궁 안에 간직해야 한다. 그대가 언제 태어날지는 아무도 모른다. 스승은 어머니가 되어야 한다. 스승은 무한한 여성에너지의 힘을 갖고 그대에게 사랑의 소낙비를 뿌려줄 수 있어야 한다. 오로지 그때 스승은 그대를 깨부술 수 있다. 스승의 사랑을 확신해야 그대는 스승이 깨부수도록 허용할 것이다. 어떻게 신뢰하는가? 오직 그의 사랑만이 신뢰를 가능케 하리라. 신뢰를 통해서 서서히, 하나씩 하나씩 가지를 칠 것이다. 그때 어느 날 문득 그대는 사라지리라. 서서히,

서서히, 서서히… 그대는 없어진다. 가테, 가테, 파라가테—가고, 가고, 가고, 가고— … 그때 새로운 것이 탄생한다.

화살 만드는 여인은 그를 받아들였다. 사실 그녀는 기다리고 있었다… 스승은 제자를 기다린다. 옛 전통에서는 말한다.

"제자가 스승을 선택하기 이전에 스승이 제자를 선택한다."

정확히 그 일이 이 이야기에서 일어난 것이다. 석가나타는 여자의 형상 속에 숨어 사라하가 와서 그를 통해 탈바꿈하기를 기다리고 있었다.

스승이 먼저 제자를 선택하는 것은 보다 논리적으로 보인다. 스승은 더욱 깨어 있고 스승은 알고 있기 때문이다. 스승은 그대 존재의 가능성과 잠재력을 통찰할 수 있기 때문이다. 그대는 자신이 스승을 선택했다고 생각하나 그것은 잘못된 생각이다. 어찌 그대가 스승을 선택할 수 있겠는가? 그대는 눈먼 장님인데 어찌 스승을 알아볼 수 있겠는가? 그대는 그토록 자각이 없는데 어찌 스승을 느낄 수 있겠는가? 그대가 그를 느낀다면, 그가 이미 그대 가슴 속에 들어와 그대의 에너지와 어울리기 시작했다는 뜻이다. 그래서 그대가 그를 느끼는 것이다. 제자가 스승을 선택하기 전에 스승은 이미 제자를 선택했다.

그녀는 허락했다. 그녀는 사라하가 오기를 기다리고 있었다. 그들은 화장터로 가서 함께 살기 시작했다. 왜 하필 화장터인가? 죽음을 이해하지 않고는 삶을 이해할 수 없다고 붓다는 말한다. 먼저 죽지 않고는 다시 태어날 수 없다.

사라하 이래로 많은 탄트라 제자들이 화장터에서 살았다. 사라하는 시조였다. 사라하는 화장터에서 살았다. 사람들이 실려왔을 것이다. 시체들이 실려와 화장됐을 그곳에서 사라하는 살았다. 화장터가 그의 집이었다. 그는 이 화살 만드는 여자와 함께 살았다.

그들은 함께 살았다. 그들은 위대한 사랑 속에 있었다. 그것은 남녀의 사랑이 아닌 스승과 제자의 사랑이었다. 그것은 남녀간의 사랑이 도달할 수 없는 확실히 높은 경지의 사랑이다. 그 사랑은 훨씬 친밀하다. 그 친밀함은 온전하다. 남녀의 연애는 단지 육체적인 것이기 때문이다. 남녀의 연애는 기껏 올라가야 마음의 수준이고 대부분은 육체의 수준에 머물러 있다. 제자와 스승의 사랑─그것은 영혼의 연애이다.

사라하는 영혼의 짝을 찾았다. 그들은 무한하고 위대한 사랑 속에 있었다. 그런 사랑은 지상에서는 드물게 일어난다. 그녀는 사라하에게 탄트라를 가르쳤다. 오직 여성만이 탄트라를 가르칠 수 있다. 누군가 내게 탄트라 그룹의 지도자로 왜 카비샤를 뽑았느냐고 물었는데, 오직 여성만이 탄트라 그룹의 지도자가 될 수 있기 때문이다. 탄트라를 지도하는 것은 남자에게는 어려울 것이다. 그렇다, 가끔은 남자도 할 수 있다. 그러나 그때는 남자도 대단히 여성적이지 않으면 안 될 것이다. 여성은 이미 준비가 되어 있다. 여성은 이미 그러한 특질들을, 그러한 사랑을, 애정이 넘치는 특질들을 지니고 있다. 여성은 자연스럽게 그런 보살핌과 사랑과 부드러운 느낌을 지니고 있다. 사라하는 이 화살 만드는 여인의 지도하에 탄트리카가 되었다. 사라하는 더 이상 명상하지 않았다. 사라하는 모든 베다와 경전과 지식들을 버리고 명상마저 떠났다. 이제 사라하가 명상을 하지 않는다는 소문이 전국에 나돌기 시작했다. 사라하는 노래하고 춤췄지만 명상은 하지 않았다. 지금은 노래하는 것이 그의 명상이 되었다. 지금은 춤추는 것이 그의 명상이 되었다. 지금은 축제가 그의 모든 삶의 방식이 되었다.

화장터에 살면서 축제를 벌여라! 죽음만이 있는 곳에서 기뻐하며 사는 것, 이것이 탄트라의 멋이다. 탄트라는 극단과 정반대를, 모순을 결합시킨다. 만일 그대가 화장터에 간다면 슬퍼질 것이다. 거기서 즐겁기는 어려울 것이다. 사람의 몸이 타고 있는 곳에서, 사람들이 울며 통곡하는 곳에서 노래하고 춤추기란 참으로 어려울 것이다. 그리고 날마다 죽음 또 죽음… 밤낮 없이 죽음뿐인 곳에서 어찌 즐거울 수 있겠는가? 하지만 거기서 즐거워할 수 없다면 그대가 생각하는 기쁨이란 전부 만들어진 믿음에 불과하고, 거기서 즐거워할 수 있다면 그대에게 진정한 기쁨이 일어난 것이다. 지금 이것은 무조건적이다. 지금 이것엔 죽음이나 삶이나, 누가 죽거나 태어나거나 아무런 차이가 없다.

사라하는 노래하고 춤추기 시작했다. 사라하는 더 이상 심각하지 않았다. 탄트라는 심각하지 않다. 탄트라는 장난스럽다. 탄트라는 진지하지만 심각하지 않다. 탄트라는 기쁨으로 솟구친다. 사라하의 존재 속에 놀이가 스며들었다. 탄트라는 놀이이다. 탄트라는 고도로 진화된 사랑의 형태이기 때문이다. 사랑은 놀이이다.

사랑조차 놀이가 될 수 없는 사람들이 있다. 마하트마 간디는 말한다.

"오직 아이를 생산할 때만 사랑을 나누어라."

그들은 사랑조차 일로, 생산으로 바꾸었다. 이것은 추하다! 생산을 위해서만 여자와 사랑을 나눠라? 여자가 공장인가? 생산이란 아주 추한 낱말이다. 사랑은 기쁨이다! 그대가 행복할 때, 기쁠 때, 최정점에 있을 때만 사랑을 나눠라. 그 에너지를 나눠라. 그대가 춤과 노래와 기쁨 속에 있을 때만—생산을 위해서가 아니라—사랑을 나누어라. 생산이란 낱말은 더럽다. 기쁨 속에서, 기쁨의 충만함 속에서 사랑을 나누어라. 그대에게 기쁨이 있을 때 기쁨을 주라.

사라하의 존재에 놀이의 혼이 스며들었다. 애인은 항상 놀이의 혼을 지니고 있다. 놀이의 혼이 죽는 순간 그대는 남편이나 아내가 된다. 그때 그대는 더 이상 애인이 아니다. 그때 그대는 생산자가 된다. 그대가 남편이나 아내가 되는 순간 아름다운 무엇이 소멸되어 버린다. 그것은 이제 살아 있지 않다. 과즙은 흐르지 않는다. 이제는 가식과 위선만 있을 뿐이다.

사라하의 존재에 놀이의 혼이 스며들었다. 그리고 놀이를 통해 참 종교가 태어났다. 그의 엑스터시(황홀경)는 너무나 전염적이어서 그의 춤과 노래를 보기 위해 사람들이 몰려들기 시작했다. 사람들은 사라하의 춤과 노래를 지켜보다가 자신들도 함께 춤추고 노래하기 시작했다. 화장터는 흥겨운 축제의 장이 되었다. 그렇다, 시신(屍身)은 여전히 타고 있었지만 사라하와 화살 만드는 여자의 주변에는 더욱더 많은 사람들이 모여들고 화장터는 엄청난 환희의 물결이 일고 있었다. 엑스터시를 전혀 모르는 사람들도 춤추고 노래하는 도중에 엑스터시에 젖어 사마디에 들어갔다. 사라하의 그 진동, 그 현존은 무진장한 힘이 있어서 그와 함께할 준비만 되면 그 일이, 그 고귀한 만남이 일어나곤 했다. 사라하의 영혼은 흠뻑 취해 있어서 사람들에게 전염될 정도였다. 사라하는 사람들까지 취하고 또 취할 만큼 흠뻑 취해 있었다.

하지만 브라만이나 성직자나 학자들, 소위 도덕주의자라는 사람들이 그를 비방하고 헐뜯고 나섰다. 이런 것을 불가피한 일이라고 한다. 사라하 같은 사람이 있을 때면 언제나 학자들이 반대할 것이다. 성직자들이 반대할 것이다. 소위 도덕가, 청교도, 자칭 정의롭다는 사람들이 그를 반대할 것이다. 그들은 사라하에 관해 편견에 가득 찬 소문들을 퍼뜨리기 시작했다.

그들은 사람들에게 이렇게 말하기 시작했다.

"사라하는 은총을 잃어버렸다. 사라하는 타락했다. 이제 그는 브라만이 아니다. 그는 독신을 포기했다. 이제 그는 불교 승려가 아니다. 그는 천한 여자와 수치스러운 훈련에 빠져서 미친 개처럼 사방을 뛰어다니고 있다."

사라하의 엑스터시가 그들에게는 단지 미친 개로 보였다. 그것은 해석하는 방식에 달려 있다. 사라하는 온 화장터를 춤추며 돌아다녔다. 그는 미쳤다. 하지만 그는 미친 개(mad dog)*가 아니었다. 그는 미친 신(mad god)이었다! 그것은 그대가 어떻게 보는가에 달려 있다.

왕 또한 이 이야기를 들었다. 그는 정확히 무슨 일이 일어난 건지 불안했다. 왕은 근심했다… 점점 더 많은 사람들이 왕에게 오고 있었다. 그들은 왕을 알고 있었다. 왕이 늘 사라하를 깊이 존경하며 사라하를 왕국의 고문으로 임명하고 싶어했으나 그가 세상을 포기했다는 것을 사람들은 알고 있었다. 왕은 사라하의 학식을 무척 존경하고 있었다. 그래서 사람들은 왕에게 오기 시작했다.

왕은 걱정했다. 왕은 그 젊은이를 사랑했으며 너무나 존경했다. 그래서 왕은 근심했다. 그는 사라하를 설득하려고 여러 사람을 보내 말하게 했다.

"그대의 지난날로 돌아오라. 그대는 브라만이다. 그대의 아버지는 위대한 학자였고 그대 자신도 위대한 학자였다. 그대는 무엇을 하고 있단 말인가? 그대는 길을 잘못 들었다. 집으로 돌아오라. 나는 항상 여기에 있으니 궁궐로 돌아와 내 가족의 일원이 돼라. 그대가 하고 있는 것은 올바른 일이 아니다."

사람들이 갔을 때 사라하는 그를 개종시키러 온 이 사람들에게

---

* 개(dog)와 신(god)은 똑같은 철자로 이루어져 있고 철자배열 순서만 반대이다. 즉 god(신)를 거꾸로 보면 dog(개)이다.

180송의 노래를 불러줬다. 180송의 노래를… 그러자 사람들은 춤추기 시작했다. 그리고 다시는 돌아가지 않았다!

왕은 더욱더 걱정이 됐다. 왕의 아내, 즉 왕비 또한 이 젊은이에게 늘 관심을 갖고 있었고 이 젊은이가 딸과 결혼해주기를 바랐다. 그래서 이번엔 왕비가 그곳에 갔다. 사라하는 왕비에게 80송의 노래를 불러주었다… 그리고 왕비는 다시는 돌아가지 않았다.

왕은 몹시 당혹스러웠다. 대체 거기서 무슨 일이 일어나고 있단 말인가? 이번엔 왕 자신이 그리로 갔다. 사라하는 40송의 노래를 불렀고 왕은 사라하에게 개종되었다! 왕은 화장터에서 미친 개처럼 춤추기 시작했다!

사라하의 이름으로 세 가지의 경전이 있다. 첫째 180송의 보통 사람들을 위한 사라하의 노래, 둘째 80송의 왕비를 위한 사라하의 노래, 그리고 셋째 왕을 위한 사라하의 노래. 우리는 이 노래─40송에 대해 명상할 것이다. 180송의 긴 노래는 보통 사람들을 위한 것이다. 그들의 이해력은 뛰어나지 않기 때문이다. 80송은 왕비를 위한 것인데, 그녀의 이해력은 약간 더 높다. 40송의 이 짧은 노래는 왕을 위한 것으로, 그는 최고의 지성인이며 각성적이고 이해력이 깊은 사람이었기 때문이다.

왕이 개종되자 나라 전체가 서서히 개종되었다. 옛 경전에는 나라 전체가 텅 비게 되었다고 전해진다. 공(空)… 그것은 불교용어이다. 그것은 사람들이 무아(無我)가 되었다는 것을, 에고 트립(ego trip)을 벗어났다는 것을 의미한다.

사람들은 순간을 즐기기 시작했다. 난폭함과 서두름과 경쟁적인 폭력성은 왕국에서 사라졌다. 왕국은 고요해졌다. 그것은 공(空)이 되었다… 마치 왕국에 아무도 없는 것처럼 사람들은 그렇게 사라졌다. 왕국에 위대한 신성(神性)이 스며들었다. 이 40송의 노래는 그 뿌리에서, 바로 근원에서 나온 것이다.

이제 우리는 이 위대한 순례에 오른다. 왕을 위한 사라하의 노래(The Royal Song of Saraha), 그것은 또한 '인간 행동의 노래' 라고도 불리는데, 매우 역설적인 말이다. 그 노래는 행동과는 상관없기 때문이다. 하나 그렇기 때문에 인간 행동의 노래라고 부를 수 있는 것이다. 그 노래는 존재와 관련된 것이지만 사실 존재가 변화될 때 행위도 변화된다. 그대가 바뀌면 행동도 바뀐다. 거꾸로가 아니다. 먼저 행동이 바뀌고 나서 그대 존재가 바뀌는 게 아니다. 탄트라는 말한다. 먼저 존재가 변하면 행동은 자동적으로 바뀐다고. 저절로 말이다. 먼저 의식을 바꿔라. 그러면 새로운 행동과 인격과 동작이 따라올 것이다.

탄트라는 존재를 믿는다. 탄트라는 행동이나 인격을 믿지 않는다. 그 때문에 그것을 '인간 행동의 노래' 라고도 부르는 것이다. 일단 존재가 변형되면 행동도 변하기 때문이다. 그것이 행동을 바꾸는 유일한 길이다. 도대체 누가 직접적으로 행동을 바꿀 수 있었던가? 오직 겉으로만 바꾼 척할 수 있다.

그대는 화가 났는데 행동을 바꾸고 싶다, 어떻게 하겠는가? 화를 억누르고 거짓된 표정을 보여줄 것이다. 그대는 가면을 써야 할 것이다. 만일 그대에게 성욕이 일어났다면 어떻게 그것을 바꿀 것인가? 그대는 독신의, 브라마차리야의 서약을 하고 가장할 수 있다. 하지만 내면 깊은 곳은 활화산 같다. 그대는 언제 폭발할지 모르는 화산 위에 앉아 있는 것이다. 그대는 끊임없이 떨고 있을 것이다. 끊임없이 공포로 떨고 있을 것이다.

그대는 소위 종교인이라는 사람들을 지켜보았는가? 그들은 항상 두려워한다. 그들은 지옥을 두려워하며 어떻게 하든 천국에 들어가려고 애쓴다. 하지만 그들은 천국을 모른다. 그들은 결코 천국을 맛보지 못했다. 만일 그대가 의식을 바꾼다면 천국이 그대에게 올 것이다. 그대가 천국을 가는 게 아니다. 그 누구도 천국에 간 적이 없고 그 누구도 지옥에 간 적이 없다. 마지막으로 한 번만 더 그것을 명확히 하자. 천국이 그대를 찾아오고 지옥이 그대를 찾아온다. 그것은 그대에게 달려 있다. 그대가 부르는 것, 그것이 온다.

만일 그대의 존재가 바뀐다면 그대는 돌연 천국에 있게 된다. 천국이 그대에게 내려온다. 그러나 그대의 존재가 바뀌지 않는다면 그대는 투쟁 속에 있게 된다. 그대는 거기에 없는 것을 강요하는 것이다. 그대는 기만하고 기만하고 또 기만한다. 그러다가 두 사람이 된다. 그대는 정신분열증이 되고 분열된다… 그대는 뭔가를 보여준다. 다른 뭔가를 보여준다. 그리고 나서 그대 자신과 끊임없는 숨바꼭질을 한다. 그런 상태에서 당연히 일어나는 걱정과 불안이 지옥이라는 것이다.

거룩하신 문수보살에게 경배하나이다.
유한성을 정복하신 분에게 예경하나이다.

이 문수보살(만주스리, manjusri)이라는 말을 꼭 이해해야 한다. 문수보살은 붓다의 제자이다. 그는 아주 희귀한 제자였다. 붓다에게는 각각 다른 면에서 희귀한 수많은 제자들이 있었는데, 마하가섭은 말로 전할 수 없는 가르침을 이해할 수 있었기 때문에 희귀했다. 그리고 문수보살은 스승으로서의 위대한 자질을 지니고 있다는 점에서 희귀했다.

누군가 심하게 곤란한 사람, 말썽꾼이 있을 때면 언제나 붓다는 문수보살을 보냈다. 문수라는 이름만 들어도 사람들은 벌벌 떨었다. 그는 정말로 무서운 사람이었다. 그는 철두철미했다. 누군가 그에게 보내질 때마다 제자들은 말하곤 했다.

"저 사람은 문수보살의 검(劍)한테 보내졌다."

그 말은 오랜 세월을 내려오며 유명해졌다. 문수보살의 검, 문수보살은 한 칼에 머리를 베곤 했기 때문이다. 그는 더딘 사람이 아니었다. 그는 단 한 칼에 머리를 베곤 했다. 그렇게 잔인할 수 있을 만큼 그의 자비는 더없이 컸다.

그래서 마침내 문수보살의 이름은 전형적인 이름, 즉 모든 스승들의 이름이 되었다. 스승들은 모두 자비로웠기에 잔인해야 했다. 스승들은 그대 안의 새 사람을 탄생시킬 것이기에 자비롭고, 또 낡은 것을 파괴하고 부술 것이기에 잔인하다.

따라서 사라하는 노래를 시작하기에 앞서 절을 한다.

거룩하신 문수보살—스승 중의 스승—에게 경배하나이다.
유한성을 정복하신 분에게 예경하나이다.

그리고 나서 유한성을 정복하고 한계가 없게 된 붓다에게 절한다.

고요한 수면 위에 바람이 휘몰아치면
물결이 흩어지듯이
왕은 한 사람인 사라하를
여러 사람으로 생각하네.

호수를 마음속에 떠올려보라. 잔잔하고 물결이 일지 않는 고요한 호수를. 그때 거센 바람이 불어와 수면을 휘몰아친다. 호수는 어지럽혀지고 수천 겹의 잔물결과 파도가 인다. 바로 직전에는 호수 위에 만월이 비치고 있었으나 이제 만월은 없다. 달은 여전히 비치고 있으나 수천 개로 조각나 호수 전면에 퍼져 있다. 달의 반영으로 호수는 온통 은빛이 된다. 하지만 반영의 실체는 잡을 수 없다. 달이 어디에 있는지, 달이 어떻게 보이는지. 그것은 온통 일그러져 있는 상태이다.

사라하는 이것이 세속적인 마음이며 어리석은 마음이라고 말한다. 이것이 붓다와 붓다가 아닌 자의 유일한 차이이다. 붓다는 전혀 바람이 불지 않는 자이다. 그 바람을 트리쉬나(trishna), 즉 욕망이라 한다.

그대는 지켜본 적이 있는가? 관찰해본 적이 있는가? 욕망이 일어날 때마다 그대 가슴속에 수천 개의 파문이 이는 것을. 그대의 의식은 어지럽혀지고 혼란스러워진다. 욕망이 멎고 나면 항상 편안하다. 그대 스스로 평화롭다.

따라서 욕망은 마음을 일그러뜨리는 바람이다. 마음이 일그러질 때는 실체를 볼 수 없다.

> 고요한 수면 위에 바람이 휘몰아치면
> 물결이 흩어지듯이
> 왕은 한 사람인 사라하를
> 여러 사람으로 생각하네.

사라하는 두 가지를 이야기한다. 먼저 그는 말한다.

"그대의 마음은 소문들로 몹시 혼란스럽다. 마음의 표면 위로 너무나 심한 바람이 불고 있다. 그대는 나를 볼 수 없을 것이다. 나는 하나이건만 그대의 마음은 나를 수천 개의 조각들로 반영하고 있다."

이것은 사실이다. 그는 왕을 속속들이 볼 수 있었다. 왕은 당황했다. 한편으로 왕은 이 젊은이를 존경했다. 한편으로 왕은 언제나 이 젊은이를 신뢰했었다. 사라하는 잘못될 수 없다는 것을 그는 알았다. 하지만 무수한 사람들, 소위 정직하고 존경받는 사람들, 부유하고 유식한 자들이 와서는 모두들 보고했다.

"사라하는 잘못되었습니다. 그는 거의 미쳤습니다. 그는 미치광이 같고 타락했습니다. 그는 비천한 신분의 화살 만드는 여자와 함께 삽니다. 그는 살 곳이 못되는 화장터에서 살고 있습니다! 그는 옛 종교의식을 모두 잊었습니다. 그는 이제 베다를 읽지 않고 신의 이름을 암송하지 않으며 명상도 하지 않습니다. 그리고는 괴상하고 흉측하며 부끄러운 훈련에 빠져 있습니다."

성적으로 몹시 억압된 사람들에겐 탄트라가 수치스런 짓거리로 보인다. 그런 사람들은 이해할 수 없다. 그들의 억압으로 인해 일어나고 있는 실상을 이해할 수 없다. 따라서 이 모든 것들은 왕의 마음에 불어오는 거센 바람과 같았다. 그의 한 부분에서는 사랑과 존경이, 한 부분에서는 큰 의심이 있었다.

사라하는 바로 보고 말했다. 왕은 한 사람인 사라하를 여러 사람으로 생각하네. 사라하는 한 사람인데도 불구하고… 나는 바로 만월(滿月)과 같은데 호수는 동요되어 있다. 그러니 제발 나를 이해해달라. 나를 바로 이해할 길은 없다. 나를 이해할 수 있는 유일한 길은 그대의 마음에 불고 있는 이 바람을 멈추는 수밖에 없다. 의식을 편안하게 하라. 그리고 나서 보라! 이 모든 파도와 흔들림을 멈추게 하라. 그대의 의식이 잔잔한 연못이 되게 하라. 그리고 나서 보라. 그대가 볼 수 없다면 나는 무슨 일이 일어나고 있는지 납득시킬 수 없다. 그 일은 일어나고 있다. 그 일은 여기에 있다. 내가 여기 그대 앞에 서 있다. 나는 한 사람이다. 그러나 그대는 나를 마치 수천 사람이라도 되는 듯이 바라보고 있다.

    사팔눈의 어리석은 자에게
    하나의 등불이 두 개로 보이누나.
    보이는 것과 보는 자는 둘이 아닌데
    아! 마음의 작용으로 인하여
    둘로 나뉘어 보이나니.

그리고 나서 그는 직유법, 은유법을 취한다. 먼저 그는 말한다.
"그대는 호수처럼 동요되어 있다."
다음 그는 말한다.
"사팔눈의 어리석은 자에게는 하나의 등불이 두 개로 보이누나."
사팔눈의 사람은 사물을 하나로 볼 수 없다. 그는 두 개로 본다.

이런 얘기를 들었다.
물라 나수르딘이 그의 아들에게 주도(酒道)에 관해 가르치고 있었다. 몇 잔을 마신 후에 물라가 말했다.
"이제 가자. 항상 명심해라. 이때 멈추는 것이 주법이라는 것을. 한 사람이 둘로 보이기 시작할 때 그때 집에 가거라. 그러면 더 마시지 마라."
한 사람이 둘로 보인다? 아들이 물었다.
"어디요? 어디에 그 한 사람이 있어요?"
물라가 말했다.
"봐라, 저기 저 탁자에 두 사람이 앉아 있지 않느냐?"
그러자 아들이 대답했다.

"저기에는 아무도 없는 걸요!"
물라는 벌써 너무 취해 있었다.

기억하라, 그대가 무의식적일 때는 사물이 그대로 보이지 않는 다는 것을. 무의식적일 때 그대는 투사한다. 오늘 밤 달을 보면서 손가락으로 눈을 꾹 눌러보라. 그러면 두 개의 달을 볼 수 있을 것이다. 두 개의 달을 보면서 달이 하나라는 사실을 믿는다는 것은 무척 어려운 일이다. 그대는 두 개를 보고 있는데 말이다. 한 번 생각해보라… 어떤 사람이 천성적인 결함을 갖고 태어났다. 그의 눈은 안압이 높아 한 개를 두 개처럼 본다. 그는 언제나 두 개를 볼 것이다. 그대가 한 개를 볼 때마다 그는 두 개를 볼 것이다.

우리 내면의 시야는 수많은 것들로 가려져 있다. 때문에 우리는 계속 사물을 있는 그대로 보지 못한다. 그렇게 보이는데, 어떻게 그렇지 않다고 믿겠는가? 우리는 우리 자신의 눈을 믿어야 하는데, 그러나 우리의 눈은 일그러져 있을지도 모른다.

> 사팔눈의 어리석은 자에게
> 하나의 등불이 두 개로 보이누나.
> 보이는 것과 보는 자는 둘이 아닌데
> 아! 마음의 작용으로 인하여
> 둘로 나뉘어 보이나니.

사라하는 왕에게 말한다.
"만일 나와 그대가 둘이라고 생각한다면 그대는 무의식적이다. 그대는 어리석고 술에 취해 있으며 보는 법을 모르는 것이다. 그대가 진실로 본다면 나와 그대는 하나이다. 그때 보는 자와 보이는 것은 둘이 아니다. 그때는 사라하가 춤추는 것을 보는 것이 아니라 그대 자신이 여기에서 춤추고 있는 것을 볼 것이다. 내가 황홀경에 빠질 때 그대가 황홀경에 빠질 것이다. 그것이 사라하에게 일어난 일을 아는 유일한 방법이다. 그 외에 다른 방법은 없다. 내게 무슨 일이 일어났는가? 알고자 한다면 그대가 내 존재에 참여하는 수밖에 없다. 관찰자가 되지 마라. 옆에 서서 방관자가 되지 마라. 그대는 내 경험에 참여해야 할 것이다. 그대는 내 안에서 자신을 잃어버리지 않으면 안 될 것이다. 내 경계선과 그대의 경계선이 겹쳐져야 할 것이다."

그것이 산야스에 관한 모든 것이다. 그대는 더욱 가까이 오기 시작한다. 그대는 내 안에서 그대의 경계선을 잃어버리기 시작한다. 오직 그때, 어느 날 참여를 통해 나와의 조화 속에 들어갈 때 무언가를 볼 것이다. 무언가를 이해하게 될 것이다. 그러면 그대는 단지 방관자일 뿐인 사람들을 납득시킬 수 없을 것이다. 그대의 시각은 다를 것이기 때문이다. 그대는 참여했고 그 사람들은 오직 관찰만 했다. 그대들은 두 개의 다른 세계에서 살고 있는 것이다.

> 집 안에 램프가 켜져 있는데도…

사라하의 이 아름다운 말을 들어보라.

> 집 안에 램프가 켜져 있는데도
> 눈먼 자는 어둠 속에서 사네.
> 자연스러움이
> 가까이에서 모든 것을 에워싸고 있건만

미혹된 마음이 보기엔
항상 멀기만 하다.

사라하는 말한다.
"보라! 나는 깨달았다. 집 안에 램프가 켜져 있는데도… 내 내면의 심연에는 더 이상 어둠이 없다. 보라! 내 안에는 위대한 빛이 있다. 내 영혼은 깨어났다. 나는 이제 당신이 알고 있던 라훌이 아니다. 나는 사라하다. 나의 화살은 과녁을 맞췄다."

집 안에 램프가 켜져 있는데도
눈먼 자는 어둠 속에서 사네.

하지만 어떻게 하겠는가? 사라하는 말한다.
"만일 눈먼 사람이 있다면 집에 램프가 켜져 있어도 여전히 어둠 속에서 살 것이다. 그것은 램프의 잘못이 아니라 그의 눈이 감겨 있기 때문이다. 그러니 눈먼 사람들의 이야기를 듣지 마라! 다만 그대 자신의 눈을 뜨고 나를 바라보라. 나를 보라… 그대 앞에 서 있는 나를. 그대를 마주보고 있는 나를. 집 안에 램프가 켜져 있어도 눈먼 자는 여전히 어둠 속에서 산다."

자연스러움이 가까이서 모든 것을 에워싸고 있건만…

"그리고 나는 너무나 그대 가까이에 있다… 자연스러움은 너무나 그대 가까이에 있다. 그대는 이미 그것을 만지고 먹고 마실 수 있다. 그대는 나와 함께 춤추고 나와 함께 황홀경 속으로 들어갈 수 있다. 나는 참으로 가까이에 있다. 자연스러움이 이토록 가까운 것을 그대는 다시 보지 못하리라."

미혹된 마음이 보기엔 항상 멀기만 하다.

사람들은 사마디를 말하고 파탄잘리 수트라(Patanjali sutra)를 읽으며 위대한 것들을 논하지만 위대한 일이 일어나면 언제나 반대한다.

인간에게 있어 이것은 아주 이상한 일이다. 인간은 아주 이상한 동물이다. 그대는 붓다를 고마워한다. 그러나 만일 붓다가 와서 그대 앞에 선다면 결코 그에게 고마워할 수 없을 것이다. 아마 그를 반대할 것이다. 원수가 될지도 모른다. 붓다에 관한 책을 읽을 때는 모든 것이 괜찮으면서 왜 그런가? 책은 그대의 손안에 있다. 그러나 살아 있는 붓다를 직면한다면 그를 손안에 넣을 수 없는 것이다. 그대가 그의 손안에 들어간다. 그래서 두려움과 저항감이 생기고 도망가고 싶어진다. 도망가는 최선의 길은 그가 잘못됐다고, 그가 뭔가 잘못됐다고 스스로를 설득하는 것이다. 그가 잘못됐다는 것을 그대 자신에게 증명할 수 있다면 그게 유일한 방법이다. 그러면 붓다로부터 수천 가지 잘못을 발견할 수 있을 것이다. 그대는 사팔뜨기고 장님이며 마음이 혼란되어 있기 때문이다. 그대는 무엇이라도 투사할 수 있다.

지금 이 사람은 붓다가 되었다. 그러나 사람들은 비천한 여자에 대해서만 말하고 있다. 그들은 여자의 실체를 보지 못했다. 그들은 오직 그녀가 화살 만드는 여자이며 아주 비천한 수드라, 불촉천민이라고만 생각해왔다. 어떻게 브라만이 불촉천민을 만질 수 있단 말인가? 어떻게 브라만이 거기에서 살 수 있단 말인가? 그리고 그들은 그 여자가 사라하를 위해 요리한다는 얘기를 들었다.

이것은 엄청난 죄다. 이것은 엄청난 타락이다. 브라만이 수드라가 만든, 불촉천민이 만든, 비천한 여자가 만든 요리를 먹는다고?

더구나 브라만이 왜 화장터에서 살아야 한단 말인가? 브라만은 한 번도 그런 곳에 산 적이 없다. 브라만은 사원에서 살고 궁정에서 산다. 왜 하필 화장터란 말인가? 더럽고 해골과 시체들이 널려 있는 곳에 말이다. 이것은 타락이다! 그러나 그들은 죽음을 이해하지 않고는 절대 삶을 이해할 수 없다는 사실을 알지 못했다. 죽음을 깊이 들여다보았더라면 삶은 결코 죽음이 없다는 사실을 알았을 것이다. 죽음을 들여다보았더라면 삶은 죽음 이후에도 계속된다는 것을, 죽는다고 아무런 달라짐이 없다는 것을, 죽음은 중요하지 않다는 것을 발견했을 것이다….

그대는 삶에 대해서 아무것도 모른다. 삶은 영원하고 무한하다. 죽는 것은 오직 이 육체만이다. 오직 죽음만이 죽는다. 삶은 계속된다.

하지만 이를 알기 위해 인간은 심오한 실험을 거쳐야 한다. 그들은 그 사실을 직시하지 않았을 것이다. 지금 그들은 사라하가 괴상한 수련을 행하고 있다고 듣고 소문을 과장하여 지껄였을 것이다. 사건은 분명 그들의 손을 벗어나 버렸을 것이다. 모든 사람이 소문을 불려나갔다. 그리고 탄트라 수련은 소문거리가 될 만했다. 탄트라에서 남자는 알몸의 여자 앞에 앉아 진지하게 그녀를 지켜봐야 한다. 속속들이 그녀를 지켜봐야 한다. 그러면 여자의 알몸을 보고자 하는 모든 욕망이 사라진다. 그때 남자는 형상으로부터 자유롭다. 이것은 위대한 비법(秘法)이다. 그렇지 않으면 그대는 끊임없이 여자를 마음속에 둘 것이다. 거리를 지나는 여자마다 옷을 벗기고 싶을 것이다. 그러한 욕망이 거기 있는 것이다.

지금 돌연 그대는 사라하가 알몸의 여인 앞에 앉아 있는 것을 본다. 어떻게 해석할 것인가? 그대는 그대 자신에 따라 해석할 것이다. 그대는 이렇게 말할 것이다.

"맞아, 그래, 우리가 늘 원하던 짓을 하고 있군. 그보다는 우리가 낫지. 적어도 우리는 실행은 안하거든. 물론 마음으로 가끔 상상은 하지만, 생각만 할 뿐이지 행동은 하지 않는다. 그는 타락했어."

이때 그대는 기회를 놓친다. 그는 진짜로 무엇을 하고 있는가? 그것은 불가사의한 과학이다. 여러 달을 함께 하며 지켜본다… 탄트리카(탄트라 수행자 ; 역주)는 여자를 관찰할 것이다. 여자의 육체의 형상을 명상하고 여자의 아름다움을 명상할 것이다. 모든 것을 바라볼 것이다. 그가 원하는 무엇이든지 볼 것이다. 유방이 끌린다? 그러면 유방을 보고 명상할 것이다. 그때 그는 형상에서 벗어날 것이다. 형상에서 벗어나는 유일한 길은 그것에 대한 유혹이 남지 않을 만큼 그것을 깊숙이 아는 것이다.

지금 소문과는 정반대의 일이 일어나고 있었다. 사라하는 초월하고 있었다. 결코 다시는 알몸의 여자를 원하지 않을 것이다. 마음속에서 뿐만 아니라 꿈속에서도 그런 강박관념은 없을 것이다. 하지만 군중들은 제멋대로 생각하며 무지하고 무의식적으로 그에 대한 이야기를 계속했다.

> 자연스러움이
> 가까이에서 모든 것을 에워싸고 있건만
> 미혹된 마음이 보기엔
> 항상 멀기만 하다.
> 숱한 강들이 있을지라도
> 바다에서 강들은 하나이다.

수많은 거짓이 있을지라도
　　　하나의 진실이 그 모든 것을 정복하리라.
　　　하나의 태양이 떠오르면
　　　어둠이 아무리 깊을지라도
　　　소멸되리라.

또한 사라하는 말한다.
"나를 그냥 봐라. 태양은 떠올랐다. 그러므로 나는 안다. 그대의 어둠이 아무리 깊을지라도 소멸될 것이다. 나를 보라. 진리가 내 안에 태어났다! 그대는 나에 관한 수천 가지의 거짓을 들었을지도 모르지만 하나의 진리가 그 모두를 정복하리라.

　　　숱한 강들이 있을지라도
　　　바다에서 강들은 하나이다.

그냥 내게 가까이 오라.
그대의 강물이 나의 대양 속에 흘러오게 하라.
그러면 나를 맛볼 것이다.

　　　수많은 거짓이 있을지라도
　　　진실 하나가 그 모든 것을 정복하리라.

진리는 하나다. 오직 거짓만이 여럿이다. 거짓만이 여럿일 수 있다. 진리는 여럿일 수가 없다. 건강은 하나다. 질병만이 여럿이다. 하나의 건강이 모든 질병들을 정복한다. 그리고 하나의 진리가 모든 거짓을 정복한다.

하나의 태양이 떠오르면
아무리 깊은 어둠일지라도
소멸되리라.

이 40송 속에서, 사라하는 그의 내면에 왕을 초대했다. 사라하는 가슴을 열었다. 그리고 말한다. 나는 이성적으로 그대를 설득하려고 여기 있는 것이 아니다. 나는 존재적으로 그대를 설득하려는 것이다. 나는 어떤 증명도 하지 않을 것이고 나 자신에 관한 어떤 변명도 하지 않을 것이다. 다만 나의 가슴은 열려 있으니 그대가 들어와서 무엇이 일어났는지 보라. 자연스러움은 아주 가까이 있다. 신은 아주 가까이 있다. 진리는 아주 가까이 있다. 태양은 떠올랐다. 눈을 떠라!

기억하라. 신비는 증거가 없다는 것을. 바로 사물의 본성으로 인해 신비는 어떤 증거도 가질 수 없는 것이다. 그가 바로 증거다… 다만 그의 가슴을 그대에게 드러낼 수 있을 뿐이다.

이 노래들, 사라하의 이 노래들에 대해서 깊이 명상해야 한다. 각각의 노래마다 그대의 가슴에 꽃필 수 있을 것이다. 나는 이 노래들이 그대의 존재 안에 40송이의 꽃을 피우길 희망한다. 왕의 존재 안에 꽃핀 것처럼. 왕은 해방됐다. 그대도 그럴 수 있다. 사라하는 과녁을 꿰뚫었다. 그대 또한 과녁을 꿰뚫을 수 있다. 그대도 사라하, 화살을 쏜 자가 될 수 있다.

오늘은 이만.

2

거위는
나왔다

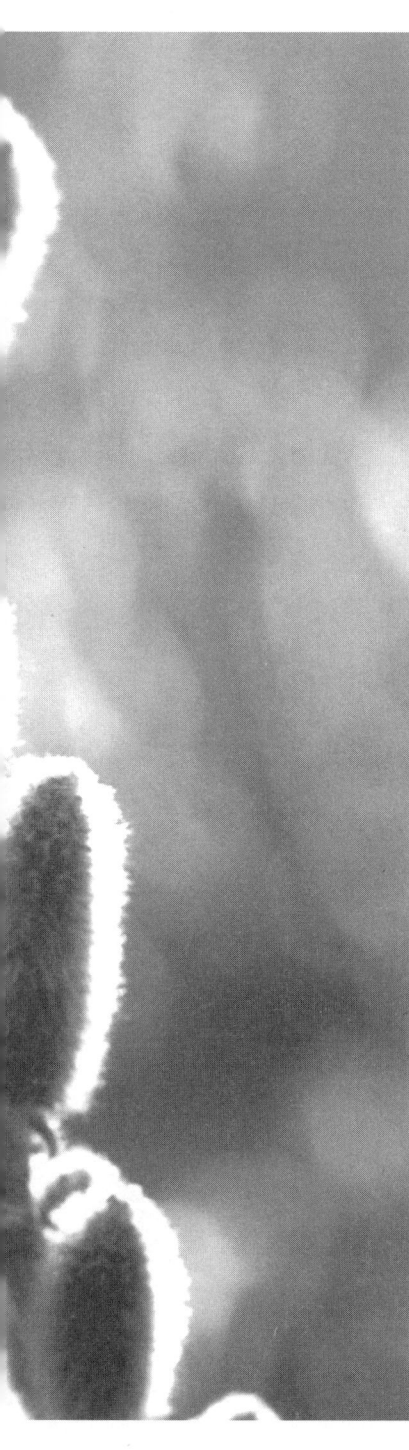

1 탄트라를 향한 시바(Shiva)의 접근방식과
  사라하의 접근방식은 어떤 차이가 있습니까?

2 저는 항상 당신의 말씀에 동의합니다.
  그런데 왜 저의 삶엔 변화가 없을까요?

3 목적이 있다고 생각했을 때가
  더 행복했던 것 아닐까요?

4 탄트라는 탐닉의 길이 아닙니까?

5 뭔가 본질적인 것을 놓치고 있습니다.
  저의 잘못은 무엇입니까?

6 좋은 연설에 대해 어떻게 정의하십니까?

첫 번째 질문
사랑하는 오쇼, 탄트라를 향한 시바(Shiva)의 접근방식과
사라하의 접근방식에는 어떤 차이가 있습니까?

실제로는 차이가 없다. 근본적으로는 차이가 없다. 하지만 형식에는 차이가 있다. 종교는 오직 형식만 다를 뿐이다. 종교는 오직 방법만 다르다. 종교는 신성에 이르는 문(門)에 관한 한 종교마다 차이가 있지만 본질에 있어서는 다르지 않다. 기본적으로 형식상의 두 가지로 나누는데, 헌신과 기도와 사랑의 길이 그 하나이고 명상과 각성의 길이 다른 하나이다. 이러한 것들이 두 개의 기본적인 차이점이다.

시바의 접근방식은 헌신의 길로써 기도와 사랑이 그것이고, 사라하의 접근방식은 명상과 각성의 길이다. 그러나 여전히 형식적인 구별일 뿐이다. 사랑으로 가는 사람이나 명상가나 같은 목적지에 당도하기 때문이다. 그들의 화살은 서로 다른 각도에서 날아가지만 도달하는 과녁은 같다. 그들의 화살은 서로 다른 활로부터 날아가

지만 같은 과녁에 도달한다. 활은 궁극적인 문제가 아니다. 과녁만 맞출 수 있다면 어떤 종류의 활을 선택하든 문제가 없다. 이러한 두 종류의 활이 있는 이유는 인간은 근본적으로 생각과 느낌이라는 두 영역으로 나뉘어 있기 때문이다. 즉 생각을 통해 본질에 접근할 수도 있고 느낌을 통해 본질에 접근할 수도 있는 것이다.

불교적 접근방식, 즉 붓다와 사라하의 접근방식은 지성을 통한 길이다. 사라하는 기본적으로 마음을 통해 나아갔다. 물론 마음은 내려놔야 한다. 바로 마음을 내려놓아야 하는 것이다. 마침내 마음은 명상 속으로 사라져야 하는데, 바로 마음이 사라져야 하는 것이다. 바로 생각이 변형되어 '무념(無念)'의 상태가 되어야 한다. 하지만 기억하라. 그것은 '무념'의 상태이며 무념은 서서히 사념들을 버림으로써만 이윽고 창조될 수 있음을. 따라서 전반적인 작업이 생각의 영역에서 이루어진다.

시바의 접근방식은 느낌과 가슴의 길이다. 느낌은 변형되어야 한다. 사랑은 변형되어서 기도가 될 수 있어야 한다. 시바의 길에는 헌신과 신성, 즉 박타(bhakta)와 바그완(bhagwan)이 존재한다. 최정점에서는 둘 다 서로 속으로 사라진다. 이것을 주의 깊이 들어라. 시바의 탄트라가 궁극의 오르가슴에 도달할 때 '나'는 '너' 속으로 녹아들고 '너'는 '나' 속으로 녹아든다. 그들은 서로 결합하고 하나의 단일체가 된다.

그리고 사라하의 탄트라의 최정점에 도달하면 다음의 사실을 알게 된다. 너의 옳음도 나의 옳음도 없고 너의 진실도 나의 진실도 없으며 너의 존재도 나의 존재도 없이 양쪽 다 사라진다. 거기엔 두 제로(zero)의 만남이 있을 뿐, 나도 없고 너도 없으며 나도 아니고 너도 아니다. 두 제로, 두 허공이 서로 속으로 녹아든다… 사라하의 길에 있어서의 모든 노력은 생각을 녹이는 데 있다. 나와 너라는 것은 생각의 일부이기 때문이다. 생각이 완전히 용해되면 어떻게 자신을 '나'라고 부를 수 있겠는가? 그리고 누구를 신(神)이라고 부를 것인가? 신(神)은 생각의 일부이다. 그것은 생각의 창조물이고 생각의 구성물이며 마음의 구성물이다. 따라서 모든 생각의 구성물들이 용해되면 수냐(shunya), 즉 공(空)이 탄생한다.

시바의 길에서는 더 이상 형상을 사랑하지 않는다. 더 이상 사람에게 제한되지 않는다. 그대는 모든 존재를 사랑하기 시작한다. 모든 존재가 그대가 된다. 그대는 모든 존재에게 다가간다. 그대는 소유욕이 없어지고 질투가 없어지고 미움이 없어진다. 모든 부정적인 느낌들이 제거되어 더욱더 순수한 감성이 된다. 그리고는 어느 순간 순수한 사랑만이 남는다. 그 순수한 사랑의 순간에 '너'는 '나' 속으로 녹아들고 '나'는 '너' 속으로 녹아든다. 그리고 그대 역시 사라지는데 두 제로(zero)처럼 사라지는 게 아니라 사랑하는 두 사람이 서로 속으로 사라지듯이 사라진다.

이 점에 있어서 시바의 길과 사라하의 길이 다르나 그 또한 형식상의 차이일 뿐이다. 이것을 넘어서고 나면 연인들처럼 사라지든 두 제로처럼 사라지든 무슨 문제가 되는가? 기초적이고 근본적인 핵심은 그대는 사라지고 아무것도 남지 않는다는 것, 발자국도 남지 않는다는 것이다. 그 사라짐이 깨달음이다.

그러니 다음의 사실을 이해해야 한다. 만일 사랑이 어필한다면 시바가 끌릴 것이고 『신비의 서(The Book of The Secrets)』가 그대의 탄트라 경전이 될 것이다. 그리고 명상이 어필한다면 사라하가 끌릴 것이다. 그것은 그대에게 달려 있다. 둘 다 옳다. 둘 다 같은 여행길에 있다. 누구와 함께 여행을 하는가는 그대의 선택이다. 그대가 홀로 있으면서 축복스러울 수 있다면 사라하가 맞고, 혼자서는 기쁘지 않고 관계를 통해서만 축복스러울 수 있다면 시바가 맞을 것이다. 이것이 힌두교 탄트라와 불교 탄트라의 차이점이다.

두 번째 질문
사랑하는 오쇼, 저는 항상 당신의 말씀에 동의합니다.
그런데 왜 저의 삶은 변화가 없을까요?

 아마도 그 '동의' 때문인 것 같다. 그대가 내게 동의한다거나 또는 반대한다면 그대의 삶은 변화되지 않을 것이다. 그것은 동의나 반대의 문제가 아닌 이해의 차원이기 때문이다. 그리고 이해는 동의나 반대를 넘어서 있다.

통상 동의할 때는 나를 이해했다고 생각하나 진정으로 나를 이해했다면 동의나 반대 따위의 문제는 발생하지 않을 것이다. 어떻게 진리에 대하여 동의나 반대가 있을 수 있겠는가? 해가 뜬다, 거기에 대해 동의하거나 반대할 수 있는가? 그대는 부질없는 질문이라고 말할 것이다.

동의나 반대는 학설에 관한 것이지 진리에 관한 것이 아니다. 따라서 내게 동의한다는 것은 실은 내게 동의하는 것이 아니라, 이미 구축해놓은 그대의 학설에 내가 동의한다고 느끼는 것이다. "오쇼가 내게 동의하는구나." 하고 느낄 때마다 자신이 오쇼에게 동의한다고 생각하는 것이다. 내가 그대에게 동의하지 않을 때는 말썽이 생기는데, 그때 그대는 내게 동의하지 않거나, 아니면 내 말이 귀에 들어오지 않는다. 그런 말은 듣지 않는다. 내가 그대에게 어긋나는 말을 할 때면 마음의 문을 닫아버리는 것이다.

그것은 동의나 반대의 문제가 아니다. 그런 것은 떨쳐버려라!

나는 개심(改心) 따위나 시키려고 여기 있는 것이 아니다. 나는 어떤 철학도 강요하지 않으며, 어떤 신학을 제기하려고 여기에 있는 것도 아니다. 나는 제자를 원하지 추종자를 원하는 게 아니다. 그것은 전적으로 다르다. 완전히 다른 것이다. 제자는 동의하는 자가 아니다. 제자는 잘 듣는 자이며 배우는 자이다. 제자란 단어는 배움, 수련에서 비롯되었다.

제자란 배우기 위해 열려 있으나 추종자는 닫혀 있다. 추종자는 자기가 동의했다고 생각한다. 추종자는 조금도 열려 있지 않으며 그럴 필요도 없다. 그는 닫혀 있을 수 있다. 그는 닫혀 있을 여유가 있다. 제자는 결코 그럴 여유가 없다. 너무나 배울 것이 많기 때문이다. 어떻게 동의나 반대가 있을 수 있겠는가? 제자에겐 에고가 없다. 그러니 누가 동의하고 누가 반대할 것인가? 제자는 그저 열려 있을 뿐이다. 그 안에는 동의하거나 반대할 자가 없다. 그대의 그 동의가 말썽이다. 일찍이 그 누구도 동의를 통해 변형된 적이 없다. 동의란 아주 피상적이고 지적인 것이다.

변형을 위해서는 이해가 필요하다. 변형과 성숙은 항상 이해를 통해 이루어진다. 이해할 때는 다른 할 일이 없다. 이해 자체로써 변형이 일어날 것이다. 그 말은 먼저 이해하고 그리고 훈련하라는 뜻이 아니다. 바로 그 이해, 그대의 심장 깊숙이 스며든 이해 그 자체로 변형이 일어난다는 말이다.

변형은 이해에 따른 자연스런 결과이다.

그대가 동의할 때 문제가 발생한다. 이제 어떻게 할 것인가? 그대는 동의했으니 이제 뭔가 훈련해야 한다. 동의란 아주 어리석은 것이다. 반대만큼이나 어리석다. 그리고 마음은 아주 교활하다! 그대는 결코 동의한다는 것이 무슨 의미인지 모른다.

몇 가지 상황을 보자.

첫 번째 이야기이다.

소년의 어머니는 소년이 갓난아기였을 때 죽었다. 소년의 아버지는 열심히 일해서 그를 잘 키웠다. 마침내 소년이 집에서 멀리 떨어져 있는 대학에 입학했다. 그에게서 날아온 맨처음 편지는 아버지를 실망시켰다. 노인은 정확한 이유는 몰랐지만 왠지 그 편지의 내용이 언짢았다. 내용상에는 확실히 아무 실망할 이유가 없었다. 아마도 억양의 어떤 것이 그를 괴롭힌 것 같다. 편지의 내용은 이랬다.

"사랑하는 아빠, 모든 것이 좋아요. 저는 여기 대학생활이 마음에 듭니다. 그리고 저는 축구부에 들었습니다. 대학동호회에도 들었구요. 그리고 저는 처음 대수시험에서 'A' 학점을 받았어요…."

잠시 생각한 후에, 아버지는 어렵게 손을 움직일 수 있었다. 그는 답장을 썼다.

"보아라, 아들아. 나는 어리석은 늙은이처럼 보이고 싶진 않지만 네가 좀 신경을 쓴다면 훨씬 흐뭇할 것 같구나. 네가 은혜를 모른다고 생각하는 것은 아니나, 아무튼 너를 키우고 대학에 보내기 위해서 나는 아주 열심히 일해야만 했다. 그래서 내 자신은 대학에 갈 기회가 없었단다. 무슨 말이냐 하면, 만일 네가 '나는 이것을 했고 저것을 했습니다' 대신에 '우리는 이것을 했고 저것을 했습니다' 라고 말했더라면 내게는 훨씬 의미가 있었을 것이다. 마치 나도 거기에 참여하는 느낌이 들었을 테니까."

소년은 곧 아버지의 심중을 헤아렸고 그 후로는 이런 식의 편지가 날아왔다.

"저, 아빠, 우리는 지난 토요일에 큰 시합에서 이겼습니다. 우리는 멋쟁이 아가씨와 데이트를 했습니다. 우리는 역사시험에서 'A' 학점을 받을 것입니다."

그 늙은 아버지는 이러한 체험의 나눔에서 큰 즐거움을 얻었다. 태양은 그를 위해 밝게 빛났다.

어느 날 전보가 도착했다.

"사랑하는 아빠, 우리는 학장의 딸을 곤경에 빠뜨렸습니다. 그녀가 쌍둥이를 낳았어요. 쌍둥이 중에 제 아이는 죽었습니다. 아빠의 아이는 어떻게 하시겠어요?"

마음은 아주 교활하다. 지켜보라… 그대가 내게 동의할 때 그대는 정말로 내게 동의하는가? 아니면 내게서 그대의 입맛에 맞는 부분을 찾고 있는가? 그리고 마음은 무척 합법적이고 법칙적이다. 마음은 동의를 통해 변함없는 상태를 유지하려고 한다. 그뿐만 아니라 동의를 함으로써 이제 그대를 변화시키는 것이 오쇼의 의무인 양 생각하기 시작한다. 그대가 무엇을 더 할 수 있겠는가?… 그대는 동의했으니 그대의 일을 다한 셈이다. 무엇을 더 할 수 있겠는가?… 그대는 동의했다. 그대는 산야신이 되었고 헌신했다. 무엇을 더 할 수 있겠는가? 이제 아무 일도 안 일어난다면 그대는 내게 분노할 것이다.

그때 그대가 듣는 것은 내가 말한 내용이 아니다. 그대 맘대로 듣고 그대가 해석하여 듣는다. 그대의 과거를 통해 듣고 그대의 기억과 지식과 조건화된 바를 통해서 듣는다. 그대는 마음을 통해서 듣는다. 마음은 그대가 듣는 모든 것에 색깔을 입히고 재빨리 뛰어들어서 내 말을 변질시켜 그대의 생각과 일치시킨다. 몇 가지는 제거하고 몇 가지는 과장하여 땜질을 하여 내 말의 일부만 챙긴다. 그러나 부분을 통해서는 결코 변형이 일어나지 않는다. 오직 전체만이 변형을 이룰 수 있다.

그 전체는 동의하거나 반대하는 노력이 없을 때 비로소 전체로서 남아 있을 수 있다. 동의나 반대를 위한 노력을 하지 않을 때만 그대는 마음을 내려놓을 수 있다. 만일 그대가 동의하려고 노력한 다면 어떻게 마음을 내려놓을 수 있겠는가? 동의나 반대는 다 마음이다.

이해는 마음보다 더 큰 무엇이다. 이해는 존재의 전체성 속에서 일어난다. 이해는 그대의 머릿속에 있듯이 그대의 발끝에도 있다. 이해는 전체적인 무엇이다. 마음은 아주 협소한 부분에 불과하면서도 매우 독재적이고, 마치 자기가 전체인 척한다.

두 번째 이야기이다.

중년의 사업가가 아내를 데리고 파리에 갔다. 아내와 함께 여기 저기 상점을 배회한 후, 아내에게 사정하여 하루를 혼자 쉬게 되었다. 아내가 또 쇼핑을 가자, 그는 바로 술집으로 달려가 감미로운 파리 아가씨 한 명을 골랐다. 그들은 잘 돼가고 있는 것 같았다. 돈 문제가 생기기 전까지는… 그녀는 50달러를 요구했는데 그는 10달러밖에 주지 않았다. 결국 그들은 가격차이로 함께 어울릴 수 없었다. 그날 저녁, 그가 아내를 호위하여 고급 레스토랑에 갔을 때 문가 테이블에서 점심 나절의 그 화려한 아가씨를 발견했다.

"안녕하세요?"

그들이 지나가자 아가씨가 인사했다.

"그 치사한 10달러로 얻은 게 결국 그거로군요?"

그대의 이해는 그대의 이해일 뿐이다. 그대의 해석은 그대의 해석일 뿐이다. 그대는 그대의 각도로 볼 것이다. 무엇을 듣든 그것은 그대의 해석이라는 것을 항상 기억하라. 그것을 주의하라! 그것은 그대가 그렇게 들었다고 생각한 것이지 정확한 내 얘기가 아니다. 그것은 같지 않다. 그대는 그대 자신의 반향에 동의하는 것이지 내게 동의하는 것이 아니다. 그대는 자신의 생각에 동의한 것이다. 그러니 어찌 변화가 있을 수 있겠는가? 생각도 그대의 것이고 동의도 그대의 것이다. 그러니 변화는 일어날 수 없다.

부디 동의하거나 반대하는 일을 그만둬라. 다만 귀기울여 내 말을 들어라. 동의란 아마도 충격을 피하고 그대 자신을 방어하기 위한 일종의 책략일 것이다. 그것은 완충장치의 역할을 한다. 그대는 내가 말한 것에 얼른 동의함으로써 충격을 피한다. 만일 내게 동의하지 않았다면 그대는 뿌리까지 충격을 받았을 것이다. 그것은 곧 그대의 근본까지 흔들어댔을 것이다. 내가 어떤 것을 말하면 그대는 "예, 나는 동의합니다"라고 말한다. 곧 동의함으로써 에너지를 끊어버리는 것이다. 그대는 동의했으니 이젠 충격을 받을 필요가 없다. 만일 그대가 동의도 하지 않고 반대도 하지 않았더라면…

그것은 반대의 경우에도 똑같다. 내가 말한 어떤 것에 "나는 반대한다"고 말한다면 그대는 에너지를 끊는 것이다. 이제 그대의 근원까지 파고들어 그대를 흔들어댈 에너지는 없을 것이다.

우리는 주변에 수많은 완충장치와 방어물들을 창조해냈다. 이 방어물들은 그대가 변화되도록 놔두지 않을 것이다. 변화하기 위해서는 충격이 따르게 마련이다. 어마어마하고 끔찍한 고통이 따르게 마련이다. 변형은 고통스러울 것이다. 동의는 편리하다. 반대도 그렇다. 나는 동의와 반대에 별차이를 두지 않는다. 그들은 한 동전의 양면이다.

내게 가까이 다가오기를 원하는 진실한 사람, 진정으로 나와 만나길 원하는 사람은 동의도 반대도 없을 것이다. 그저 내게 귀기울이고 해석하지 않고 순수하게 들을 것이다. 절대적으로 순수하게 들을 것이다. 자기 자신을 내려놓고 내게 기회를 줄 것이다.

세 번째 이야기이다.

교사가 초등학교 1학년생들에게 생명의 기본적인 실상을 가르쳐준 직후였다.

첫째 줄에 앉아 있던 메리가 손을 들었다.

"여섯 살짜리 남자애가 아기를 만들 수 있나요?"

"아니,"

교사가 미소 지으며 대답했다.

"그건 불가능해. 다른 질문 있니?"

침묵… 메리가 다시 손을 들었다.

"여섯 살짜리 여자애는 아기를 만들 수 있나요?"

"아니,"

교사가 대답했다. 그때 메리의 뒤에 있던 남자애가 앞으로 몸을 기울이며 메리의 귀에 대고 큰소리로 속삭였다.

"그봐야! 내가 말했잖아야. 넌 아무것도 걱정할 것 없다고야!"

그대가 하는 모든 동의나 반대는 변화되지 않고 예전의 방식을 고수하려는 재료일 뿐이다. 사람들의 일생은 한 가지 과업 "어떻게 하면 변화되지 않을까"에 바쳐진다. 사람들은 "나는 불행하고 싶지 않다"고 말하면서 줄곧 자신을 불행하게 하는 일을 하고 있다. 사람들은 줄곧 "나는 변화되고 싶다"라고 말하지만 깊은 내면에서는 변화되고 싶어하지 않는 걸 본다. 사실 그들의 변화되고 싶다는 이 욕구의 표현은 또다시 변화되지 않으려는 수법이다. 세상에 대고 "나는 변화하려고 노력했고 변화되고 싶다고 큰소리로 말하고 외쳐댔지만 아무 일도 안 일어나는데 난들 어떻게 하겠는가?" 하고 말할 수 있기 위한 수법이다.

그대는 변화될 수 없다. 마지막으로 이 질문에 대해 내가 말해주고 싶은 것은 그대는 변화될 수 없으며, 오직 변화가 일어나는 것을 허용할 수 있을 뿐이라는 것이다. 변화되려고 노력하면 결코 변화되지 않을 것이다. 누가 노력하고 있는가? 그대의 옛날 자아이다. 그 안에 들어 있는 논리를 보라. 그대는 자신을 변화시키려고 노력하고 있다. 그것은 꼭 자기의 구두끈을 잡아당기는 것과 같다. 과연 그 속에서 무슨 일이 일어날 수 있겠는가? 아무것도 가능하지 않다. 그대는 그대 자신을 변화시킬 수 없다. 변화시키려고 노력하는 자는 누구인가? 그것은 그대의 과거이기 때문이다. 그것은 그대 자신이다.

그대는 변화가 일어나는 것을 허용할 수 있다. 그것을 허용하기 위해 그대는 무엇을 할 수 있는가? 부디 내게 동의나 반대를 하지 말아라. 다만 주의 깊게 들어라! 그저 여기에 존재하라. 다만 나의 현존이 촉매작용을 할 수 있도록 하라. 다만 나에게 전염되어라. 내가 지닌 이 병, 내가 지닌 이 홍역에 걸려라. 그리고 그냥 나를 허용하라. 그대 자신이 변화되려고 애쓰지 말아라. 이러한 허용이 헌신이라는 것이다.

산야신이란 내게 동의하는 자를 말함이 아니다. 만일 내게 동의했다면 그는 산야신이 아니다. 그때의 그는 기독교인이 그리스도의 추종자이듯이 한낱 추종자일 뿐이다. 그들은 그리스도에게 동의했지만 아무런 변화도 없었다. 마치 붓다의 추종자인 불교도들처럼. 불교도들은 붓다에게 동의했지만 그렇다고 어떤 변화도 없었다. 온세상 사람들이 누군가를 추종하고 있다. 그대는 그것을 볼 수 없는가?

따라서 추종한다는 것은 변화를 회피하는 길이다. 부디 나를 추종하지 말아라. 다만 여기에서 일어나는 일에 귀기울이고 여기에서 일어나는 일을 보고, 그냥 나를 보면서 내 에너지가 그대의 에너지에 작용할 수 있도록 내게 기회를 주라. 그것은 마음의 일이 아닌 전체적인 사건이다. 그러면 그대는 잠깐일지라도 같은 떨림으로 진동할 수 있다.

비록 잠깐일지라도 이러한 순간들이 변화를 가져다줄 것이다. 이러한 순간들이 미지에 대한 일별을 가져다줄 것이다. 이러한 순간들이 그대에게 시간을 초월한 영원성을 자각하게 해줄 것이다. 이러한 순간들이 명상 속에 존재하는 느낌을 줄 것이다. 이러한 순간들이 신(神), 도(道), 탄트라, 선(禪)을 맛보게 해줄 것이다. 이러한 순간들이 변화의 가능성을 가져다줄 것이다. 이러한 순간들은 그대의 과거로부터가 아니라 그대의 미래로부터 올 것이기 때문이다.

동의, 내게 동의하는 것은 그대의 과거이다. 열림, 받아들임, 그것은 열려 있는 그대의 미래이다. 내게 열려 있는, 변형에 대한 그대의 가능성은 미래에 있다. 과거는 죽었고 이미 갔고 끝났다. 그것을 파묻어라! 그것은 이제 의미가 없다. 계속해서 그것을 지니고 다니지 말아라. 그것은 불필요한 짐이다. 바로 이러한 짐 때문에 그대는 높이 비상할 수 없는 것이다.

"나는 당신에게 동의합니다"란 무엇을 의미하는가? 과거가 동의하고 있는 것이다. 그대의 과거가 기분 좋아서 머리를 끄덕이며 "예, 그것은 제가 항상 생각해왔던 것입니다"라고 말하는 것이다. 이것은 미래를 회피하는 길이다. 깨어 있어라.

그저 나와 함께 존재하라. 그것이 사트상가이고 고귀한 만남이다. 그저 나와 함께 존재하라. 그대도 모르는 사이에 몇 줄기의 광선이 그대 존재에 스며들고 놀이가 시작될 것이다. 그러면 이전에 살아왔던 삶은 진정한 삶이 아니었음을, 그대는 환상 속에서 살아왔고 꿈꾸어 왔음을 자각하게 될 것이다. 이러한 실체에 대한 약간의 일별들이 그대의 전 과거를 산산이 부수어버릴 것이다. 그리고 나면 변형이 일어난다. 그것은 자연스럽게 찾아온다. 그것은 이해에 의해 일어난다.

세 번째 질문

사랑하는 오쇼, 저는 이따금 사람들이 똑같은 낡은 게임을
자꾸만 반복하는 것을 지켜보면 너무 낡아 보여 제 눈이
지치고 가슴에서 신물이 나며 냉소적으로 됩니다.
아마도 그것은 제가 점점 더 제 자신의 게임과 속임수를
보면서 동시에 절 미치게 하는 "괜찮다.
그냥 네 자신을 받아들이고 사랑하라. 그러면 아무 문제 없다"
고 하는 당신의 목소리를 듣는 까닭인 것 같습니다.
그냥요???!
당신이 또 그 말씀을 하신다면 저는 비명을 지를 것만 같습니다. 목적이 있다고 생각했을 때가 더 행복했던 것 아닐까요?

이 질문은 마 데바 아난도가 했다. 그것은 의미심장하다. 이 질문은 거의 여기 있는 누구에게나 해당될 수 있기 때문이다. 주의 깊게 들어라. 그것은 모든 구도자가 거쳐온 상황의 단면을 보여준다.

먼저, 아난도는 말한다.

"이따금 사람들이 똑같은 낡은 게임을 자꾸만 반복하는 것을 지켜보면 너무 케케묵어 보여서 제 눈이 지치고 가슴에서 신물이 나며 냉소적으로 됩니다."

제발 다른 사람을 지켜보지 말아라. 그것은 그대의 일이 아니다. 만일 그들이 낡은 게임을 가지고 놀기로 결정했다면, 그들이 낡은 게임을 가지고 놀기를 원한다면, 그들이 낡은 게임을 가지고 노는 것이 행복하다면 왜 그대가 해석하는가? 대체 판단하는 그대는 누구인가?

남들을 판단하려는 이 끝없는 갈망은 떨쳐버려야 한다. 그것은 사람들을 도와주지 못할 것이다. 그것은 그대만 해칠 뿐이다. 바로 그대만 해칠 뿐이다. 왜 그대가 신경써야 하는가. 그것은 그대와는 아무 상관 없는 일이다. 만일 그들이 낡은 습관을 고수하고 싶어하고 똑같은 수레바퀴 속에서, 케케묵은 틀 속에서 움직이고자 한다면 그것은 그들의 즐거움이다. 괜찮다! 그것은 그들의 삶이고 사람은 누구나 자기 방식대로 살 권리가 있다.

어째서인지 우리는 사람들이 자기만의 고유한 방식을 가지는 걸 허용하지 못한다. 어떤 방식으로든 우리는 계속 판단한다. 때로는 그들을 죄인이라 하고 때로는 그들이 지옥에 갈 수밖에 없다고 말하며, 때로는 그들을 이러저러한 범죄자라고 말한다. 만일 그 모든 상황이 바뀌면 그대는 이제 새로운 가치판단을 내린다. 즉 사람들이 낡은 게임을 계속하고 있어 "나는 지쳤다"고 하는 거다.

왜 그대가 그들의 게임에 지치는가? 그들이 원한다면 그들 스스로 게임에 지치도록 내버려두라. 그들이 원하지 않는다면 그 또한 그들의 선택이다. 제발 남들을 지켜보지 말아라.

그대의 모든 에너지는 그대 자신에게 집중되지 않으면 안 된다. 어쩌면 그대는 그대 자신을 비난하고 싶은 것을 하나의 속임수처럼 남들의 낡은 게임을 비난하고 있을지도 모른다. 그것은 흔히 일어나는 일이다. 그것은 심리적인 속임수이다. 우리는 남들에게 자신을 투사한다. 도둑은 모든 사람을 도둑으로 생각한다. 도둑에게는 그것이 아주 당연한 일로써 그의 에고를 보호해준다. 세상사람들 모두가 악하다고 생각하면 비교적 자기는 착한 편이라고 느끼게 된다. 살인자는 세상사람들 모두가 살인적이라고 느낀다. 그렇게 하면 자기가 선량해 보이고 편안해진다. 세상사람들 모두가 살인적이라고 생각하면 그의 마음은 편하다. 그러면 살인하면서 아무런 죄책감도 양심의 가책도 느낄 필요가 없는 것이다.

하여 우리는 줄곧 우리 자신에게서 보고 싶지 않은 것들을 타인에게 투사하고 있다. 부디 그 짓거리를 그만둬라! 만일 그대가 진정으로 낡은 게임들에 지쳤다면 이것이야말로 낡은 게임이다. 가장 낡아빠진 게임이다. 수많은 생 동안 그대는 타인들에게 그대의 결점을 투사하면서 흐뭇해 하는 이 게임을 해왔다. 물론 더 과장하고 확대해서 말이다. 만일 그대가 도둑이라면 남들은 더 큰 도둑이라는 인상을 확대해야 상대적으로 그대가 나은 것 같아 흐뭇해진다.

그 때문에 사람들은 계속 신문을 읽는 것이다. 신문은 상당히 위안을 준다. 이른 아침부터, 차도 들기 전에 신문을 읽지만 신문에 새로운 건 아무것도 없다. 새로울 것이 전혀 없기 때문이다. 그것은 항상 똑같은 케케묵은 것들이다. 하지만 그대는 흐뭇하다. 어딘가에서는 살인사건이 있었고 어딘가에서는 워터게이트 사건이 있었으며 또 다른 곳에서는 또 다른 어떤 일, 누구는 도둑을 맞았고 누구의 아내는 다른 남자와 도망을 갔다… 따위들뿐이다. 그것을 바라보면서 그대는 안도한다.

"그러니 나는 그리 나쁜 사람이 아니야. 온세상이 미쳐가고 있지 않은가! 나는 훨씬 좋은 사람이지. 나는 아직 이웃집 마누라와 도망간 적도 없고 누굴 죽인 적도 없으니. 비록 생각은 했을지라도 남들은 실제로 그런 짓을 하는 마당에 생각하는 것이 무슨 죄가 되는가."

그대는 흐뭇해 한다. 그렇게 흐뭇해 하는 순간 그대는 여전히 똑같은 상태로 남아 있다.

부디 다른 사람을 지켜보지 말아라. 그것은 그대에게 도움이 되지 않는다. 그대는 그대 자신을 관찰하는 데 에너지를 써야 한다.

관찰 속에는 어마어마하게 변형적인 무엇이 있다. 만일 그대 자신을 관찰한다면 변화가 시작될 것이다. 만일 그대 자신의 분노를 관찰한다면 어느 날 문득 그 분노가 더 이상 예전 같지 않다는 것을 발견할 것이다. 분노는 이제 그렇게 격하지 않다. 그 안의 어떤 것이 소멸되었다.

그대 자신을 주의 깊게 지켜본다면 마침내 부정적인 것이 죽고 긍정적인 것이 더 살아나는 것을 볼 것이다. 그대의 삶에 불행은 사라지고 축복이 찾아들 것이다. 그대는 더욱 웃게 될 것이다. 때로는 이유도 없이. 주의 깊게 지켜본다면 그대 안에 유머감각이 생길 것이다. 그 오래된 압박감과 침울함은 사라지고 유머감각이 생겨날 것이다. 주의 깊게 지켜본다면 그대의 삶은 더욱 놀이처럼 되고 심각함은 점점 사라질 것이다. 점점 더 그대는 순진해지고 신뢰에 차며 의심이 줄어들 것이다.

나는 그대의 신뢰가 항상 존중될 것이라고 말하는 것이 아니다. 아니다, 그것은 초점이 아니다. 신뢰 속에 있을 때 더 많이 속을 수 있기 때문이다. 그대는 더 많이 사기당할지도 모른다. 그러나 속을 때조차도 그대의 신뢰는 파괴되지 않는다. 실은 신뢰가 더욱 강화될 것이다. 비록 사기를 당하고도—누군가에게 얼마의 돈을 사기당했다—그대는 훨씬 가치 있는 신뢰를 얻었고 잃은 것은 거의 가치 없는 돈 따위라고 생각할 것이다. 그것이 신뢰이다.

그대는 돈을 얻고 신뢰를 잃을 수도 있었다. 그랬다면 그것은 훨씬 큰 손실이었을 것이다. 단지 돈만 가지고 행복한 사람은 일찍이 없었기 때문이다. 하지만 신뢰로 인해 사람들은 지상에서 신(神)처럼 살아왔다. 신뢰로 인해 사람들은 신에게 감사할 만큼 삶을 전적으로 향유할 수 있었다. 신뢰는 축복이다. 돈은 기껏해야 약간의 편리함을 줄 수 있지만 축제는 줄 수 없다. 신뢰는 많은 편리함은 줄 수 없을지 몰라도 그대에게 커다란 축제를 안겨줄 것이다.

축제를 포기하고 편리함을 선택한다는 것은 어리석을 뿐이다. 편리한 삶은 편리한 죽음에 불과하기 때문이다. 편하게 살다가 편하게 죽을 따름이다.

그러나 진정한 인생의 맛은 그대가 최고의 상태, 최적의 상태에서 축제적으로 살 때, 그대의 횃불이 양끝에서 타오를 때 경험할 수 있다. 아마도 단 한순간일 테지만… 그 강렬함, 그 전적임, 그 전체성은… 이것은 오직 주의 깊은 관찰을 통해서만 일어난다. 관찰은 가장 위대한 변형의 힘 중의 하나이다.

그대 자신을 관찰하라. 타인을 관찰하는 데 에너지를 낭비하지 말아라. 그것은 순전히 낭비일 뿐이다! 그리고 아무도 그것에 대해 감사해 하지 않을 것이다. 그것은 소득 없는 일이다. 그대에게 관찰받는 사람들은 오히려 불쾌감을 느낄 것이다. 사람은 누구나 사생활을 지키고 싶어하지, 타인으로부터 관찰당하고 싶어하지 않기 때문이다. 좋건 나쁘건, 어리석건 현명하건 누구나가 자신의 고유한 사생활을 지키고 싶어한다. 그대가 누구이길래 해석하는가? 그러니 엿보는 사람이 되지 말아라. 사람들을 열쇠구멍으로 지켜보지 말아라. 그것은 그들의 삶이다. 만일 그들이 원해서 그 낡은 게임을 계속하고 싶어한다면 놀게 내버려두라!

그러니 무엇보다도 부디 다른 사람을 지켜보는 걸 그만두고 모든 에너지를 그대 자신에게로 돌려라.

둘째, 그대는 말한다.

"아마도 그것은 제가 점점 더 제 자신의 게임과 속임수를 보면서 동시에 절 미치게 하는 '괜찮다. 그냥 그대 자신을 받아들이고 사랑하라. 그러면 아무 문제 없다'고 하는 당신의 목소리를 듣는 까닭인 것 같습니다."

그 말을 반복해야겠다.

"문제란 없다. 나는 한 번도 진정한 문제를 접해본 적이 없다. 지금까지는 말이다. 나는 무수한 사람들에게서 무수한 문제들을 들어왔지만 아직 진정한 문제는 한 번도 접해본 적이 없다. 나는 정말로 문제가 발생하리라고는 생각하지 않는다. 진짜 문제는 존재하지 않기 때문이다. '문제'란 창조된 것이다. 상황은 있을 수 있지만 문제란 없는 것이다. 문제란 상황에 대한 그대의 해석이다. 동일한 상황이 어떤 사람에게는 문제가 안 되고 어떤 사람에게는 문제가 될 것이다."

그러니 문제를 창조하느냐 마느냐는 그대에게 달려 있고 진정한 문제란 없는 것이다. 존재에는 문제가 없다. 문제는 인간의 마음에만 있을 뿐이다.

다음번에 문제에 빠지게 되면 한 번 보라. 그냥 지켜보라. 그냥 한쪽에 서서 문제를 바라보라. 정말로 그것이 있는가, 혹은 그대가 그것을 창조했는가? 그 속을 깊숙이 들여다보면 문득 문제가 늘어나지 않고 줄어드는 것을, 점점 작아지는 것을 볼 것이다. 주의 깊은 관찰에 에너지를 모을수록 문제는 점점 더 작아진다. 그리고 문득 그것이 없는 순간이 찾아온다… 그대는 한바탕 웃을 것이다.

문제가 생길 때마다 그냥 보라. 문제는 허구이다. 그것은 존재하지 않는다. 그냥 그것에 다가서서 모든 각도에서 바라보라. 어떻게 그것이 존재할 수 있는가? 그것은 헛깨비이다! 그대가 그것을 원했다. 그래서 그것이 거기에 있는 것이다. 그대가 그것을 청했다. 그래서 그것이 거기에 있는 것이다. 그대가 그것을 초대했다. 그래서 그것이 거기에 있는 것이다.

하지만 사람들은 그렇게 하는 것을 좋아하지 않는다. 만일 그들의 문제를 문제로 인정해주지 않으면 좋아하기는커녕 불쾌해 하고 문제에 관심을 가져주면 아주 좋아한다. 더구나 "그래요, 정말 큰 문제군요"라고 말한다면 그들은 무진 행복해 한다. 그 때문에 정신분석이 이 시대의 가장 중요한 것 중의 하나가 된 것이다. 정신분석가는 아무도 도와주지 못한다. 아마 자기 자신에게는 이로울 수 있어도 다른 사람은 전혀 도와주지 못한다. 정신분석가는 도움을 줄 수 없다. 하지만 사람들은 여전히 정신분석가를 찾아가고 대가를 지불한다. 그들은 정신분석가가 그들의 문제를 인정해주는 것을 즐긴다. 그대가 갖고 가는 모든 어리석은 문제들을 정신분석가는 아주 진지하고 심각하게, 마치 정말로 문제가 있는 것처럼 귀기울여 주는 것이다. 정신분석가는 물론 그대가 굉장히 고통받고 있다고 여겨주고 문제를 분석하기 시작한다. 그 과정은 수년이 걸린다!

그러나 수년 간 정신분석을 받아도 문제는 여전히 해결되지 않는데, 무엇보다도 문제 자체가 존재하지 않기 때문이다. 그러니 누가 그 문제를 해결할 수 있겠는가? 하지만 수년 간 정신분석을 받고 나면 그대는 지쳐서 낡은 문제를 끝내게 된다. 그대는 이제 새로운 문제를 원한다. 따라서 어느 날 문득 말한다.

"그래, 이제 그 문제는 없어졌어. 그 문제는 사라졌어."

그리고는 정신분석가에게 감사해 하나 도와주고 치료해준 건 시간이지 정신분석가가 아니다. 그렇지만 사람들은 그냥 기다리고 지켜보기를 좋아하지 않는다.

미친 사람을 선원(禪院)에 데려가면 선원에서는 단순히 그를 멀리 떨어진 작은 오두막의 한구석에 집어넣고는 "그냥 거기에 있어라. 차분히 있어라." 하고는 아무도 그에게 말을 걸지 않고 음식만 공급한다. 그가 편안히 지내도록 보살펴주지만 아무도 그에게 신경쓰지 않는다. 그러면 정신분석을 3년 동안 한 결과가 3주 안에 나타난다. 3주 안에 그 사람은 문제에서 벗어나 말한다.

"예, 그 문제는 끝났습니다."

3주 사이에 문제는 해결된다. 어떻게 문제를 안 볼 수 있겠는가? 분석을 하지 않으니 주의가 딴 곳으로 가거나 흩어지지 않는다. 정신분석은 그대의 주의를 흐트려놓는다! 그냥 있었으면 3주 안에 해결되었을 문제가 정신분석가가 유지시켜 줌으로써 3년 또는 그 이상이 돼도 해결되지 않는 것이다. 그것은 그대의 재력에 달려 있다. 그대가 부유하다면 평생 동안 문제가 지속될 수도 있다. 그것은 그대가 얼마나 여유가 있는가에 달렸다는 뜻이다. 가난한 사람들은 여러 가지 문제들로 고통 받지 않는다. 부유한 사람들이 고통 받는다. 그들은 그럴 만한 여유가 있는 것이다. 그들은 많은 문제들과 게임을 즐길 수 있다. 가난한 사람은 여유가 없으니 게임을 즐길 수 없다.

다음번에 문제가 생기거든 잘 들여다보라. 전혀 분석하지 말고 그 속을 주의 깊게 들여다보라. 문제를 분석하지 말아라. 분석은 주의를 분산시킨다. 분석을 하기 시작하면 문제를 들여다보지 못한다. 그대는 이유를 캐기 시작한다. 어디로부터 문제가 발생했는가? 어떻게 그것이 왔는가?… 어린 시절 어머니나 아버지와의 관계에서? 그대는 방황한다. 지금 그대는 문제 그 자체를 보지 못하고 있다. 프로이트학파의 정신분석은 방대한 전문지식을 가지고 노는, 정말로 에고 트립(ego trip)이다.

원인을 파고들지 말아라! 그럴 필요가 없다… 거기엔 원인이 없기 때문이다. 과거로 들어가지 말아라. 현재의 문제로부터 멀어지기만 할 것이다. 그것을 지금 현재의 것으로 들여다보라. 그냥 그 속으로 들어가라. 원인이나 이유에 대해서 생각하지 말아라. 다만 있는 그대로 그 문제를 지켜보라. 그 속을 열심히 지켜보고 있노라면 그것이 흩어져버리는 것에 그대는 놀랄 것이다. 그것을 계속해서 지켜보면 그것이 사라진 걸 발견할 것이다.

문제는 존재하지 않는다. 우리는 문제 없이는 살 수 없기에 우리가 문제들을 창조한다. 그것이 우리가 문제들을 창조하는 유일한 이유이다. 문제를 가진다는 것은 할 일을 갖는다는 것이다. 할 일이 있음으로써 사람들은 안도한다. 문제가 없으면 텅 빈 채 혼자 남겨진다. 다음엔 뭘 하지? 모든 문제가 해결됐는데….

한 번 생각해보라. 어느 날 신이 와서 말한다.

"이제 더 이상 문제는 없다. 다 끝났다! 모든 문제들은 사라졌다."

그대는 뭘 할 것인가? 그날을 생각해보라. 사람들은 난감해져 신에게 몹시 분노할 것이다.

"이건 축복이 아니다! 이제 우리는 과연 뭘 한단 말인가? 문제가 없다고?"

그러면 돌연 에너지는 아무 데로도 움직이지 않는다. 그때 그대는 정체될 것이다. 문제를 통해서 그대는 움직이고 계속 나아가고 일을 하고 희망하고 바라고 꿈꿔 왔다… 문제는 그대가 눈코 뜰 새 없이 바쁜 상태를 유지시켜 준다.

한가하게 되는 것, 혹은 한가할 수 있는 능력을 나는 명상이라고 한다. 한가한 순간을 즐기는 빈 마음이 명상적인 마음이다.

가끔 한가한 순간을 즐겨라. 설령 문제가 있을지라도, 그대는 문제가 있다고 느낀다. 나는 문제가 없다고 말하지만 그대가 문제가 있다고 느낀다. 문제를 내려놓고 문제에게 말하라.

"기다려라! 삶이 여기에 있다. 삶 전체가 여기에 있다. 언젠가는 너를 해결할 것이나 지금 당장은 좀 여유를 가지자. 문제로부터 한가해지자."

잠시 한가한 순간을 가져라. 한 번 그러한 순간들을 즐기게 되면 문제란 한가한 순간을 즐길 수 없어서 그 공백을 채우기 위해 그대 자신이 창조했다는 사실을 알게 될 것이다.

그대 스스로를 지켜본 적이 있는가? 아무 할 일 없이 방안에 앉아 있으면 그대는 안절부절 못한다. 그대는 불편해지고 불안함을 느끼게 된다. 라디오나 TV를 틀든지 아침부터 세 번이나 읽었던 신문을 또 읽기 시작한다. 아니면 한 가지 방법밖에 없다면 꿈을 창조해서 다시 분주한 상태로 머물 수 있도록 잠이나 잔다. 아니면 담배를 피우든가… 그것을 지켜본 적이 있는가? 아무 할 일이 없을 때마다 그냥 있다는 것이 몹시 힘겨워진다.

다시 말하지만 문제는 없다, 아난도. 삶에 문제가 없다는 그 사실을 잘 보라.

그대가 문제를 원한다면, 그것이 그대의 즐거움이라면 내가 축하해주리라. 하지만 진실은 삶은 문제가 없다는 것이다.

삶은 전혀 문제가 없다. 삶을 사랑하고 즐기는 것은 신비이다. 그대는 삶을 즐기기를 두려워하기 때문에, 삶을 살기를 두려워하기 때문에 문제들을 창조한다. 문제는 삶을 반대하고 기쁨을 반대하고 사랑을 반대하는 장치물이다. 그대는 스스로에게 말할 수 있다.

"어떻게 내가 즐길 수 있단 말인가? 내겐 수많은 문제들이 있는데 어떻게 즐길 수 있단 말인가? 내겐 수많은 문제들이 있는데 어떻게 이성을 사랑할 수 있겠는가? 내겐 수많은 문제들이 있는데 어떻게 춤추고 노래할 수 있겠는가? 불가능하다!"

그대는 노래하고 춤추지 말아야 할 여러 이유를 댈 수 있다. 그대의 문제들은 삶을 피할 수 있는 절호의 기회이다.

잘 들여다보면 문제는 허구라는 것을 발견할 것이다. 설령 그대가 지니고 있는 문제들이 진짜라고 느낀다 해도 나는 괜찮다고 말한다. 왜 내가 그것을 괜찮다고 말하는가? 괜찮다고 느끼는 순간 문제는 사라져버리기 때문이다. 문제를 보고 "괜찮아." 하고 말하는 순간 거기로 흘러가는 에너지가 중단된다. 그대는 문제를 받아들였다. 받아들이게 되면 그것은 더 이상 문제가 아니다. 문제는 오직 그대가 거부할 때만 문제가 될 수 있다. 그것이 그렇게 있어서는 안 된다고 말할 때는 그것이 있다. 그래선 안 된다고 하면 문제는 더 강력해진다.

그래서 나는 그렇게 말하는 것이다. 사람들이 심각한 문제들을 가지고 찾아오면 나는 말한다.

"괜찮다. 아주 좋은 현상이니 그냥 받아들여라."

또 나는 말한다.

"그냥 그대 자신을 받아들이고 사랑하라."

아난도가 "끊임없이 '괜찮다… 아무 문제 없다'고 말하는 당신의 목소리는 저를 미치게 합니다"라고 말하는 것도 이해할 만하다.

그냥요???!

아난도는 말한다….

"당신이 또 그 말씀을 하시면 저는 비명을 지를 것 같습니다."

그대는 일생 동안 비명을 질러왔다. 그대가 진짜로 비명을 질렀는지 아닌지는 중요하지 않다. 그대는 일생 동안 비명을 질러왔다. 그것말고 지금까지 무엇을 했는가! 때로는 큰소리로, 때로는 조용히, 하지만 그대는 비명을 질러왔다. 나는 사람들에게서 그것을 본다. 절규하는 사람들, 사람들의 심장은 절규하고 있다. 그들의 존재는 절규하고 있다. 그러나 그것은 도움이 안 될 것이다. 비명이야 지를 수 있지만 그렇다고 무슨 소용이 있는가?

비명을 지르기보다는 차라리 이해하려고 노력하라. 내가 그대에게 뭘 말하려고 하는지 알려고 노력하라. 내가 말하는 것은 학설이 아니다. 그것은 실재이다. 내가 경험을 했기에 그대에게 말해 주는 것이다. 내게 문제가 없을 수 있는데 왜 그대라고 안 되겠는가? 그 도전을 받아들여라! 나도 그대처럼 보통사람일 뿐이다. 나는 어떤 비범한 기적도 일으킬 수 없는 사람이다. 나는 바로 보통사람이다. 바로 그대처럼.

나와 그대 사이의 유일한 차이점은 그대는 그대 자신에게 오케이(OK)라고 말하지 않고 나는 내 자신에게 절대적으로 오케이라고 말했다는 것이다. 그것이 유일한 차이이다. 그대는 끊임없이 그대 자신을 향상시키려고 노력하고 있고 나는 나 자신을 향상시키려고 노력하지 않는다. 미완성은 삶이 존재하는 방식이라고 나는 말해 왔다. 그대는 완벽해지려고 노력하고 있고 나는 나의 불완전함을 받아들여 왔다. 그것이 유일한 차이이다.

그러니 내게는 아무 문제가 없는 것이다. 자신의 불완전함을 받아들인다면 무슨 문제가 발생할 수 있겠는가? 무엇이 일어나건 그대가 오케이라고 말한다면 무슨 문제가 발생할 수 있겠는가? 자신의 한계를 받아들인다면 어디에서 문제가 발생할 수 있겠는가? 문제는 그대가 받아들이지 못하는 데서 일어난다. 그대는 그대를 있는 그대로 받아들일 수 없다. 그래서 문제가 발생한다. 그대는 결코 있는 그대로의 자신을 허용할 수 없을 것이고 그러면 문제가 항상 있을 것이다. 그대는 언젠가는 그대 자신을 받아들일 거라고, 그대를 있는 그대로 온전히 받아들일 거라고 상상할 수 있겠는가? 그렇게 상상할 수 있다면 왜 지금 당장 그렇게 하지 않는가?

왜 기다리는가? 누구를 위해? 무엇을 위해?

나는 있는 그대로의 나 자신을 받아들였다. 그리고 바로 그 순간에 모든 문제들이 사라져버렸다. 바로 그 순간에 모든 걱정들이 사라졌다. 나는 완벽해진 것이 아니라 나 자신의 불완전함을 즐기기 시작한 것이다. 결코 그 누구도 완벽하지 않았다. 완벽해진다는 것은 완전히 죽는다는 것을 의미하기 때문이다. 완벽함은 있을 수 없다. 삶은 영원하기 때문이다. 완벽함은 있을 수 없다. 삶은 끝없는 연속이기 때문이다. 삶은 영원하다.

그러니 이른바 문제라 하는 것을 벗어나려면 바로 이 순간의 삶을 있는 그대로 받아들이고 그것을 살고, 즐기고, 누려야 한다. 다음 순간은 이 순간에서 비롯되니 더욱 행복할 것이다. 그대는 점점 더 행복할 테니 다음은 더욱더 행복해질 것이다. 그대는 향상을 통해서가 아니라 순간을 삶으로써 행복해질 것이다.

하지만 그대는 불완전한 채로 남을 것이고 항상 한계를 지닐 것이다. 그리고 그대가 원하기만 하면 언제라도 문제를 창조할 수 있는 상황에 처할 것이다. 그러나 원하지 않는다면 문제를 창조할 필요가 없다. 그대가 비명을 지른다 해도 아무 소용이 없다. 그대는 계속 비명을 질러왔으나 그것은 하등 도움이 되지 못했다.

프라이멀 테라피(primal therapy)조차도 그다지 도움이 못된다고 밝혀졌다. 프라이멀 테라피는 사람들이 비명을 지르게 한다. 물론 그렇게 하면 기분이 좀 나아진다. 프라이멀 테라피는 울화요법으로 사람들에게 토하게 한다. 그것은 짐을 더는, 부담을 더는 느낌을 주기 때문에 기분이 좀 나아지는 것 같지만 수일 내로 행복감은 사라지고 다시 그대는 예전으로 돌아가 짐이 쌓이기 시작한다. 다시 또 그대는 프라이멀 테라피를 받으러 가고, 그러면 며칠 동안은 기분이 좋을 것이다. 그러나 또다시….

문제의 창조를 멈춰야 한다는 것을 이해하지 않는 한 그대는 계속해서 문제를 만들어낼 것이다. 그대는 엔카운터 그룹에 들어가거나 프라이멀 테라피를 받는 등 수천 가지의 그룹들을 할 수 있다. 그룹을 마치고 나면 머릿속에 있던 것들을 쏟아내니 굉장히 시원할 것이다. 하지만 그것을 만들어내는 작용원리는 제거하지 못했다. 지니고 있던 내용물들은 제거했지만 그것을 만들어내는 공장은 제거하지 못했다. 다시 문제를 창조할 테니 그것은 별로 쓸모가 없다. 그것은 일시적인 연기(延期)이고 잠시의 휴식일 뿐이다….

그대가 정말로 사물을 이해한다면 문제의 창조를 그만둬야 한다. 그렇지 않으면 그대는 하나의 그룹에서 또 다른 그룹으로, 한 정신분석가에서 또 다른 정신분석가로, 한 정신과 의사에서 다른 정신과 의사로, 이 치료요법에서 저 치료요법으로 옮겨다닐 뿐이다… 각각 나름대로 약간의 일시적인 휴식, 잠깐의 휴식을 줄 테지만 결국은 되풀이에 지나지 않는다.

여기서 하는 나의 모든 노력은 곧 문제의 뿌리를 자르는 것이다. 제발 문제를 창조하지 말아라. 그것들은 없는 것이다. 그것들은 존재하지 않는다.

그리고 끝으로 아난도는 말한다.

"목적이 있다고 생각했을 때가 저는 더 행복하지 않았나요?"

그렇다, 그대는 더 행복했었다. 또한 더 불행했었다. 그대의 행복은 희망 속에 있었지 실제의 행복이 아니었기 때문이다. 그래서 나는 그대가 더 행복했었고 동시에 더 불행했다고 말하는 것이다. 거기에 현존해 있을 때는 불행이었고 미래에 있을 때는 행복이었다. 하지만 어떻게 미래에 존재할 수 있겠는가? 목적은 미래에 존재한다.

여기에 있을 때는 불행했고 거기에 있을 때는 행복했다. 그러나

'거기'는 존재하지 않는다—그것은 모두 '여기'일 뿐이다. 항상 여기만 있으며 모든 곳이 여기이다! '거기'란 사전에만 존재한다. 마찬가지로 '그때'라는 것도 항상 지금이며 '그때'란 존재하지 않는다. 그렇다, 목적을 생각하는, 근사한 미래를 생각하는 꿈속에 있을 때가 더 행복했었다. 그런데 왜 사람들은 근사한 미래를 생각하는가? 현재가 불행하기 때문이다.

나는 근사한 미래를 생각하지 않는다. 나는 과연 미래가 얼마나 더욱 근사할 수 있는지 상상할 수 없다. 과연 그것이 바로 지금, 이 순간보다 얼마나 더 근사할 수 있겠는가? 어찌 존재가 지금 이 순간보다 더 행복하고 환희로울 것인가? 보라, 어떻게 그것이 더 행복하고 더 환희로울 수 있겠는가? 그것은 속임수이다. 현재를 피하고 미래를 생각하며 현재를 볼 필요가 없게 만드는 마음의 속임수이다.

다만 현재만이 존재할 뿐이다.

그러니 그대가 옳다. 그대는 더 행복했었다. 그대의 꿈속에서 더 행복했었다. 지금 나는 그대의 모든 꿈들을 부수어버렸다. 희망 속에서 그대는 더 행복했는데 지금 나는 그대에게 희망 없는 상태를 창조하려고, 희망을 남기지 않으려고 모든 방법을 다해 애쓰고 있다. 그대는 미래 속에서 헤매왔는데 나는 그대를 지금 여기로 끌어당기고 있다. 그것은 어려운 작업이다. 목적을 치워버리면 사람들은 매우 분노한다.

그대는 때때로 내게 몹시 분노한다. 나는 그대의 희망을, 그대의 꿈들을 치워버렸다. 아니면 그러려고 한다! 그대는 그것들에 매달려 있다. 그대는 희망에 딱 달라붙어 있어서 심지어는 나를 통해서도 희망을 품기 시작한다.

그대는 나를 통해서도 희망을 품는다. "오쇼가 해주겠지." 하고.

이 사람은 아무것도 하지 않을 것이다! 그대는 희망한다.

"이제 나는 오쇼와 함께 있으니 걱정할 필요가 없다. 조만간에 난 깨닫게 될 것이다."

전부 다 잊어버려라. 깨달음은 희망이 아니다! 깨달음은 욕망이 아니며, 미래에 있는 것이 아니다. 그대가 이 순간을 살기 시작한다면 그대는 깨달은 것이다. 나는 날마다 그대를 깨닫게 하려고 노력하는데 그대는 '내일'이라고 말한다. 하지만 내일이란 결코 오지 않을 것이다. 깨달음은 지금이 아니면 결코 오지 않는다!

지금 당장 깨달아라! 그리고 그대는 깨달을 수 있다. 왜냐하면 그대는 이미 깨달아 있으니… 다만 미혹되어 있고 다만 자신이 깨닫지 못했다고 생각하고 있을 뿐이다.

그러니 '어떻게'라고 묻지 말아라. '어떻게'라고 묻는 순간 그대는 희망하기 시작한다. 그러니 '어떻게'라고 묻지 말아라. "예, 우리는 깨달을 것입니다"라고 말하지 말아라. 나는 그런 말을 하는 것이 아니다. 그대는 이미 깨달아 있다고 말하는 것이다.

거위는 나왔다! 거위는 결코 병 속에 있은 적이 없다. 다만 순간 순간 깨어 있지 않으면 안 된다. 한순간의 깨어 있음, 단 한순간의 충격만으로도 그대는 자유로워진다.

날마다 나는 그대를 깨닫게 하려고 애쓰고 있다. 나는 그대가 이미 깨달아 있다는 것을 알기 때문이다. 하지만 그대가 삼사라의 게임을 계속하고 싶어한다면 계속하라.

확실히 이전에 그대는 더 행복했었다. 또한 불행했었다. 그대는 더 이상 희망을 가질 수 없으니 나는 그대의 행복을 빼앗은 것이다. 만일 그대가 좀더 나를 허용한다면 그대의 불행마저 빼앗을 것이다. 하지만 우선 행복이 사라져야 한다. 불행은 행복에 대한 희망의 그림자로서 존재하기 때문이다. 그러니 먼저 행복에 대한 희망이 사라져야 한다. 그때 비로소 그림자는 사라질 것이다.

그러니 원한다면 비명을 질러라. 하지만 나는 수만 번이라도 반복할 것이다.

"아난도, 문제는 없다. 그냥 그대 자신을 받아들이고 사랑하라—그렇다, 그냥."

네 번째 질문
사랑하는 오쇼, 탄트라는 탐닉의 길이 아닙니까?

그렇지 않다. 탄트라는 탐닉을 벗어나는 유일한 길이다. 탄트라는 성욕을 벗어나는 유일한 길이다. 그 방법말고는 인간을 도와준 길이 없었다. 다른 모든 방법은 인간을 더욱더 성적으로 만들었다.

섹스는 사라지지 않았다. 종교는 그것을 더욱더 해롭게 만들었을 뿐이다. 섹스는 해로운 상태로 여전히 존재한다. 그렇다, 사람들 속에 죄의식만 생겨났을 뿐 섹스는 사라지지 않았다. 그것은 생리학적인 현실이기에 사라질 수 없는 것이다. 그것은 본질적인 것이다. 억압한다고 해서 간단히 사라질 수 있는 것이 아니다. 그것은 오직 그대가 아주 깨어 있어서 성욕에 압축되어 있는 에너지가 풀어지게 할 때에 사라질 수 있다. 억압함으로써가 아니라 이해함으로써 그 에너지는 해소된다. 그리고 한 번 그 에너지가 풀어져 나오면 진흙에서 연꽃이 피어난다… 연꽃은 진흙으로부터 올라와야 한다. 그것은 더욱더 높이 올라와야 한다… 그러나 억압하면 연꽃은 진흙 속 깊이 묻혀버린다. 연꽃은 계속 억눌려 있다.

지금껏 그대는 무엇을 해왔는가? 전인류는 무의식의 진흙 속에 성을 억눌러왔다. 그대는 꼭대기에 앉아서 계속 억누름으로써 성이 움직이는 걸 허용하지 않았다. 단식이나 고행, 히말라야의 동굴이나 여자를 허용하지 않는 사원으로 가는 식으로 성을 죽인다. 수백 년 동안 여자가 들어오는 걸 허용하지 않는 사원들이 있다. 남자는 절대로 들여보내지 않고 여승들만 있는 사원들도 있다. 이러한 것들은 억압의 수단이다. 그러면 그들은 점점 더 성적이 되고 탐닉적인 꿈을 꾼다.

탄트라는 탐닉의 길이 아니다. 탄트라야말로 유일한 자유의 길이다. 탄트라는 말한다.

"모든 것은 이해를 통해서 가야 한다. 이해를 통해서 변화는 저절로 일어난다."

그러니 내 말을 귀기울여 듣고 사라하의 말을 귀기울여 들어라. 사라하가 그대의 탐닉을 지지해준다고 생각하지 말아라. 만일 그렇게 받아들인다면 그대는 고약한 상황에 처할 것이다. 이 이야기를 들어보라…

마틴이라고 하는 한 노신사가 검진을 받기 위해 의사에게 갔다.

"의사 선생, 도대체 어디가 잘못됐는지 말해주시오. 여기도 아프고 저기도 아프고, 이유를 모르겠소. 나는 아주 청결한 생활을 해왔는데 말이오. 담배도 안 피고 술을 마시거나 여기저기 돌아다니지도 않소. 그리고 매일 밤 아홉 시면 혼자서 침대에 드는데 왜 이렇단 말이오?"

"연세가 어떻게 되시죠?"

의사가 물었다.

"다음 생일이면 일흔네 살이 될 거요."

"나이가 들면 그러게 마련이지요. 아직 시간이 많이 남아 있지 않습니까? 염려하지 마시고 편안히 지내십시오. 그리고 온천욕이 좋으실 겁니다."

그래서 마틴은 온천에 갔다. 거기서 그는 몹시 늙어서 비실거리는 다른 신사를 만나고는 비교적 자신감을 얻었다.

"형제여!"

마틴이 말했다.

"그렇게 고령까지 사시는 걸 보니 틀림없이 몸을 잘 보살핀 게로군요. 나는 아주 청결한 삶을 살았지만 결코 당신 같지는 못해요. 그렇게 고령까지 산 비결이 뭡니까?"

그러자 주름살투성이의 늙은 친구가 말했다.

"그 반대요, 선생. 내가 열일곱 살 때 아버지가 말씀하셨소. '아들아, 인생을 즐기거라. 먹고 마시고 네 멋대로 탐닉하라. 인생을 최대한으로 살아라. 한 여자와 결혼하는 대신에 독신으로 살면서 많은 여자들과 사귀어라. 마누라와 자식들 대신에 네 자신을 즐기는 데 돈을 써라.' 그래요 술과 여자와 노래, 인생을 최대한으로 사는 것, 그것이 내 인생에 대한 방침이었소, 형제여!"

"뭔가 의미 있는 얘기 같군요. 연세가 어떻게 되십니까?"

그 사람이 대답했다.

"스물넷입니다."

탐닉은 자살행위이다. 억압만큼이나 자살행위이다. 이것들은 붓다가 조심하라고 하는 두 가지의 극단이다. 한 극단은 억압이고 다른 극단은 탐닉이다. 바로 중도에 존재하라. 억압적이지도 말고 탐욕적이지도 말아라. 중도에 있어라. 지켜보라. 민감하라. 깨어 있어라. 바로 그대의 삶이다. 그대는 삶을 억압하지도 말고 낭비하지도 말아야 한다. 그것을 꼭 이해하라.

바로 그대의 삶이다. 그대의 삶을 잘 보살펴라! 사랑하라! 그것에 호의를 베풀어라! 삶을 다정하게 대할 수 있다면 삶은 그대에게 많은 신비를 보여줄 것이다. 곧 신(神)의 문으로 그대를 데려갈 것이다.

탄트라는 결코 탐닉이 아니다. 억압적인 사람들은 항상 탄트라가 탐닉이라고 생각해왔다. 그들은 굉장한 강박관념을 갖고 있다… 가령 어떤 남자가 사원으로 가서 결코 여자를 보지 않고 산다면 어떻게 여자와 함께 사는 사라하를 탐닉적이 아니라고 인정할 수 있겠는가? 여자와 살 뿐만 아니라 벌거벗은 여자 앞에 앉아 이상한 수련까지 하는 사라하를 말이다. 여자는 나체로 있고 사라하는 여자를 유심히 바라보고 있다… 혹은 여자와 성행위를 할 때조차도 그는 계속 지켜보고 있다….

지금 그대는 사라하의 지켜봄은 보지 못한다. 오직 그가 여자와 성행위하는 것만 보일 뿐이다. 그리고 그대가 억압적인 사람이라면 그대의 온갖 억압된 성욕이 부글부글 끓어오를 것이다. 그대는 분명 미쳐갈 것이다! 그리고는 자신에게 억압해온 모든 것을 사라하에게 투사할 것이다. 그러나 사라하는 그런 걸 하고 있는 것이 아니다. 그는 전혀 다른 차원에서 움직이고 있다. 그는 정말로 육체에는 관심이 없다. 그는 이 성욕이라는 것이 무엇인지 보고자 함이고 이 오르가슴에 대한 흥미가 대체 무엇인지 보고자 함이다. 사라하는 바로 오르가슴이 무엇인지 알고자 하는 것이다. 그는 성의 최정점에서 명상하여 그 실마리와 열쇠를 찾고자 한다. 아마도 거기에 신성의 문을 여는 열쇠가 있을 것이다. 실제 거기에 열쇠가 있다!

신은 그대의 성적 능력 속에 열쇠를 숨겨놓았다. 한편으로는 성을 통해 생명이 존속하는데 그것은 성에너지의 부분적인 용도이다. 다른 한편으로는, 그대가 성에너지에서 완전히 깨어 있다면 궁극의 생명으로 들어가는 열쇠를 발견하리라.

한편으로는 성은 아이들이 태어남이고 보다 높은 차원에서는 그대가 영원한 삶을 누림이다.

성에너지는 생명의 에너지이다.

보통 우리는 현관에서 더 이상 들어가지 못한다. 우리는 결코 왕궁으로 들어가지 못한다. 사라하는 왕궁으로 들어가고자 노력한다. 지금 왕에게 찾아온 사람들은 분명 억압된 사람들이었을 것이다. 대부분의 억압된 사람들처럼.

정치가와 성직자들은 억압을 가르칠 수밖에 없는데 억압을 통해서만 사람들을 비정상으로 몰고 갈 수 있기 때문이다. 비정상적인 사람들은 정상인보다 지배하기가 쉽다. 성에너지가 정상적으로 안 되면 사람들은 다른 방면으로 움직인다. 그들은 돈이나 권력, 명예를 향해 움직인다. 어떤 식으로든 그들의 성에너지가 약해져야 하기 때문이다. 안에서 끓고 있는 성에너지를 어떤 식으로든 해소시켜야 한다. 그 배출구로 돈에 열광하거나 권력에 중독되는 것이다.

이 세상은 온통 섹스에 사로잡혀 있다. 만일 섹스에 대한 강박관념이 사라진다면 사람들은 돈에 미치지 않을 것이다. 누가 돈에 신경 쓰겠는가? 그리고 권력에도 신경 쓰지 않을 것이다. 아무도 대통령이나 국무총리가 되는 것을 좋아하지 않을 것이다. 무엇 때문에? 삶은 평범한 그대로 그토록 아름다운데, 평범한 그대로 그토록 장엄한데 왜 특별한 사람이 되길 원하겠는가? 평범한 사람으로 존재해도 삶은 참으로 달콤하고 아무것도 부족한 게 없는데. 하지만 성욕을 억압하고 파괴한다면 사람들은 결핍되어 항상 갈망하게 된다.

"어딘가에 분명 즐거움이 있을 텐데, 여기엔 그것이 빠져 있다."

성은 신과 본성이 부여해준 활동성의 하나로서, 그대를 현재의 순간으로 계속 되돌려준다. 보통 그대는 현재에 있지 못하다. 사랑을 나눌 때를 제외하고는. 그러나 그때도 잠깐뿐이다.

탄트라는 성을 이해하라고, 성을 해독(解讀)하라고 말한다. 성속에 생명을 탄생시킬 정도의 대단한 것이 있다면, 반드시 그 이상의 것도 있을 것이다. 그것은 곧 신성을 향한, 신을 향한 열쇠이다.

다섯 번째 질문

사랑하는 오쇼, 제게 무슨 잘못이 있는 걸까요? 저는 당신의 말씀을 이해합니다. 당신의 책을 읽으면 굉장히 즐겁습니다. 그런데 아직도 뭔가 아주 중요한 것을 놓치고 있습니다.

워즈워스(Wordsworth)의 이 아름다운 말들에 대하여 명상하라.

우리는 너무 세속적이니, 늦게 자고 일찍 일어나며
벌어서 쓰느라고 우리의 힘을 낭비하네.
우리의 것인 자연에서 거의 아무것도 보지 못하고 있는 거라네.
우리는 우리의 가슴을 내버렸다네. 더러운 선물이라면서.
달에게 젖가슴을 드러내주고 있는 이 바다,
언제나 울부짖으려고 하지만
지금은 잠자는 꽃처럼 오므라든 바람,
이런 것과, 이 모든 것들과 우리는 조화를 이루지 못하고 있네.
그런 것이 우리를 감동시키지 못하는 거라네.

그것이 놓치고 있는 것이다. 그런 것은 우리를 감동시키지 못한다… 우리는 존재와 조화되지 못한다.

우리는 너무 세속적이니. 늦게 자고 일찍 일어나며 벌어서 쓰느라고 우리의 힘을 낭비하네. 우리의 것인 자연에서 거의 아무것도 보지 못하고 있는 거네.

자연을 들여다보지 않는다면 어찌 신을 발견하고 축복을 발견할 수 있겠는가? 자연은 신의 현현이다. 자연은 신의 몸이고 신의 형상이고 신의 사원이다.

우리는 우리의 가슴을 내버렸다네… 그것을 놓치고 있다. 이런 것과, 이 모든 것들과 우리는 조화를 이루지 못하고 있네. 그런 것이 우리를 감동시키지 못하는 거라네.

그러니 내 얘기만 읽고 듣는 것은 그다지 도움이 되지 못할 것이다. 느껴라. 귀기울여 들어라. 듣지만 말고 또한 느껴라. 귀기울여 들어라. 역시 가슴을 통해 들어라. 그것이 그대의 느낌속으로 쑥 들어가도록 하라. 그것이 모든 종교에서 사라타(shraddha), 즉 신앙, 신뢰가 필요하다고 말하는 의미이다. 신뢰는 의심을 통해서가 아니고 논리를 통해서가 아니고 이성을 통해서가 아니고 추론적인 지성을 통해서가 아니고, 깊은 어우러짐을 통한 가슴으로부터 듣는 길이다.

음악을 들을 때처럼 내 얘기에 귀기울여라. 내 얘기를 어떤 철학을 듣듯하지 말고 새들의 지저귐을 듣듯이 들어라. 폭포소리를 듣듯이 들어라. 소나무 가지 사이로 불어오는 바람소리를 듣듯이 들어라. 추론적인 마음을 통해 듣지 말고 가슴의 어우러짐을 통해 들어라. 그러면 그대가 계속 놓치고 있다고 생각하는 그것을 놓치지 않을 것이다.

머리는 너무 교묘해서 아주 극단적이다. 머리는 좋은 도구이다. 그렇다, 하인으로서의 머리는 훌륭하다. 그러나 그것이 주인이 된다면 아주 위험하다. 그것은 매우 극단까지 가고, 그대의 모든 에너지를 흡수해버린다. 그것은 독재자가 돼버린다. 물론 머리는 잘 돌아간다. 그래서 지나치게 그것에 의존하는 것이다. 사람은 항상 극단으로 갈 수 있다. 마음은 극단으로 가려는 경향이 있다.

젊은 와렌은 대단한 야심가여서 사무실 사환으로 일자리를 얻었을 때, 상관에게 강한 인상을 심어주어 진급하기 위해 배울 수 있는 건 모두 배웠다. 어느 날 상관이 그를 불러서 말했다.

"교통과에 말해서 내가 11일에 출항하는 퀸 마리 호로 출장을 떠날 수 있도록 예약하게."

"유감입니다만,"

젊은이가 말한다.

"그 배는 12일까지 출항하지 않는데요."

상관이 감동적으로 바라보며 말했다.

"구매과에 즉시 6개월치 알루미늄을 주문하라고 하게."

"제 의견을 말해도 좋다면,"

와렌이 대답했다.

"가격이 내릴 테니 그 주문은 내일 하십시오. 더구나 시장가가 하향세니 한 달치 공급분만 주문하십시오."

"아주 좋네, 젊은이. 자네는 유능하군. 몇 가지 타이핑할 게 있으니 케이트 양을 들여보내게."

"미스 케이트는 오늘 안 보이는데요."

젊은이가 대답했다.
"무슨 일인가, 어디 아픈가?"
"아닙니다. 그분의 주기는 9일부터입니다."

지금 이것은 지나치게 아는 것이다. 이것은 너무 앞서고 있다! 인간의 마음은 너무 앞서가서 한계를 넘어서는 현상이 벌어졌다. 거기에 모든 에너지를 뺏겨 가슴에는 아무것도 남지 않는다. 그대는 완전히 가슴을 무시하고 움직이며 가슴을 통해서 가지 않는다. 가슴의 길로 움직이지 않는다. 가슴은 거의 죽은 것이, 죽은 짐짝이 되어버린다. 이것이 놓치고 있는 것이다.

그대는 머리를 통해 내 얘기를 들을 수 있다. 물론 내 말을 죄다 이해할 것이다. 그럼에도 여전히 그대는 아무것도, 단 한 마디도 이해하지 못할 것이다. 이것은 전적으로 다른 차원의 이해이기 때문이다. 이것은 지식보다 사랑에 가까운 이해이다.

그대가 나와 사랑에 빠진다면 비로소 그때… 그대가 나를 느끼기 시작한다면 비로소 그때… 나와 그대 사이에 애정이 무르익어 연애가 된다면 비로소 그때….

다음 마지막 질문
사랑하는 오쇼, 좋은 연설을 어떻게 정의하십니까?

말하기 어렵다… 내 생애에 있어 결코 어떤 연설도 한 적이 없기 때문이다. 그대는 사람을 잘못 택했다. 하지만 내가 좋아하기도 하거니와 그대에게 말해주고 싶은 연설의 정의를 들은 적이 있다.

시작이 좋고 끝이 좋으면 좋은 연설이다… 만일 시작과 끝이 정말로 가깝다면. 물론 가장 좋은 연설은 중간이 전혀 없다. 그러나 최상의 연설은 결코 전해진 적이 없다. 나는 항상 최상의 것을, 전해지지 않은 것을 전해왔다. 나는 내 생애에 있어서 단 한 마디도 전한 적이 없다. 나는 말이 아닌 침묵으로 대하기 때문이다. 비록 그대가 말을 들을 때조차도 그것이 목적은 아니었다. 비록 내가 말을 사용할 때조차도 말은 오직 필요악으로 사용한 것이다. 그대가 아직 침묵을 이해할 수 없기에 말을 사용해야만 하는 것이다.

나는 그대에게 말을 하는 것이 아니다. 나는 아무것도 말할 게 없다. 말할 수 없는 것을 어찌 강의할 수 있겠는가. 하지만 그대는 말 이외에는 이해하지 못한다. 하여 나는 괴롭게도 부질없는 말들을 사용해야 하는 것이다. 마침내는 그대가 직접적으로 나를 만나기를 바라면서 부득이 말로 할 수 없는 것을 말해야 하는 것이다… 마침내 그대가 말이 아닌 메시지를 듣게 되길 바라면서.

기억하라. 매개체는 메시지가 아니다. 그 말들은 나의 메시지가 아니다. 메시지는 말이 아니다.

나는 전할 수 없는 것을 전하려고 노력하고 있다. 그것은 말을 넘어선 전달이다. 하여 가슴을 통해서 나와 연결된 이들만이 그것을 전해받을 수 있을 것이다.

오늘은 이만.

3

이 꿀은
그대의 것

바다로부터 솟아오른 구름이
비 되어 내리면 대지가 흡수해주듯이
바다는 저 하늘처럼
늘거나 줄어듦이 없네.

자연스러움은 유일한 것이며
붓다의 완전성으로 가득 차 있네.
그 안에서 모든 감각 있는 존재(衆生)가 태어나고
안식으로 돌아가네.
하지만 그것은 구상(具象)도 아니고
추상(抽象)도 아니라네.

그들은 다른 길을 걸으면서
참된 행복을 저버리고
감각이 주는 환희를 추구하네.
꿀은 그들의 입 속에
그토록 가까이에 있나니.
하나 당장 마시지 않는다면
꿀은 사라지리라.

야수들은 세상이 회한에 찬 곳임을 알지 못하나
야수들이 감각에 목말라하는 동안
천국의 넥타를 마시는 현명한 사람은
알고 있노라.

모든 것은 변한다. 헤라클레이투스의 말이 옳다. 그대는 같은 강물에 두 번 들어갈 수 없다. 강물은 끊임없이 변한다. 그대 역시 변하고 있다. 모든 것은 운동이고 흐름이다. 모든 것은 비영구적이고 일시적이다. 오직 한순간 있다가는 사라진다. 다시는 그것을 발견하지 못할 것이다. 다시 그것을 발견할 길은 없다. 한 번 가면 영원히 간 것이다.

그리고 아무것도 변하지 않는다. 이 또한 진리이다. 결코 아무것도 변하지 않는다. 모든 것은 항상 동일하다. 태양 아래 새로운 것은 없다고 말한 파르메니데스의 말은 사실이다. 어떻게 새로운 것이 있을 수 있겠는가? 태양은 처음부터 있어왔다. 모든 것이 그러하다. 만일 파르메니데스에게 묻는다면 그대가 어떤 강물에 들어간다 해도 항상 동일한 강물에 들어가는 것이라고 말할 것이다. 갠지스 강이건 템즈 강이건 아무 차이가 없다. 물은 똑같은 물이다. 그것은 모두 H_2O이다. 오늘 들어가든 내일 들어가든 혹은 수만 년 후에 들어가든 그것은 똑같은 강물일 것이다.

어떻게 그대가 다른 사람일 수 있겠는가? 그대는 어린아이였었고, 그것을 기억한다. 그 다음 그대는 청년이었고, 그것 역시 기억한다… 그 다음 노인이 됐고, 그 또한 기억한다. 끝없이 기억하고 있는 이 사람은 누구인가? 그대 안에 변하지 않는, 불변하고 영구적인 절대적 불멸의 요소가 있음이 틀림없다. 유년기는 오고 간다. 그렇듯 젊음도 오고 간다. 늙음도 그러하다. 그러나 항상 똑같은 상태로 머물러 있는 무엇이 있다.

자, 이렇게 말하고 싶다. 헤라클레이투스와 파르메니데스, 둘 다 옳다. 실은 그들 둘을 합쳐서 옳다. 만일 헤라클레이투스가 옳다면 그건 진실의 반쪽일 뿐이다. 만일 파르메니데스가 옳다면 그 역시 진실의 반쪽일 뿐이다. 반쪽의 진실은 진리가 아니다. 그들 각각은 반쪽의 진리이다. 수레의 바퀴는 돌아가나 중심축은 움직이지 않는다. 파르메니데스는 중심축을 말하고 헤라클레이투스는 바퀴에 대해 말하지만 중심축이 없는 바퀴는 존재할 수 없다. 또한 바퀴 없는 중심축이 무슨 쓸모가 있는가? 그러니 이 모순적으로 보이는 두 반쪽 진리는 모순이 아니라 상호보완적인 것이다. 헤라클레이투스와 파르메니데스는 적이 아니라 친구이다. 각각의 한쪽은 보완할 수 있는 진실이 있을 때만 존속할 수 있다. 그렇지 않으면 존재할 수 없다.

태풍의 고요한 중심에 대해 명상하라…

그대가 뭔가를 말하는 순간 그건 고작 진리의 반쪽밖에 안 된다. 말하지 않을 때 전체의 진리를 설할 수 있다. 만일 말로써 진리의 전체를 설하려고 한다면 자가당착하는 것이 당연하다. 반드시 비논리에 빠지게 되어 있고, 그때의 말은 정상이 아닌 것처럼 보일 것이다.

마하비라는 그것을 실현했다. 그는 가장 미친 사람이다. 그는 전체의 진리를 말하려고 시도했기 때문이다. 그는 그대를 광기로 몰고 간다. 각각의 말마다 즉시 부정이 뒤따르기 때문이다. 그는 일곱 단계의 진술방식을 개발했다. 어떤 한 가지를 말하는 순간, 이어서 그것을 부정하고 또 그 부정을 부정한다. 이런 식으로 일곱 번의 부정이 이어진다. 각각의 말에 부정에 부정을 일곱 번씩 거듭하고 나서야 그는 말한다.

"이제 진리를 완벽하게 표현했다."

하지만 그러고 나면 그가 무슨 말을 했는지 그대는 모른다.

"신은 존재하는가?" 하고 묻는다면 그는 이렇게 말할 것이다.

"신은 존재한다."

"신은 존재하지 않는다."

"신은 존재하기도 하고 존재하지 않기도 하다."

"신은 존재하는 것도 아니며 존재하지 않는 것도 아니다."

따위로 계속해나갈 것이다… 마침내는 어떤 결론에도 이르지 못한다. 그는 그대가 결론내릴 기회를 주지 않는다. 그는 그대를 공중에 매단 채로 남겨둔다. 진리를 말하려고 할 때 이것이 한 가지 가능성이다.

또 다른 가능성은 붓다의 방법이다. 말은 죄다 반쪽일 뿐임을 알기에 붓다는 침묵을 지킨다. 반쪽은 위험하다. 붓다는 궁극의 진리에 대해서는 아무것도 말하지 않는다. 붓다는 세상이 흘러간다고 하지도 않을 것이고 세상이 영구적이라고 하지도 않을 것이다. 붓다는 그대가 존재한다고 하지도 않을 것이고 그대가 존재하지 않는다고 하지도 않을 것이다. 그대가 절대적 진리를 묻는 순간 그는 막는다.

"부디 묻지 말아라. 그대의 질문은 나를 난처하게 한다. 나는 혼란스럽고 모순적이 되든가, 또는 진리도 아닐 뿐더러 위험하기까지 한 반쪽의 진리를 말하든가, 아니면 침묵을 지켜야 한다."

이들이 그 세 가지 가능성이다. 붓다는 침묵을 택했다.

이는 오늘 경전을 위해 맨처음 이해해야 할 사항이다. 이 맥락을 이해하면 사라하의 말이 쉽게 이해될 것이다.

첫 번째 경문이다.

> 바다로부터 솟아오른 구름이
> 비 되어 내리면 대지가 흡수해주듯이
> 바다는 저 하늘처럼
> 늘거나 줄어듦이 없네.

사라하는 왕에게 말한다.

"하늘을 보라. 거기에는 하늘과 구름이라는 두 가지 현상이 있다. 구름은 오고 가나, 하늘은 결코 오지도 않고 가지도 않는다. 구름은 어떤 때는 있고 어떤 때는 없다. 구름은 시간의 현상이고 일시적이다. 하늘은 항상 있다. 하늘은 시작이 없고 끝이 없다. 하늘은 영원이다. 구름은 하늘을 더럽힐 수 없다. 먹구름이라 할지라도 하늘을 더럽힐 수 없다. 하늘은 더럽혀질 수 없다. 하늘의 순수성은 건드려질 수 없는 절대적인 것이기 때문이다. 하늘의 순수성은 항상 처녀이며 범할 수 없는 것이다. 구름은 오고 갈 수 있다. 구름은 오고 간다. 그러나 하늘은 늘 순결한 그대로이다. 구름의 흔적조차 없다."

존재계에는 두 가지 차원이 있다. 어떤 것은 하늘과 같고 어떤 것은 구름과 같다. 행위는 구름과 같은 것이어서, 행위는 오고 간다. 그대? 그대 자신은 하늘과 같다. 그대 자신은 결코 오지도 않고 결코 가지도 않는다. 탄생과 죽음은 구름과 같다. 그러한 것들은 사건의 발생에 지나지 않는다. 그대? 그대 자신은 결코 탄생한 적이 없다. 그대는 항상 거기에 존재한다. 그대 안에서 여러 사건들이 일어나지만 그대 자신은 결코 탄생한 적이 없다.

하늘에 구름이 일듯이 사건들이 발생한다. 그러나 그대는 모든 구름의 유희를 보고 있는 고요한 주시자이다. 그것들은 어떤 땐 희고 아름답고 어떤 땐 어둡고 음침하며 몹시 추하다. 또 어떤 때는 비로 가득 차 있고 어떤 때는 텅 비어 있다. 어떤 때는 대지를 크게 이롭게 하고 어떤 때는 재난을 가져온다… 어떤 때는 홍수와 파멸을 일으키고 어떤 때는 생명과 신록과 수확을 가져다준다. 하지만 하늘은 내내 동일한 상태로 머물러 있다. 좋건 나쁘건 신성하건 악하건 구름들은 하늘을 오염시키지 못한다.

행위는 구름이다. 행동은 구름이다.

존재는 하늘과 같다.

사라하는 말하고 있다.

"나의 하늘을 보라! 나의 행위를 보지 마라. 그것은 바로 각성의 전환을 필요로 할 뿐 다른 무엇이 아니다."

그것은 형태(gestalt)의 변화를 필요로 한다. 그대는 구름을 바라보고 있다. 그대는 구름에 집중되어 있다. 그대는 하늘을 잊어버렸다. 그때 문득 하늘을 기억한다. 구름에 초점을 맞추지 않고 하늘에 초점을 맞춘다. 그러면 구름은 중요하지 않게 된다. 그대는 완전히 다른 차원에 있게 된다.

다만 관점을 바꿔라… 그러면 세상이 다르게 보인다. 사람들의 행위를 바라볼 때는 구름에 초점을 맞추고 있는 것이다. 사람의 가장 순수한 깊은 내면을 바라볼 때 그대는 그의 하늘을 보고 있는 것이다. 사람의 가장 순수한 내면을 바라본다면 어느 누구도 악하지 않다는 것을 알게 될 것이다. 그때는 모든 존재가 성스럽다. 만일 행위만을 지켜본다면 그 누구도 성스럽지 못할 것이다. 행위만을 지켜본다면 예수에게서도 붓다에게서도, 마하비라, 크리슈나, 라마에게서도 잘못을 발견할 수 있다. 가장 위대한 성자마저도 죄인처럼 보일 것이다.

많은 사람들이 예수에 관한 책을 썼다. 그는 숱한 연구의 대상이다. 많은 사람들이 그가 신의 독생자임을 증명하는 책을 썼는데, 물론 그들은 그것을 증명할 수 있다. 그리고 다른 많은 사람들은 예수는 단지 노이로제 환자일 뿐이라는 글을 썼는데, 그들 역시 그것을 증명할 수 있다. 그들은 같은 사람에 대하여 이야기하고 있다. 어찌된 일인가? 어떻게 그럴 수 있는가? 그들은 잘도 한다. 한쪽은 계속 흰구름을 택하고 다른쪽에서는 계속 검은구름을 택하지만 실은 둘 다 거기에 있다. 행위는 단지 희기만 하거나 단지 검기만 할 수는 없기 때문이다. 존재하려면 둘 다여야 한다.

그대가 무엇을 하든 그것은 세상에 선과 악을 동시에 가져올 것이다. 그대가 선택했던 행위의 결과로 많은 부분은 좋아질 것이고 많은 부분은 나빠질 것이다. 어떤 행동이든 생각해보라. 그대가 거지에게 가서 약간의 돈을 준다. 그대는 좋은 일을 하고 있지만 거지는 그 돈으로 독약을 사서 자살한다. 자, 그대의 의도는 좋았지만 결과는 나빴다. 그대가 어떤 사람을 돕는다. 아픈 사람을 도와 병원에 데려간다. 그리하여 그가 건강해지자 살인을 저지른다. 자, 그대의 도움이 없었더라면 세상에 한 사람의 살인범이 줄어들었을 것이다. 그대의 의도는 좋았지만 전체적인 결과는 나빴다.

그러니 의도로 판단할 것인가, 결과로 판단할 것인가? 누가 그대의 의도를 아는가? 의도는 내면의 것이다… 어쩌면 그대는 내심 그가 건강해져서 살인을 하길 바라고 있었는지도 모른다. 그리고 때로는 나쁜 의도를 지녔는데 좋은 결과가 일어날 수도 있다. 그

이 꿀은 그대의 것 99

대가 어떤 사람에게 돌을 던졌는데—그는 여러 해 동안 편두통을 앓아왔다—그 돌을 머리에 맞고 그의 편두통이 낳았다. 자, 어떻게 하겠는가? 그대의 행위에 대해 뭐라고 하겠는가? 도덕적이라 하겠는가, 부도덕하다 하겠는가? 그대는 그 사람을 죽이고 싶어했는데 그의 편두통만 없앴을 뿐이다.

그런 원리로 침술이 탄생했다. 그 위대한 과학이! 그토록 유익한 것이! 그것은 인류에게 가장 위대한 은혜 중의 하나이다. 그것은 이런 식으로 탄생했다. 어떤 사람이 여러 해를 두통으로 고생하고 있었다. 그런데 누군가, 그의 원수가 그를 죽이러 나무 뒤에 숨어서 화살을 쏘았다. 그는 다리에 화살을 맞고 쓰러졌는데 두통이 나아버렸다. 그를 치료해왔던 동네의사는 어떻게 그런 일이 일어났는지 무척 당황했고 그들은 연구를 시작했다. 우연히, 우연의 일치로 그 사람은 다리의 한 경락을 맞았던 것이다. 화살이 그 사람 다리의 어떤 부분을 건드려 자극을 가함으로써 몸 안의 기의 흐름을 바꾼 것이다. 그리고 기의 흐름이 바뀜으로써 통증이 사라졌다.

그래서 침술사에게 가면 머리가 아프다고 해도 머리는 손대지 않고 다리나 손의 맥을 짚어볼 것이다. 혹은 손이나 등에 침을 놓을 것이다. 그러면 그대는 당황한다.

"뭘 하는 겁니까? 등이 아니라 머리가 아프단 말입니다!"

하지만 그는 더 잘 알고 있다. 몸은 전체적으로 기로 연결되어 있다. 몸에는 7백 개의 포인트가 있고 그는 어느 부위에 기를 넣어야 흐름이 바뀌는지를 안다. 모든 것은 상호 연결되어 있다. 이렇게 해서 침술이 생겨났다.

자, 원수에게 화살을 쏜 사람은 위대한 성자였는가, 죄인이었는가? 말하기 어렵다. 정말 말하기 어렵다. 만일 그 행위만을 본다면… 그것은 그대에게 달렸다. 그대는 좋은 쪽을 택할 수도 있고 나쁜 쪽을 택할 수도 있다. 전체적으로 보면 모든 행위가 어떤 면은 좋고 어떤 면은 나쁜 결과를 가져온다. 이것은 내 견해이나 이에 대해 명상하라. 그대가 무엇을 하든 그것의 선(善)과 악(惡)은 항상 비례하여 존재한다.

다시 말해보자. 선과 악은 항상 정비례한다. 선과 악은 한 동전의 양면이기 때문이다. 그대가 좋은 의도로 행하는데도 나쁜 결과가 나올 수도 있는 것은 다른 면이 함께 진행되기 때문이다. 그대가 나쁜 일을 해도 좋은 결과가 일어나는 건 다른 면이 함께 진행되기 때문이다. 동전은 양면이 함께 있다. 한 면만 있을 수 없다.

따라서 때로는 죄인들이 이익을 주고 성자들은 아주 해가 된다. 성자와 죄인은 같은 배를 타고 있다. 이것을 이해하면 변화의 가능성이 있다. 그때 그대는 행위를 보지 않을 것이다. 만일 선행과 악행이 같은 비율의 결과를 낳는다면 행위를 보고 사람을 판단하는 것이 무슨 의미가 있는가? 그때 전체적인 관점이 바뀐다. 그대는 다른 형태, 하늘로 움직인다.

그것이 사라하가 왕에게 말하고 있는 것이다. 사라하는 말한다.

"그대가 옳다! 사람들이 그대에게 말한 것은 틀리지 않았다. 나는 미친 개처럼 뛰어다닌다. 그렇다, 그러나 행위만을 본다면 나를 오해하는 것이다. 그대는 진실로 나를 이해할 수 없을 것이다. 내 내면의 하늘을 보라. 내 내면의 핵심을 보라. 내 내면의 중심을 보라. 그것이 진리를 볼 수 있는 유일한 길이다. 그렇다, 나는 이 여자와 함께 살고 있다."

여자와 함께 평범하게 살고 있다는 뜻이다. 지금 사라하는 말한다.

"잘 보라! 이것은 일반적인 삶이 아니다! 여기에는 전혀 남녀의 관계가 없다. 이것은 성적인 관계가 아니다. 우리는 두 공간으로서 함께 살고 있다. 우리는 두 자유인으로서 함께 살고 있다. 우리는 빈 배로서 함께 살고 있다. 그대는 구름이 아닌 하늘을 보아야 한다."

바다로부터 솟아오른 구름이
비 되어 내리면 대지가 흡수해주듯이
바다는 저 하늘처럼
늘거나 줄어듦이 없네.

그는 또 다른 것을 상기시킨다. 바다를 보라. 바다에서 수많은 물방울들이 증발하여 구름이 되지만 바다는 그 때문에 줄어들지 않는다. 구름은 비가 되어 땅으로 내려오고 실개천은 커다란 강이 되어 강물이 넘쳐흐를 것이다. 그리고 그 물은 대양을 향해, 바다를 향해 굽이쳐 흐를 것이다… 지상의 모든 강물이 바다로 흘러가지만 그렇다고 바닷물이 늘어나지는 않을 것이다. 바다는 항상 똑같은 상태로 남아 있다. 그 속에서 무엇을 빼든 더하든 아무 차이가 없다. 그것은 완벽하여 아무것도 뺄 수 없고 아무것도 더할 수 없다.

사라하는 말하고 있다.

"보라! 죄인의 행위를 한다 해도 내면의 존재는 아무것도 뺄 수 없을 만큼 완벽하다. 또한 성인의 행위를 한다 해도 아무것도 더할 것이 없다. 그대는 항상 동일한 상태로 남아 있다."

이것은 굉장히 혁명적인 얘기이다. 이것은 위대한 성명이다. 사라하는 말한다.

"사람은 아무것도 더할 것이 없고 아무것도 뺄 것이 없다. 사람의 본질은 그토록 완벽한 것이다. 그대는 사람을 더 아름답게 만들 수도 없고 더 추하게 만들 수도 없다. 그대는 사람을 더 부유하게 만들 수도 없고 또 더 가난하게 만들 수도 없다. 사람은 바다와 같다."

불교경전 중의 하나인 『바이뿔랴(Vaipulya)』에는, 대양에는 매우 귀중한 두 개의 보석이 있다고 쓰여 있다. 그중 하나는 물이 빠졌을 때 줄어드는 것을 막아주는 것이고 다른 하나는 물이 범람할 때 지나치게 불어나는 것을 막아주는 것이다. 대양에는 두 개의 귀중한 보석이 있어서 그 두 개의 귀중한 보석이 물이 줄어들지도 불어나지도 않도록 보호해준다. 대양은 항상 똑같은 상태로 있다. 그것은 그토록 광대해서 아무리 많은 구름들이 피어나도, 아무리 많은 수증기가 증발해도 상관이 없다. 그것은 그토록 광대해서 아무리 많은 강물이 들어와도 문제가 없다. 대양은 항상 동일한 상태로 남아 있다.

사람의 본성도 그러하다. 존재의 본성도 그러하다. 증가와 감소는 표면에만 있을 뿐 중심에서는 일어나지 않는다. 그대는 훌륭한 지식인이 될 수도 있고 무지한 상태로 있을 수도 있지만 그것은 오직 표면적인 것일 뿐이다. 지식이 그대 존재의 앎을 능가할 수는 없다. 아무것도 그대에게 보태질 수 없다. 그대의 순수성은 무한하다. 그것을 더 향상시킬 수는 없다.

이것이 탄트라 비전이다. 인간은 있는 그대로 완벽하니 향상되기를 바라지 말라는 것, 이것이 바로 탄트라의 핵심 자세이다. 인간은 더 발전한다든가 이러저러한 향상이 필요한 것이 아니라 모든 것을 수용하는 자세가 필요하다. 내면의 하늘을 기억하라! 내면의 바다를 기억하라! 무엇이 구름이고 무엇이 하늘인지, 무엇이 강물이고 무엇이 바다인지를 알게 될 때 그대는 마침내 이해하게 된다. 한 번 그대 자신의 바다에 조율되면 모든 근심은 사라진다.

모든 죄는 사라진다. 그대는 아이처럼 순진무구해진다.

왕은 사라하를 잘 알고 있었다. 그는 대(大)학자였는데 이제는 무지한 사람처럼 행동하고 있다. 그는 이제 베다도 암송하지 않고 종교의식도 행하지 않으며 심지어는 명상조차 안한다. 보통 종교적이라 하는 것을 도무지 하지 않는다. 그가 이 화장터에 살면서 하는 짓은 마치 미치광이처럼 춤추고 노래하는 등 비전통적인 것들밖에 없다. 그의 지식은 다 어디로 갔는가?

더구나 사라하는 말한다.

"그대가 내 모든 지식을 가져가도 좋다. 그래도 변하는 것은 전혀 없다. 그 때문에 내가 더 작아지지 않는 까닭이다. 아니면 세상의 모든 경전들을 가져와 내게 주입해보라. 그렇더라도 다를 바가 없다. 그로 인하여 내가 더 위대해지지는 않을 것이다."

사라하는 아주 존경받는 사람이었다. 왕국 모든 사람들의 존경을 받던 그가 돌연 가장 비천한 사람이 되었다.

또 사라하는 말하고 있다.

"그대가 줄 수 있는 모든 명예를 내게 준다 해도 내게 더해지는 것은 없다. 또한 내 모든 명예를 빼앗고 나를 욕하고 나의 존엄성을 파괴할 모든 것을 다 한다 해도 내겐 아무런 변화도 없을 것이다. 모든 것은 그대로이다. 나는 불변의 상태로 남으리라. 나는 결코 늘지도 줄지도 않는 그것이다. 지금 나는 내가 구름이 아니라 하늘이라는 사실을 안다.

하여 사람들이 구름이 희다고 생각하든 검다고 생각하든 나는 개의치 않는다. 나는 구름이 아닌 까닭이다. 나는 작은 강물, 아주 작은 강물, 조그마한 웅덩이가 아니다… 나는 한 잔의 차가 아니다. 한 잔의 차는 쉽게 동요된다. 그것의 양은 너무나 적다. 그것은 한 숟가락만 떠내도 줄어들고 한 숟가락만 더 부어도 흘러넘친다."

사라하는 계속 말한다.

"나는 광대한 바다이다. 그대가 빼앗고 싶은 무엇이든 빼앗아라. 아니면 그대가 주고 싶은 무엇이든 주어라. 둘 다 아무런 차이가 없다."

이 아름다움을 보라! 아무것도 문제가 되지 않는 순간 그대는 집에 이르렀다. 만일 어떤 것이 문제가 된다면 집은 아직 멀다. 만일 그대가 아직도 지켜보고 행위를 계산하고 영악하게 군다면, 이것은 하고 저것은 하지 말아야 한다거나, 해야 하고 하지 말아야 할 것이 있다면 집은 아직 멀리에 있다. 그대는 아직도 스스로를 영원의 관점에서가 아닌 일시적인 관점에서 생각하고 있는 것이다. 그대는 아직 신(神)을 맛보지 못했다.

하늘과 같고 바다와 같은 존재… 그것이 그대이다.

둘째 경문이다.

> 자연스러움은 유일한 것이며
> 붓다의 완전성으로 가득 차 있네.
> 그 안에서 모든 감각 있는 존재(衆生)가 태어나고
> 안식으로 돌아가네.
> 하지만 그것은 구상(具象)도 아니고
> 추상(抽象)도 아니라네.

하여 자연스러움은 유일한 것이며…

먼저 탄트라에서 자연스러움은 가장 위대한 가치이다. 자연스러워져라. 자연의 섭리를 허용하라… 그것을 막지 마라. 훼방놓지 마라. 가로막지 마라. 그것이 가려 하던 곳이 아닌 다른 방향으로 끌고 가지 말아라. 자연의 섭리에 복종하라. 자연과 함께 흐르는 것, 강물을 떠밀지 않고 강물이 어디로 이끌든 함께 흐르는 것, 이러한 신뢰성이 탄트라이다. 자연스러움은 탄트라의 만트라(진언)이며 가장 큰 토대이다.

자연스러움이란 그대가 해석하지 않고 흐름에 내맡김(let-go)을 뜻한다. 무엇이 일어나든 그대는 지켜볼 따름이다. 그것을 관조한다. 그것이 일어나고 있음을 알되 그대는 그 속에 뛰어들지 않는다. 그것의 진행을 바꾸려고 하지 않는다. 자연스러움이란 그대가 어떤 방향도 가지지 않음을 뜻한다. 자연스러움이란 그대가 도달해야 할 어떠한 목적지도 가지지 않음을 뜻한다. 만일 그대 본성이 가고 싶은 곳이 있는데 목적지가 따로 있다면 어찌 자연스러울 수 있겠는가? 어찌 그대가 자연스럽게 흐를 수 있겠는가? 목적지를 향해 그대 자신을 질질 끌고 갈 것이다.

수많은 사람들이 해온 짓이 바로 그것이다. 자신을 상상 속의 어떤 목적지를 향해 질질 끌고 가는 것. 어떤 목적지를 향해 스스로를 질질 끌고 감으로써 그들은 자연스럽지 못하여 유일한 목적을 놓치고 있다. 그래서 그 많은 좌절과 불행과 지옥이 있는 것이다. 무엇을 하든 그들의 본성은 만족하지 못하기 때문이다.

그래서 사람들이 우둔하고 침체되어 있는 것이다. 그들은 살아 있긴 하지만 진정 사는 것이 아니다. 그들은 사슬에 묶인 죄인처럼 움직이고 있다. 그들의 움직임은 자유인의 그것이 아니다. 그들의 움직임은 춤이 아니다. 그들은 싸우고 있기 때문에, 끝없는 자신과의 투쟁 속에 있기 때문에 그럴 수가 없다. 매순간 갈등한다. 그대는 이것을 먹고 싶은데 그대의 종교는 먹지 말라고 지시한다. 그대는 이 여자와 살고 싶은데 그것은 점잖은 일이 아니다. 그대 자신은 이 방식대로 살고 싶은데 사회는 그것을 금기시한다. 그대는 이렇게 살기를 원하는데, 이 길이 그대를 꽃 피울 길이라고 느끼는데 사람들은 모두 이것을 반대한다.

그러니 그대 자신의 말을 들어야 하는가, 아니면 남들의 충고를 들어야 하는가? 만일 남들의 충고를 듣는다면 그대의 인생은 좌절밖에 없는 허무한 인생이 될 것이다. 그대는 한 번도 제대로 살지 못하고 끝날 것이다. 결코 인생이 무엇인지 모르는 채 죽을 것이다.

하지만 사회는 그대 안에 그러한 조건들을 심어놓았다. 그것은 외부에만 있는 것이 아니라 그대의 내부에도 자리잡고 있다. 그것이 양심이라는 것이다. 그대가 뭘 하고 싶어할 때마다 그대의 양심은 말한다.

"그건 하지 마!"

양심은 부모의 목소리거나 성직자나 정치가들의 목소리이다. 그것은 커다란 책략이다. 그들은 그대 안에 양심이라는 것을 창조했다. 그대가 자신에게 무슨 일이 행해지고 있는지 자각하지 못하는 아주 어린 시절부터 그들은 그대 안에 양심을 심어놓았다. 그래서 양심에 어긋날 때마다 그대는 죄의식을 느낀다.

죄란 타인들이 원치 않는 일을 했다는 뜻이다. 그래서 그대가 본성에 따를 때마다 그대는 양심의 가책을 느낀다. 그리고 양심의 가책을 느끼지 않을 때는 그대는 본연적이지 못하다. 이것이 딜레마이다. 이것이 이분법이고 문제이다.

만일 그대 자신의 본성의 소리를 듣는다면 죄의식을 느낀다. 거기에 불행이 있다. 그대는 자신이 잘못했다고 느끼고 숨고 스스로 변명하기 시작한다. 그대는 끝없이 자신이 그러지 않은 척한다. 그리고 그대는 두렵다. 조만간에 누군가에게 붙잡힐까 봐 두렵다.

그대는 붙잡힐 것이다… 걱정과 죄의식과 공포… 그대는 삶에 대한 애정을 잃어버린다.

남들이 반대하는 것을 할 때마다 그대는 죄의식을 느낀다. 그리고 남들이 말하는 것을 할 때면 결코 행복하지 않다. 그것은 결코 그대 자신이 하고 싶던 일이 아니었기 때문이다. 이 둘 사이에 인간은 붙들려 있다.

우화 한 편을 읽었다.

"헌법이 보호하게 되어 있는 이중의 위험이란 게 뭐야?"
로란드가 그의 법률가 친구인 마일드에게 묻자 마일드가 대답했다.
"그건 이래, 롤리. 만일 자네가 차를 몰고 있는데 자네 아내랑 장모가 뒷좌석에 앉아 운전을 어찌어찌하라고 말한다면 그건 이중의 위험이네. 그때 자네는 뒤를 돌아보며 이렇게 말할 법정 권리를 가지고 있지.

"빌어먹을, 누가 차를 몰고 있지, 여보? 당신이야, 장모님이야?"

아마 그대는 차 안에서 운전하는 것도 어려울 것이다. 수많은 사람들이 뒷좌석에 앉아 있다. 그대의 부모, 조부모, 성직자, 정치가, 지도자, 마하트마, 성자들이 뒷자석에 앉아 다들 한마디씩 충고한다.

"이렇게 하라! 저렇게 하지 말아라! 이 길로 가라! 저길로는 가지 말아라!"

그들은 그대를 광기로 몰고 있다. 그럼에도 그대는 그들을 따라야 한다고 교육받아 왔다. 만일 그들을 따르지 않는다면 뭔가 잘못됐다는 공포가 엄청 일어날 것이다. 저렇게 많은 사람들이 충고하고 있는데 어떻게 자신이 옳을 수 있겠는가? 그들은 언제나 그대가 잘되라고 충고하고 있는 것이다. 온세상이 "이렇게 하라!"고 하는데 어떻게 그대 혼자 옳을 수 있겠는가? 그들이 다수이니 당연히 그들이 옳은 게 분명하다.

하지만 기억하라. 그것은 옳으냐 그르냐의 문제가 아니다. 근본적인 문제는 그것이 자발적인 행위냐, 아니냐인 것이다. 자발적인 행위는 옳다! 그렇지 않으면 그대는 모방꾼이 될 것이고, 모방꾼은 절대 만족스럽지 못하다.

그대는 화가가 되고 싶었지만 부모가 말했다.

"안돼! 그림은 돈벌이가 안 될 뿐더러 사회적으로도 대접을 못 받으니까. 건달밖에 더 되겠느냐. 그러니 그림에 신경 쓰지 말고 판사가 되어라!"

결국 그대는 판사가 되었다. 이제 그대는 아무런 행복도 느끼지 못한다. 판사가 된 이것은 플라스틱이다. 그대의 깊은 속마음에서는 아직도 그림을 그리고 싶다.

법정에 앉아서도 그대는 여전히 마음 깊은 곳에서 그림을 그리고 있다. 아마도 그대는 범죄내용을 듣고 있을 테지만 마음속으로는 그 사람의 얼굴을 생각하고 있다. 얼마나 아름다운 얼굴인가, 그의 얼굴을 그리면 얼마나 멋진 초상화가 나올까! 그의 푸른 눈을 바라보며 그대는 색채를 생각하고 있다… 그러나 그대는 판사이다! 그대는 한시도 편안함이 없이 늘 긴장하며 산다. 그러다가는 마침내 자신이 존경받는 사람이며 이러저러한 사람이라고 생각하게 될 것이다. 그대는 단지 하나의 모방꾼이며 꾸며진 사람에 불과하다.

한 여자가 자신의 귀여운 앵무새의 기침이 좀처럼 낫지 않자 담배를 끊었다. 그 여자는 그것이 분명 자신의 흡연 탓이라고 생각하여 걱정이 되었다… 그녀는 집에서 줄담배를 피워댔고 그 때문에 앵무새의 기침이 심해졌다고 생각했다. 그래서 앵무새를 수의사에게 데려갔다. 수의사의 정밀검진 결과 그 새는 폐렴이나 앵무병이 아니었고 주인이 담배를 피울 때마다 잔기침하는 것을 흉내내고 있었다는 진단이 나왔다. 여자는 담배를 피울 때마다 기침을 해왔고 앵무새가 그것을 배운 것이다.

눈여겨보라! 그대의 인생은 그저 앵무새와 같을지도 모른다. 만일 앵무새와 같은 인생이라면 그대는 아주 귀중한 어떤 것을 놓치고 있다. 그대는 인생을 놓치고 있는 것이다. 그대가 무엇을 얻든 그것은 별로 가치가 없을 것이다. 그대의 삶보다 더 가치 있는 것은 없기 때문이다.

탄트라는 자연스러움을 으뜸의 가치로, 가장 근본적인 가치로 여긴다. 자연스러움은 유일한 것이며… 지금 탄트라는 한 가지를 더 말한다. 그것을 아주 섬세하게 이해하지 않으면 안 된다. 자연스러움에는 두 가지 형태가 있을 수 있다. 하나는 단지 충동적인 것으로써 그것은 유일한 것이 아니다. 각성에서 나온 자연스러움만이 고유한 특질을, 붓다의 특질을 지닌다.

내 이야기를 여러 번 듣다 보면 그대는 단순히 충동적인 행위를 하면서도 자신이 자연스럽다고 생각한다. 충동적이 되는 것과 자연스러워지는 것은 어떤 차이가 있는가? 그대 안에는 몸과 마음이라는 두 가지 현상이 있다. 마음은 사회에 의해 통제되고 몸은 그대의 생물학적 작용에 의해서 통제된다. 사회는 그대의 마음속에 사상을 주입하여 마음을 통제할 수 있고, 몸은 수만 년 동안 생물학적인 성장에 의해 통제되어 왔다.

몸은 무의식적이다. 마음도 그처럼 무의식적이다. 그대는 그 둘을 넘어선 관조자이다. 하여 그대가 마음의 소리나 사회의 소리를 듣기를 멈춘다면 생물학적 현상의 소리를 듣기 시작할 것이다. 따라서 어떤 사람을 죽이고 싶을 때는 "나는 자연스러워지리라. 오쇼가 '자연스러워지라'고 하지 않았는가! 그러니 나는 그렇게 해야 한다. 나는 자연스러워야 한다"고 말한다. 그대는 오해하고 있다. 그것은 그대의 삶을 아름답고 축복스럽게 해주지 못할 것이다. 그대는 다시 외부와의 끝없는 갈등을 겪게 될 것이다. 이제는 외부 사람들과 말이다.

탄트라에서 말하는 자연스러움이란 완전히 깨어 있는 자연스러움이다. 따라서 먼저, 자연스러워지려면 완전히 깨어 있어라. 깨어 있을 때는 마음의 함정에도 몸의 함정에도 빠지지 않는다. 그때 진정한 자연스러움이 그대의 영혼으로부터, 그 하늘로부터, 바다로부터 흘러나온다. 그렇지 않으면 그대는 주인을 바꿀 수도 있다. 몸에서 마음으로, 혹은 마음에서 몸으로 주인을 바꿀 수 있다.

몸은 깊이 잠들어 있다. 몸을 따르는 것은 장님을 따르는 것이다. 그때의 자연스러움은 그대를 도랑에 빠뜨릴 뿐이다. 그것은 그대에게 도움이 못될 것이다. 충동적인 것은 자연스러움이 아니다. 그렇다, 충동에도 자연스러움은 있다. 마음보다는 자연스럽다. 그러나 거기엔 탄트라에서 그대가 흡수해주기를 바라는 자연스러움의 특질은 없다.

그래서 사라하는 말한다. 자연스러움은 유일한 것이며….

사라하는 유일(唯一)이라는 낱말을 부언한다. 유일함은 충동을 말하는 게 아니라 각성과 의식을 뜻한다.

우리는 무의식적으로 살고 있다. 마음의 차원에서 살건 몸의 차원에서 살건 그다지 차이가 없다. 우리는 무의식적으로 살고 있다.

"왜 책의 뒷장을 뜯어냈죠?" 하고 멍하게 있는 의사에게 인내심 강한 아내가 물었다.

"미안해, 여보." 하고 저명한 외과의사가 말했다.

"당신이 말한 부분에 'Appendix(돌기, 부록)'라는 딱지가 붙어 있어서 생각없이 그것을 떼어냈지."

이 의사는 평생 동안 사람들의 몸에서 충양돌기(appendix, 맹장 수술 때 제거하는 부분)를 제거해왔다… 그것이 무의식적인 습관이 된 것이 분명하다. 'Appendix'를 보면 반드시 그것을 제거해왔다. 그런 식으로 우리는 살아가고 일하고 있다. 그것은 무의식적인 삶이다. 무의식적인 자연스러움은 진정한 자연스러움이 아니다….

한 술취한 사람이 선술집에서 나와 한쪽 다리는 차도에, 한쪽 다리는 인도에 걸치고 비틀거리며 걷고 있었다. 한두 블록 가고 있노라니 경찰관이 그를 세웠다.

"여보시오, 당신 취했군요!"

술취한 사람이 안심하며 쳐다봤다.

"이런! 뭐가 잘못된 것이오? 난 또 내가 절름발이인 줄 알았소."

그대가 몸의 영향권 내에 있을 때는 화학작용의 영향권 내에 있는 것이다. 그대는 하나의 함정을 벗어났지만 또 다른 함정에 빠졌다. 하나의 도랑에서 빠져나왔지만 또 다른 도랑에 빠진 것이다.

그대가 정말로 모든 도랑에서 빠져나와 자유롭기를 원한다면 몸과 마음 둘 다의 관조자가 되어야만 한다. 관조하고 있을 때, 그 관조 속에서 자연스러울 때 비로소 유일한 자연스러움이 있다.

자연스러움은 유일한 것이며
붓다의 완전성으로 가득 차 있네.

그리고 사라하는 말한다. 진정한 자연스러움이란 붓다의 완전성으로 가득 차 있다. 무엇이 붓다의 완전성인가? 프라기얀(pragyan)과 카루나(karuna), 즉 지혜와 자비이다. 이들이 붓다의 두 가지 완전성이다. 자연스러움에 이 두 가지가 반영되고 있다면 그것은 유일한 자연스러움이다.

지혜는 지식을 의미하는 게 아니다. 지혜는 각성, 명상, 침묵, 지켜봄, 주의 깊음을 의미한다. 그 주의 깊음 속에서, 그 침묵 속에서 존재의 자비가 흘러나온다.

세상 전체가 고통받고 있다. 그대가 그대의 지복을 즐기게 되는 날에 남들에 대해서도 느끼게 될 것이다. 그들 또한 즐길 수 있다. 다만 사람들은 성소(聖所)의 문앞에만 서 있을 뿐 들어오지 않다가 세상 속으로 뛰어간다. 그들도 그대가 얻은 똑같은 보물을 지니고 있다. 그러나 그들은 자각하지 못하기 때문에 사용하지 못하고 있는 것이다.

깨닫게 되면 그의 온 존재가 모든 존재들을 향한 자비심으로 넘치게 된다.

온 존재계가 그의 자비심으로 가득 차게 된다. 그로부터 자비의 강물이 흘러나와 모든 사람들, 남자, 여자, 동물, 새, 나무, 강물, 산, 별들에게 이르게 된다. 존재계 전체가 그의 자비를 나누기 시작한다.

이해와 느끼고 보살피는 것, 이 두 가지는 붓다의 특질이다.

자연스러움이 각성에서 나온 진정한 것일 때는 자비심에 어긋나는 어떤 것도 할 수 없다. 그대는 살인을 할 수 없다. 사람들은 내게 와서 묻는다.

"오쇼, 당신은 자연스러우라고 말씀하시는데, 저는 때때로 아내를 죽이고 싶습니다. 그땐 어떻게 해야 하나요?"

그대는 살인을 할 수 없다. 어찌 그대가 살인을 할 수 있겠는가? 그렇다, 설령 아내가 아닐지라도… 그대는 살인을 할 수가 없다.

그대의 자연스러움이 깨어 있다면, 그것이 빛나고 있다면 어찌 누굴 죽인다는 생각조차 할 수 있겠는가? 그대는 그 누구도 죽임을 당한 적이 없다는 것을, 그 누구도 죽을 수 없다는 것을 알 것이다. 존재는 하늘이다. 그대는 구름만을 흩날릴 수 있을 뿐 살인이란 있을 수 없다. 그러면 무엇이 핵심인가? 그대가 정말로 깨어 있고 정말로 자연스럽다면 누굴 죽인다는 건 불가능하다. 자연스러움에 비례하여 자비심이 흘러나올 것이다. 깨어 있는 만큼 그대는 자비로울 것이다.

붓다는 말했다.

"각성이 없는 자비심은 위험하다."

그런 사람들이 이른바 자선가라 하는 사람들이다. 그들은 자비심은 있지만 각성이 없다. 그들은 줄곧 선행을 하고 있지만 그들 자신도 선(善)은 모르고 있다. 그들은 줄곧 남들을 돕고 있지만 그들 자신은 더 많은 도움이 필요하다. 그들은 자기 자신이 병들어 있으면서 줄곧 남들을 돕고 있다… 그것은 있을 수 없는 일이다. 의사는 먼저 자기 자신을 치유해야 한다!

붓다는 말한다.

"만일 각성이 없이 자비심만 있다면 그 자비심은 해로울 것이다."

자선가들은 세상에서 가장 악동들이다. 그들은 자신들이 무엇을 하고 있는지 모르면서 늘 뭔가를 하고 있거나 사람들을 돕고 있다.

한 번은 어떤 사람이 나를 찾아왔다… 그는 4,50년, 평생을 헌신했다. 그는 일흔 살인데, 스무 살 때 마하트마 간디의 영향을 받고 자선가가 되었다. 간디는 인도에서 가장 많은 자선가들을 배출해냈다. 인도는 아직도 이 자선가들 때문에 고통 받고 있다. 그들을 벗어나기란 어려운 것 같다. 이 사람은 마하트마 간디의 영향을 받고 바스타의 원주민들에게 가서 원주민들을 가르치기 시작했다. 그는 4,50년을 노력하여 몇 개의 고등학교를 세웠고 이제는 대학을 세우고 있었다.

그는 나를 찾아와 대학을 위해 도와줄 것을 부탁했다. 내가 말했다.

"한 번 말해보시오. 당신은 50년 동안 그들과 함께 해왔습니다. 당신은 교육이 좋은 것이라고, 그 사람들이 교육을 못 받았을 때보다 더 좋아졌다고 확신할 수 있습니까? 50년 간의 당신의 작업이 그들을 더욱 선량한 존재로 만들었다고 확신할 수 있습니까?"

그는 당황했다. 그는 땀까지 흘리며 말했다.

"나는 한 번도 그런 식으로 생각해본 적이 없는데 당신의 말에 일리가 있는 것 같소. 그들은 나아지지 않았소. 사실상 교육을 받고 더 교활해졌지요. 바로 여느 사람들처럼 되었소. 50년 전, 내가 그곳에 갔을 때 그들은 아주 순박한 사람들이었소. 그렇소, 학식은 없었지만 고귀한 무엇이 있었소. 50년 전의 그곳에는 한 명의 살인자도 없었고 어쩌다 그런 일이 일어나면 살인자가 법정에 와서 자수했죠. 도둑질하는 일도 없었고, 혹 어쩌다 도둑질을 하게 되면 부족장을 찾아와서 "배가 고파서 훔쳤습니다. 제게 벌을 내려주십시오." 하고 고백했지요. 50년 전의 그 마을 사람들은 문을 잠그지 않았소. 그들은 아주 조용하고 평화롭게 살고 있었소."

내가 그에게 말했다.

이 꿀은 그대의 것

"당신의 교육이 그들에게 도움이 안 되었다면 다시 생각해보시오. 당신은 자신이 뭘 하는지 모르는 채 남들에게 선행을 시작했습니다. 당신은 단지 교육은 반드시 좋은 것이라고만 생각한 것입니다."

로렌스(D. H. Lawrence)는 사람이 구원받고자 한다면 백 년 동안 모든 대학이 문을 닫아야 한다고, 완전히 닫아야 한다고 말했다. 백 년 동안 아무도 어떤 교육도 하지 말아야 한다. 백 년 동안 모든 학교와 대학들이 사라져야 한다. 백 년 동안의 공백기간이 있어야 한다. 그 길만이 인간을 구원할 수 있다. 교육은 사람들을 매우 교활하게 만들었기 때문이다. 교육은 사람들이 더욱 교활하게 남을 착취하고 더욱 교활하게 남을 수단으로 이용하게 만들었다.

그대가 아무리 착한 일을 하고 있다고 생각해도 그대 자신이 뭘 하는지 모르고 있다면 진정한 선행은 일어나지 않는다.

붓다는 말한다.

"자비심은 각성이 뒤따를 때만 좋지, 그렇지 않으면 좋지 않다. 각성없는 자비심은 위험하고 자비심 없는 각성은 이기적이다."

붓다는 또 말한다.

"완벽한 붓다는 각성과 자비, 둘 다 지니고 있다."

만일 그대가 깨닫고 나서 다른 사람들에 대해서는 죄다 잊어버리고 "지금 나는 행복한데 왜 남들을 신경 쓰는가?" 하며 눈을 감고 사람들을 돕지 않는다면, 사람들이 깨어나도록 돕지 않는다면 그대는 이기적이다. 거기엔 아직도 커다란 에고가 남아 있다.

에고의 반은 각성에 의해 소멸되고 나머지 반은 자비심에 의해 소멸된다. 이 둘 사이에서 에고는 완전히 부서진다. 그리하여 무아(無我)가 될 때 사람은 비로소 붓다가 된다.

사라하는 말한다.

자연스러움은 유일한 것이며
붓다의 완전성으로 가득 차 있네.
그 안에서 모든 감각 있는 존재(衆生)가 태어나고
안식으로 돌아가네.
하지만 그것은 구상(具象)도 아니고
추상(抽象)도 아니라네.

사라하는 말한다.

"그러한 유일한 자연스러움으로부터 우리는 태어난다. 그러한 신성으로부터 우리는 태어난다. 그리고 다시 우리는 이 신성으로 돌아가 안식한다. 그러는 사이에, 이 둘 사이에 우리는 너무나 구름들에 붙들려 있다. 그러나 구름들에 연연해하지 말아야 할 필요가 있다. 구름은 잠시 머무를 뿐이기 때문이다. 우리는 그 근원으로부터, 그 순진무구한 근원으로부터 와서 순진무구한 근원으로 돌아가 안식할 것이다. 그 둘 사이에 수많은 구름들이 있다. 그것들에게 집착하지 말아라. 다만 지켜보라. 그대는 그 구름들이 아니라는 것을 기억하라."

그 안에서 모든 감각 있는 존재(衆生)가 태어나고
안식으로 돌아가네.

우리는 신(神)으로부터 왔다. 우리는 신이다. 그리고 다시 우리는 신에게로 돌아간다. 그 사이에서 우리는 이러저러한 존재가 되는 수천 가지 꿈을 꾼다.

신은 가장 평범한 현실이다. 신은 그대의 근원이다. 신은 그대의 목적이다. 신은 지금 여기에 있다! 바로 그대의 현존 속에 신이 있다. 그대는 신의 현존이다.

그대가 나를 바라볼 때 다름아닌 신이 나를 보고 있는 것이다. 구름에서 하늘로의 전환, 초점의 변화. 문득 그대는 침묵하게 될 것이다. 문득 그대는 충만한 지복을 느낄 것이다. 문득 그대는 그대를 감싸고 있는 축복을 느끼리라.

하지만 그것은 구상(具象)도 아니고 추상(抽象)도 아니라네.

이 신성(神性)은 마음도 아니고 몸도 아니다. 마음은 추상적이고 몸은 구체적이다. 몸은 거칠고 마음은 미묘하다. 몸은 물질이고 마음은 사념이다. 이 내면의 신성은 둘 다 아니다. 이 내면의 신성은 초월이다.

탄트라는 초월이다.

그대 자신을 몸이라고 생각한다면 그대는 구름이다. 자신을 구름에다 동일시한 것이다. 만일 그대가 마음이라 생각한다면 또다시 그대는 구름이다. 어떤 식으로든 몸이나 마음에 동일시하여 생각한다면 그대는 과녁을 빗나가고 있는 것이다.

그대가 깨어나게 되면 그대는 자신이 몸을 보고 있는, 마음을 보고 있는 하나의 관조일 뿐이라는 사실을 알게 된다. 그대는 과녁을 맞춘 자, 사라하가 된다. 그러한 의식의 변화 속에서—그것은 단지 기어를 바꾸는 작은 변화이다— 화살은 과녁을 맞춘다. 그대는 도착했다. 실제 그대는 한 번도 떠난 적이 없었다.

셋째 경문이다.

그들은 다른 길을 걸으면서

참된 행복을 저버리고
감각이 주는 환희를 추구하네.
꿀은 그들의 입 속에
그토록 가까이에 있나니.
하나 당장 마시지 않는다면
꿀은 사라지리라.

그대와 진정으로 하나인 그 하늘과 하나 되지 않는다면 그대는 다른 길을 걷고 있는 것이다. 수많은 길이 있지만 진리의 길은 하나이다. 실은 진리의 길은 길이 아니다. 하늘은 결코 어디로도 가지 않는다. 구름은 간다… 때로는 서쪽으로, 때로는 동쪽과 남쪽, 이쪽 저쪽으로. 구름은 천하의 방랑자이다. 구름은 떠돌아다니고 길을 찾고 지도를 갖고 다니지만 하늘은 그냥 거기에 있다. 하늘은 길이 없다. 하늘은 어디로도 갈 수 없다. 하늘은 가야 할 곳이 없다. 그것은 모든 것 속의 모든 것이다.

따라서 자신이 하늘의 존재임을 기억하는 사람들은 집에 있는 사람, 휴식하는 사람이다. 이러한 소수의 존재들, 소수의 붓다들을 제외한 대다수의 사람들은 수많은 길을 걸으며 참다운 축복을 저버린다.

이것을 이해하도록 노력하라. 이것은 아주 심오한 말이다. 그대가 어떤 길을 걷는다면 그대는 참된 지복으로부터 벗어나게 될 것이다. 그대의 참다운 지복은 그대의 본성이기 때문이다. 그것은 따로 만들어야 하는 것이 아니고 따로 성취해야 하는 것이 아니며 따로 이룩해야 할 무엇이 아니다.

우리는 어딘가에 도달하기 위해 길을 따른다… 그러나 그것은 목적지가 없다. 그것은 이미 거기에 있다. 그것은 이미 일어난 사건이다. 하여 그대가 움직이기 시작하는 순간 그대는 멀어져가고 있는 것이다. 모든 움직임은 그것으로부터 멀어지는 움직임이다. 가는 모든 것은 빗나가게 된다. 가지 않는 것은 도착한 것이다. 가지 않는 것은 참된 길이다. 구하면 놓칠 것이다. 구하지 않으면 찾으리라.

그들은 다른 길을 걸으면서
참된 행복을 저버리고
감각이 주는 환희를 추구하네.

행복에는 두 종류가 있다. 하나는 조건적인 행복이다. 그 행복은 오직 어떤 조건에 한해서만 일어난다. 그대의 여인을 보면 그대는 행복하다. 혹은 돈이 애인인 사람이라면 길에서 백만 원짜리 수표로 가득 찬 가방을 주우면 행복하다. 아니면 그대는 에고이스트여서 노벨상이라도 타야 행복해서 절로 춤을 춘다. 이러한 것들은 조건적인 행복이다. 그것들이 있어야 행복한 것이다. 그러나 그런 행복은 일시적인 것이다.

조건적인 행복이 얼마나 오래 가겠는가? 그 행복이 얼마나 오래 지속될 수 있겠는가? 그것은 오직 하나의 일별처럼 잠시 왔다가는 곧 사라지는 것이다. 그렇다, 백만 원짜리 지폐로 가득 찬 가방을 발견하면 그대는 행복하다. 하지만 얼마나 오래 그 행복이 유지될 것인가? 오래 가지 않는다. 잠시 동안은 에너지가 증대되고 행복감을 느끼겠지만 다음 순간이면 두려워질 것이다.

"붙잡히지 않을까? 누구의 돈이지? 누가 보지 않았나?"

그리고 양심이 말할 것이다.

"이건 옳지 못해. 이건 일종의 도둑질이다. 너는 법정에 가야만 한다. 경찰에 가야만 한다. 돈을 경찰에 넘겨줘라! 뭘 하고 있는 건가? 너는 도덕적인 사람이야…."

걱정과 죄의식… 하지만 그대는 그것을 집으로 가져와 숨긴다. 이제 그대는 두렵다. 어쩌면 아내가 그것을 발견할지도 모른다. 어쩌면 누군가가 정말로 보았을지도 모른다. 누가 아는가? 벌써 누가 경찰에 신고했을지. 끝없는 걱정….

설령 아무도 신고하지 않고 아무도 보지 않았다고 해도 이 돈을 갖고 무엇을 하겠는가? 무엇을 하든 그것은 일시적인 행복에 불과할 것이다. 차를 구입한다. 차가 그대의 차고 안에 있다. 잠시 동안은 행복하다. 그러고 나면… 그러고 나면 그 차는 구식이다. 다음날이면 그것은 보통 차와 똑같다. 며칠 후면 그대는 그 차를 거들떠보지도 않는다.

일시적인 행복은 왔다가 사라진다. 그것은 구름과 같다. 그것은 강물, 아주 협소한 강물과 같다. 비가 조금만 와도 넘쳐버리고 비가 멎고 다량의 물이 바다로 흘러가면 다시 강물은 협소해진다. 한순간 넘쳐흐르고 나면 강은 텅 비어 있다. 그것은 더 늘지도 않고 더 줄지도 않는 바다와는 다르다.

또 하나의 행복은 사라하가 말하는 참된 지복이다. 그것은 무조건적이다. 그것은 어떤 조건으로 만들어지지 않는다. 그것은 항상 거기에 있다! 그 행복은 그대가 자신을 들여다보기만 하면 그 안에 있다. 그대는 여자가 필요치 않다. 남자가 필요치 않다. 큰 집이 필요치 않다. 큰 차가 필요치 않다. 많은 명예와 권력과 세도를 가질 필요가 없다. 아무것도 필요치 않다. 그저 눈을 감고 내면으로 들어갈 수 있다면 그 축복이 거기에 있다….

오직 이 지복만이 영원할 수 있다. 오직 이 지복만이 영원히 그대의 것일 수 있다.

구하면 일시적인 것들만 발견할 것이다. 구함이 없으면 그대는 이 영원한 것을 발견하리라.

> 그들은 다른 길을 걸으면서
> 참된 행복을 저버리고
> 감각이 주는 환희를 추구하네.
> 꿀은 그들의 입 속에
> 그토록 가까이에 있나니.
> 하나 당장 마시지 않는다면
> 꿀은 사라지리라.

꿀은 그대의 입 속에 있는데 그대는 히말라야에 가서 꿀을 구하려 한다. 그대는 히말라야에 가면 꿀이 많다는 얘기를 들었다. 그래서 꿀을 구하러 히말라야로 가려 하는가? 꿀은 그대의 입 속에 있다!

인도의 신비가들은 종종 사향노루에 관해 얘기했다. 배꼽 속에 사향을 지니고 있는 노루의 종류가 있다. 사향냄새가 퍼지기 시작하면… 그 냄새는 노루가 발정기 때만 발생한다… 사향냄새는 암노루를 유혹하는 천성적인 술수, 생리적인 술수이다. 암노루들은 사향냄새를 맡고 찾아온다.

냄새는 가장 민감한 성감대 중의 하나이다. 그래서 사람들은 후각을 파괴했다. 그것은 대단히 민감한 감각이다. 그대는 정말로 냄새맡지 못한다. 실은 냄새라는 말 자체부터 아주 비난조로 생각하게 되었다. 만일 누가 시력이 좋은 아름다운 눈을 갖고 있다면 그가 잘 본다고 말한다. 만일 누가 음악적인 완벽한 귀를 갖고 있다면 그의 귀가 밝다고 한다. 하지만 어떤 사람에게 냄새에 민감하다고 말하지는 않는다. 왜? 냄새에 민감하다는 건 바로 정반대를 뜻하기 때문이다. 그것은 그가 후각능력을 지녔다는 말이 아니라 그가 악취를 피운다는 뜻이다. 인간은 후각능력을 상실했다.

인간은 냄새맡지 못한다. 우리는 자신의 성적인 냄새를 향수를 뿌리거나 씻어서 감추려고 한다. 이것 저것으로 감춘다! 우리는 냄새를 두려워한다. 냄새는 성에 가장 가까운 감각이기 때문이다. 동물들은 냄새를 통해 사랑하게 된다. 동물들은 서로를 냄새맡는다. 그래서 그들의 냄새가 서로 어울린다고 느낄 때, 오직 그때 사랑을 나눈다. 그때 그들의 존재는 조화를 이룬다.

이 사향은 숫노루가 발정기 때 암컷이 필요할 때만 발생한다. 암컷이 이 냄새를 맡고 찾아올 것이다. 하지만 숫노루는 곤경에 처한다. 사향냄새를 맡은 숫노루는 그 냄새가 자신의 배꼽에서, 자신의 몸에서 나오고 있다는 사실을 모르기 때문이다. 그래서 숫노루는 이 냄새가 어디서 나오는지 찾으려고 미친 듯이 뛰어다닌다. 그건 당연한 일이다. 어찌 숫노루가 생각할 수 있겠는가? 하물며 인간도 이 지복의 근원이 어디인지, 아름다움의 근원이 어디인지, 기쁨의 근원이 어디인지 생각하지 못하는데. 노루, 그 가여운 노루는 봐줘야 한다. 그는 사향냄새를 찾아 여기저기 뛰어다닌다. 그리고 뛰어다니면 뛰어다닐수록 향기는 더욱 퍼져나가 숲속에 가득 차게 된다. 숫노루가 가는 곳마다 그 냄새가 있다. 간혹은 그 냄새가 자신에게서 난다는 사실을 모르는 숫노루가 미쳐버렸다는 얘기도 있다.

인간의 경우도 그와 같다. 인간은 찾고 추구하는 데 미쳐간다. 어느 때는 돈에, 어느 때는 명예에, 이것 저것. 하지만 사향은 그대 안에 있다. 꿀은 그대의 입 속에 있다. 사라하가 말하는 것을 잘 보라. 꿀은 그들의 입 속에 그토록 가까이에 있다.

그러나 당장 마시지 않는다면 꿀은 사라지리라. 당장 마셔라. 단 한순간도 놓치지 말아라. 그렇지 않으면 사라질 것이다. 지금 이 아니면 영원히 오지 않는다! 당장! 한시도 놓쳐서는 안 된다. 이것은 당장 행할 수 있는 것이다. 거기엔 아무런 준비도 필요하지 않기 때문이다. 그것은 그대의 본질이다. 이 꿀은 그대의 것이다. 이 사향은 그대의 배꼽 속에 숨겨져 있다. 그대는 태어날 때부터 갖고 나온 그것을 세상에서 찾고 구하여 왔다.

넷째 경문이다.

> 야수들은 세상이 회한에 찬 곳임을 알지 못하나
> 야수들이 감각에 목말라하는 동안
> 천국의 넥타를 마시는 현명한 사람은
> 알고 있노라.

야수란 말은 힌두어나 산스크리트어의 파슈(pashu)에 대한 번역이다. 그 낱말 자체로 의미가 깊다. 문자적으로 파슈란 짐승, 야수를 의미하는데, 그것은 은유이다. 그것은 파스(pash)에서 비롯되었다. 파스란 속박을 뜻한다. 파슈란 속박되어 있는 자를 의미한다.

야수란 속박되어 있는 자이다. 육체와 본능과 무의식의 노예, 사회와 마음과 생각의 노예이다. 야수란 속박되어 있는 자이다.

> 야수들은 세상이 회한에 찬 곳임을 알지 못하나…

어찌 그들이 이해할 수 있겠는가? 그들은 눈은 자유롭게 보지 못한다. 그들의 마음은 자유롭게 생각하지 못한다. 그들의 몸은 자유롭게 느끼지 못한다. 그들은 자유롭게 듣지 못하고 보지 못하고 냄새맡지 못하고 만지지 못한다. 그들은 속박되어 있다. 모든 감각이 불구가 되었고 사슬로 묶여 있다.

　　야수들은 세상이 회한에 찬 곳임을 알지 못하나…

　어찌 그들이 세상을 이해할 수 있겠는가? 세상은 자유를 통해서만 이해할 수 있다. 경전에 묶이지 않고 철학에 묶이지 않고 신학에 갇히지 않을 때 그대는 모든 속박으로부터 벗어날 수 있다. 그때 비로소 그대는 이해할 수 있다. 이해는 오직 자유를 통해서만 일어날 수 있다. 이해는 오직 혼란스럽지 않은 마음을 통해서만 일어날 수 있다.

　　야수들은 세상이 회한에 찬 곳임을 알지 못하나…

　그들은 세상이 회한에 찬 곳임을 이해할 수 없다. 몸과 마음이 창조해낸, 이른바 세상이라는 것은 신기루이다. 그것은 무척 매력적이다. 그것은 무척 아름다워 보이지만 겉만 그러할 뿐 정말은 그렇지 않다. 세상은 무지개이다. 아주 아름답고 화려하지만 가까이 다가가면 사라지고 마는. 아무리 무지개를 잡아보려 해도 손은 텅 비어 있다. 아무것도 없을 것이다. 그것은 신기루이다. 하지만 우리는 무의식적이어서 그 사실을 알 수 없다.

　그 비전은 오직 각성을 통해서 일어난다. 그때 비로소 우리는 신기루의 세상과 진리의 세상을 알 수 있다. 외부적인 우연의 일치로 일어나는 행복은 신기루이다. 그것을 통해 그대는 고통 받을 것이다. 그것은 속임수이다. 하나의 환각이다.

그대는 어떤 여자, 혹은 남자로 인해 행복하다고 느끼는가? 그대는 고통 받을 것이다. 조만간에 모든 행복이 물거품처럼 사라지는 것을 발견할 것이다. 조만간에 그것은 그대의 상상이었을 뿐, 진짜로 일어난 일이 아니었음을 발견할 것이다. 어쩌면 그대는 한낱 백일몽을 꾸고 있었을 것이다. 그 여자나, 남자의 실체가 드러나면 그대는 서로를 지배하려 하고 있는 추한 두 야수를 발견할 것이다.

현자(賢者)가 신랑의 용기를 북돋아주느라고 애쓰고 있다.
"용기를 내게. 나이도 먹은 사람이 왜 그리 사시나무처럼 떨고 있나?"
"그렇긴 하지만 이번엔 정말 차분할 수가 없습니다. 이렇게 긴장하는 데는 이유가 있죠. 결혼해본 경험이 없으니까요."
"물론 자네는 결혼한 경험이 없지."
그 현자가 말했다.
"만일 결혼한 경험이 있었더라면 지금보다 훨씬 더 겁에 질렸을 거네!"

그대가 삶을 들여다본다면, 삶을 지켜본다면, 그것에 대해 좀더 배운다면 머지않아 환상을 갖지 않게 될 것이다. 거기엔 아무것도 없다… 단지 신기루만이 그대를 부르고 있을 뿐이다. 그대는 수없이 속아왔다. 그대는 수없이 뛰어다녔고 오랜 시간을 여행했지만 아무것도 발견하지 못했다.
그대가 민감하다면 그 경험이 그대를 세상에서 해방시켜 줄 것이다. 그리고 기억하라. 나와 사라하가 말하는 세상은 나무와 별과 강물과 산의 세상을 뜻하는 게 아니다. 그가 말하는 세상이란 그대의 마음을 통해, 그대의 욕망을 통해 투사된 세상이다. 그 세상은 마야이다. 그 세상은 환영이다. 그것은 욕망에 의해 창조되었고 생각에 의해 창조되었다.

생각과 욕망이 사라질 때 바로 각성이, 깨어 있음이 있다. 아무 내용물이 없이 의식만이 있을 때, 사념의 구름이 없이 다만 의식—하늘—이 있을 때 그대는 진정한 세상을 본다. 그 진정한 세상이 종교에서 말하는 신(神), 혹은 붓다가 말하는 니르바나이다.

> 야수들은 세상이 회한에 찬 곳임을 알지 못하나
> 야수들이 감각에 목말라하는 동안
> 천국의 넥타를 마시는 현명한 사람은
> 알고 있노라.

그러나 그대는 꿈에 좌절당할 때면 아마도 이 꿈에 잘못이 있다고 생각하고 다른 꿈을 꾸기 시작한다… 욕망이 성취되지 못하면 그대는 자신이 필요한 만큼의 노력을 하지 않은 것이라고 생각한다. 다시 그대는 기만당한다.

한 여자가 시내 전차에 앉아 박자조절기처럼 머리를 양쪽으로 흔들고 있는 옆좌석의 남자를 주목했다. 여자는 호기심을 참지 못하고 그가 왜 그러고 있는지 물었다.

"나는 이걸로 시간을 알죠."

그 남자가 대답했다.

"그럼 지금이 몇 시죠?"

여자가 물었다.

"네시 반."

여전히 머리를 흔들면서 남자가 말했다.
"틀렸어요. 지금은 네시 사십오분이에요."
"오! 그럼 내가 느렸소!"
남자가 더 빠르게 머리를 흔들었다.

그런 식이다. 만일 그대가 어떤 것을 성취하지 못하면 아마도 그대가 충분한 노력을 들이지 않은 것이라고 생각한다. 아니면 그대의 속도가 느렸거나 남들과 비교해 경쟁력이 없었다고, 즉 덜 공격적이었고 덜 폭력적이었다고 생각한다. 그대가 무기력하고 게을렀으니 다음번엔 정신을 차리겠노라고, 그대의 기상을 증명해 보이겠노라고 결심한다.

그러나 그것은 그대의 기상과는 아무 상관이 없다. 성공 자체가 불가능했기 때문에 실패한 것이다. 그대의 노력이나 속도나 공격성에 실패원인이 있는 것이 아니다. 아니다, 그대에게 결함이 있어 실패한 것이 아니다. 세상에서 가능한 건 실패밖에 없었기 때문에 실패한 것이다. 그 누구도 성공하지 못한다. 그 누구도 성공할 수 없다! 성공이 불가능한 것이 바로 성공의 속성이기 때문이다. 욕망은 채워질 수 없다. 그리고 그 투사로 인해 그대는 절대로 실체를 볼 수 없다. 그대는 계속 노예로 남는다.

내가 경험한 실패를 그대 또한 경험한다. 붓다나 사라하가 경험한 실패를 그대 또한 경험한다. 그러면 무엇이 차이점인가? 그대는 실패를 경험해도 그것을 통해 아무것도 배우지 않는다. 그것이 유일한 차이이다. 실패로부터 배우는 순간 그대는 붓다가 될 것이다.

하나의 경험, 또 다른 경험, 또 다른 경험… 하지만 그대는 모든 경험들을 종합해서 끝내지 못한다!

그대는 말한다.

"이 여자는 분명히 끔찍했다. 하지만 여자는 수없이 많다. 다른 여자를 찾아보자."

이 여자는 또다시 실패할 것이 확실하다. 그러면 또다시 다른 사람을 찾으려고 희망하고 꿈꾸기 시작한다.

"한 여자에게 실패했다고 모든 여자에게 실패하는 건 아니지. 한 남자에게 실패했다고 모든 남자가 그렇다는 건 아니지."

그대는 계속해서 희망하고 또 희망한다… 희망을 통해 계속 실패를 체험하지만 그대는 아무것도 배우지 않는다.

하나의 관계가 속박이 되면… 그대는 뭔가 잘못됐다고 느끼고 다음번엔 그것이 속박이 되지 않도록 모든 노력을 기울일 것이다. 하지만 그대는 성공하지 못할 것이다. 성공은 사물의 본성이 아닌 까닭이다. 실패만이 가능하다. 성공은 불가능하다.

오직 실패만이 가능하다는 것을 깨닫는 날, 모든 무지개가 거짓이며 멀리서 금빛으로 빛나며 자석처럼 그대를 끌어당기고 있는 모든 행복들이 한낱 공허한 꿈이고 욕망이며 그대 스스로가 미혹되어 있다는 그 사실을 아는 날, 전환과 전향이 일어나며 새로운 존재가 탄생한다.

꽝 하는 문소리와 함께 체격이 큰 여자가 화가 나서 휙휙 옷자락 스치는 소리를 내며 등기소로 들어왔다.

"나와 헨리와의 혼인신고서를 당신이 발급했어요, 안했어요?"

여자가 신경질적으로 책상 위에 서류 하나를 던져놓는다.

등록담당자가 안경 너머로 그것을 가까이 조사해보더니 말했다.

"제가 했습니다, 부인."

그가 조심스레 말한다.

"제가 한 걸고 알고 있습니다. 그런데 왜 그러시죠?"

"글쎄, 등기는 뭘 하려고 한 거죠?"
그녀가 울부짓는다.
"그가 도망갔단 말이에요!"

모든 관계가 그저 겉보기만 아름다울 뿐 내면 깊숙이에서는 속박되어 있다. 나는 사람들이 관계를 갖지 말라고 말하는 것이 아니다. 관계를 갖되, 관계가 그대에게 행복을 준다고는 절대 생각하지 말라는 것이다. 관계를 가져라! 물론 그대는 세상 속에 있으니 관계를 가져야 할 것이다. 그대는 사람들과 관계를 가져야만 한다. 하지만 관계는 그대에게 행복을 주지 못할 것이다. 행복이란 결코 외부로부터 오지 않기 때문이다. 행복은 항상 내면에서 자란다. 행복은 항상 내면에서 흘러나온다.

그리고 사라하는 말한다.

"행복이 외부로부터 온다고 믿는 자는 야수이다. 그는 파슈이다. 그는 속박되어 있다. 그것은 결코 외부로부터 오는 것이 아니라는 사실, 그것이 올 때면 언제나 안으로부터 온다는 사실을 깨달은 자는 자유롭다. 그가 인간이다. 그가 진정한 인간이다. 그는 더 이상 야수가 아니다. 그 자유를 통해 참 사람이 태어난다."

> 야수들은 세상이 회한에 찬 곳임을 알지 못하나
> 야수들이 감각에 목말라하는 동안
> 천국의 넥타를 마시는 현명한 사람은
> 알고 있노라.

이 천국의 넥타란 무엇인가? 그것은 이미 그대의 입 속에 담겨 있는, 그러나 아직 그대가 맛보지 못하고 있는 꿀에 대한 상징이다. 그대는 그 꿀을 맛볼 시간이 없다. 세상 전체가 지나치게 세속적으로 분주하다. 그대는 한 곳에서 또 다른 곳으로 질주하고 있다. 그대는 이미 거기에 있는 꿀을 맛볼 여유가 없다.

그것은 감로(甘露)이다. 그것을 맛본다면 그대는 천국에 있는 것이다. 그것을 맛본다면 거기 죽음은 없다. 그것이 '감로'라 하는 것이다. 그대는 불멸이 된다. 그대는 불멸의 존재이다. 그대는 모르고 있지만 그대는 불멸의 존재이다. 거기엔 죽음이 없다. 그대에겐 죽음이 없다. 하늘은 죽음이 없다. 오직 구름만이 태어나고 죽는다. 강물만이 태어나고 죽는다. 바다는 죽음이 없다. 그대도 그러하다.

사라하는 왕에게 이 경문들을 말한다. 사라하는 그를 논리로 설득하려고 하지 않는다. 단순히 그의 존재를 왕이 체험하도록 한다. 사라하는 왕에게 사라하를 바라보는 새로운 게슈탈트(gestalt, 형태)를 주고 있다. 탄트라는 삶을 바라보는 새로운 게슈탈트이다.

나는 탄트라보다 더 심오한 것을 대해본 적이 없다.

오늘은 이만.

4

사랑은
죽음이다

1 당신은 제가 원했던 또는 제가 원할 수 있는 모든 것입니다.
그런데 왜 제 마음속엔 이렇게 당신에 대한 무수한 저항이 있을까요?

2 저는 감옥에 있는 느낌입니다.
어떻게 하면 벗어날 수 있겠습니까?

3 문명에 대해 어떻게 생각하십니까?

4 농담을 들으면 왜 그렇게 웃음이 날까요?

5 당신은 왜 오렌지색 로브를 입지 않으시죠?

첫 번째 질문
사랑하는 오쇼, 당신은 제가 원했던 또는 제가
원할 수 있는 모든 것입니다.
그런데 왜 제 마음속엔 당신에 대한 무수한 저항이 있을까요?

바로 그 때문이다! 그대가 나를 깊이 사랑한다면 깊은 저항도 함께 있을 것이다. 그들은 서로 균형을 이룬다. 사랑이 있는 곳에는 언제나 저항이 있다. 굉장히 끌리는 곳은 항상 그곳으로부터, 그 공간으로부터 도망가고 싶어진다. 무한히 이끌린다는 것은 깊은 나락 속으로 떨어진다는 뜻이기 때문이다. 그대는 더 이상 그대 자신이지 못할 것이다.

사랑은 위험하다. 사랑은 죽음이다. 그것은 죽음 자체보다 더 죽음 같다. 죽은 뒤에는 살아남아도 사랑 뒤에는 살아남지 못하기 때문이다. 그렇다, 다른 누군가로 태어날지언정 현재의 그대는 사라진다. 그래서 공포가 밀려온다.

나를 사랑하지 않는 이들은 바로 내 곁에 있어도 두렵지 않을 수 있다. 나를 사랑하는 이들, 그들은 한 걸음 한 걸음 내디딜 때마다 두려움이 뒤따를 것이다. 그들은 마지못해 내디딜 것이고, 그들에겐 그것이 무척 힘겨울 것이다. 그들이 내게 가까워질수록 그들의 에고는 줄어들 것이기 때문이다. 그것이 내가 말하는 죽음이다. 그들이 진정으로 내게 가까이 오는 순간 그들 자신은 존재하지 않는다. 바로 내가 부재하는 것처럼. 내게 가까이 오고 있다는 것은 점점 무(無)의 상태에 이르고 있다는 뜻이다. 하물며 보통의 사랑에도 저항이 있는데… 이 사랑은 특별한 사랑이다. 이 사랑은 유일한 사랑이다.

이 질문은 아난다 아누팜이 했다. 나는 그녀를 지켜봐 왔다. 그녀는 저항하고 있다. 이 질문은 단순히 지적인 질문이 아니라 실존적인 질문이다. 그녀는 힘겹게 투쟁해왔다… 하지만 그녀는 이길 수 없다. 그녀는 이길 수 없기에 축복을 받았다. 그녀의 패배는 확실하다. 절대적으로 확실하다. 나는 그녀의 눈 속에서 줄곧 사랑을 보아왔다. 그 사랑은 모든 저항감을 부술 수 있을 만큼, 생존하기 위해 안간힘을 쓰는 에고를 이길 수 있을 만큼 강하다.

사랑이 강하면 에고가 아무리 몸부림쳐도 에고가 진다. 그 때문에 그 많은 사람들이 사랑 없이 사는 것이다. 그들은 사랑에 관해서 이야기하지만 사랑 없이 살고 있다. 그들은 사랑을 꿈꾸지만 결코 사랑을 실현하지 않는다. 사랑을 실현한다는 것은 그대 자신을 남김 없이 소멸해야 한다는 뜻이기 때문이다.

스승에게 올 때는 완전한 소멸이냐, 아무것도 아니냐 둘 중의 하나이다. 그대가 내 안에서 녹고 내가 그대 안에 녹도록 허용하든지, 아니면 그대가 여기에 있음에도 아무런 변화도 없든지 둘 중의 하나이다. 만일 에고가 계속 남아 있다면 나와 그대 사이에는 만리장성의 벽이 가로놓여 있는 것이다. 오히려 만리장성의 벽은 쉽게 무너질 수 있으나, 에고는 보다 미묘한 에너지이다.

하지만 한 번 사랑이 일어나면 에고는 무력해진다. 그리고 나는 그 사랑을 나루팜의 눈 속에서 본다. 거기엔 사랑이 있다. 그대는 굉장한 갈등을 겪겠지만, 괜찮다! 쉽게 다가오는 사람은 실제로는 다가오는 게 아니므로. 오는 데 오랜 시간이 걸리는 이들, 매순간 갈등하는 이들, 오직 그들만이 올 수 있기 때문이다.

아무것도 걱정할 것 없다… 그 여행은 긴 여행이 될 것이다. 아누팜은 시간이 걸릴 것이다. 어쩌면 몇 해가 걸릴지도 모르지만 아무것도 걱정할 게 없다! 그녀는 올바른 궤도 위에 있는 것이다. 그녀는 이미 되돌아갈 수 없는 지점을 건넜다. 그녀는 돌아갈 수 없는 지점을 건넌 것이다. 그러니 그것은 오직 시간문제이다. 그녀는 내게 열려 있다. 나는 결코 어느 누구도 강요하지 않는다. 그럴 필요가 없기 때문이다. 그들이 스스로 올 수 있도록 그들에게 시간과 충분한 자유를 주는 것이 좋다. 헌신이 자유롭게 일어날 때 그 헌신은 아름답다. 하지만 그대는 그것이 오고 있음을 신뢰해도 좋다. 그것은 오는 도중이다. 그대 존재의 가장 깊은 중심에서는 이미 일어났다. 이제 그 본질적인 것이 표면적인 마음에 정보를 주는 데 시간이 걸릴 따름이다. 그대의 가슴은 이미 내게로 와 있다. 오직 마음속에서만 투쟁하고 있을 뿐 중심에서는 이미 내게 아주 가까이 와 있다. 오직 표면에서만 투쟁이 계속되고 있는 것이다. 사령부에서는 이미 복종한 상태이다.

그대는 아직도 싸우고 있는 일본 병사에 관한 이야기를 들었을 것이다. 2차 대전이 끝나고 여러 해가 지났는데도, 20년의 세월이 흘렀는데도 그는 여전히 싸우고 있다. 그는 일본이 항복했다는 이야기를 못 들었다. 그는 인도네시아의 가장 깊은 밀림 속에 있었기 때문에 아직도 자기가 일본제국에 속해 있으며 싸움이 계속되고 있다고 생각했다. 그는 미쳐 있었던 게 틀림없다. 그는 혼자서 숨고 도망가고 사람들을 죽이고 있었다.

불과 몇 년 전 그가 일본으로 돌아갔을 때, 그는 영웅대접을 받았다. 어느 정도는 그가 영웅임이 사실이다. 그는 의식하지 못했지만… 그는 대단한 의지력의 소유자임에 틀림없다. 그는 남들에게서 그 소식을 들었다. 듣지 못한 게 아니다. 일본이 항복했고 전쟁이 끝났다는 사실을 어떻게 20년 간이나 피할 수 있겠는가? 하지만 그는 주장했다.

"내 사령관으로부터 명령받기 전에는 복종하지 않겠다."

지금 그 사령관은 죽고 없으니 그 사령관에게서 명령을 받을 수는 없었다. 그는 평생 동안 싸울 작정이었다. 그는 매우 위험한 인물이었기 때문에 그를 붙들기란 여간 어려운 것이 아니었으나 그는 붙들렸다. 아누팜의 경우가 바로 그렇다. 사령부에서는 이미 복종했다. 사령관은 죽었다! 단지 표면에서만, 인도네시아의 어느 숲 속에서 그대는 싸우고 있는 것이다, 아누팜. 그러나 조만간에, 그대가 아무리 광적이라 해도 그 소식을 곧 들을 것이다.

두 번째 질문
사랑하는 오쇼, 저는 진실해지고 싶습니다.
그러나 무엇이 진실이며 어떻게 하면 진실할 수 있습니까?
저는 악순환에 빠져 있고 감옥 속에 있는 것 같습니다.
여기서 벗어나고 싶습니다.
그렇지만 어떻게요?

사랑은 죽음이다 137

 먼저, 그대는 감옥 속에 있지 않다. 그 누구도 감옥 속에 있지 않다. 감옥에 있는 사람은 아무도 없다. 감옥은 허상이다. 그대가 무의식적인 건 확실한 사실이나 그렇다고 감옥 속에 있는 건 아니다. 감옥은 꿈속에서나 볼 수 있는 하나의 꿈이며 악몽이다. 따라서 근본 문제는 어떻게 감옥을 벗어나느냐가 아니고 어떻게 잠에서 깨어나느냐이다. 그리고 얼마나 명확한 질문을 하는가에 따라 큰 차이가 생긴다. 만일 그대가 "어떻게 감옥을 벗어나는가?" 하고 생각한다면 존재하지도 않는 감옥과 싸우게 될 것이다. 그러면 그대는 그릇된 방향으로 움직이게 될 것이다.

수많은 세월 동안 사람들이 해온 짓이 바로 그것이다. 그들은 자신들이 감옥 속에 있다고 생각하여 감옥과 싸워왔다. 그들은 간수와 싸우고 죄수와 싸우고 조직과 싸우고 사면의 벽들과 싸운다! 그들은 철창을 줄로 갈며 탈옥하고 싶어한다. 그들은 감옥의 자물쇠를 열려고 노력하지만 그것은 열릴 수 없다. 애당초 감옥은 존재하지 않기 때문이다. 죄수와 간수와 철창과 자물쇠는 모두 상상물이다.

그대는 깊은잠이 들어 악몽을 꾸고 있다. 근본 문제는 어떻게 잠에서 깨어나는가이다.

가장 애처로운 부당감금 상태는 술에 취한 사람이 공원 울타리 밖을 서성거리면서 고뇌에 차, 그 울타리 창살에 머리를 부딪치며 "날 내보내줘." 하고 울부짖는 상태이다.

그것이 그대의 상황이다. 그대는 감금되어 있지 않다. 그대는 갇혀 있지 않다. 그대는 다만 술에 취해 있을 뿐이다. 그대는 자신이 갇혀 있다고 생각한다. 이것은 생각일 뿐이다. 그리고 나는 왜 그대 마음속에 그런 생각이 떠올랐는지 안다. 그대는 사방으로부터 제약을 느끼고 그 제약으로부터 감옥이라는 관념을 떠올린다. 움직이는 곳마다 제약이 있다. 어느 정도까지는 간다고 해도 그 이상 앞으로 나아갈 수가 없다. 거기 분명 그대를 가로막는 벽이 있을 것이다. 그래서 그대는 모든 곳에 벽이 있다고 추론한다. 아마도 보이지 않는 벽, 아마도 투명유리로 된 유리벽이라서 밖의 사물이 훤히 보이겠지만. 그러나 움직일 때마다 자꾸만 걸려 넘어진다. 그래서 그대는 어떤 지점을 넘어설 수가 없는 것이다.

이것이 그대에게 감옥이라는 생각을, 그대가 갇혀 있다는 느낌을 불러일으킨다. 하지만 이 한계성 또한 꿈이다. 잠 속에서 그대는 몸과 동일시하고 그 몸의 한계를 그대의 한계로 생각한다. 잠 속에서 그대는 마음과 동일시하고 마음의 한계를 그대의 한계로 생각한다.

그대는 제한되어 있지 않다. 그대는 한계가 없다. 그대는 그대의 순수한 존재 안에 있기에 제한이 없다. 그대는 신이다. 하지만 그 신성을 알려면 감옥과 싸우지 말아라. 그렇지 않으면 그대는 결코 승리자가 되지 못할 것이다. 패배하면 할수록, 좌절하면 할수록, 자신감을 잃으면 잃을수록 더욱더 한계를 벗어나는 것이 불가능하게 느껴질 것이다.

더욱 깨어나라. 더욱 민감하고 주의 깊어져라. 그대가 해야 할 일은 오직 그것이다. 깨어나면 그토록 비좁게 느껴지던 벽과의 틈새가 더 이상 비좁지 않을 것이다. 벽들과의 틈이 벌어지고 감옥은 점점 더 넓어진다. 의식이 확장될수록 그대의 감옥은 더 이상 비좁지 않고 점점 더 넓어질 것이다. 의식이 확장될수록 그대가 움직이고 존재하고 살고 사랑할 수 있는 공간은 더욱 크게 열리고, 그때 그대는 의식의 기본적인 메커니즘을 알게 된다. 즉 의식이 적을수록 벽들은 더욱 가까워지고 부지불식간에 그대는 사방의 벽으로 둘러싸일 것이다. 그대는 옴짝달싹할 수 없는 작은 방안에 놓인다.

'의식의 확장', 이 문구를 기억하라. 의식의 확장과 함께 그대는

사랑은 죽음이다 139

확장된다. 어느 날 그대의 의식이 완전해져서 내면에 어둠의 그림자가 어른거리지 못할 때, 그대 안에 무의식이 사라지고 모든 것이 의식적이 될 때, 그대 내면의 빛이 각성으로 환히 타오를 때 문득 그대는 하늘까지도 그대의 경계가 아님을 볼 것이다. 그대는 한계가 없다.

이것은 모든 시대의 신비가들이 체험한 바이다. 예수가 "나와 하늘에 계신 나의 아버지는 하나이다"라고 말했을 때 바로 이런 의미이다. 그는 말하고 있다. "나는 한계가 없다." 그것은 은유적이고 상징적인 방식으로 같은 것을 말하는 것이다. "나와 하늘에 계신 나의 아버지는 둘이 아닌 하나이다. 나는 이 작은 육체 안에 머물고 있고 아버지는 모든 존재 속에 퍼져 있으나 둘이 아닌 하나이다. 나의 근원과 나는 하나이다. 나는 존재 그 자체만큼 크다." 그것은 우파니샤드의 신비가가 선언하는 "아함 브라마스미(Aham Brahmasmi)―나는 절대자이다. 나는 신이다"의 의미이다. 이것은 무의식이 존재하지 않는 각성의 상태에서 말해진 것이다. 이것은 수피 만스루가 선언한 "아날 하그(Ana'l Haq)―나는 진리이다"가 의미하는 바이다.

이 위대한 발언은 아주 의미가 깊다. 그들은 그대는 단순히 그 이상도 이하도 아닌 그대의 의식만큼 크다고 말한다. 그 때문에 사람들은 그토록 마약에 끌리는 것이다. 마약은 화학적인 작용으로 그대의 의식을 실제보다 더 크게 만들어주기 때문이다. LSD나 마리화나, 메스칼린은 즉석에서 의식을 확장시켜 준다. 물론 그것은 강제적이고 폭력적이며 행하지 말아야 할 것이다. 또한 그것은 화학적인 작용이다. 그대의 영성과는 아무 상관이 없다. 그것을 통해서는 성장하지 못한다! 성장은 자발적인 노력을 통해 찾아온다. 성장은 값싼 것이 아니다. 그저 소량의 LSD로, 아주 조금의

LSD로 얻어지는 그렇게 값싼 것이 아니다.

알도스 헉슬리(Aldous Huxley)가 자신이 LSD를 통해 카비르나 에크하르트, 또는 바쇼와 똑같은 체험을 했다고 생각하는 것은 큰 잘못이다. 그렇지 않다. 그것은 같은 체험이 아니다. 어떤 면에선 비슷하기도 한데 의식의 확장에 있어서는 유사하다. 하지만 그것 역시 똑같은 것이 아니다. 그것은 억지적인 것이고 그대의 생물학 작용과 화학적 작용에 폭력을 가한 것이다. 그리고 그대는 여전히 그대로이다! 그것을 통해서는 성장하지 못한다. 한 번 약물의 효력이 떨어지면 그대는 예전의 그 사람, 똑같은 소인배로 돌아간다.

카비르에게 있어 의식의 확장은 억지가 아니었고 자연스런 성장이었다. 카비르는 다시는 예전의 그가 아닐 것이다. 이제 되돌아가는 일은 없다. 그것은 그의 일부가 되었고 그의 존재가 되었다. 그는 그것에 녹아들었다.

하지만 사람들이 약물에 매료되는 것은 이해할 수 있다. 그것은 항상 매력적이었다. 약물은 현대에만 그런 것이 아니라 베다 이래로 항상 있어왔다. 인간은 항상 약물에 엄청난 매력을 느껴왔다. 그것은 위조지폐이다. 어느 정도는 진짜의 맛을 보여주지만 아주 부자연스러운 방식이다. 하지만 인간은 항상 확장을 추구하고 있다. 인간은 위대해지길 원한다.

때로는 돈을 통해 위대해지고 싶어하는데, 그렇다, 돈 역시도 확장의 느낌을 준다. 그러나 그것은 하나의 마약이다. 많은 돈을 가지고 있을 때는 별로 장애물이 없는 것처럼 느껴진다. 장애물이 멀게 느껴진다. 그대는 원하는 만큼 차를 살 수 있다. 그대는 한계가 없다. 별안간 롤스로이스를 갖고 싶으면 언제라도 가질 수 있다. 그대는 자유를 느낀다. 돈이 없으면 롤스로이스가 지나갈 때 갖고 싶은 욕구가 일어나도 한계가 있다… 그대의 주머니는 비어 있다. 그대의 통장엔 잔고가 없다. 그대는 상처를, 벽을 느낀다. 그대는 그것을 뛰어넘을 수 없다. 차가 눈앞에 있는데, 당장 차를 가질 수 있는데 그대와 차 사이에는 커다란 벽이 있다. 가난의 벽이.

돈은 그대에게 확장의 느낌, 자유의 느낌을 준다. 하지만 그것 역시 가짜 자유이다. 그대가 더 많은 것을 가진다 해도 성장에는 도움이 안 된다. 그대가 더 갖지 못하든 더 갖든 그대의 존재는 여전히 그대로이다. 권력도 그러하다. 만일 그대가 한 나라의 국무총리나 대통령이라면 막강한 힘을 느낄 것이다. 군대, 경찰, 법정, 모든 장치가 다 그대의 것이다. 국가의 경계선이 그대의 경계선이다. 그대는 엄청난 힘을 느낀다. 하지만 그것 역시 하나의 마약이다.

그대에게 말하노니, 정치와 돈은 LSD나 마리화나만큼 마약과 같은 것이다. 아니 훨씬 더 위험하다. 만일 사람이 LSD와 돈 가운데 하나를 선택해야 한다면 LSD가 훨씬 낫다. 만일 정치와 LSD 사이에서 하나를 선택해야 한다면 LSD가 훨씬 낫고 훨씬 더 종교적이다. 왜 내가 이렇게 말하는가? LSD는 오직 그대 자신만을 망가뜨릴 테지만 돈은 남들까지 파괴할 것이기 때문이다. LSD는 단순히 그대의 화학적인 현상, 그대의 생물학적인 현상만 파괴할 터이나 정치는 수많은 사람들을 파괴할 것이다.

생각해보라. 만일 아돌프 히틀러가 마약에 중독되었더라면 세상은 훨씬 좋았을 것이다. 만일 그가 LSD를 복용하고 손에 주사나 꽂고 있었더라면 우리는 훨씬 더 축복스러웠을 것이다. 우리는 신에게 감사했을 것이다.

"그가 자기 집에서 주사나 맞고 취해 있는 건 아주 좋은 일입니다. 그가 없으면 세상은 더 편안하게 흘러갈 수 있습니다."

돈과 정치는 마약보다 훨씬 더 위험하다. 지금 이것은 아주 아이러니하다. 정치가들은 항상 마약을 반대한다. 돈이 많은 사람들은 항상 마약을 반대한다. 그들은 자기 자신이 마약중독자들이라는 사실을 자각하지 못한다. 그들은 훨씬 더 위험한 게임에 빠져 있다. 그들의 게임은 타인의 삶에도 영향을 미치기 때문이다. 인간은 자기가 원하는 것을 할 자유가 있다. LSD의 복용은 기껏해야 자살이나 초래할 수 있지 남을 죽이지는 않는다. 그것은 자살적이다. 그리고 인간은 자살할 자유가 있다. 적어도 자살할 자유는 있어야 한다. 그것은 그대의 인생이니까. 만일 살고 싶지 않다면 그만이다. 그러나 돈은 살인적이다. 권력이나 정치도 살인적이다. 그것은 타인들을 죽인다.

 내 말은 사람들이 마약을 하라는 뜻이 아니다. 나는 마약이나 돈이나 정치, LSD, 마리화나 모두 다 나쁘다고 말하는 것이다. 그대는 그것들이 그대의 의식을 확장시켜 주리라는 그릇된 생각을 가짐으로써 그것들을 선택한다. 의식은 아주 간단하게 아주 쉽게 확장될 수 있다. 실은 의식은 이미 확장되어 있으나 그대가 그릇된 관념을 갖고 살고 있는 것이다. 그대의 그릇된 관념이 벽이고 감옥이다.

 그대는 묻는다.

 "나는 진실해지고 싶다…."

 그것은 그대가 원하고 말고 할 수 있는 것이 아니다. 그것은 그대의 선택에 따른 것이 아니다. 진실은 이미 존재한다! 그대가 좋건 말건 그건 무관하다. 거짓은 선택이 가능하지만 진리는 선택이 불가능하다. 진리는 이미 존재하고 있다. 그래서 크리슈나 무르티는 그토록 선택 없는 각성을 강조하는 것이다. 진리는 선택할 수 없다. 진리는 이미 존재하고 있다! 그것은 그대의 선택이나 좋고 싫음과는 상관이 없다.

 선택을 버리는 순간 진리가 있다. 그대가 진리를 못 보는 것은 바로 선택하기 때문이다. 선택은 스크린과 같은 작용을 한다. 좋고 싫음이 문제이다! 어떤 것을 좋아하게 되면 사물을 있는 그대로 볼 수 없다. 어떤 것을 싫어하게 되면 그것을 있는 그대로 볼 수 없다. 좋고 싫음의 색안경을 씀으로써 그대는 존재의 원색을 보지 못한다.

그대는 말한다.

"나는 진실해지고 싶다…."

그것이 그대가 진실하지 못하는 이유이다. 그대는 이미 진실하다! 좋고 싫음을 버려라! 존재가 어찌 거짓일 수 있겠는가? 존재는 진실 그 자체이다. 존재하는 것은 진실하다. 그대는 여기에 있고 살아 있고 숨쉬고 있다. 어떻게 거짓일 수 있겠는가? 그대의 선택… 선택에 의해 그대는 기독교도나 힌두교도나 회교도가 되었다. 실제로 그대는 힌두교도나 회교도나 기독교도가 아니다. 선택에 의해 그대는 인도, 중국, 독일인이라고 동일시하지만 실제로 보면 온 우주가 그대에게 속하고 그대는 우주 전체에 속한다. 그대는 우주적이다.

모든 삶이 그대를 통해 흐르고 있다. 그대는 그저 하나의 부분이 아니다. 온 우주가 총체적으로 그대를 통해 흐르고 있다. 선택이나 좋고 싫음을 통해 그대는 빗나간다.

지금 그대는 말한다.

"나는 진실해지고 싶다."

진리라는 명분 아래 그대는 또 거짓이 될 것이다. 그런 식으로 사람들은 기독교인이 된다. 기독교가 진실하다고 생각하여, "나는 진실해지고 싶다"며 기독교도가 된다. 부디 기독교도가 되지 말아라. 부디 힌두교도가 되지 말아라. 그대 자신이 그리스도이다! 왜 기독교도가 되려 하는가? 그리스도의 성품은 그대의 본성이다. 그리스도의 성품은 예수와는 아무 상관이 없다. 그것이 예수의 것인 것처럼 또한 그대의 것이다. 그리스도의 성품은 선택 없는 각성의 한 상태이다.

그러니 부디 욕망의 관점에서 생각하지 말아라.

"나는 진실해지고 싶다."

이런 식으로 사람은 거짓되게 된다. 이 욕구를 떨쳐버려라. 그냥 존재하라. 무엇이 되려고 애쓰지 말아라. 무엇이 된다는 것은 거짓이 되는 것이다. 존재 자체로 진실하다. 그 차이를 보라! 무엇이 된다는 것은 미래에 있다. 그것은 목적을 가지고 있다. 존재하는 것은 지금 여기이다. 그것은 목적이 없다. 그것은 이미 현실이다. 따라서 그대가 누구이건 그냥 그대로 존재하라. 다른 무엇이 되려고 애쓰지 말아라. 그대는 무엇이 되라는 이상과 목적들을 '~되라!'고 배웠다. 그대는 항상 특별한 무엇이 되도록 강요되어 왔다.

나의 모든 가르침은 그것이 무엇이건, 그대가 누구이건 그대로 아름답다는 것이다. 그것은 충분 이상이다. 그냥 그대로 존재하라. 무엇이 되는 것을 그만두고, 존재하라!

지금 그대가 자연스럽게 "나는 진실해지고 싶다. 하지만 무엇이 진실이며 어떻게 하면 진실해지는가?" 하고 물을 때… 먼저, 무엇이 되고 싶다는 견지에서 생각하면 틀림없이 무엇이 목적인지 알고 싶어진다. 내가 되고 싶은 이 진실은 무엇인가? '목적'이 생기면 '어떻게'가 생기는 것이 당연하다. 어떻게 그것에 도달하는가? 그때 온갖 기술과 방법론이 동원된다….

'그대가 그것이다'라고 나는 말한다. 우파니샤드의 신비가는 말한다.

"타트티밤아시(Tat-tvam-asi)—그대는 그것이다."

그대는 이미 그것이다. 그것은 무엇이 되는 것의 문제가 아니다. 신은 미래의 어딘가에 있는 무엇이 아니다. 신은 바로 지금, 바로 이 순간에, 그대 안에, 그대 밖에, 모든 곳에 스며 있다. 오직 신만이 존재할 뿐 그 외에 아무것도 없기 때문이다. 존재하는 모든 것은 신성하다. 그러니 존재하라! 무엇이 되려고 애쓰지 말아라. 그러면 또 다른 것이 뒤따른다… 무엇이 되고자 한다면 당연히 이런 생각이 떠오른다.

"무엇이 이상인가? 나는 무엇이 되어야 하는가?"

그러면 그대는 이상을 그려야 한다. 그리스도처럼, 붓다처럼, 크리슈나처럼 되지 않으면 안 되는 것이다. 그러면 그대는 하나의 이미지를 선택해야 할 것이다. 그리고는 복사품이 될 것이다.

크리슈나는 결코 되풀이된 적이 없다. 이 단순한 진리를 볼 수 없는가? 크리슈나는 두 번 다시 존재한 적이 없다. 붓다는 되풀이 될 수 없다는 아주 간단한 이 진리를 그대는 볼 수 없는가? 각각의 존재가 고유하다. 절대적으로 고유하다. 그대도 마찬가지다. 만일 그대가 특별한 누군가가 되려고 노력한다면 그대는 거짓된 존재, 허위적인 존재가 될 것이다. 그대는 복사품이 될 것이다.

원래대로 존재하라! 그러니 그대는 그대 자신만이 될 수 있을 뿐이다. 거기 가야 할 어디도 없고, 되어야 할 무엇도 없다.

하지만 에고는 어떤 목적지를 원한다. 에고는 현재와 목적지 사이에 존재한다. 에고의 메커니즘을 보라. 보다 큰 목적을 가질수록 에고는 더 커진다. 만일 그대가 그리스도가 되길 원한다면, 만일 그대가 기독교인이라면 그대는 더 큰 에고를 가지고 있다. 좀더 경건할지는 모르지만, 에고는 에고이다. 경건한 에고도 여느 에고만큼 큰 에고이다. 때로는 평범한 에고보다 더 위험하기까지 하다.

만일 그대가 기독교인이라면 그대는 에고게임을 하고 있는 것이다. 에고란 그대와 목적지 사이의 거리를 의미한다. 사람들은 내게 와서 어떻게 하면 에고를 버릴 수 있는지 묻는다. 무엇이 되기를 그만두지 않는 한 에고는 제거될 수 없다. 관념, 이상, 희망, 미래를 버리지 않는 한 에고는 제거될 수 없다.

에고는 현재와 미래의 이상 사이에 존재한다. 이상이 클수록, 이상이 멀리 있을수록 에고가 존재할 공간은 더욱 크다. 더 큰 가능성이 있다. 그 때문에 종교인들은 물질주의자들보다 더 에고이스트인 것이다. 물질주의자는 종교인만큼 큰 공간을 가질 수 없다. 종교인은 신이 되길 원한다! 지금 이것은 가장 큰 가능성이다. 어떻게 그 이상 큰 이상을 가질 수 있겠는가? 종교인은 목샤(moksha), 즉 천국, 낙원에 가길 원한다… 지금 이보다 더 큰 목적을 상상할 수 있겠는가? 종교인은 완벽해지길 원한다… 이 완벽에 대한 관념 속에 에고는 그림자처럼 존재할 것이다.

내 이야기를 잘 들으라! 나는 그대가 신이 되어야 한다고 말하지 않는다. 나는 그대 자신이 신이다라고 선언한다. 거기엔 에고가 생길 여지가 없다. 거기엔 에고가 존재할 틈새가 없다. 그대는 천국에 갈 필요가 없다. 그대는 이미 천국에 있는 것이다. 그냥 주위를 잘 돌아보라… 그대는 이미 천국에 있다! 그것은 현시성(現時性)이다. 천국은 현시성이다. 그것은 현순간의 기능이다.

에고는 목적과 이상이 있을 때 번성한다. 그리고 에고로 인해 수천 가지의 문제가 발생한다. 위대한 이상을 갖는 것은 한편에서는 기분을 아주 좋게 하고, 한편에서는 죄의식을, 끊임없는 죄의식을 느끼게 한다. 그대는 항상 기대에 못 미치기 때문이다. 그 이상들은 불가능하다. 그대는 그 이상들에 도달할 수 없다. 거기에 이르는 길은 없다. 따라서 그대는 항상 이상에 도달하지 못한다. 하여 한편에서는 에고가 번성하고 다른 한편에서는 죄의식이… 죄의식은 에고의 그림자이다.

사랑은 죽음이다

이 기묘한 현상을 지켜본 적이 있는가? 에고적인 사람은 하찮은 일에도 굉장한 죄의식을 느낀다. 그대가 담배를 핀다고 하자. 만일 그대가 에고이스트라면 죄의식을 느낄 것이다. 지금 담배를 피우는 것은 순진하고 어리석은 일이다. 아주 순진하고 어리석지만 조금도 죄의식을 느낄 만한 것은 아니다. 하지만 종교인들은 담배를 피워서는 안 된다는 에고적 관념 때문에 양심의 가책을 느낀다. 지금 담배를 피워서는 안 된다는 그 관념과 담배를 피우고 있는 현실은 두 가지 현상을 창조한다. "나는 종교인이다. 나는 담배를 피워서는 안 된다는 사실을 알고 있다. 나는 적어도 노력하고 있다. 나는 최선을 다해 노력한다"는 이상을 가짐으로써 기분이 충족된다. 동시에 자신이 자꾸만 타락하는 느낌을 가질 것이다. 그는 그 이상에 도달할 수 없기에 죄의식을 느낀다.

그리고 자기가 죄의식을 느끼는 사람은 다른 사람들도 죄의식을 느끼도록 만들 것이다. 그것은 당연하다. 어떻게 자기 혼자만 죄의식을 느낄 수 있겠는가? 그것은 너무 힘겹다. 그것은 너무 견디기 어려울 것이다.

그리하여 죄의식을 느끼는 사람은 온 주변에 죄의식을 창조한다. 모든 사람들이 작은 일, 아무것도 아닌 일에도 죄의식을 느끼도록 만든다. 만일 그대가 장발이라면 그는 그대에게 죄의식을 불러일으킬 것이다. 그것은 대수롭지 않은 일이다. 그것은 그대 자신의 인생이다. 긴 머리를 원한다면 긴 머리가 좋은 것이다! 그는 그대 나름의 방식에 대해 죄의식을 주고 그대가 하는 일마다 결점을 찾아낼 것이다. 자기가 죄의식으로 고통 받으니 남들에게서도 결점을 찾아내야 하는 것이다. 어떻게 혼자만 고통 받을 수 있겠는가? 모든 사람이 죄의식을 느껴야 자기도 편안하다. 적어도 "나 혼자만 이 배를 타고 있는 게 아니다. 모든 사람이 한 배를 타고 있다"는 것은 하나의 위로가 된다.

사람들이 죄의식을 느끼도록 만드는 비결은 그들에게 이상을 주는 것이다. 이것은 아주 미묘한 책략이다. 부모는 아이에게 이상을 준다.

"이렇게 돼라."

부모 자신은 결코 '이렇게' 되지 않았다. 아무도 그런 적이 없었다. 지금 그들은 아이에게 이상을 주고 있다. 이것은 아이에게 죄의식을 심어주는 아주 미묘하고 교활한 방식이다. 이제 아이는 자꾸만 느낄 것이다.

"나는 그 이상에 도달하지 못하고 있다. 오히려 점점 더 멀어져만 가고 있다!"

그것은 상처를 준다. 그것은 아이를 짓누르고 억압한다.

그래서 세상에는 불행한 사람이 그렇게 많은 것이다… 그 불행은 실제 때문이 아니다. 불행의 90퍼센트는 그대에게 부과된 그 이상 때문이다. 그들은 그대가 웃는 걸 허용하지 않는다. 그들은 그대가 즐기는 걸 허용하지 않는다. 이상을 가지지 않는 사람은 결코 남들이 죄의식을 느끼게 하지 않을 것이다.

바로 어젯밤, 한 청년이 찾아와 말했다.

"저는 저의 동성연애에 대해 굉장한 죄의식을 느낍니다. 그런 건 부자연스러운 일입니다."

만일 그가 마하트마 간디나 바티칸 교황, 또는 푸리의 상카라차리아에게 갔었다면 무슨 일이 일어났겠는가? 그들은 정말로 그가 죄책감을 느끼도록 만들었을 것이다. 그리고 그는 기꺼이 그 고문하는 자들의 손안에 들어갔을 것이다. 그는 자진해서 준비가 되어 있다. 그는 스스로 초대하고 있다. 그는 마하트마가 죄책감을 불어넣도록 자진해서 부르고 있다. 혼자서는 그 일을 능숙하게 할

사랑은 죽음이다 149

수가 없으니 전문가들을 찾고 있는 것이다.

하지만 그는 엉뚱한 사람을 찾아왔다. 나는 그에게 말했다.

"그래서 어쨌다는 것인가! 그대는 왜 그것을 부자연스럽다 하는가?"

"그게 부자연스러운 일이 아닙니까?"

그는 놀라워했다.

"그것이 부자연스러운 일이 아닙니까?"

"그것이 어찌 부자연스러울 수 있겠나? 자연스러움에 대한 나의 정의는, 일어나는 것은 자연스럽다는 것이다. 무엇보다도 부자연스러운 것이 어찌 일어날 수 있겠나?"

나는 그가 즉시 수렁에서 빠져나오는 걸 볼 수 있었다. 그의 얼굴에 미소가 번지기 시작했다. 그가 말했다.

"그게 부자연스러운 일이 아닙니까? 그것이 타락이 아닙니까? 일종의 변태가 아닙니까?"

"그렇지 않다!"

"하지만 동물들도 동성연애는 하지 않습니다."

"동물들은 그 정도의 지성이 없다! 동물들은 정해진 생활만 한다. 무엇이든 생리적인 것만 허용한다. 그들은 그런 식으로 살아간다. 가서 버팔로가 풀을 먹는 것을 보라. 버팔로는 오직 정해진 풀만 먹을 뿐 그 외의 풀은 먹지 않는다. 그대가 좋은 풀을 갖다줘도 버팔로는 개의치 않고 자기가 먹는 풀만 먹을 것이다. 버팔로는 양자택일을 하지 않는다. 의식이 아주 한정되어 있다. 거의 제로이다. 인간은 지성을 가지고 있다. 인간은 관계하는 데, 살아가는 데 있어 새로운 방식을 찾으려고 노력한다. 인간은 새로운 방식을 찾는 유일한 동물이다.

자, 동물들은 집 안에서 살지 않으니 집 안에서 사는 것은 부자연스럽다. 그것이 타락인가? 혹은 옷을 입는 것도 부자연스럽다. 동물들은 옷을 입지 않으니 말이다. 그것이 타락인가? 음식을 요리하는 것은 부자연스럽다. 동물은 결코 그런 걸 하지 않으니. 음식을 요리해서 먹는 것이 그릇된 것인가? 차를 마시거나 점심을 먹기 위해 사람들을 집에 초대하는 것은 부자연스럽다. 동물은 결코 다른 동물을 초대하지 않으니까. 동물들은 먹을 때 항상 은밀히 먹는다. 개에게 뭔가 주어보라. 얼른 구석으로 가져가서 아무도 몰래 급히 먹어치울 것이다. 개는 결코 친구들을 초대하지 않는다. '이리 와라!' 하고 친구들을 부르지 않을 것이다. 그것이 개에게는 자연스럽다. 하지만 그대는 개가 아니다. 그대는 훨씬 우월하다. 그대는 훨씬 더 지성적이고 더 많은 잠재력을 지니고 있다. 인간은 모든 것을 자신의 방식대로 한다. 그것이 인간의 자연스러움이다."

그는 안도했다. 나는 그의 머리 위에 있던 커다란 짐이, 산처럼 쌓여 있던 짐더미가 사라지는 것을 볼 수 있었다. 하지만 나는 얼마나 오랫동안 그가 자유롭고 부담 없이 있을지 자신하지 못한다. 또 어떤 마하트마가 그를 붙들고 '이런 건 자연스럽지 못하다'는 관념을 심어놓을지 알 수 없다. 마하트마들은 새디스트들이거나 매저키스트들이다. 그들을 피하라! 마하트마를 볼 때마다 될 수 있는 대로 빨리 달아나라. 그가 그대의 마음속에 죄의식을 심어놓기 전에.

그것이 무엇이건 있는 그대로 있으라. 목적지란 없다. 그리고 우리는 어디로도 가지 못할 것이다. 우리는 그냥 여기에서 축제를 벌이고 있을 뿐이다. 존재는 여정이 아니다. 존재는 축제이다. 존재를 축제로, 기쁨으로, 환희로 생각하라! 그것을 고통으로 바꾸지 말아라. 의무나 과제로 바꾸지 말아라. 그것이 놀이가 되게 하라! 내가 말하는 '종교적이 돼라'는 것은 이런 의미이다. 죄의식이 없이, 에고가 없이, 어떤 유의 여정도 없이… 지금 여기에 존재하라는 것…

나무와 새와 강과 산과 별들과 함께 존재하라는 것이다.

그대는 감옥 속에 있지 않다. 그대는 신의 집에 있다. 그대는 신의 사원에 있다. 제발 그것을 감옥이라 부르지 말아라. 그것은 감옥이 아니다. 그대는 오해했다. 그것을 잘못 해석했다. 내 말을 들으면서도 여러모로 잘못 해석할 수가 있다. 그대는 계속해서 해석하고 있다.

어떤 정원사들의 모임에서 한 묘목상이 연설 도중, 늙은 말의 배설물로 봄의 정원을 비옥하게 가꾸는 이점을 힘주어 말했다. 질문시간이 되자, 그의 이야기를 주의 깊게 듣고 있던 도시 처녀가 손을 들었다. 연설자가 머리를 끄덕이자 그녀가 진지하게 물었다.

"늙은 말의 배설물이 가장 좋은 밑거름이라고 하셨는데, 과연 몇 살부터 늙은 말이죠?"

두메산골에서 갓 올라온 듯한 여자가 아들을 시골학교에 데리고 갔다. 남편에 대한 질문을 받자 그녀가 털어놓는다.

"이 애 아빠에 대해선 난 도무지 몰라요. 그 사람이 여기 나타나더니 내게 수작을 걸어서 결혼하게 됐거든요. 그 뒤로 곧 그가 호보성적인 사람인 걸 알았지요."

교사가 정정하여 묻는다.

"호모섹스를 한다는 말인가요?"

"아니요, 선생님. 호보성(부랑아 같은)요. 그는 못된 사람이죠. 줄곧 성질만 부리는 쓸모없는 부랑아라구요."

각각의 사람마다 말에 대한 자기의 해석을 가지고 있다. 그래서 내가 어떤 것을 말할 때 그대가 그것을 어떻게 해석할지는 나도 모른다. 각각의 사람마다 무의식에 감추어져 있는 개인사전을 지니고 있다. 그 개인사전은 연신 말을 거르고 바꾸고 색깔을 입힌다.

나는 그대에게 자유로워지라고 말해왔다. 그대는 내 말을 오해하여 그대가 감옥 속에 있다고 생각했다. 그렇다, 내가 자유로워지라고 말하면 그대는 얼른 그것을 마치 그대가 감옥 속에 있다고 해석한다. 주안점이 바뀌었다. 내가 강조하는 것은 자유로워지라는 것이다. 그런데 그대는 감옥을 강조하고 있다. 지금 그대는 말한다.

"나는 감옥 속에 있습니다. 감옥에서 벗어나지 못한다면 어떻게 자유로울 수 있겠습니까?"

내가 강조하는 것은 '자유로워지라' 는 것이다. 그대가 자유롭다면 감옥은 없다. 감옥은 부자유스럽게 존재하는 그대의 습관이 창조한 것이다.

보라! 관점이 뒤바뀌었다… 그런데 그것은 거의 같은 뜻으로 보인다. 내가 "자유로워지라!"고 말하는데, "예, 나는 감옥 속에 있습니다"라고 한다면 무엇이 차이점인가? 많은 차이점이 있다. 엄청난 차이가 있다. 전체가 뒤바뀌어 버렸다. 그대가 "나는 감옥 속에 있습니다"라고 말하는 것은 전혀 다른 것이다. 그러면 간수와 감옥이 책임을 지게 된다. 그들이 허락하지 않는 한 어떻게 그대가 거기서 벗어날 수 있겠는가? 그대는 다른 누군가에게 책임을 던져버렸다.

내가 "자유로워지라!"고 말했을 때는 "그대에게 책임이 있다"라고 말한 것이다. 자유로워지느냐 마느냐는 그대의 일이다. 만일 그대가 자유롭지 않기를 선택했다면 감옥이 있게 되고 간수와 죄수가 있게 될 것이다. 그러나 그대가 자유롭기를 선택한다면 간수와 감옥과 모든 것이 사라진다. 단순히 부자유롭게 존재하는 습관을 버려라.

사랑은 죽음이다 153

어떻게 그것을 버릴 수 있는가? 자유와 의식은 손을 잡고 간다. 의식적이 될수록 더 자유롭다. 의식이 적으면 자유도 적다. 동물들은 의식이 적기 때문에 자유도 적다. 바위는 의식이 없기 때문에 적은 자유를 가졌다. 거의 없는 것이나 같다. 인간은 가장 높이 개화된 존재이다. 적어도 지상에서는. 인간은 약간의 자유를 가지고 있다. 붓다는 절대적 자유를 가졌다… 그의 의식은….

따라서 그것은 오직 의식수준의 문제이다. 그대의 감옥은 무의식의 층으로 이루어져 있다. 그대가 의식적이 되면 감옥은 없다.

그리고 마음은 교활하다는 것을 기억하라. 마음은 항상 그대를 기만하는 법을 찾아낸다. 그것은 기만을 위한 많은 속임수를 배웠다. 마음은 단지 말만 바꿔서 그대가 그 차이점을 알지도 못하게 할 수 있다. 그 차이점은 아주 미묘하여 거의 유사해 보일 것이다. 마음은 속임수를 쓴다.

그러니 내가 어떤 것을 말할 때 제발 해석하지 말아라. 될 수 있는 대로 다만 주의 깊게 들어라. 단 한마디도, 소수점 하나도 바꾸지 말아라. 내가 말하는 것을 그냥 들어라. 그 속에 그대의 마음을 끌어들이지 말아라. 그렇지 않으면 그대는 다른 무엇을 듣게 될 것이다. 항상 마음의 교활함에 대하여 민감하라… 그대는 그 교활함을 길러왔다. 그대 자신을 위해서 길러온 것이 아니라 남들 때문에 길러온 것이다. 우리는 모든 사람을 속이고 있다. 머지않아 마음은 속임수의 대가가 되고, 그리고는 자기 자신을 속이기 시작한다.

한 언론인이 죽었다. 그는 대통령이나 국무총리 관저에서도 언제나 환영받았던, 전혀 예약이 필요치 않았던 유명한 언론인이었다. 따라서 그는 당연히 천국으로 뛰어갔다. 무엇 때문에 그가 지옥에 가겠는가? 그런데 성 피터가 그를 가로막았다. 성 피터가 말했다.

"기다리시오! 여기엔 이제 언론인이 필요없소. 우리는 이미 할당 인원을 초과했소이다. 우리가 필요한 언론인은 열두 명인데, 실은 그들도 불필요한 것이 천국에는 신문이라는 것이 발행되지 않기 때문이오."

실제 천국에는 뉴스가 없다! 거기엔 도무지 새로운 일이 없다. 모든 것이 매끄럽게 흘러가고 있다. 어떻게 새로운 일이 발생할 수 있겠는가? 그리고 성자들의 생활에 무슨 뉴스거리가 있겠는가? 그들은 나무 아래, 보리수 아래 앉아서 명상만 하고 있다… 따라서 신문은 별로 뉴스거리가 없음에도 그저 형식적으로 발행되고 있었다. 그리고는 날마다 '전날과 같음'이라고 씌어 있었다.

"우리는 언론인이 필요 없으니 지옥으로 가시오. 거기에는 뉴스가 많고 신문, 또 신문이니 더욱더 많은 언론인들이 필요하오…. 그리고 새로운 신문이 계획되고 있다는 소식을 막 들었소. 당신이 지옥으로 가면 훌륭한 직업을 얻고 대단히 만족할 것이오!"

하지만 그 언론인은 천국에 있기를 원했다. 그가 말했다.

"한 가지만 부탁하겠소. 나는 언론인들을 압니다. 만일 내가 언론인 한 명을 지옥으로 보낼 수 있다면 그의 자리를 내게 주겠소?"

성 피터가 그를 가엾게 여기고 말했다.

"좋소. 그 언론인을 설득하여 지옥으로 보내는 데 얼마나 시간이 필요하오?"

"스물네 시간, 단 스물네 시간이면 됩니다."

그래서 그는 스물네 시간 동안 천국에 있는 것이 허락되었다. 그는 즉시 다음과 같은 소문을 퍼뜨리기 시작했다.

"가장 위대한 신문이 계획되고 있다. 주간이 필요하고 주간보가 필요하고 부주필이 필요하다. 장래성이 유망한 일인데 조건은 지옥에 가야 한다는 것이다."

스물네 시간 동안 그는 주변을 돌며 모든 언론인을 만났다. 그리고 스물네 시간 후에 떠난 사람이 있는지 알아보려고 성 피터에게 갔다. 성 터는 문을 닫고 그에게 말했다.

"사람들이 모두 떠났으니 당신은 지옥에 갈 필요가 없겠소."

그러자 언론인이 말했다.

"아닙니다. 그렇다면 나도 가봐야겠습니다. 어쩌면 거기 뭔가 있을지도 모릅니다! 제발 나를 막지 마시오. 나는 꼭 가야겠습니다."

자기 자신이 그 소문을 퍼뜨렸지만 다른 열두 명의 사람들이 믿자 자기도 믿기 시작했다. 그런 식으로 마음은 교활해졌다. 그대는 속고 또 속아왔다… 마음은 속임수의 전문가가 되어서 그대 또한 속인다.

사고를 당하여 손해보상 소송을 낸 원고가 휠체어를 타고 법정에 출두하여 거액의 보상금과 함께 승소판결을 받았다. 피고인측의 변호사가 휠체어를 타고 있는 승소인에게 와서 격분했다.

"당신 속임수 쓰고 있는 거지? 당신 속임수 쓰고 있는 거 다 알고 있어. 오, 신이여, 도와주소서. 증거를 잡을 때까지 당신을 따라다니고 말겠어."

변호사는 그 사람이 속임수를 쓰고 있고, 휠체어는 쇼에 불과하다는 것을 잘 알고 있었다. 그 사람은 건강했다. 그의 몸은 조금도 이상이 없었다. 그래서 그렇게 말했다.

"신이여, 도와주소서. 증거를 잡을 때까지 당신을 따라다니고 말겠어."

휠체어를 탄 남자가 미소 지으며 응답했다.

"맘대로 해보쇼. 내 계획을 말해볼까? 먼저 런던에 가서 양복 몇 벌을 사지. 그리고 나서 리베리아에 가서 일광욕이나 하고 다음은 기적을 일으키러 루르드(Lourdes)에 간다네."

마음은 그토록 교활하다. 그것은 항상 출구를 찾아낼 수 있다. 마음은 루르드(Lourdes)*에 갈 수 있다… 하지만 한 번 그대가 이 속임수를 남들에게 부리게 되면 조만간에 그대 자신도 희생자가 될 것이다. 그대 자신의 마음에 주의하라. 그대 자신의 마음을 믿지 말아라. 그것을 의심하라. 그대 자신의 마음을 의심하게 되는 순간은 위대한 순간이다. 마음에 대한 의심이 일어나는 순간부터는 '진아(眞我)'를 신뢰하게 된다. 마음을 신뢰하면 진아를 의심하게 되고 마음을 불신하면 진아를 신뢰하게 된다.

그것이 스승을 신뢰한다는 의미이다. 그대가 나를 찾아오는 것은 그대 자신의 마음을 의심하는 것을 돕기 위한 기법일 뿐이다. 그대는 나를 신뢰하기 시작한다. 그대는 말한다.

"당신의 말을 듣겠습니다. 제 마음의 소리에 귀기울이지 않겠습니다. 제 마음의 소리는 충분히 들었습니다. 제 마음의 소리는 저를 어디에도 이끌어주지 못하며 그저 주변만 맴돌 뿐입니다. 또다시 같은 게임을 할 뿐입니다. 그것은 끝없는 반복이며 상투적인 것입니다."

그대는 말한다.

"당신의 말씀을 듣겠습니다."

스승은 단지 마음을 벗어나는 하나의 구실이다. 그대가 일단 마음을 벗어나면 스승을 신뢰할 필요가 없다. 그대 자신의 스승을 만날 것이기 때문이다. 스승은 단순히 그대 자신의 스승을 향한 통로이다. 스승을 통해 그것은 쉬워진다. 그렇지 않으면 마음은 끝없이

---

* 프랑스 서남부의 도시로 동굴 안에 유명한 루르드의 기적인 마리아 성당이 있다.

속일 것이고 그대는 마음을 어떻게 해야 할지 모를 것이다.

스승의 말을 들을 때, 스승을 신뢰할 때 머지않아 마음은 무시된다. 스승은 마음에 반대되는 것을 말하기에—스승의 말은 항상 마음에 반대된다— 그대는 수없이 마음을 버리지 않으면 안 된다. 무시된 마음은 죽게 된다. 신뢰받지 못한 마음은 죽게 된다. 그것은 원래의 자기 크기로 돌아간다. 지금 마음은 마치 그것이 그대의 모든 삶인 척하나 실은 하찮고 작은 메커니즘에 불과하다. 마음을 사용하는 것은 좋지만 마음을 주인으로 만드는 것은 아주 위험하다.

마음은 말한다.

"…이 되어라!"

스승은 말한다.

"존재하라!"

마음은 말한다.

"추구하라!"

스승은 말한다.

"기뻐하라!"

마음은 말한다.

"그대는 오랜 길을 가지 않으면 안 된다."

스승은 말한다.

"그대는 이미 도착했다. 그대는 사라하, 이미 과녁을 맞춘 자다."

세 번째 질문

사랑하는 오쇼, 문명에 대해 어떻게 생각하십니까?

당신은 그것을 절대적으로 반대하십니까?

지금 문명은 어디에도 없다. 그러니 어떻게 내가 반대할 수 있겠는가? 문명은 존재하지 않는다. 그것은 하나의 가장(假裝)이다. 그렇다, 인간은 근원적이고 원초적인 순수함을 상실해버렸다. 인간은 문명화되지 않았다. 문명화될 길이 없기 때문이다. 문명화될 수 있는 유일한 길은 그대의 순수함을 바탕으로, 그대의 원초적인 순수함을 바탕으로 하여 성장하는 것이다.

그래서 예수는 이렇게 말하는 것이다.

"거듭나지 않고는, 다시 어린아이가 되지 않고는 결코 진리를 모르리라."

지금 문명이라 하는 이것은 모조품이다. 그것은 위조지폐이다. 내가 그것을 반대한다면 문명을 반대하는 것이 아니라, 그것이 문명이 아닌 까닭에 반대하는 것이다. 그것은 전혀 문명이 아니다. 그것은 모조품이다.

어떤 사람이 전(前) 웨일즈 왕자에게 물었다.

"문명에 대한 당신의 생각은 어떻습니까?"

"그것은 좋은 생각입니다. 누군가가 당연히 시작해야 하는 것입니다."

나는 그 대답을 사랑한다. 그렇다, 누군가가 당연히 문명을 시작해야 한다. 문명은 아직 시작되지 않았다. 인간은 문명화되지 않았다. 인간은 오직 문명인인 척할 뿐이다.

나는… 척하는 것에 반대한다. 나는 위선에 반대한다. 인간은 오직 겉으로만 문명화되었지 조금만 긁어봐도 문명화되지 않은 것을 발견할 것이다. 조금만 긁어봐도 인간은 겉으로만 선해 보일 뿐 아주 깊은 뿌리에는 온통 악만 있다. 그것은 거죽 한 꺼풀의 문명일 뿐이다. 모든 것이 순조로울 때는 미소 짓지만 누군가 한마디만 던져도, 모욕이라도 받으면 그대는 미친다. 그대는 광란하며 그를 죽이고 싶어한다. 방금 전에는 미소 짓고 있던 그대가 바로 한순간 뒤에 사람을 죽일 듯이 하고 있다. 살인도 저지를 수 있다. 이런 것이 무슨 문명인가?

인간은 진정으로 명상적이 될 때만 문명화될 수 있다. 오직 명상만이 세상에 진정한 문명을 초래할 수 있다. 오직 붓다들만이 문명화되었다. 그리고 이것은 모순적인데, 붓다들은 원초적인 것을 반대하지 않는다. 그들은 원초적인 것을 기본으로 사용한다. 그들은 유년기의 순진무구함을 기본으로 한다. 그리고 그 기초 위에 위대한 사원을 설립한다. 지금의 이 문명은 유년기의 순진무구함을 파괴한다. 그리고 나서는 그대에게 위조지폐를 준다. 그것은 먼저 그대의 원초적인 순수성을 파괴하는데… 한 번 원초적 순수성이 파괴되고 나면 그대는 교활하고 영악하고 계산적이 되고, 그때 함정에 빠진다. 그런 다음 이 사회는 줄곧 그대를 교화시킨다.

먼저 사회는 그대를 그대 자신으로부터 멀어지게 하고, 일단 멀어지고 나면 위조지폐를 준다. 그대는 그것에 의존해야 한다. 진정한 문명은 그대의 본성을 반대하지 않을 것이다. 그대의 어린아이 같은 성품을 반대하지 않을 것이다. 진정한 문명은 그 위에서 성장할 것이다. 진정한 문명은 원초적 순수함에 어떤 적대감도 품지 않을 것이며 오히려 원초적 순수함의 개화가 될 것이다. 그것은 더욱 승화될 테지만 원초적 순수함에 뿌리내리고 있을 것이다.

지금의 문명은 광란의 현장에 불과하다. 그대는 온 지구가 하나의 커다란 정신병동이 되고 있는 걸 볼 수 없는가? 사람들은 영혼을 잃어버렸다. 사람들은 더 이상 사람이 아니다. 사람들은 자아를 상실했다. 사람들은 자신들의 개인성을 잃어버렸다. 그들은 모든 것을 상실했다! 그들은 단지 … 척하는 자들일 뿐이다. 그들은 가면을 쓰고 있다. 사람들은 원래 얼굴을 잃어버렸다.

나는 문명을 전적으로 지지한다. 하지만 이것은 문명이 아니다. 그래서 반대하는 것이다. 나는 인간이 진정으로 개화되기를, 진정으로 문명화되기를 바란다. 하지만 문명은 오직 안으로부터 성장하는 것이지 외부로부터 강요될 수 없는 것이다. 그것은 주변으로 퍼져나갈 수 있다. 그러나 반드시 중심에서 솟아나고 중심에서 일어나야 한다.

지금의 문명은 정반대로 행해지고 있다. 그것은 외부로부터 강요되고 있다. 세상 도처에 비폭력이 전도되고 있다. 마하비라, 붓다, 예수, 그들은 비폭력을 가르친다. 그들이 비폭력을 가르친 건 그들이 비폭력적으로 살았기 때문이다. 그러나 그 추종자들은 어떤가? 그들 자신은 비폭력을 즐기지 못한다. 오직 폭력만을 알 뿐이다. 그러나 추종자들인 그들은 비폭력을 가장한다. 그리고 자기 자신에게 비폭력을 강요하며 인격을 창조해왔다. 인격이라는 것으로 자신을 에워싸고 있다. 그것은 하나의 갑옷이다. 그들의 속마음 깊은 곳은 곧 터질 듯한 화산처럼 들끓고 있으면서 겉으로는 거짓된 미소를, 플라스틱 같은 미소를 짓고 있다.

이것은 문명이 아니다. 이것은 아주 추한 현상이다. 그렇다, 나는 비폭력이 밖으로부터 양성되는 것이 아니라 안으로부터 우러나오기를 바란다. 그것이 교육의 근본 의미이다. 그것은 거의 우물에서 물을 끌어올리는 것과 같다. 교육은 끌어내는 것을 뜻한다. 그것이 교육이라는 말의 근본 의미이다. 하지만 교육이 무엇을 해왔는가? 그것은 결코 아무것도 끌어내지 못했다. 그것은 억지 주입만 시켜왔다. 어린이들의 머릿속에 줄곧 주입만 시켜왔다. 어린이에 대해서는 조금도 걱정하지 않는다. 어린이 자체에 대해서는 생각하지 않는다. 아이를 그저 더 많은 정보를 공급하는 메커니즘으로써 이용할 뿐이다. 이것은 교육이 아니다.

교육은 아이의 영혼을 유도해내야 한다. 아이 속에 내재되어 있는 것을 밖으로 유도해내야 한다. 아이는 틀지어져서는 안 된다. 아이의 자유가 온전하게 남겨지고 아이의 의식이 성장하도록 도와야 한다. 많은 정보를 주입하는 것이 좋은 교육이 아니다. 보다 깨어 있음이 교육이다. 보다 사랑함이 교육이다. 그리고 교육은 문명을 창조한다.

지금의 문명은 잘못됐다. 그 교육은 잘못됐다. 그래서 나는 반대하는 것이다. 그것이 진정한 문명이 아닌 까닭에 반대하는 것이다.

네 번째 질문
사랑하는 오쇼, 당신이 농담을 하시면 저는 엄청 웃게 됩니다.
한 가지 묻고 싶은 것은,
농담을 들으면 왜 그토록 웃음이 나올까요?

한 가지 이유인데, 그대는 결코 웃음을 허용한 적이 없기 때문이다. 그대의 웃음은 억눌려 있다. 그것은 눌려 있는 용수철과 같아서 구실만 있으면 튀어 올라온다. 그대는 슬픈 듯한 침울한 얼굴을 해야 한다고 교육받아 왔다. 그대는 심각해야 한다고 교육받아 왔다.

그대가 심각하다면 아무도 그대가 잘못하고 있다고 생각하지 않는다. 심각함은 인정된다. 심각함은 사물의 존재방식이다. 하지만 만일 그대가 웃고 있다면, 지나치게 웃고 있다면 사람들은 당혹해 한다. 그들은 뭔가 불쾌하게 생각한다.
"이 사람이 왜 웃고 있는가?"
더구나 아무 이유도 없이 웃고 있다면 그대는 미친 것이다. 사람들은 그대를 정신과 의사에게 데려가 입원시킬 것이다.
"그는 아무 이유도 없이 웃습니다."
오직 미친 사람만이 아무 이유 없이 웃는다.

더 좋은 세상에서는, 더 개화된 세상에서는 정말로 문명화된 세상에서는 웃음이 자연스럽게 인정될 것이다. 오직 슬퍼하는 사람만 입원시킬 것이다. 슬픔이 질병이고 웃음이 건강이 된다. 따라서 그대는 웃음을 허용하지 않아왔기 때문에 조금만 구실이 있어도 웃는다. 농담은 웃을 수 있는 구실이다. 그대는 미쳤다는 소리를 듣지 않고 웃을 수 있는 것이다. 그리고는 "농담 때문에…"라고 말할 수 있다. 그리고 농담은 하나의 메커니즘을 가지고 있다. 농담은 그대를 이완시켜 준다. 농담의 전반적인 메커니즘은 아주 복잡하다. 어떻게 보면 단순하게 보이는 것도 잘 들여다보면 아주 복잡하다. 농담은 단순하지가 않다. 그것은 하나의 어려운 현상이다. 몇 개의 낱말로, 몇 줄의 글로써 전반적 추세를 역전시킬 수 있는 것이다.

무슨 일이 일어났는가? 농담이 시작되면 그대는 우스울 것이라고 먼저 기대한다. 그대는 웃을 준비를 하고 있다. 자기 최면을 거는 것이다. 그대는 깨어 있게 된다. 그대는 깜빡 졸거나 자고 있었을지도 모르나 농담이 시작되면 깨어 있게 된다. 등뼈를 곧추세우고 열심히 듣는다. 그대는 더욱 깨어 있게 된다. 이야기가 전개되면 더욱 더 긴장이 유발되며 결말이 궁금해진다. 이야기는 내내 평면적이어서 별로 우습지도 않다가 갑자기 전환된다… 그 갑작스런 전환이 그대의 용수철을 풀어준다. 그대는 기다리고 기다리고 또 기다리면서 긴장, 또 긴장… 그러다가는 별로 우스울 것도 없는 것 같은데 갑자기 그것이 거기에 있다! 그대는 심각함을 잊어버리고, 그대가 누구인지도 잊어버리고 웃는다. 그것은 그토록 갑자기, 느닷없이 찾아오고, 그 갑작스러움 속에서 그대는 다시 어린아이가 된다. 그리고는 웃는다. 그대의 억눌렸던 웃음이 해방된다.

농담은 단순히 사회가 잊어버린 웃는 법을 보여준다. 사람들이 더많이 웃게 될 더 좋은 세상에서는 그 한 가지, 농담이 없어질 것이다. 거기에서는 농담이 필요없을 것이다. 사람들은 잘 웃고 행복하게 될 것이다. 왜? 매순간이 웃음의 순간이 될 것이므로. 그대가 제대로 삶을 볼 수 있다면 삶은 온통 농담투성이다! 하지만 그대는 보도록 허용되지 않는다. 그대의 눈에는 신호등이 달려 있어서 얼마만큼만 보게 되어 있다. 삶의 우스꽝스러움들은 보지 못하도록 되어 있다. 삶은 우스꽝스럽다!

아이들은 그 우스꽝스러움을 더 잘 볼 수 있다. 그래서 아이들은 더 쉽게, 더 큰소리로 웃는 것이다. 그들은 부모들을 당혹하게 한다. 아이들은 그 모든 넌센스를 볼 수 있기 때문이다. 아이들에게는 아직 신호등이 고정되어 있지 않다. 아버지는 계속해서 아이에게 말한다.

"정직하라. 언제나 정직하거라!"

그때 어떤 사람이 문을 두드린다. 그러면 아버지는 말한다.

"가서 아버지는 집에 없다고 말하거라."

이제 아이는… 아버지는 상황을 볼 수 없지만 아이는 웃는다. 아이는 일어나는 상황을 믿을 수 없다. 그것은 너무나 우스꽝스럽다! 아이는 문을 두드리고 있는 방문객에게 가서 말한다.

"아버지가 집에 없다고 말하래요."

아이는 거기서 나오는 주스를 몽땅 들이킨다. 아이는 그 즙을 통째로 즐긴다.

　우리는 신호등과 함께 산다. 우리는 삶의 우스꽝스러움은 보지 못하도록 길러졌다. 그렇지만 않다면 삶은 우스꽝스러운 것이다. 그래서 때로는 농담이 없이도, 아주 사소한 일로도⋯ 가령 포드 대통령이 미끄러져 바닥에 넘어졌다, 거기에 서 있던 사람들이 왜 박장대소하는가?

　생각해보라⋯ 만일 거지가 바나나 껍질에 미끄러졌다면 그렇게 재미있어 하겠는가? 하지만 한 나라의 대통령이 바나나 껍질에 미끄러졌다면 온세계가 웃을 것이다. 왜? 바나나 껍질이 사물을 정직하게 만들기 때문이다. 그 바나나 껍질은 대통령에게 그도 거지와 똑같은 인간이라는 것을 보여주기 때문이다. 바나나 껍질은 모두에게 동등하다. 거지가 오건 대통령이 오건 국무총리가 오건 하등 차이가 없다. 바나나 껍질은 바나나 껍질이다. 그것은 개의치 않는다.

　만일 평범한 사람이 넘어졌다면 별로 안 웃을 것이다. 그는 평범한 사람이니까. 그는 결코 자기가 실물 이상으로 크다고 증명하려 하지 않으니 거기엔 별로 웃을 게 없다. 하지만 대통령이 바나나 껍질에 넘어진다면 갑자기 그 우스꽝스러움이, 그 실체가 드러난다. 이 사람은 자기가 최정상에 앉아 있다고 생각하고 있었다⋯ 누구를 속이려 하는가? 바나나 껍질도 속지 않는다. 그대는 웃는다.

　지켜보라⋯ 웃을 때마다 삶의 우스꽝스러움이 들어온다. 그대는 다시 어린아이가 된다. 농담은 그대를 어린시절로, 순진무구함으로 되돌려준다. 농담은 잠시 동안이라도 신호등이 그대의 눈에서 떨어져나가게 한다. 다음의 농담들을 들어보라⋯.

　첫 번째 이야기이다.

　어떤 지방 사람이 특이한 정황에서 죽어 있는 것이 발견되었다.

그리하여 검시 전문가가 배심원 명부에 올려지고, 배심장은 그 죽은 사람과 한 침대에 누워 있었던 여성을 증인으로 불렀다. 배심장은 그 자리에 있는 사람들은 서로 아는 사람들이니 그녀가 그냥 자신의 입으로 상황을 말해보라고 안심시켰다. 그 여자는 사망한 그 남자와 자신은 그 지방의 술집에서 만났으며, 때가 되자 그녀의 집으로 가서 2차를 했다고 진술했다. 그들은 계속 1차, 2차 술을 마시다가 침대 속에서 끝을 냈다. 그때 문득 여자가 다음의 상황을 묘사했을 때 검시 전문가의 눈빛이 이상해지는 걸 보았다.

"그 남자, (정액이) 나오는구나 싶더니 (저 세상으로) 가고 있었단 말이에요."

두 번째 이야기이다.

기독교의 한 노(老)집사가 호텔에서 하룻밤을 보내게 되었다. 그는 세 개의 개인용 침대가 놓인 객실을 배당받았는데, 두 개의 침대에는 이미 사람이 있었다. 곧 불이 꺼지고 그중 한 명이 요란하게 코를 골아 막 잠들려는 집사를 깨웠다. 시간이 흐를수록 그 소음은 점점 더 커져 공포에 질릴 만큼 계속됐다. 자정이 지나 두세 시간 후 코를 골던 사람이 침대 안쪽으로 돌아눕더니 섬뜩한 신음소리를 내고는 곧 잠잠해졌다. 집사는 그 신사가 잠들었다고 생각했는데, 이때 다른 신사가 큰 소리로 외치는 것을 들었다.

"죽었어요. 죽었어요. 고맙습니다, 하나님. 그 남자 죽었어요."

세 번째 이야기이다.

마지막은 아주 소중한 얘기니, 이에 대해 명상하라···.

어느 날 예수가 어떤 마을을 걸어가고 있었다. 그때 한 여자를 벽에 기대 세우고 돌로 치려고 하는 성난 군중을 보았다. 예수가 손을 들어 그 군중을 조용히 시키고는 엄숙히 말했다.

"자, 죄 없는 자가 먼저 돌을 던지시오."

그 즉시 조그만 할머니가 큰 돌멩이를 집어 여자에게 던졌다.

"어머니."

예수가 이를 뿌드득 갈며 말했다.

"정말 저를 화나게 하는군요."

그리고 마지막 질문

사랑하는 오쇼, 당신이 오렌지색 로브를
굉장히 좋아하는 것은 분명합니다.
그런데 왜 당신 자신은 오렌지색 로브*를 입지 않으십니까?

내가… 오렌지색 로브를 굉장히 좋아한다고? 맙소사!
나는 그것을 혐오한다! 그래서 그대들에게 그것을 입
히는 것이다. 그것은 아직 깨닫지 못한 존재들에 대한
일종의 벌이다!

오늘은 이만!

---

* 보통 인도의 전통 수행자들이 입던 의상을 말하는데 여기서는 초기에 오쇼의 제자들이 아쉬람에서 입던 긴 드레스처럼 생긴 의상.

사랑은 죽음이다

5

인간은
신화

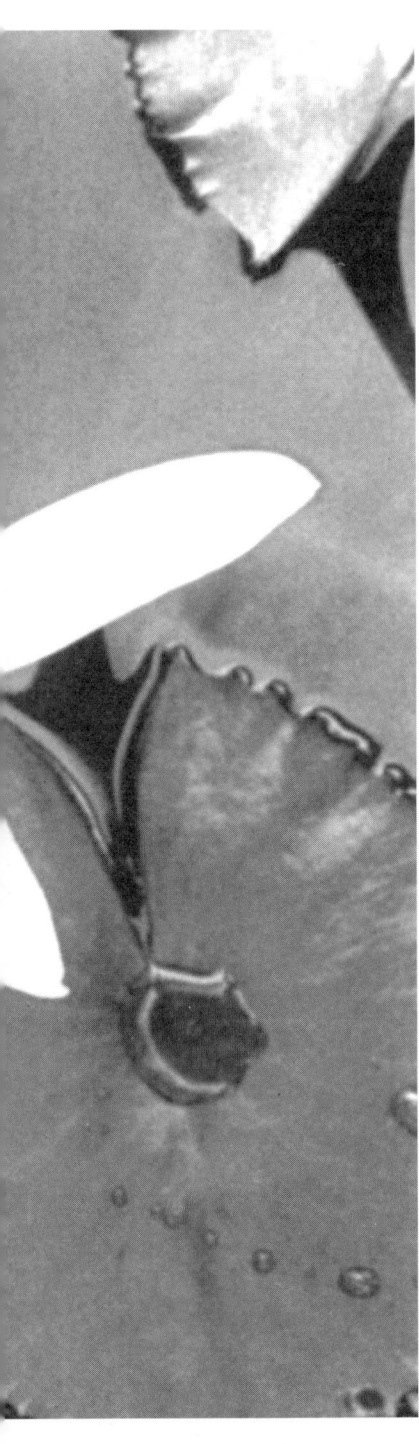

썩은 고기의 냄새를 좋아하는 파리에게는
백단향(白檀香)의 향기가 역겹네.
니르바나를 포기한 존재들은
조악(粗惡)한 삼사라의 왕국을 갈망하도다.

물로 채워진 소의 발자국이
곧 말라버리듯
완고하고 불완전한 자질로 가득 찬 마음도
그러하네.
이러한 불완전함들은
때가 되면 말라버리리라.

짠 바닷물이 증발하여
구름 되어 단비 내리듯
완고한 마음도
타인들을 위해 일한다면
감각적 대상의 독소들이 감로수로 바뀌리라.

말로 표현할 수 없는 것이라면
결코 불만스럽지 않을 것이고
상상할 수 없는 것이라면
그 자체로 지복이리라.
비록 구름의 천둥소리가 무섭다 하나
그 뒤에 비가 내리고 곡식이 익어가도다.

인간은 신화(神話), 가장 위험스런 신화이다. 만일 인간의 존재를 인정한다면 더 이상 진화를 위해 노력하지 않기 때문이다. 만일 그렇다면 진화할 필요가 없는 것이다. 그대가 이미 인간이라고 믿는다면 모든 성장은 멈춰진다.

그대는 아직 인간이 아니다. 다만 그 잠재력만 가지고 있을 뿐이다. 그대는 인간이 될 수도 있고 어쩌면 되지 못할 수도 있다. 어쩌면 기회를 놓칠 수도 있다. 기억하라. 인간이 될 기회를 놓칠 수도 있다는 것을.

인간은 아직 태어나지 않았다. 인간의 탄생은 기정사실이 아니다. 그대는 인간의 존재를 당연하게 여겨선 안 된다. 그것은 다만 하나의 가능성일 뿐이다. 인간은 하나의 씨앗으로 존재할 뿐 아직 나무가 아니다. 인간은 아직 실현되지 않았다. 가능성을 가지고 있는 것과 실현된 것과의 차이는 엄청난 것이다.

인간은 단지 기계처럼 존재한다. 인간은 여전히 일하고 세상에서 성공하고 이른바 삶과 죽음을 영위하고 있으나, 인간은 아직 존재하지 않는다는 것을 기억하라. 인간의 기능은 기계와 같다.

인간은 로봇이다.

인간은 하나의 기계이다. 그렇다, 이 기계는 성장하여 그 메커니즘을 넘어갈 수 있는 잠재력이 있다. 이 기계는 보통 기계가 아니다. 그것은 자신의 구조를 넘어갈 수 있는 무한한 가능성을 지니고 있고 자신의 메커니즘을 초월할 수 있는 무엇을 생산할 수 있다. 이따금 그것을 생산해냈다…

붓다, 그리스도, 구제프 등 이따금 그 기계는 인간을 생산해냈다. 그렇지만 그대 자신도 인간이라고는 믿지 말아라. 만일 그렇게 믿는다면 그 믿음은 자살행위이다. 한 번 믿어버리면 그것을 구하고 창조하고 발전하고 진화하는 것을 미리 중단해버리기 때문이다.

생각해보라. 병에 걸렸으면서도, 중병에 걸렸으면서도 자신이 건강하다고 믿는다면 왜 의사에게 가겠는가? 왜 약을 복용하고, 왜 치료를 받으러 가겠는가? 왜 병원에 가려고 하겠는가? 그는 자신이 건강하다고, 아주 건강하다고 믿고 있다… 그러나 그는 죽어가고 있다! 그의 믿음은 그를 죽일 것이다.

그리하여 나는 '인간은 이미 지상에 존재한다'고 하는 것이 일찍이 성직자와 정치가들이 발전시킨 아주 위험한, 가장 위험한 신화라고 말하는 것이다. 지상 위의 사람들, 이 무수한 사람들은 단지 가능성만 가지고 있을 뿐이다. 불행스럽게도 이들 중 대다수는 결코 인간이 되지 못할 것이다. 불행스럽게도 이들 중 대다수는 그저 기계로서 죽을 것이다.

인간이 기계라는 말은 무슨 뜻인가? 인간은 과거로부터 살고 있다는 말이다. 인간은 죽은 구조물 속에서 살고 있다. 인간은 습관적으로 살고 있다. 인간은 상투적인 삶을 살고 있다. 인간은 줄곧 틀에 박힌 똑같은 삶을, 똑같은 원 속에서 돌고 또 돌고 있다. 그대는 악순환되고 있는 그대의 삶을 볼 수 없는가? 똑같은 일들을 날마다 반복해오고 있다. 바라고 성내고 갈망하고 야망을 품고 감각적이고 성적이 되고 좌절하고 다시 희망하고… 또다시 똑같은 원이 돌아간다… 희망하는 것마다 좌절로 이어질 뿐이다. 그리고 좌절할 때마다 또 새로운 희망을 품고, 원은 그런 식으로 돌아가고 있다.

동양에서는 그것을 삼사라(samsara)의 수레바퀴라고 부른다. 그것은 수레바퀴이다. 윤회이다. 그대는 그것에 자꾸만 현혹되고 자꾸만 바라게 된다. 그대는 전에도 희망했지만, 수없이 희망했지만 아무런 소용이 없었음을 잘 알고 있다. 그저 수레바퀴만 계속 돌며 계속 그대를 죽이고 계속 그대의 인생을 파괴하고 있을 뿐이다. 시간은 그대의 손 안에서 빠져나가고 있다. 잃어버린 매순간은 영원히 잃어버린다. 그런데 그대는 계속 케케묵은 과거의 것만 반복하고 있다.

내가 '인간은 하나의 기계'라고 말할 때 바로 그런 의미이다. 나는 조지 구제프와 전적으로 일치한다. 그는 종종 인간은 아직 영혼이 없다고 말하곤 했다. 그는 인간은 아직 영혼이 없다는 말을 아주 과감하게 말한 최초의 인물이었다. 그렇다, 그대는 영혼을 가질 수 있지만 노력해야 할 것이다. 그대 안에 영혼을 탄생시킬 수 있는 능력을 갖추어야 할 것이다.

오랜 동안 성직자들은 그대에게 영혼이 있다고, 그대는 이미 인간이라고 말해왔지만 그렇지 않다. 그대는 가능성으로 존재할 뿐이다. 그대는 실제로 인간이 될 수 있지만, 그러려면 먼저 신화가 깨져야 한다. 이 사실을 보라. 그대는 의식적인 존재가 아니다. 의식적인 존재가 아니라면 어찌 인간일 수 있겠는가?

바위와 그대의 차이점은 무엇인가? 동물과 그대의 차이점은 무엇인가? 의식의 차이이다. 그대는 얼마나 의식을 가지고 있는가?

그저 여기저기 나부낄 따름이다. 그저 이따금, 아주 드물게 그대는 의식적이 된다. 단지 몇 초 동안 의식적이다가 다시 무의식으로 떨어진다. 그렇다, 가끔은 그대도 그 잠재력으로 인해 의식적이 된다.

가끔은 그대도 모르게 그것이 일어난다… 어느 날 태양이 떠오를 때 그대는 존재와 조율된다. 문득 그것이 거기에 있다. 그것의 아름다움, 축복, 향기, 빛이 거기에 있다. 문득 그것이 거기에 있어 그대는 그것이 무엇이 될 수 있는지, 그것이 어떤 가능성을 지니고 있는지, 그것이 무엇인지 경험하게 된다. 그러나 그것의 존재를 알아차리는 순간 그 상태는 이미 지나가버린다. 오직 기억만이 남겨진다.

아주 가끔 그대는 그런 상태를 경험한다. 때로는 사랑 속에서, 때로는 만월을 지켜보다가, 때로는 떠오르는 해를 바라보다가, 때로는 고요한 산사에서, 때로는 아이들이 깔깔거리며 노는 것을 바라보다가. 그렇다, 어떤 때는 음악 속에서 그것을 경험한다. 하지만 이러한 순간은 아주 드물다.

만일 평범한 사람이라면, 이른바 사람이라면 일생을 통해 일곱 번만 깨어 있어도 너무 많을 것이다. 드물게, 아주 드물게 한 줄기의 광선이 들어왔다가는 곧 사라져버린다. 그리고는 다시 하찮고 우둔하고 정체된 생활로 돌아간다. 평범한 사람들만 그런 것이 아니라 이른바 비범한 사람들도 그러기는 마찬가지다.

어제 막 나는 이 시대의 가장 위대한 심리학자 중의 한 명인 칼 융에 대한 책을 읽었다. 어떤 때는 이 사람을 정말 심리학자라고 불러야 할지 의문스럽다. 그는 아주 불안정한 사람이었다. 조금도 쉬지 못하는 사람이었다. 그는 단 한순간도 고요히 앉아 있을 수 없었다. 그는 이리저리 서성이며 뭐라도 해야 했다. 아무 할 일이 없을 땐 파이프 담배를 피우곤 했다. 그가 줄담배를 피워 심장병에 걸리자 의사는 그에게 금연을 지시했다. 그것은 그에게 퍽 난감한 일이었다.

그는 심각할 만큼 초조해 했고 미치는 것 같았다. 그는 방안에서 일어섰다 앉았다, 이유도 없이 나갔다 들어왔다, 이 의자에 앉았다 저 의자에 앉았다 하곤 했다. 그때 그는 파이프 담배에서 큰 위안을 받아왔다는 사실을 알았다. 그것은 일종의 해방감이었다. 그것은 그를 불안감에서 해방시켜 주었다. 그래서 그는 의사에게 말했다.

"빈 파이프를 입에 물고 있어도 되겠소? 그건 괜찮지 않소?"

빈 파이프!

"내게는 그것이 있어야 하오."

그것은 허락되어 수년 동안 그는 빈 파이프를 입에 물고 담배를 피우듯이 했다. 그는 파이프를 손에 들고 바라보고 가지고 놀곤 했다. 이것이 이 시대의 위대한 심리학자에 관한 것이다. 얼마나 무의식적인가! 그는 습관의 지배에서 벗어나지 못하고 무의식의 지배에 꽉 묶여 있었다! 그것은 아주 유치해 보인다. 그런 다음 우리는 줄곧 합리화를 찾는다. 우리는 줄곧 자기 자신을 가장한다. 우리는 줄곧 왜 우리가 이것을 해야 하는지 자기 자신을 보호하고 방어한다.

칼 융이 마흔다섯 살 때 그는 한 여자와 사랑에 빠졌다. 그는 사랑하는 아내가 있는 유부남이었다. 거기에 잘못이 있는 건 아니지만, 그는 분명 초조했던 것 같다. 대부분의 사람들이 마흔다섯 살쯤이면 자신의 생애가 끝나고 있다고 느끼기 시작한다. 죽음이 점점 더 가까워지고 있다. 죽음이 가까워지므로 그들은 더 영적이 되든가 더 성적으로 되든가 둘 중 하나가 된다.

이 둘은 유일한 방어책이다. 죽음이 없는 영원의 진리를 추구하느냐, 아니면 더욱 연애의 환상에 빠지느냐 둘 중의 하나가 된다. 특히 지성적인 사람들은—이들은 일생 동안 머리를 통해 살아왔다—더욱 마흔다섯 살이라는 연령의 희생자들이다. 그때 성욕이 복수를 한다. 그들은 성을 거부해왔다. 이제 죽음은 점점 다가오는데, 자신이 또다시 존재할 수 있을지, 삶이 또 존재할지 도대체 알 수 없다. 죽음이 다가오고 있고, 그대는 머리적인 인생을 살아왔다. 그때 성욕이 격렬하게 폭발한다.

칼 구스타프 융은 젊은 여자와 사랑에 빠졌다. 그것은 그의 명예에 굉장히 불리한 일이었다. 아내는 동요되었다. 아내는 그를 엄청나게 사랑하고 신뢰해왔다. 그는 그 일을 우아하게 합리화시켰다. 그의 합리화를 보라. 그것이 무의식적인 사람이 살아가는 방식이다. 무의식적인 사람은 무의식적인 행위를 하고 나서 그것을 합리화시키려고 노력한다. '나는 아주 의식적으로 연애를 하고 있다. 사실 그런 연애는 반드시 해봐야 하는 일이다'며 그것이 무의식적이지 않음을 증명하려고 노력할 것이다.

융은 어떻게 했는가? 그는 별안간 세상에는 두 타입의 여성이 있다는 학설을 만들었다. 하나는 어머니 타입, 보살피는 타입, 아내 타입이고 다른 하나는 정부 타입, 애인 타입, 영감을 주는 타입으로써 남자는 둘 다를 필요로 한다는 것이다. 칼 구스타프 융과 같은 사람은 확실히 둘 다를 필요로 한다. 그는 영감도 필요하고 보살펴주는 여자도 필요한 것이다. 보살펴주는 면에서는 아내에게 만족한다.

아내는 모성이 풍부한 어머니 타입이지만 그의 모든 필요성을 채워주지는 못한다. 그는 영감도 필요한 것이다. 그는 낭만적인 여성도 필요하다. 그를 깊은 꿈속에 빠뜨려줄 수 있는 정부, 그런 여성이 그에겐 꼭 필요하다. 융은 그러한 학설을 개발했다. 이것은 합리화이다.

그는 또 다른 부분, 즉 남자에게도 두 타입이 있다는 것은 전혀 개발하지 않았다. 그것을 볼 때 그의 말이 합리화임을 알 수 있다. 만일 그것이 진정한 통찰력이었다면 다른 부분, 남자도 두 타입이 있다. 아버지 타입과 연인 타입… 그러면 융의 아내도 양쪽이 필요하다! 만일 융 자신이 연인 타입이라고 생각한다면 그녀에겐 아버지 타입이 필요하다. 만일 융 자신이 아버지 타입이라고 생각한다면 그녀에겐 연인 타입이 필요하다. 하지만 그는 결코 그런 학설을 개발하지 않았다. 그런 걸 볼 때 그의 학설은 진정한 통찰이 아님을 알 수 있다. 그것은 단지 마음의 속임수이고 합리화에 불과하다.

우리는 줄곧 우리의 행위를 합리화하고 있다. 우리는 무의식적으로 행위한다. 자신이 왜 하는지도 모르면서 한다. 하지만 그 사실을 인정할 수 없다. '나는 자각하지 못하고, 내가 왜 하는지도 모르면서 해왔다' 는 것을 인정하기란 대단히 자존심 상하는 일이다.

합리화에 주의하라.

그런 사람이 어떻게 남들에게 도움을 줄 수 있겠는가? 칼 융의 환자들 중 많은 사람들이 자살했다는 것은 잘 알려진 사실이다. 왜? 도움을 받으려고 온 사람들이 왜 자살을 했는가? 분명히 뭔가 근본적으로 잘못됐다. 그의 분석은 역겹기만 하다. 그는 아주 거만하고 이기적이고 끊임없이 투쟁만 하려 했던 사람이다. 아마도 그의 모든 정신분석은 지그문드 프로이트에 맞서려는 자만심에서 개발되었을 것이다. 아마도 그것은 합리화에 불과할 것이다. 남들을 도와준다고 생각했던 똑같은 문제들로 그 자신도 고생했기 때문이다.

융은 항상 유령들을 무서워했다. 심지어는 나이가 들어서도 유령들을 무서워했다.

그는 그 사실이 사람들에게 노출될까 두려워서 자신의 가장 중요한 저서를 생존시에는 출판하지 않았다. 그는 자신의 회고록을 자신이 죽은 다음에 출판하도록 했다. 이런 것이 진실되고 신빙성 있는 것들인가? 그는 잘못이 발각되는 것이 두려워 생존시에는 절대로 사생활을 드러내지 않았다.

우화를 하나 얘기해주겠다.

어떤 사람이 정신과 의사에게 자신의 인생에 대해 털어놓았다. 유년시절의 경험을 포함해서 정서생활, 음식 먹는 습관, 휴가문제, 그리고 생각나는 모든 것들을 의사 앞에 털어놓았다. 의사가 말했다.

"글쎄요, 당신에겐 아무 이상이 없는 것 같은데요. 나와 똑같이 정상으로 보입니다."

"하지만 의사 선생님."

환자는 이의를 제기했다. 그의 목소리에는 벌레가 기어가는 소름돋는 느낌이 있었다.

"이 나비들 말입니다. 이 나비들 때문에 못 견디겠소. 나비들이 온통 내 주변을 맴돌고 있습니다."

"제발."

의사가 뒷걸음치며 소리쳤다.

"그것들을 나한테 쫓지 마시오!"

의사와 환자, 모두가 같은 배를 타고 있다. 정신과 의사와 환자는 별로 다르지 않다. 그것은 하나의 게임이다. 아마도 정신과 의사가 더 영리하겠지만 그렇다고 그가 실체를 아는 것은 아니다. 실체를 알려면 아주 의식적이어야 하기 때문이다. 그 외 다른 길은 없다. 그것은 지적인 사고로 될 문제가 아니다. 그것은 철학과는 아무 관계가 없다. 실체를 알려면 각성으로까지 성장하지 않으면 안 된다.

구제프는 종종 미래의 심리학에 대해 말하곤 했다. 그는 심리학은 아직 존재하지 않는다고 말했다. 어떻게 심리학이 존재할 수 있겠는가? 인간도 존재하지 않는데! 인간이 존재하지 않는데 어떻게 인간에 대한 과학이 있을 수 있겠는가? 먼저 인간이 존재해야 인간에 대한 과학도 존재할 수 있다. 현재 존재하는 것은 심리학이 아니다.

아마도 그것은 인간이라는 기계에 관한 어떤 것이다.

심리학은 오직 붓다에 관해서만 존재할 수 있다. 붓다는 의식적으로 산다. 그대는 그의 정신과 그의 영혼을 볼 수 있다. 인간은 보통 영혼이 없이 산다. 그렇다, 그대는 인간의 메커니즘 속에서 잘못된 것을 발견하고 그 잘못을 바로잡을 수 있다. 오늘날 우리가 심리학으로 알고 있는 것은 행동주의*에 불과하다. 그런 면에서 파블로브(Pavlov)와 스키너(Skinner)는 프로이트나 융보다 훨씬 진실하다. 그들은 인간을 하나의 기계로 생각하기 때문이다. 비록 그들이 인간의 이 상태를 마지막으로 보는 것은 온전한 진실이 아니지만, 인간의 현상태에 있어서는 그 생각이 사실이다. 인간을 오직 기계로 생각하는 것은 그들의 한계이나, 현상태의 인간에 있어서는 그들의 생각이 사실이다. 인간은 기계이다. 그러나 인간이 다른 차원으로 존재할 수 없다고 하는 데 그들의 오류가 있다. 그

---

* 의식의 내용보다도 밖으로 나타난 행동을 대상으로 연구하는 심리학.

럼에도 인간이 이미 지상에 존재한다고 생각하는 프로이트나 융이 나 아들러는 훨씬 더 잘못이다. 인간은 이 지상에 태어나지 않았 다. 인간은 아주 무의식적으로 살고 있다.

인간은 하나의 신화이다. 그것을 가장 근본적인 통찰력의 하나 로 삼아라. 그대가 거짓에서 벗어나는 데, 속임수에서 벗어나는 데 도움이 될 것이다.

탄트라는 그대를 더욱 의식적으로 만들기 위한 노력이다. 탄트 라라는 말은 바로 의식의 확장을 의미한다. 그것은 산스크리트의 탄(tan)이라는 어원에서 비롯되었다.

탄은 확장을 뜻한다. 탄트라는 의식의 확장을 뜻한다. 그리고 반드시 이해해야 할 가장 근본적인 사실은 그대는 깊이 잠들어 있 다는 것이다. 그대는 깨어나야 한다.

탄트라는 집단체제의 방법들을 중요시한다. 그것 또한 이해해야 한다. 그 점에서 구제프는 이 시대의 가장 위대한 탄트리카 가운 데 한 명이다.

가령 그대가 잠들어 있다면 혼자서 깨어날 가망성은 아주 희박 하다. 이 점을 잘 보라. 새해가 되면 그대는 항상 맹세한다… 다시 는 담배를 피우지 않겠다고. 그러나 그 맹세는 지켜지지 않고 시 간만 지나간다. 다시 또 새해가 오고, 이번에는 반드시 맹세를 지 키리라 생각하지만 남들에게는 그것을 말하지 않는다. 말하기가 두렵다. 그대 자신을 잘 알기 때문이다. 수없이 맹세를 깼으니 남 들에게 말한다는 것이 위험천만이다. 맹세를 지키지 못한다는 것 은 아주 부끄러운 일이다. 그래서 그대 혼자만 알고 있다. 그러 면 맹세를 지킬 확률은 1퍼센트밖에 안 될 것이다. 99퍼센트의 가 능성은 조만간에 깨질 것이다.

그대는 무의식적인 존재이다. 그대의 맹세는 별로 의미가 없다.

그러나 만일 주변사람들에게, 친구나 아이나 아내에게 말한다면… 모든 사람들에게 "나는 금연을 맹세했다"고 말한다면 담배를 끊을 확률이 좀더 높아진다. 적어도 10퍼센트는 담배를 끊을 것이다.

흡연할 확률이 90퍼센트는 되지만 그래도 금연의 확률이 1퍼센트에서 10퍼센트로 더 탄탄하고 확실하게 증가한다. 그러나 만일 금연가들의 모임에 합류한다면, 금연가들의 집단에 합류한다면 그 가능성은 더욱 커진다. 90퍼센트는 담배를 피우지 않을 것이다. 무슨 일인가?

외부로부터 아무 지원도 못 받고 혼자일 때는, 혼자서 있을 때는 깊은잠에 빠진다. 아무도 모르니 전혀 걱정하지 않는 것이다. 여러 사람이 알고 있을 때는 사람들이 알고 있다는 사실로 인해 더욱 깨어 있게 될 것이다. 그대의 에고가 위태롭기 때문이다. 그대의 자존심과 명예가 달린 문제이다. 그래서 금연가의 집단에 들어가면 금연의 가능성이 더 높아진다. 그대는 습관을 통해서 살기 때문이다.

누군가 주머니에서 담배갑을 꺼내면 그대도 별안간 주머니를 뒤진다. 그대는 기계적이다. 누군가가 담배를 피우고 있으면 그대는 담배 피우는 것이 얼마나 좋았는지를 생각하게 된다. 아무도 담배를 피우지 않으면, 금연가들의 집단에 있게 되면 아무도 그것을 상기시키지 않을 것이다. 그리고 습관은 쓸모없이 되어 곧 사라질 것이다. 습관은 쓸모가 없어지면 곧 사라진다. 그것은 사라지게 되어 있다.

탄트라는 말한다. 인간은 오직 집단체제를 통해, 학교의 방식을 통해서 깨어날 수 있다고. 그 때문에 나는 그토록 산야스제도를 강조하는 것이다. 혼자서는 가망이 없다. 여럿이 함께할 때 가능성이 높아진다. 그것은 마치 열 사람이 사막에서 길을 잃은 것과 같다. 밤이 되면 아주 위험하다. 적들이 그들을 죽일 수도 있고 야생동물들에게 죽임을 당할 수도 있다. 도둑이 들 수도 있고 살인자가 올 수도 있다. 그것은 아주 힘든 상황이다. 이제 그들은 집단체제를 만들고 말한다.

"각자 한 시간씩 깨어서 교대로 지키자."

한 사람이 여덟 시간 내내 깨어서 밤을 지킨다는 것은 무리한 요구이나, 한 사람이 한 시간씩은 깨어 있을 수 있다. 그리고 교대로 그가 잠자기 전에 다른 사람을 깨어 있게 한다면 그 집단은 밤새 깨어 있을 수 있는 것이다.

아니면 구제프가 자주 말했던 대로, 그대가 감옥에 갇혔는데 감옥에서 탈출하고 싶다면 혼자서는 기회가 없어도 모든 죄수들이 뭉치면 기회가 훨씬 많아진다. 그들은 간수를 집어던질 수도 있고 간수를 죽일 수도 있으며 벽을 무너뜨릴 수도 있다. 만일 모든 죄수들이 함께 뭉친다면 그들이 자유롭게 될 기회가 훨씬 많다.

그러나 그들이 감옥 밖에 있는 몇몇 사람들, 이미 자유로운 사람들과 접촉한다면 그 기회는 훨씬 더 증가할 것이다. 그것이 스승을 찾는, 이미 감옥 밖에 있는 사람을 찾는 이유이다. 그는 필요한 것들을, 그대가 감옥에서 탈출하는 데 필요한 것들을 제공할 수 있다. 탈옥을 위한 장비와 밧줄을 들여보내 줄 수 있고 밖에서 망을 봐줄 수도 있으며 간수들의 교대시간을 알려줄 수도 있다. 그대는 그 사이에 빠져나올 수 있다. 그는 간수들이 밤에 잠자는 시간을 알려줄 수 있다. 그는 간수들에게 술자리를 마련해줄 수 있으며, 그의 집에서 파티를 열어 간수를 초대할 수도 있다. 그는 그대가 할 수 없는 수천 가지 일들을 밖에서 할 수 있다. 그는 그대가 감옥에서 풀려난 후에도 사람들이 그대를 받아들이고 보호하고 집에 돌아갈 수 있도록 분위기를 조성할 수 있다. 만일 밖에서 사회가 그대를 받아들이지 않는다면 감옥에서 풀려나도 그대는 다시 간수에게 인도될 것이다.

그래서 반드시 이미 깨어난 사람과의 접촉이 필요한 것이다. 그리고 깨어나고 싶어하는 사람들과 함께하는 것 또한 꼭 필요하다. 이것이 학교체제, 집단체제가 뜻하는 바이다. 탄트라는 집단체제이다. 탄트라는 말한다.

"함께 힘을 모아 모든 가능성들을 찾아내라. 여럿이 결합하여 에너지들을 합할 수 있다. 어떤 이는 아주 지성적이고 어떤 이는 아주 사랑이 많다. 각각은 반쪽이지만 둘을 합치면 보다 조화롭고 전체적이 된다."

남자는 반쪽이다. 여자는 반쪽이다. 탄트라 이외의 구도자들은 모두 다른 쪽이 없이 수행하려고 노력했다. 남자 혼자서 노력했고 여자 혼자서 노력했다. 탄트라는 말한다.

"왜 함께하지 않는가? 왜 손을 잡지 않는가? 여자는 반쪽이고 남자도 반쪽이다. 그들이 합하면 더욱 크고 더욱 전체적이며 더욱 건강한 에너지가 된다. 함께 합하라! 음과 양을 함께 작용시켜라. 그러면 훨씬 더 가능성이 있다."

다른 방법들은 투쟁과 갈등을 사용한다. 남자는 여자와 투쟁하고 여자로부터 도망친다. 협력의 가능성을 모색하기보다는 여자를 적으로 생각한다. 이것은 순전히 어리석은 짓이라고, 여자와 싸우는 데 부질없이 에너지를 낭비하고 있다고 탄트라는 말한다.

거기에는 싸움보다 더 큰 것이 있기 때문이다! 여자와 동료가 되는 것이 훨씬 유리하다. 그녀가 그대를 돕고 그대가 그녀를 돕게 하라. 하나의 유기체로 결합하면 무의식적인 본성에 맞서기가 훨씬 쉽다.

모든 가능성을 이용하라. 그래야만 그대는 의식적인 존재로 진화할 수 있다. 붓다가 될 수 있다.

이제 경전으로 들어가자… 이 경문들은 무척 의미심장하다.

첫째 경문이다.

> 썩은 고기의 냄새를 좋아하는 파리에게는
> 백단향(白檀香)의 향기가 역겹네.
> 니르바나를 포기한 존재들은
> 조악(粗惡)한 삼사라의 왕국을 갈망하도다.

첫째, 내가 말했듯이 인간은 하나의 기계이다. 인간은 습관 속에서 살고 과거 속에서 살며 기억 속에서 산다. 인간은 이미 알고 있는, 전부터 알고 있는 지식 속에서 산다. 그렇기 때문에 인간은 줄곧 새로운 것을 놓치고 있다.

진리는 늘 새롭다. 인간은 썩은 고기의 냄새를, 역겹고 악취를 풍기는 냄새를 좋아하는 파리와 같다. 그 파리에게는 백단향의 향기가 역겹다. 파리는 고정된 기억을, 고정된 과거를 지니고 있다. 파리는 언제나 고기의 썩은 냄새가 향기라고 생각해왔다. 그것은 파리의 지식이다. 그것은 파리의 습관이다. 그것은 파리의 고정된 틀이다. 그것은 파리의 죽은 과거이다. 지금 별안간 백단향을 대한다면 파리에게 있어 그 백단향의 향기는 몹시 역겨운 악취로 보인다.

놀라지 말아라… 그것이 그대에게 일어나고 있는 일이다. 만일 그대가 지나치게 육체적으로 살아왔다면 설령 영적인 사람 가까이에 간다 해도 뭔가 아니라고 느낄 것이다. 붓다에게 가서도 향기를 느끼지 못할 것이다. 어쩌면 악취를 맡게 될지도 모른다. 그대는 해석한다… 그렇지 않으면 사람들이 왜 예수를 죽였겠는가? 예수는 백단향이었다! 그런데 사람들은 그를 간단히 죽였다. 왜 사람들은 소크라테스에게 독을 먹였는가? 소크라테스는 백단향이었다! 하지만 파리들은 그들 자신의 과거만 알았다. 그들은 자신들의 과거를 통해 해석한다.

어느 날 읽은 이야기이다.

한 창녀가, 아테네의 가장 유명한 창녀가 소크라테스에게 왔다. 거기에는 소수의 사람이 앉아 있었다. 바로 여기 앉아 있는 몇 사람처럼. 몇 사람만을 앞에 두고 소크라테스가 강의를 하고 있었다. 창녀는 주의를 둘러보며 소크라테스에게 말했다.

"왜죠? 당신처럼 위대한 분의 얘기를 단 몇 사람만 듣고 있다니요? 나는 아테네의 전 시민이 여기에 있을 거라고 생각했어요. 그리고 가장 존경받고 가장 명예로운 정치가나 성직자, 지성인들은 한 명도 보이지 않는군요. 여기서는 그들을 볼 수 없네요. 무슨 일이죠? 언제 우리집에 와보세요. 그들이 줄을 서서 기다리고 있는 걸 볼 테니까요."

소크라테스가 말했다.

"그대가 옳다. 그대는 보편적인 욕구를 채워준다. 그러나 나는 그렇지 않다. 내게 끌리는 사람은 오직 몇 사람, 선택된 몇 사람만이다. 다른 사람들은 나의 향기를 느낄 수 없다. 그들은 오히려 나를 피한다! 나와 마주치기만 해도 그들은 도망가고 두려워한다. 그것은 전혀 다른 향기이다."

소크라테스가 말했다.

그 창녀는 무척 지성적인 여자였음에 틀림없다. 그녀는 소크라테스의 눈을 들여다보고는 머리 숙여 절했다.

"소크라테스여, 저를 친구로 받아주세요."

그리고 다시는 소크라테스 곁을 떠나지 않았다. 그녀는 그 작은 학파의 일원이 되었다.

그 여자는 높은 의식의 소유자임이 틀림없다… 그토록 갑작스런 변화, 그녀는 즉각 이해했다!

하지만 아테네 사람들은 소크라테스를 죽였다. 그들은 그 사람을 좋아하지 않았다. 그 사람은 아주 위협적으로 보였다. 그에 대한 많은 고발이 접수되었다. 그중 하나는 소크라테스가 사람들의 신념을 파괴하고 젊은이들의 마음을 파괴했으며 무정부주의적이라서 그를 계속 살려둔다면 사회가 뿌리째 뽑힐 것이라는 거였다. 그는 위협적인 적이다.

소크라테스는 무엇을 하고 있었나? 그는 전혀 다른 일을 하고 있었다. 그는 무심(無心)의 상태를 창조하려고 했다. 하지만 사람들은 생각했다.

"그는 사람들의 마음을 파괴한다."

그들의 말도 맞다. 파리들에게는 맞는 말이다. 그렇다, 젊은이들은 소크라테스에게 무진장 끌렸다. 오직 젊은 사람만이 그러한 것에 끌릴 수 있기 때문이다. 오직 젊은 영혼만이 그러한 용기를 가지고 있다.

설령 나이가 많은 사람일지라도 나나 소크라테스에게 오는 사람들은 젊은 사람이다. 그들의 영혼이 젊기에 오는 것이다. 그렇지 않으면 올 수 없다. 늙고 틀에 박힌 마음은 내게 올 수 없다. 육체는 비록 늙었을지라도, 할아버지나 할머니일지라도 내게 오는 것은 그들의 영혼이 여전히 젊기 때문이다. 그들에겐 여전히 젊은 부분이 있다. 그들은 여전히 새로운 것을 이해하고 새로운 것을 배울 수 있다. 늙은 개에게는 새로운 재주를 가르칠 수 없다는 말이 있다. 그것은 정말 어려운 일이다. 늙은 개는 옛날 재주만 알고 그것만 반복한다. 늙은 마음의 소유자에게 무언가를 가르친다는 것은 아주 어려운 일이다.

이러한 것들은 그토록 근본적인 차이가 있다. 그대가 배워온 모든 것들과 아주 정반대이다. 정말로 젊은 사람이 아니라면 듣지도 않을 것이다. 따라서 젊은 사람들은 소크라테스에게 매료되었다. 그것은 영원의 무엇이, 우주의 영원한 젊음이 소크라테스를 통해 방사되고 있다는 표시였다.

만약 예수가 살아 있다면 젊은 사람들이 그를 따르는 것을 볼 것이다. 교황에게서는 그런 것을 보지 못한다. 늙은 사람들, 죽어 있는 사람들, 아주 오래전에 죽은 사람들이나 교황에게 간다. 진짜 샹카라차리아가 살아 있었더라면 젊은이들이 그를 둘러싸고 있는 것을 보았을 것이다. 하지만 푸리의 샹카라차리아에게는 오직 죽은 육체들, 시체들만 간다. 살아 있는 사람들? 그들은 보이지 않는다.

아무 절이나 가서 한 번 들여다보라. 할머니, 할아버지만 보일 것이다. 젊은이들은 거기에 없다. 실제 참 종교가 태어날 때면 항상 젊은이들이 매료된다. 진리가 있을 때면 항상 젊음이 매료된다. 허위와 교의, 도그마나 교리들만이 남아 있을 때 늙은 사람들이 찾아온다. 젊은이들이 매료된다는 것은 진리는 젊고 젊은이는 진리에 매료된다는 의미이다. 진리가 늙으면, 거의 죽어 있으면 죽은 사람들만이 매료된다.

늙은 사람들이 종교에 끌리는 것은 오직 죽음에 대한 공포 때문이다. 나이가 들면 무신론자도 유신론자가 된다. 공포 때문이다. 젊은 사람이 종교에 끌린다는 것은 죽음에 대한 공포 때문이 아니다. 젊은 사람은 아직 죽음을 모른다. 그것은 삶에 대한 무진장한 사랑 때문이다. 참 종교와 거짓 종교의 차이는 그것이다. 거짓 종교는 공포 중심적이고 참 종교는 사랑 중심적이다.

그대는 들어보았을 것이다. 세상의 모든 언어에는 '신을 두려워하라' 는 추한 말이 존재한다. 그 말은 분명 정체되고 둔하고 늙은 사람들이 만들어냈을 것이다. 신을 두려워하라? 어떻게 신을 두려워할 수 있는가? 만일 신을 두려워한다면 어떻게 그를 사랑할 수 있겠는가? 두려움으로부터는 미움만 생겨나지 사랑은 절대 생기지 않는다. 두려움이 있을 때는 신에게 반발한다. 그는 그대의 원수일 것이다. 어떻게 그를 사랑할 수 있는가? 그리고 그를 사랑한다면 어떻게 두려워하겠는가? 그대는 과연 그대를 사랑하는 사람을 두려워해본 적이 있는가? 그대는 사랑하는 어머니를 두려워해본 적이 있는가? 그대는 과연 사랑하는 여자를 두려워해본 적이 있는가? 사랑한다면 두려움이 없을 것이다. 사랑은 모든 두려움을 소멸시킨다.

신을 사랑하라… 신과 달콤한 사랑에 빠져라… 신과 환희로운 사랑에 빠져라…

하지만 그것은 오로지 젊은 마음만이 가능하다. 몸이야 젊든 늙었든 상관없지만 영혼은 반드시 젊어야 한다. 자, 소크라테스는 젊은 사람들을 매료시켰기 때문에 벌을 받았다. 붓다는 젊은 사람들을 매료시킨 까닭에 비난받았다. 그러나 항상 기억하라. 참 종교가 탄생할 때면 언제나 젊은 사람들이 세계 도처에서 몰려온다는 것을.

그것이 그곳에 특별한 일이 일어나고 있다는 상징이 되어야 한다. 늙은 사람들이 몰리는 곳은 아무 새로움도 일어나고 있지 않다고 확신해도 좋다. 그곳은 어떤 변화가 일어나고 있는 곳이 아니다. 젊은 사람들이 모이는 곳, 그곳이 변화가 일어나고 있는 곳이다.

> 썩은 고기의 냄새를 좋아하는 파리에게는
> 백단향(白檀香)의 향기가 역겹네.
> 니르바나를 포기한 존재들은
> 조악(粗惡)한 삼사라의 왕국을 갈망하도다.

그러나 진리는 미지(未知)이고 신비이다. 과거의 습관들을 통해서는 진리에 다가갈 수 없다. 모든 습관들을 벗어나야 비로소 진리에 다가갈 수 있다.

기독교 성직자들은 재복을 habit이라 부른다.* habit이라는 낱말을 사용하는 것은 근사하다. 그렇다, 나는 말한다. 그대가 모든 습관(habit)들을 벗었을 때, 모든 습관으로부터 알몸이 되고 모든 의상들을 떨쳐버렸을 때, 기억이 아니라 의식을 통해서 작용할 때 진리에 다가설 수 있다… 작용에는 두 종류가 있는데, 기억을 통해서 작용하면 있는 그대로를 보지 못한다. 전에 보았던 것만 계속 본다. 계속 과거의 관점에서 현재를 해석한다. 자꾸만 거기에 있지 않은 무엇을 부각시키고 사물이 있는 그대로 보지 못한다. 기억을 내려놓지 않으면 안 된다. 기억은 좋은 것이다. 기억을 사용하라. 그러나 진리는 결코 기억을 통해서 알 수 없다. 어떻게 진리를 기억을 통해 알 수 있겠는가? 과거에는 진리를 알지 못했는데.

진리는 알려진 것이 아니다. 진리는 방랑자이다. 그대는 모든 기

---

* 영어 habit은 재복이라는 뜻과 습관이라는 뜻의 두 가지 의미로 사용되고 있다.

억을 내려놓아야 한다. 그대는 마음에게 이렇게 말해야 할 것이다.

'조용히 하라. 너 없이 보도록 내버려두라! 사념이나 신념, 경전, 철학, 종교의 안개로 가리워지지 않은 오직 명료한 눈으로 보게 하라. 내가 곧바로, 당장 보도록 내버려두라! 지금 여기에서 보자. 내가 직면하고 있는 것을 들여다보도록 하자.'

그때 비로소 그대는 진리의 신비에 조율될 것이다.

또한 기억하라. 진리는 결코 기억이 될 수 없음을. 설령 그대가 진리를 체험했다 해도 그것은 절대 기억에 묶이지 않는다. 진리는 너무나 광대하다. 그것은 그대의 기억 속에 담길 수 없다. 진리를 볼 때마다 그대는 그것이 항상 새롭다는 것을 알게 될 것이다. 그것은 다시 또 새롭다. 결코 퇴색되지 않는다. 그것은 항상 새롭다. 항상 신선하다. 결코 늙지 않는다는 것은 진리의 속성이다. 진리는 항상 젊다.

사라하는 왕에게 말한다.

"왕이여, 그대가 참으로 내게 일어난 진리를 알고자 한다면 마음을 내려놓으라. 그대는 그저 파리나 다름없다. 그대는 육체와 마음의 삶을 살아왔다. 그대는 그것을 넘어선 것을 알지 못한다. 나는 여기에 서 있다. 나는 그 둘을 넘어섰다. 마음을 따르는 그대에게는 그것을 설명할 길이 없다. 그것은 설명할 수 없다. 만일 그대가 진정으로 경험하길 원한다면 경험할 수는 있으나 설명을 한다는 것은 불가능하다."

신(神)은 정의내릴 수 없다. 신은 설명할 수 없다. 부디 기억하라. 설명하게 되면 신과는 동떨어진 것을 설명하게 되니 절대 그것을 설명하지 말아라. 신은 어떤 사상에도 담을 수 없다. 그러나 신의 존재로서 살 수는 있다. 신을 사랑할 수는 있다. 그대 자신이 신이 될 수 있다! 그것은 가능하다. 그러나 신을 마음 안에 담을 수는 없다. 마음은 아주 작은 그릇이다. 그것은 하나의 찻숫가락과 같다. 그대는 찻숫가락에 태평양을 담으려 하는가? 그렇다, 찻숫가락으로 약간의 짠물을 뜰 수는 있다. 그러나 그 정도로는 태평양의 광대함을 상상할 수 없다. 그 찻숫가락에는 폭풍우가 몰아쳐오지 않을 것이다. 거대한 파도가 몰아치지 않을 것이다. 그렇다, 맛은 동일할지 모르지만 그것은 대양이 될 수 없다.

사라하는 말한다.

"만일 그대가 나를 보고자 한다면, 왕이여, 마음을 내려놓아라. 그대는 파리의 마음을 가지고 있다. 그대는 습관적으로 생각하고 느끼고 있다. 그대는 습관을 통해 살아가고 있다. 그대는 몸과 마음의 삶을 살아왔다. 이제껏 그대가 알아왔던 모든 것은 고작 들은 것이고 경전에서 읽은 것에 불과하다."

사라하 자신도 전에는 왕에게 경전을 읽어주었다. 그는 그것을 잘 안다. 그는 왕이 알고 있는 것을, 그의 지식은 단지 정보에 불과하다는 것을 안다. 사라하는 말한다.

"그 일이 실제 내게 일어났다! 그러나 그것을 보려면 다른 시각이 필요하다.

마음은 결코 진리를 만날 수 없다. 마음은 결코 진리를 조우할 수 없다. 마음의 길과 진리의 길은 완전히 분리되어 있다. 그것은 분리된 실체이다. 그러기에 세상의 모든 신비가들은 무심의 상태에 도달하라고 적극 권하는 것이다. 무심의 상태, 무념의 상태, 온전한 각성, 각성의 광희, 그것이 명상에 관한 모든 것이다. 그대 안의 하늘에 한 생각도 없을 때, 구름 한 점 없이 맑을 때 태양은 밝게 빛난다."

보통 우리들은 너무도 많은 생각과 욕망과 야망과 꿈의 구름들로 덮여 있다. 그래서 태양이 빛날 수 없다. 태양은 그 어두운 구름들 뒤에 감추어져 있다. 욕망은 구름이다. 사념은 구름이다. 상상은 구름이다. 실체를 알기 위해서는 구름이 걷혀야 한다.
사라하는 말한다.

니르바나를 포기한 존재들은
조악(粗惡)한 삼사라의 왕국을 갈망하도다.

삼사라는 몸을 통해, 마음을 통해, 에고를 통해 사는 것을 뜻한다. 삼사라는 바깥세계에 사는 것을 뜻한다. 삼사라는 물질을 통해 사는 것을 뜻한다. 삼사라는 모든 것이 물질에 불과하다는 생각으로 사는 것을 뜻한다. 삼사라는 삼독(三毒), 즉 권력, 명예, 집착을 뜻한다. 더 많은 권력과 더 많은 명예와 더 많은 돈, 집착, 이런저런 것들의 세계에 사는 것, 물질 속에서 살고 물질을 위해 사는 것을 뜻한다. 이것이 삼사라라는 단어, 곧 세상의 의미이다.

한 번 그대 자신을 살펴보라. 한 번이라도 사람들과 살아본 적이 있는가? 아니면 오직 물질하고만 살고 있는가? 그대의 아내는 사람인가, 아니면 하나의 물건인가? 그대의 남편은 사람인가, 아니면 하나의 물건인가? 그대는 남편을 한 인격으로서, 한 고귀하고 본질적인 가치를 지닌 인격으로서 대우하는가, 아니면 그저 하나의 실용성, 즉 빵과 버터의 제공자로서 취급하는가? 또는 아내를 아이들을 돌보는 주부로만 취급하는가? 그대의 아내는 그녀 자체로 의미가 있는가, 아니면 단지 하나의 실용성이고 소모품일 뿐인가? 때로는 그녀의 성(性)을 이용하고 때로는 다른 방식으로 그녀를 이용하는데, 사람을 이용한다는 것은 그 사람을 물건 취급하는 것이다.

사람은 이용되어질 수 없다. 오직 물건만이 이용될 수 있다. 사람은 구입할 수 없다. 오직 물건만 구입할 수 있다. 사람은 참으로 귀하고 참으로 신성하며 참으로 존엄하다. 어떻게 사람을 이용할 수 있는가? 그렇다, 서로의 사랑을 나누어줄 수는 있다. 그러나 이용해서는 안 된다. 그리고 그대는 감사하지 않으면 안 된다. 그대는 한 번이라도 그대의 아내에게 감사해본 적이 있는가? 그대는 한 번이라도 친구들에게 감사해본 적이 있는가? 그리고 남에게는 감사할지언정 가장 가까운 사람들에게는 절대로 감사해 하지 않는다. 그대는 그들을 당연하게 여기기 때문이다.

물건과 함께 사는 것은 삼사라 속에서 사는 것이고, 사람들과 함께 사는 것은 니르바나 속에서 사는 것이다. 그리고 한 번 사람들과 함께 살게 되면 물건은 사라진다.

일반적으로 사람들은 물건으로 전락되어 있다. 그러나 명상적이 될 때는 물건조차 사람이 된다. 나무조차 사람이 된다. 바위조차 사람이 된다. 모든 것이 점점 인격을 갖추게 된다. 신은 모든 존재 속에 스며 있는 까닭이다.

사라하는 말한다.

"왕이여, 그대는 삼사라 속에서 살아왔기에 니르바나의 길을 이해할 수 없다. 그대가 진정으로 이해하고자 한다면 그것이 되어 살아야 한다. 그 외 다른 길은 없다. 알기 위해서는 그것을 경험해야 한다. 그리고 나는 여기에 그대 앞에 서 있다. 그런데 그대는 설명을 요구한다! 니르바나의 실체가 앞에 서 있는데 그대는 이론을 요구하고 있다. 그뿐 아니라 그대는 완전히 눈이 멀었다. 나를 그대의 삼사라의 세계로 돌아오라고 설득하러 오다니! 파리 한 마리가 썩은 고기의 냄새 때문에 백단향의 숲과 향기를 떠나라고 설득하고 있는가?"

그대는 제정신인가? 하고 사라하는 왕에게 말한다.

"그대의 세계에 내가 가기보다는 오히려 그대가 내 세계로 오라. 나는 그대의 세계도 알고 새로운 현실 또한 알고 있으니 비교할 수 있으나 그대는 오직 그대의 세계만 알 뿐이다. 그대는 나의 현실을 모르니 비교할 수가 없다."

붓다가 세상은 환영이라고 말한 것에 대해 명상하라. 그는 이 세상을 잘 알고 있기 때문이다. 어떤 무신론자와 물질론자, 공산주의자는 니르바나의 세계가 환영일 뿐이라고 말하는데 거기 대해서는 전혀 신경 쓸 것이 없다. 그는 니르바나의 세계를 모르기 때문이다. 그는 오직 이 세계만 알 뿐이다. 다른 세계에 대한 그의 주장은 신빙성이 없다. 그는 명상한 적도 없으며 그 세계를 경험한 적도 없기 때문이다.

그것을 잘 보라. 명상을 했던 사람들은 단 한 사람도 내면의 실체를 부정하지 않았다. 단 한 사람도 없다! 모든 명상가들은 예외 없이 신비가가 되었다. 명상을 해본 적이 없는 사람들은 오직 파리의 세계와 썩은 고기의 악취나는 세계만 알 뿐이다. 그들은 썩은 물질들의 세계에서 살고 있다. 그들은 오직 그 세계밖에 모르니 그들의 말은 신빙성이 없다. 붓다는 신뢰할 수 있다. 그리스도는 신뢰할 수 있다. 마하비라는 신뢰할 수 있다. 그들은 양쪽 세계를 다 안다. 그들은 낮은 것과 높은 것을 알고 있다. 높은 것을 앎으로써 또한 명상이 필요한 낮은 세계에 대해 말하는 것이다. 그것을 단호히 거절하지 말아라.

가령, 마르크스, 엥겔스, 레닌, 스탈린, 마오, 그들은 명상을 해본 적이 없으면서 신이 없다고 말한다. 지금 이것은 과학자들의 실험실에는 한 번도 가본 적이 없으면서 과학에 대해 말하는 것과 같다. 실험실에는 한 번도 가본 적이 없으면서 상대성 원리에 대해 말하는 것은 우상숭배일 뿐이다. 그것은 불확실하다. 그대는 연구소에도 가봐야 하고 고등수학을 통해 그것을 증명하지 않으면 안 된다! 이해할 수 없다고 해서 부정해서는 안 되기 때문이다.

상대성 원리를 이해한 사람들은 극소수였다. 아인슈타인이 그것을 말했을 때 그의 학설을 이해했던 사람들은 전세계에서 겨우 열두 명뿐이었다. 그중에서도 일부는 그것을 지나친 과장이라고 생각했다. 따라서 그의 학설을 제대로 이해한 사람들 열두 명도 채 안 된 것이다. 하지만 그렇다고 해서 그것이 옳지 않다고는 말할 수 없다. 학설의 진위를 표결에 붙일 수는 없는 것이다. 그대는 똑같은 과정을 통하지 않으면 안 될 것이다.

마르크스의 '신이 없다'는 성명은 어리석기 그지없다. 한 번도 명상을 한 적이 없고 사색한 적이 없으며 기도도 해본 적이 없는 그의 말은 의미가 없다. 명상을 해온 사람들, 자신의 존재를 깊이 파고든 사람들은 하나같이 같은 진리에 이르렀다.

　　니르바나를 포기한 존재들은
　　조악(粗惡)한 삼사라의 왕국을 갈망하도다.

사라하는 말하고 있다.

"그대는 니르바나를 포기하고 계속해서 환영을 쫓고 있다. 왕이여, 그대는 나를 설득하러 왔는가? 나를 보라. 내가 얼마나 희열에 차 있는지! 나를 보라. 나는 그대의 왕국을 떠난 예전의 그 사람이 아니다. 나는 완전히 다른 사람이다."

사라하는 왕에게 현재를 각성시키려고 노력했다. 사라하는 진정한 현재를 알고 있던 사람이다. 사라하는 왕을 파리들의 세계에서, 썩은 고기의 세계에서 끄집어냈다. 그는 왕을 백단향과 그 향기의 세계로 밀어넣었다.

둘째 경문이다.

> 물로 채워진 소의 발자국이
> 곧 말라버리듯
> 완고하고 불완전한 자질로 가득 찬 마음도
> 그러하네.
> 이러한 불완전함들은
> 때가 되면 말라버리리라.

사라하는 말한다.

"보라! 소가 걸어가고 땅 위에 발자국들이 남았다. 그리고 그 발자국 속에 빗물이 채워졌다. 그러나 그것이 얼마나 오래 남겠는가? 조만간에 그것은 증발할 것이다. 물로 채워진 소 발자국은 사라질 것이다. 하지만 대양은 항상 똑같다. 소의 발자국 속에 고인 물 역시 대양에서 흘러왔으나, 그럼에도 다른 무엇이 있다."

대양은 결코 늘지도 않고 줄지도 않으며 항상 똑같이 머무른다. 그 속에서 엄청난 구름이 올라가도 대양은 줄어들지 않는다. 대양은 항상 똑같은 상태로 남아 있다. 하지만 소의 이 작은 발자국은 지금 당장은 물로 가득 채워져 있지만 몇 시간이나 며칠이면 사라질 것이다. 곧 말라버릴 것이다. 인간의 두개골도 그러하다. 그토록 보잘것없는 것이다. 약간의 물일 뿐이다. 그것을 너무 믿지 마라. 그것은 이미 말라가고 있다. 그것은 사라질 것이다. 두개골은 아주 작은 것이다… 그 두개골 속에 우주를 담을 수 있다고 생각하지 마라. 그것은 일시적으로 존재할 따름이다. 결코 영원히 존재할 수 없는 것이다.

　　물로 채워진 소의 발자국이
　　곧 말라버리듯
　　완고하고 불완전한 자질로 가득 찬 마음도
　　그러하네.
　　이러한 불완전함들은
　　때가 되면 말라버리리라.

　그대의 작은 두개골 속에 무엇을 지키고 있는가? 무엇을 담고 있는가? 욕망, 꿈, 야망, 생각, 상상, 의지, 감정들, 이것들이 그대가 담고 있는 내용물들이다. 그것들은 모두 말라버릴 것이다. 모든 내용물들은 말라버릴 것이다. 그러니 초점을 내용물에서 그릇으로 바꿔라. 이것이 탄트라의 비밀이다. 그릇을 보되 내용물을 보지 말아라.
　하늘은 구름으로 가득 차 있다. 구름을 보지 마라. 하늘을 보라. 그대의 머릿속에 들어 있는 것, 그대의 마음속에 들어 있는 것을 보지 말아라. 다만 그대의 의식을 보라. 감정이 있고 분노가 있고 사랑이 있고 갈망이 있고 욕망이 있고 질투가 있으나 이 모든 것들은 내용물이다. 그것들 너머에 있는 의식의 무한한 하늘을 보라.
　내용물을 통해 사는 사람은 기계적인 삶을 사는 것이다. 초점을 내용물에서 그릇으로 바꾼 사람은 각성의 삶, 불성의 삶을 살기 시작한 것이다.
　사라하는 말한다.
　"왕이여, 그대가 마음속에 간직하고 있는 이 내용물들은 곧 말라버릴 것이다. 소의 발자국을 보라! 그대의 머리는 그보다 크지 않다. 그대의 두개골은 그보다 크지 않다. 하지만 그대의 의식은 무한한 것이다."

지금 이것은 반드시 이해해야 한다. 감정은 머릿속에 있으나 의식은 머릿속에 있지 않다. 실은 머리가 의식 안에 들어 있다! 의식은 광대하고 무한하다. 감정과 욕망, 야망은 그대의 머릿속에 있다. 그것들은 말라버릴 것이다. 하지만 머리가 완전히 땅에 묻혀 사라질 때도 의식은 사라지지 않을 것이다. 의식은 그대 안에 담을 수 없다. 의식이 그대를 담는다. 의식은 그대보다 더 크다.

이렇게 묻는 사람들이 있다… 이따금 나를 찾아온 사람들은 이렇게 묻는다.

"영혼은 인간 육체의 어느 부위에 있습니까? 심장 속입니까, 배꼽 속입니까? 아니면 머릿속입니까? 어디에 영혼이 있습니까?"

그들은 자신들이 아주 적절한 질문을 하고 있다고 생각하나 의식은 신체의 어느 부위에도 없다. 영혼은 몸 속에 없다. 영혼은 몸보다 훨씬 큰 차원이다. 영혼이 그대를 감싸고 있다.

그리고 그대의 영혼과 나의 영혼은 다르지 않다. 우리는 같은 존재 안에 살고 있다. 우리는 한 영혼의 대양 속에 살고 있다. 하나의 영혼이 우리를 안팎으로 둘러싸고 있다. 그것은 모두 하나의 에너지이다. 내 영혼과 그대의 영혼은 다르지 않다. 우리는 각기 다른 몸을 가지고 있다. 그것은 동일한 전기가 전구로도 들어가고 라디오로도 가고 TV로도 가고 선풍기도 움직이는 등 수천 가지 일을 하는 것과 같다. 선풍기와 전구와 다르지만 그것을 움직이는 전기는 똑같다.

우리는 하나의 에너지이다. 표현은 다르지만 본질은 하나이다. 만일 그대가 내용물을 본다면, 만일 내가 내용물을 본다면 나의 꿈과 그대의 꿈은 확실히 다르다. 우리는 우리의 꿈들을 나눌 수 없다. 나는 나의 야망이 있고 그대는 그대의 야망이 있다. 꿈은 서로 나눌 수 없을 뿐 아니라 서로 갈등을 일으킨다. 나의 야망은 그대의 야망에 대항하고 그대의 야망은 나의 야망에 대항한다. 하지만 우리가 내용물을 잊고 그저 의식을, 순수 의식을, 구름 없는 하늘을 바라본다면 어디에 '너'가 있고 어디에 '나'가 있는가? 우리는 하나이다.

그 순간 통합이 일어난다. 그 순간 우주의식이 있다.

모든 의식은 우주적이다. 무의식은 개인적이고 의식은 우주적이다. 그대가 진정한 인간이 되는 날 그대는 우주적인 사람이다. 그것이 '그리스도', 즉 우주적 사람, 신의 아들이 의미하는 바이다. 그것이 '붓다' 즉 전체적이고 완전한 각성에 이른 우주적 사람의 의미이다.

기계로서의 인간은 각각 다르다. 이것을 이해하지 않으면 안 된다. 그대가 심장병을 앓고 있어도 나는 그렇지 않다. 내가 두통을 앓고 있어도 그대는 그렇지 않다. 그대가 나를 사랑한다 해도 두통을 나누어 가질 수는 없다. 내가 그대를 사랑한다 해도 그대의 아픔을 대신할 수는 없다. 하지만 우리가 함께 앉아 명상을 한다면, 내 마음속에 내용물이 없고 그대 마음속에도 아무 내용물이 없을 때 우리가 둘이 아닌 순간이 찾아온다. 명상가들은 서로 분리된 상태로 시작하지만 하나로서 끝난다.

여기 그대들 모두가 명상 속에서 내 말에 귀기울이고 있다면 그대들은 여럿이 아니다. 그때 그대들은 하나이다. 그때 그대들만 하나인 것이 아니다. 말하는 자와 듣는 자가 나누어지지 않는다. 그때 우리는 서로 연결되어 있다. 스무 명의 명상가가 방안에서 명상하고 있을 때 그들이 깊은 명상에 이르면 더 이상 스무 명이 아니다. 그 방안엔 오직 하나의 명상만이 존재한다.
이런 이야기가 있다.

몇몇 사람이 붓다를 보러 왔다. 아난다가 호위당번으로 방 밖에 앉아 있었는데 이 사람들이 너무 오랫동안 나오지 않자 걱정이 되었다. 그는 몇 번이나 방안을 들여다보았지만 그들은 계속… 그러다가 웬일인가 싶어서 방안으로 들어갔다. 그런데 거기엔 아무도 없었다. 붓다 혼자만이 앉아 있었다. 그가 붓다에게 물었다.

"그 사람들은 어디로 갔습니까? 다른 문은 없는데… 그리고 나는 문 앞을 떠나지 않았는데 그들이 다 어디로 갔습니까?"

그러자 붓다가 말했다.

"그들은 명상중이다."

이것은 아름다운 이야기이다. 그들은 모두 명상에 잠겨 있었다. 그러나 아난다는 아직 명상가가 아니었기에 그들을 볼 수 없었다. 그는 이 현상을, 이 전적인 에너지의 전환을 이해할 수 없었다. 그들은 거기에 존재하지 않았다. 그들은 육체로서 거기에 있지 않았기 때문이다. 그들은 마음으로 존재하지 않았기 때문이다. 이들의 에고는 용해되었다. 아난다는 자기 눈으로밖에 볼 수 없었으나 거기엔 새로운 차원이 일어나 있었다.

한 번은 어느 유명한 왕이 붓다를 보러 왔다. 총리대신이 설득해서 오기는 했지만 왕은 아주 의심이 많은 사람이었다. 정치가나 왕들이 다 그렇듯 그는 의심이 많았다. 처음부터 그는 오고 싶지 않았으나 단지 정치적인 이유로 붓다를 보러 왔다. 그가 붓다를 반대한다는 소문이 장안에 자자했기 때문이었다. 모든 사람들이 붓다를 지지한다는 것이 그를 두렵게 했다. 그것은 좋은 외교가 아니었다. 그래서 그는 총리대신과 함께 그를 만나러 왔다.

만 명의 승려들과 함께 붓다가 앉아 있는 작은 숲에 가까이 이르렀을 때 왕은 몹시 두려워졌다. 그는 검을 뽑으며 총리대신에게 말했다.

"무슨 일인가? 그대는 거기에 만여 명의 사람들이 있다고 했는데 이토록 가까이 와도 아무 소리가 들리지 않는 걸 보니 필시 무슨 음모가 있는 게 아닌가?"

총리대신이 웃으며 말했다.

"폐하는 붓다의 제자들을 모르십니다. 당장 검을 집어넣으십시오! 거기엔 어떤 음모도 없습니다. 겁내실 필요가 없습니다. 그들은 폐하를 죽이지 않습니다. 폐하는 붓다의 제자들을 모르십니다."

하지만 의심이 많은 왕은 검을 움켜쥐고 숲으로 들어갔다. 그는 당황했다. 만 명의 사람들이 마치 아무도 없는 듯 고요하게 나무 아래 앉아 있었다. 그는 그것을 믿을 수 없었다. 그가 붓다에게 물었다.

"이것은 기적이오! 만 명의 사람들이… 천 명만 모여도 그토록 소음을 일으키는데! 이 사람들이 뭘 하고 있는 것이오? 이 사람들에게 무슨 일이 일어난 것이오? 뭐가 잘못됐소? 그들이 아직도 살아 있는 것이오? 그들이 조각처럼 보이는구료! 게다가 여기 앉아서 대체 뭘 하고 있는 것이오? 그들은 뭔가 해야만 하는 것이 아니오!"

붓다가 말했다.

"그들은 뭔가 하고 있소. 그러나 그것은 외부로부터 하는 것이 아닌 내면세계의 작업이오. 그들은 육체 안에 있는 것이 아니고 존재 속에, 즉 그들의 본질 속에 있는 것이오. 지금 그들은 만 명의 개체가 아니오. 그들은 모두 하나의 의식이 되었소."

셋째 경문이다.

> 짠 바닷물이 증발하여
> 구름 되어 단비 내리듯
> 완고한 마음도
> 타인들을 위해 일한다면
> 감각적 대상의 독소들이 감로수로 바뀌리라.

탄트라의 기본 자세는 감각은 숭고함으로 변형될 수 있고 물질은 마음으로 변형될 수 있고 무의식은 의식으로 변형될 수 있다는 것이다.

현대물리학은 물질은 에너지로, 에너지는 물질로 변형될 수 있다고 말한다. 사실 그들은 둘이 아니라 하나의 에너지가 두 가지 형태로 작용하는 것이다. 섹스는 사마디로 변형될 수 있다고 탄트라는 말한다.

아주 기본적이고 근본적인, 같은 접근방식이다. 낮은 것은 높은 것으로 변형될 수 있다. 낮은 것과 높은 것은 함께 연결되어 있기 때문이다. 그것은 하나의 사다리이다. 그들은 결코 떨어져 있지 않다. 아무데도 분리는 없다. 그들 사이에 틈은 없다. 그대는 낮은 것에서 높은 것으로 이동할 수 있고 높은 것에서 낮은 것으로 이동할 수 있다.

인간이라 하는 것은 사다리와 같다. 인간은 가장 낮은 층에서 존재할 수 있다. 그것은 그의 결정이다.

또한 인간은 높은 곳을 향하여 움직일 수 있다. 인간은 가장 높은 층 위에서 존재할 수 있다. 그는 야수로서 존재할 수 있고 붓다로서 존재할 수 있다. 가장 낮은 것과 가장 높은 것 양쪽 다 그의 사다리 층이다. 인간은 하나의 사다리이다. 인간은 깊은 무의식으로 떨어져 바위가 될 수 있다. 또한 완전한 의식으로 올라가 신이 될 수도 있다. 하지만 그들은 떨어져 있지 않다. 그것이 탄트라의 멋이다.

탄트라는 비분열적이다. 탄트라는 유일하게 분열되지 않은 종교이다. 탄트라는 진정으로 제정신인 유일한 종교이다. 가장 제정신인 종교이다. 탄트라는 나누지 않기 때문이다. 만일 그대가 나뉘어 있다면 그대는 분열된다. 만일 그대가 몸은 나쁜 것이라고 말한다면 그 몸이 적이 된다. 몸은 비난받아야 한다. 몸은 악마의 하수인이다. 그때 그대는 분열되고 몸을 두려워하게 된다. 그러면 곧 몸과 연결될 수 없는 격차가 벌어져 두 부분으로 찢어진다. 양방향으로 찢어진다. 몸은 몸을 둘로 찢고 마음은 마음을 둘로 찢으려고 한다. 거기에 갈등과 혼란이 생긴다.

탄트라는 말한다.

"그대는 하나이며, 거기 아무런 갈등을 느낄 필요가 없다."

그대는 하나의 실체로 융합할 수 있다. 아무 갈등할 필요가 없다. 따로따로 찢어질 필요가 없다. 마음이 분열될 필요가 없다. 그대는 모든 것을 사랑할 수 있다. 깊은 사랑과 보살핌과 창조성으로 몸을 진화시킬 수 있다. 몸은 진화될 수 있다. 몸은 영혼의 적이 아니다. 몸은 단지 칼의 칼집일 뿐이다. 몸은 단지 사원일 뿐이다. 몸은 그대의 은신처이다. 몸은 적이 아니라 그대의 친구이다. 탄트라는 모든 종류의 폭력, 타인에 대한 폭력뿐 아니라 자기 자신에 대한 폭력도 제거한다. 탄트라는 말한다.

"사랑의 본질은 전체성에 있다."

그렇다, 많은 것이 개화할 수 있는데, 모든 개화는 사랑을 통해 일어난다. 거기엔 전혀 싸울 필요가 없다.

짠 바닷물이 증발하여
구름 되어 단비 내리듯

그대는 짠 바닷물을 마실 수 없다. 그것은 너무도 짜다. 바닷물은 소금투성이다. 짠 바닷물을 마신다면 그대는 죽을 것이다. 하지만 바닷물이 증발하여 구름 된다면 바닷물은 달콤해진다. 그러면 그것을 마실 수 있다.

사라하는 말한다.

"사마디는 구름과 같다. 명상적인 에너지는 성욕을 높은 차원으로 바꿔주고 물질적 존재를 비물질적 존재로 바꿔주며 세상의 짜고 쓴 경험을 니르바나의 달콤하고 감로수와 같은 경험으로 바꿔주는 구름과 같다. 만일 그대가 그 구름을 창조할 수 있다면 삼사라는 니르바나로 변형된다. 붓다는 그 구름을 법운삼매(法雲三昧, dharmamegha samadhi), 근본법의 구름 삼매라 불렀다.

그대는 그 구름을 창조할 수 있다. 그 구름은 명상에 의해 창조된다. 그대가 열렬히 명상하고 사념들을 버리고 욕망과 야심을 버린다면… 머지않아 그대의 의식은 타오르는 불꽃이 된다. 그 구름이 거기에 있다. 그 불꽃을 통해 무엇이라도 변형시킬 수 있다. 그 불꽃은 변형이다. 그 불꽃은 연금술이다. 명상을 통해 낮은 것은 높은 것이 되고 천한 놋쇠가 황금이 된다.

짠 바닷물이 증발하여

구름 되어 단비 내리듯
완고한 마음도
타인들을 위해 일한다면
감각적 대상의 독소들이 감로수로 바뀌리라.

인간이 갖춰야 할 두 가지가 있다.
인간은 첫째 자신의 존재안에 명상의 구름을 창조해야 하고, 둘째는 자비심이 있어야 한다.
인간은 다른 사람들을 도와야 한다. 붓다는 명상과 자비, 프라기안(pragyan)과 카루나(karuna)를 강조한다. 이따금 명상가는 지나치게 이기적일 수 있는데, 그러면 뭔가 고약해진다고 말한다. 명상과 기쁨을 누리되 그 기쁨을 사람들과 나누라. 나누고 또 나누라. 그것을 쌓아놓지 말아라. 얻는 순간 주어라. 그러면 더더욱 얻을 것이다. 주면 줄수록 더 많이 얻는다. 그러면 모든 것이 넥타가 된다. 모든 것이 넥타이다. 우리는 다만 그것을 바꾸는 방법만 알면 된다. 우리는 연금술을 알아야 한다.

마지막 경문이다.

말로 표현할 수 없는 것이라면
결코 불만스럽지 않을 것이고
상상할 수 없는 것이라면
그 자체로 지복이리라.
비록 구름의 천둥소리가 무섭다 하나
그 뒤에 비가 내리고 곡식이 익어가도다.

말로 표현할 수 없는 것… 사라하는 말한다.

"그것이 무엇인지 내게 묻지 마라. 그것은 말로 표현할 수 없다. 그것은 말해질 수 없는 것이다. 그것은 표현될 수 없다. 그것을 표현할 수 있는 언어는 존재하지 않는다.

하지만 그것은 체험할 수 있다. 나의 충만감을 보라. 내가 얼마나 충만에 차 있는가를! 그대는 이전의 나를 알고 있다. 내가 얼마나 불안했고 얼마나 모든 것에 불만스러웠던가를. 나는 모든 것을 얻을 수 있었다. 그대의 총애도 받았고 모든 것을 얻을 수 있었음에도 나는 만족하지 못했다. 그러나 보라! 나는 머리를 덮을 지붕조차 없는 화장터에서 화살 만드는 이 여인과 함께 살고 있다. 그러나 나의 눈을 들여다보라… 얼마나 내가 충만되어 있는지. 그대는 내게 일어난 말로 표현할 수 없는 상태를 볼 수 없는가? 나의 진동을 느낄 수 없는가? 설명이 필요할 만큼 그토록 우둔하고 죽어 있는가?"

말로 표현할 수 없는 것이라면
결코 불만스럽지 않을 것이고

그것이 진리를 깨달은 사람에 대한 유일한 척도이다. 진리를 깨달은 자는 절대 불만스럽지 않으리라. 그의 만족은 절대적이다. 누구도 그를 만족스러운 상태에서 끌어낼 수 없다. 그대는 그를 불만스럽게 만들 수 없다. 무슨 일이 일어나든 그는 항상 만족스럽다. 성공이나 실패, 삶과 죽음, 친구든 친구가 아니든, 사랑하는 사람이든 아니든 차이가 없다. 그의 평온, 그의 고요함은 절대적이다. 그는 중심에 있다.

말로 표현할 수 없는 것이라면 결코 불만스럽지 않을 것이고…

만일 말로 표현할 수 없는 것이 일어났다면, 그것을 확인할 수 있는 유일한 길은 그의 만족도를 보는 것이다.

상상할 수 없는 것이라면 그 자체로 지복이리라.

사라하는 말한다.
"그대는 내게 무슨 일이 일어났는지 상상할 수 없다. 어찌 그것을 상상할 수 있겠는가? 그대는 그것을 안 적이 없는데 말이다."
상상은 이전에 알았던 것의 반복일 뿐이다. 행복은 상상할 수 있다. 그대는 약간의 행복, 몇 조각의 행복을 체험한 적이 있다. 불행은 상상할 수 있다. 불행은 그대가 체험한 것이므로. 그것도 아주 많이 체험했으므로. 설령 그대가 행복을 모른다 할지라도 행복은 상상할 수 있다. 불행의 반대로서 말이다. 하지만 어떻게 지복을 상상할 수 있겠는가? 그대는 그것을 안 적이 없다. 그리고 지복의 반대는 없다. 그것은 이원성이 아니다. 그것은 상상할 수 없는 것이다.

그리하여 사라하는 말한다.
"그대가 그것을 상상할 수 없다는 것을 나는 이해한다. 그러나 나는 그것을 상상하라고 하는 것이 아니다. 보라! 그것이 지금 여기에 현존하고 있다. 그대가 그것을 상상할 수 없다면 그 또한 진리에 대한 하나의 척도이다. 진리는 상상되어질 수 없는 것이다. 진리는 실제로 볼 수는 있으나 상상할 수는 없는 것이다. 그대는 진리는 비전으로 볼 수는 있으나 꿈꿀 수 없다."

이것이 꿈과 비전의 차이점이다.

꿈은 그대의 것이고 비전은 그대의 것이 아니다.

그리스도는 신을 보았다. 경전에는 그가 비전을 보았다고 쓰여 있다. 지금 심리분석가는 그것은 단지 하나의 꿈이었다고 말할 것이다. 심리분석가는 꿈과 비전의 차이를 모른다. 꿈은 그대의 것이다. 그대는 상상하고 있었고 그것을 창조했다. 그것은 그대의 환상이었다.

비전은 그대가 한 번도 생각지도 않았던, 도대체 전혀 생각지도 않았던 뜻밖의 어떤 것이다. 그것은 그토록 전혀 새로운 것이다… 그때 그것은 비전이다. 비전은 신으로부터 온 것이고, 꿈은 그대의 마음에서 나온 것이다.

　　상상할 수 없는 것이라면
　　그 자체로 지복이리라.

"나를 보라. 그대는 무슨 일이 일어났는지 상상할 수 없다. 그대는 그것을 볼 수 있는가? 그대는 볼 수 있는 눈이 있다. 보라, 잘 보라. 나의 손을 잡아라! 내게 가까이 오라. 그저 내게 열려 있어라. 그래서 나의 울림이 그대의 존재에 진동할 수 있도록, 그러면 상상할 수 없고 말로 표현할 수 없은 것을 체험할 수 있으리라."

　　비록 구름의 천둥소리가 무섭다 하나
　　그 뒤에 비가 내리고 곡식이 익어가도다.

그리고 사라하는 말한다.
"나는 이해한다…."
그는 왕이 약간 겁내고 있는 것을 본 것이 틀림없다. 나는 날마다 그것을 본다. 사람들은 내게 와, 떨고 겁내고 두려워하며 말한다.

"우리는 두렵습니다, 오쇼."

나는 이해한다!

사라하는 분명 왕이 마음속 깊이 떨고 있는 것을 알았다… 아마도 겉으로는 태연했을 테지만. 그는 훌륭한 왕이었고 잘 통제된 사람이었으니 틀림없이 당당하게 서 있었을 것이다. 그러나 마음속 깊은 곳에서는 떨고 있었다.

사라하 같은 사람, 혹은 붓다와 같은 사람 가까이에 가면 항상 그런 일이 일어난다. 그대는 두려워할 수밖에 없다. 바로 어젯밤 한 청년이 내게 찾아와 말했다.

"그런데 왜 저는 당신을 두려워합니까? 당신은 제게 부당하게 한 적이 없습니다. 왜 당신을 두려워할까요? 저는 당신을 정말로 사랑하는데 왜 제가 두려워할까요?"

그것은 자연스럽다. 심연 가까이에 이르면 무엇을 기대하겠는가? 그대는 두려워질 것이다. 그대는 그 심연에 빠져서 다시는 그대 자신을 못 찾을 수도 있다. 그대는 되찾을 수 없을 것이다. 돌아갈 수 없을 것이다. 그대는 완전히, 철저히 그 속으로 사라지리라. 그대는 재현될 수 없을 것이다. 공포가 일어나는 것은 자연스럽다.

사라하는 말한다.

비록 구름의 천둥소리가 무섭다 하나
그 뒤에 비가 내리고 곡식이 익어가나니.

그는 말한다.

"나는 구름과 같은데 그대는 천둥과 번개 때문에 나를 두려워한다. 하지만 기억하라. 비가 내린 뒤에 곡식이 익는다는 것을. 내가 그대에게 비를 내리도록 나를 허락한다면 싹은 움틀 것이다. 왕이여, 그러면 그대 뒤에 숨어 있는, 아직 태어나지 않은 그 존재가 태어날 것이다. 그대는 무르익고 성숙하여 꽃을 피울 수 있을 것이다. 나는 그대를 초대한다. 위대한 추수… 의식의 추수, 각성의 추수에."

오늘은 이만.

6

나는 파괴자다

1 백일몽이란 어떤 것입니까?

2 당신의 말씀은 우리의 문제가 지금 당장
제거될 수 있다는 것인가요?

3 당신의 행위 역시 세상에 선(善)과 악(惡)을
똑같은 비율로 창조합니까?

4 에고 또한 신(神)의 현현,
즉 존재가 벌이는 놀이 아닙니까?

5 제발 제가 당신의 날개 아래 안전하게 있다고
말해주세요.

6 이 명백한 것을 보지 못하게
저를 가로막고 있는 것이 무엇인가요?

7 당신은 말 때문에 당황한 적이 있으십니까?

첫 번째 질문

사랑하는 오쇼,

저는 뒤늦게 깨달음에 대한 백일몽에 걸렸습니다.

그것은 사랑과 명성보다도 더 달콤합니다.

백일몽에 대하여 한 말씀 해주시겠습니까?

이 질문은 프렘 팡카쟈가 한 것이다. 사랑과 명성에 관해서라면 백일몽이 맞는 말이다. 사랑과 명성은 꿈의 세계에 속한다. 그대는 원하는 만큼 꿈꿀 수 있다. 사랑은 하나의 꿈이다. 명성도 그러하다. 그것들은 꿈을 반대하지 않는다. 실제로 꿈이 멎으면 그것들도 사라진다. 그것들은 꿈의 차원에 존재한다.

하지만 깨달음을 꿈꾼다는 것은 불가능하다. 깨달음은 꿈이 사라질 때만 가능하다. 깨달음은 꿈의 부재이다. 낮에 꾸는 꿈인가 밤에 꾸는 꿈인가는 상관이 없다. 깨달음은 현재의 의식이 각성으로 가득 차 있음을 의미한다. 깨어 있는 의식에는 꿈이 존재할 수

없다.

꿈꾸는 것은 어둠과 같다. 어둠은 빛이 없을 때만 존재한다. 빛이 있을 때 어둠은 저절로 사라진다.

꿈이 존재하는 것은 삶이 어둡고 흐릿하고 황량하기 때문이다. 꿈은 하나의 대용품으로 존재한다. 우리는 참 기쁨을 모르기에, 그래서 꿈꾸는 것이다. 우리는 삶이 너무나 공허해서, 그래서 꿈꾸는 것이다. 그렇지 않으면 바로 우리 자신인 그 공허함을 어찌 견디겠는가? 어찌 우리의 존재를 참을 수 있겠는가?

도무지 견딜 수 없을 것이다. 꿈은 그 공허함을 견디게 해준다. 꿈은 우리를 도와준다. 꿈은 우리에게 말한다.

"기다려라! 오늘은 일이 잘 안 되었는가? 걱정하지 마라. 내일이면 모든 게 다 잘될 테니. 반드시 모든 게 잘되게 되어 있다. 우리가 노력할 것이다. 아마도 아직은 노력이 충분치 못했을 것이다. 아마도 우리가 적절하게 대응하여 일하지 못했을 것이다. 아마도 운명이 우리의 편이 아니었거나 신이 우리를 반대했을 것이다. 그러나 영원히 그럴 수는 없다… 신은 자비롭고 친절하다."

세상의 모든 종교들이 신은 아주 자비롭고 친절하다고 말한다. 이것은 희망사항이다.

회교도들은 끊임없이 반복한다.

"신은 라힘(rahim), 라만(rahman), 자비와 친절이다."

왜? 왜 그들은 자꾸 이 말을 반복하는가? 신이라는 말만 나오면 그들은 '자비와 친절'을 반복한다. 왜? 만일 신이 친절하지 않다면 어디에 우리의 희망과 꿈을 걸겠는가? 우리의 꿈이 존속하기 위해서 신은 반드시 친절해야만 한다. 거기에, 그의 친절과 자비 속에 우리의 희망이 존재하기 때문이다.

"내일이면 다 잘될 거야. 내일이면 모든 게 잘 풀릴 거야."

백일몽은 사랑과 명성, 외향적인 에너지에 있어서는 좋다. 외향적일 때는 꿈속에 있기 때문이다. 세상은 꿈의 현상이다. 그래서 힌두교인들은 세상을 마야, 환영(幻影)이라고 부르는 것이다. 세상은 꿈과 동일한 원료로 이루어져 있다. 그것은 눈뜨고 꾸는 한낮의 꿈이다.

하지만 깨달음은 전혀 다른 존재의 차원이다. 그 속엔 꿈이 없다. 만일 그대가 꿈꾸고 있다면 깨달음은 일어날 수 없다.

어제 아름다운 우화 한 편을 읽었다.

어떤 목사에게 앵무새 한 마리가 있었는데, 말을 가르치기 위해 온갖 노력을 다했음에도 그 새는 벙어리처럼 가만히 있는 것이었다. 어느 날 목사를 찾아온 방문객인 중년부인에게 이 사실을 털어놓았다. 그러자 그 중년부인은 재미있어하며 이렇게 말했다.

"저한테도 말 못하는 앵무새 한 마리가 있어요. 두 새를 같은 새장에 넣어 어떻게 되나 볼까요?"

그들은 그렇게 했다. 두 앵무새를 큰 새장에 같이 넣고, 목사와 중년부인은 새를 볼 수는 없지만 소리는 들을 수 있는 곳으로 물러났다.

처음 한동안은 조용했다. 잠시 후 중년부인의 앵무새가 푸드덕거리며 외치는 소리가 들려왔다.

"어이, 귀여운 양반, 가볍게 사랑 한 번 해보는 게 어때?"

목사의 앵무새가 대답했다.

"바로 그거야. 그것이 내가 수년 동안 조용히 기도하며 기다려 온 것이야. 오늘 내 꿈이 성취되었으니 오늘에서야 난 말할 수 있어."

사랑과 명성은 기다리고 기도하며 꿈을 꾼다면 언젠가 이루어질 것이다! 그것은 어려운 일이 아니다. 그저 끈기만 있으면 이루어진다. 그저 계속해서 기다린다면 이루어지게 되어 있다. 그것은 그대의 꿈이기 때문이다. 그대는 그 꿈을 투사해서 그것이 실현된 것처럼 보이는 지점을 발견할 것이다.

이성과 사랑에 빠질 때 정확히 그대는 무엇을 하는가? 그대는 꿈을 품었다. 그리고 문득 그 여자를 스크린으로 하여 그대의 꿈을 투사시킨다. 그러면서 '내 꿈은 성취되었다'고 느낀다. 그녀는 그녀대로 그대에게 꿈을 투사한다. 그대를 스크린으로 그녀의 꿈이 성취되었다고 느낀다. 그대가 계속 꿈을 꾼다면 어느 날 스크린을 발견할 것이다. 누군가가 스크린이 될 것이고, 그러면 그대의 꿈은 성취될 것이다.

그러나 깨달음은 꿈이 아니다. 깨달음은 모든 꿈을 버리는 것이다. 부디 깨달음을 꿈꾸지 말아라. 사랑은 꿈을 통해 실현된다. 실은 사랑은 오직 꿈을 통해서만 이룰 수 있다. 명성도 꿈을 통해 이룰 수 있다. 사실상 명성은 꿈을 통해서만 이룰 수 있다. 그것은 오직 꿈꾸는 자에게만 일어난다. 그러나 깨달음은 꿈을 통해서 이룰 수 없다. 그 꿈이 곧 장애가 될 것이다.

깨달음은 꿈꾸면 놓친다. 깨달음은 기다리면 놓친다. 깨달음은 희망하면 놓친다. 그러면 무엇을 해야 하는가? 해야 할 일은 다만 꿈의 작용원리를 이해하는 것이다. 꿈을 내려놓아라. 그것은 그대의 일이 아니다. 다만 꿈의 기능을 잘 살펴보고 그것이 어떻게 작용하는지 이해하라.

바로 그 이해 속에서 그대는 명료해질 것이다. 그 명료성 속에서 꿈은 멎고 사라진다.

꿈이 없을 때 깨달음이 있다.

깨달음을 잊어라! 깨달음에 대해서는 생각도 하지 말아라. 어떻게 깨달음을 생각할 수 있겠는가? 생각하는 것마다 모두 그릇될 것이다. 어떻게 깨달음을 바랄 수 있겠는가? 바라는 것마다 모두 그릇될 것이다. 어떻게 깨달음을 추구할 수 있겠는가? 깨달음은 추구되어질 수 없다. 그러면 우리는 무엇을 할 수 있는가?

욕망을 이해하려고 노력하라. 희망을 이해하려고 노력하라. 꿈을 이해하려고 노력하라. 그것이 필요하다. 그저 지금껏 움직여온 마음의 방식을 이해하려고 노력하라. 마음의 작용을 이해하면 마음은 사라진다. 마음의 작용원리를 잘 들여다볼 때 돌연 마음은 정지된다. 그 정지 속에 깨달음이 있다. 그 정지 속에 전혀 새로운 차원의 존재의 맛이 있다.

꿈이 어떤 차원이라면 실존은 또 다른 차원이다. 실존은 참으로 있는 것이다. 꿈은 실제로 있는 게 아닌 단순히 신념일 뿐이다.

　
　

두 번째 질문
사랑하는 오쇼, 당신은 최근 강의에서 '문제 없음'에 대해,
우리에게 문제는 존재하지 않는다고 여러 번 말씀하셨습니다.
저는 억압적인 가톨릭 가족들 속에서 자랐고,
한결같이 제정신이 아닌 교육시스템 속에서
21년이나 보냈습니다….
그런데 그 모든 문장(紋章)과 세뇌된 것들,
그리고 억압된 모든 것들이 존재하지 않는다는 말씀이십니까?
지금 당장 제거될 수 있다는 말씀이십니까?
제 뇌 속에, 몸의 근육마다 각인되어 있는 것들은 어쩝니까?

 이것은 아주 의미심장한 질문이다. 이 질문은 자야난다가 했다. 이 질문은 인간 내면의 실체를 향한 두 개의 상이한 접근방식을 보여주므로 의미가 깊다. 서양의 접근방식은 문제에 관해 생각하고 문제의 원인을 찾고 문제의 역사, 문제의 과거를 파고들어 문제가 시작되는 지점에서 문제를 뿌리뽑는 것이다. 마음의 조건화를 푸는 것, 혹은 마음을 새롭게 조건화시키고 몸을 새롭게 조건화시키는 것, 두뇌 속에 남아 있는 모든 인상들을 제거해내는 것, 이것은 서양식 접근방식이다. 정신분석가들은 기억을 분석해서 작업한다.

유년기로, 과거로 퇴행하여 처음 문제가 발생한 지점에서 문제를 찾아내려고 시도한다. 문제의 발단은 어쩌면 50년 전 그대가 어린 아이였을 때 엄마와의 관계에서 시작됐는지도 모른다. 그러면 정신분석가는 그 시점으로 돌아갈 것이다.

50년의 역사! 그것은 아주 오래되고 지루한 사건이다. 그리고 그 시점으로 들어간다 해도 별 소용이 없다. 거기엔 한 문제만 있는 것이 아니라 수천 수만 가지의 문제들이 산재해 있기 때문이다. 문제 하나를 분석하는 것은 쉽다. 그대의 자서전을 분석하여 원인을 찾아낼 수 있다. 아마도 한 문제는 제거할 수 있을 것이다. 그러나 또 다른 수만 가지의 문제가 있다. 문제를 하나하나 해결해야 한다면 한 생애의 문제를 푸는 데 또 다른 수만 생이 필요할 것이다.

반복해보자. 한 생애의 문제를 풀기 위하여 그대는 다시 또다시, 수만 번 태어나야 할 것이다. 이것은 너무나 비실용적이다. 이것은 실현될 수 없다. 더구나 한 생애의 문제를 푸는 데 소요되는 그 수만 생 동안에 또 다른 문제들이 발생할 것이다. 그대는 점점 더 문제들에 끌려다닐 것이다… 이것은 어리석은 짓이다!

현재 정신분석과 같은 방식이 육체에도 적용되고 있다. 롤핑이나 바이오에너지틱 등 여타의 방법들로 육체와 근육 속에 박힌 인상들을 제거하려고 하는 것이다. 다시 또 그대는 육체의 역사를 파고들지 않으면 안 된다. 그리고 육체에 접근하는 데 있어서도 확실한 것은 문제는 과거에 발생했으니 어쨌든 과거에서 부딪혀야 한다는 것이다. 그것은 똑같은 논리이다.

인간의 마음은 항상 두 개의 불가능한 일을 시도해왔다. 하나는 과거를 개조하는 것인데, 그것은 불가능하다. 과거는 이미 일어난 것이다. 진짜로 과거로 들어간다는 것은 불가능하다. 그래봐야 기껏 기억이나 더듬을 수 있을 뿐이다. 그것은 진짜 과거가 아니다. 그저 기억일 뿐이다. 과거는 더 이상 없다. 그러니 그것은 개조할 수 없다. 이것은 인간의 불가능한 목표 중의 하나이다. 인간은 그 때문에 몹시 고통 받아왔다.

그대는 과거로 돌아가고 싶다. 그러나 어찌 그곳으로 돌아갈 수 있겠는가? 과거는 절대적이다. 과거는 이미 그것의 모든 가능성이 종결됐다는, 그것이 실현되었다는 뜻이다. 지금 과거를 개조하고 과거로 돌아가, 과거를 새로 만들 수는 없다. 과거에 대해서는 더 이상 할 수 있는 것이 없다.

그리고 인간의 마음을 늘 억눌러왔던 두 번째 불가능한 생각은 미래에 대한 확립이다. 그것 역시 불가능하다. 미래란 아직 오지 않은 것이며 확립될 수 없는 것이다. 미래란 불확정으로 남아 있다. 미래란 열린 상황이다. 미래는 순수한 가능성이다! 그것이 일어나지 않는 한은 그것에 대해 확정지을 수 없다. 과거는 절대적 현실이다. 그것은 이미 일어났다. 지금 그것에 대해 할 수 있는 건 아무것도 없다.

인간은 이 둘 사이, 현재에 서 있다. 항상 불가능한 것을 생각하면서. 인간은 미래, 즉 내일의 모든 것을 확립하고 싶어하나 그것은 불가능하다. 그것이 불가능하다는 사실을 가슴 깊이 이해하라. 미래를 확립하기 위해 현재를 낭비하지 말아라. 미래는 불확실하다. 그것이 미래의 특성이다. 그리고 뒤돌아보는 데 시간을 낭비하지 말아라. 과거는 이미 지나갔다. 그것은 이미 죽은 현상이다. 지금 그것에 대해 할 수 있는 건 아무것도 없다. 그대가 할 수 있는 일이란 고작 그것을 재해석하는 것이다. 그것이 전부이다. 과거를 재해석하는 것, 그것이 정신분석의 역할이다. 아무리 해석을 새롭게 한다 해도 과거는 여전히 일어났던 그대로 남아 있다.

정신분석과 점성술… 점성술은 어떻든 미래를 확립하려고 하고 정신분석은 과거를 개조하려고 한다. 둘 다 비과학적이다. 둘 다 비과학적이고 실현 불가능한데도 둘 다 무수한 추종자가 있다. 인간은 그런 방식을 좋아한다. 인간은 미래에 대한 확신을 원하여 점성술사에게 가고 주역을 보며 타로카드를 읽으러 간다. 자기 자신을 바보로 만들고 속이는 데는 그 외에도 많은 방법이 있다. 그리고 과거를 바꿀 수 있다고 하는 사람들이 있는데 사람들은 그런 사람들에게서도 의견을 구한다.

일단 이 두 가지가 제거되면 그대는 온갖 어리석음에서 자유로워질 것이다. 그때 그대는 정신분석가에게도 가지 않고 점성술사에게도 가지 않는다. 그때 그대는 과거는 끝났고… 그것과 함께 그대 또한 끝났음을 안다. 그리고 미래는 아직 일어나지 않았다. 지금 미래에 대해서는 아무것도 할 수 없다는 것을 미래가 닥칠 때마다 우리는 알게 될 것이다. 공연히 현재를 손상시킬 뿐이다. 현재야말로 유일하게 손에 넣을 수 있으며, 또한 실재이다.

서양은 해결책을 찾기 위해 끝없이 문제를 살펴왔다. 서양은 문제를 아주 심각하게 다룬다. 그리고 어떤 문제에 대해 전제까지 제시하며 논리적인 전개를 하면 그 논리는 완벽해 보인다.
이런 우화가 있다.

비행기에 유명한 철학자이자 세계적인 수학자가 탑승하고 있었다. 그가 좌석에 앉아 심오한 수학문제를 생각하고 있을 무렵 갑자기 조종사로부터 안내방송이 나왔다.
"죄송합니다. 이륙시간이 조금 지연되겠습니다. 1번 엔진이 끊어져서 우리는 지금 세 개의 엔진을 가지고 비행하고 있습니다."
약 10분쯤 후에 다음 안내방송이 나왔다.
"죄송합니다만 좀더 지연되겠습니다. 엔진 2번, 3번이 끊어져서 이제 4번 엔진밖에 안 남았습니다."
그러자 그 철학자가 옆좌석의 사람을 돌아보며 말했다.
"맙소사! 만일 나머지 하나마저 끊어지면 우리는 여기서 밤을 새워야겠소!"

고정된 틀에 빠져 있을 때는 그 추세로 어떤 일도 가능해진다. 전혀 황당한 것까지도. 한 번 인간의 문제를 매우 심각하게 취급하게 되면, 인간을 어떤 문제로써 생각하고 인간에 대해 어떤 전제를 달게 되면 첫 단추부터 잘못 끼우는 것이다.

이제는 자꾸 그 추세로 갈 것이다… 금세기에는 마음의 현상에 대해 엄청난 문헌들이 쏟아져나왔고 정신분석에 관해서도 무수한 논문과 저서들이 나왔다. 프로이트가 한 번 논리의 문을 열자 그것은 한 시대 전체를 지배했다.

동양은 전혀 다른 전망을 가지고 있다. 동양은 먼저, 문제를 전혀 심각하게 보지 않는다. 문제를 심각하게 보지 않는다면 그 순간에 문제의 99퍼센트가 사라진다. 문제에 대한 비전 모두가 바뀌어버린다. 둘째로 동양에서는 이렇게 말한다.

"문제가 존재하는 이유는 그대가 그것과 동일시하기 때문이다. 그것은 과거와도 상관없고 역사와도 상관없다. 그대가 그것과 동일시했다는 것, 그것만이 사실이다. 그것이 모든 문제를 푸는 열쇠이다."

가령, 그대는 화를 잘 내는 사람이다. 만일 그대가 정신분석가에게 간다면 그는 이렇게 말할 것이다.

"과거로 들어가라… 그 분노가 어떻게 일어났는지, 어떤 상황에서 그것이 당신 마음속에 조건화되고 각인되었는지 보라. 우리는 이 모든 인상들을 씻어내야 한다. 그것들을 청산해야 한다. 과거를 깨끗이 청소하지 않으면 안 된다."

동양의 신비가에게 간다면 이렇게 말할 것이다.

"당신은 당신이 분노라고 생각한다. 당신은 그 분노와 동일시했다. 그 점이 잘못이다. 또 분노가 일어나거든 그냥 지켜보라. 그냥 관조하라. 분노와 동일시하지 말아라. '나는 분노이다'라고 말하지 말아라. '나는 분노한다'라고 말하지 말아라. 마치 TV의 일을 보듯이 보라. 마치 다른 사람을 보듯이 자신을 바라보라."

그대는 순수 의식이다. 분노의 구름이 주변으로 몰려오면 그냥 지켜보라. 그것에 동일시되지 않도록 깨어 있어라. 중요한 건 문제와 동일시되지 않는 것이다. 그것을 배우고 나면 수많은 문제에 대한 의문이 사라진다. 왜냐하면 그 열쇠가, 바로 그 열쇠가 모든 자물쇠를 열어줄 것이기 때문이다. 분노도 그렇고 탐욕도 그러하며 성(性)도 마찬가지다. 그것은 모든 마음의 기능에 속한다.

동양에서는 말한다.

"동일시하지 말고 그대로 머물러라. 상기하라."

그것이 구제프가 말하는 '자기 상기(self-remembering)'의 의미이다. 그대는 하나의 관조(觀照)라는 것을 상기하라! 그것이 붓다가 말하는 '주의하라!'는 뜻이다. 구름이 지나가는 것에 깨어 있어라. 아마도 그 구름은 과거로부터 올 테지만 무의미한 것이다. 그것은 분명히 과거를 가지고 있다. 그냥 느닷없이 생기는 것이 아니다. 여러 사건들의 연속물로써 찾아오는 것이다. 그러나 상관없다. 왜 거기에 신경 쓰는가?

지금 당장, 바로 이 순간 그대는 그것으로부터 떨어져 있을 수 있다. 그대 자신을 거기에서 떼어놓을 수 있다. 그 연결고리를 지금 당장 깨부술 수 있다. 그것을 깨부술 수 있는 건 오직 지금뿐이다.

과거를 분석한다고 도움이 되지 않는다. 30년 전, 그대는 화가 났었고 그것에 동일시되었었다. 지금 그 과거로 들어가 그것에 초연할 수는 없다. 그 일은 지나갔다. 그러나 지금 이 순간, 바로 이 순간엔 초연할 수 있다. 그리고 나면 과거의 모든 분노는 그대와 상관없어진다.

이 질문은 적절한 질문이다. 자야난다는 물었다.

"당신은 최근 강의에서 '문제 없음'에 대해, 우리에게 문제는 존재하지 않는다고 여러번 말씀하셨습니다. 저는 억압적인 가톨릭 가족 사이에서 자랐고…."

지금 바로 그대는 비가톨릭 신자가 될 수 있다. 지금 내가 말하지 않는가! 그대는 부모나 사회, 성직자, 교회에서 세뇌된 모든 조건들 속으로 되돌아가 그것을 지울 필요가 없다. 그것은 순전히 귀중한 현재를 낭비하는 거다. 무엇보다도 그대는 그런 일로 수많은 시간을 허비했다. 또다시 그대의 현재를 그런 일로 허비할 텐가? 그냥 버려라. 뱀이 허물을 벗듯이.

"저는 억압적인 가톨릭 가족 사이에서 자랐고, 한결같이 제 정신이 아닌 교육시스템 속에서 21년이나 보냈습니다… 그런데 그 모든 문장(紋章)과 세뇌된 것들, 그리고 억압된 모든 것들이 존재하지 않는다는 말씀이십니까? 지금 당장 제거될 수 있다는 말씀이십니까?"

아니다, 그것들은 존재한다. 몸이나 두뇌에서는 존재한다. 그러나 의식에서는 존재하지 않는다. 의식은 세뇌될 수 없기 때문이다. 의식은 항상 자유로운 상태이다. 자유는 의식의 특질이다. 자유는 의식의 속성이다. 그 질문을 한다는 것 자체가 그대의 의식이 자유롭다는 표시이다.

그대가 "억압적인 가톨릭 가족들 사이에서 자랐다"고 말하는 그 순간 그대는 동일시에서 벗어나 있다. 그대는 볼 수 있다. 그 오랜 세월의 가톨릭적인 억압, 그 오랜 세월의 틀에 박힌 교육! 이 순간 그것을 들여다보고 있는 그대의 의식은 더 이상 가톨릭 신자가 아니다. 그렇지 않으면 누가 그것을 자각하겠는가? 그대가 진정으로 가톨릭 신자가 되었다면 누가 그것을 자각했을까? 그랬다면 그것을 자각할 수도 없었을 것이다.

그대가 "한결같이 제정신이 아닌 교육제도 속에서 21년이나." 하고 말할 수 있다면 한 가지는 분명하다. 그대는 아직 미치지 않은 것이다. 그 제도는 실패했다. 그것은 효과가 없었다.

자야난다, 그대는 미치지 않았다. 그래서 모든 제도가 미쳐 있는 것을 아는 것이다. 미친 사람은 자신이 미친 걸 알 수 없다. 오직 정상인만이 미친 것을 알 수 있다. 정상인이라야 미친 것을 미친 것으로 본다.

그 21년의 미친 제도는 실패했다. 모든 억압적인 세뇌는 실패했다. 그것은 정말로 성공할 수 없다. 오직 그대가 그것과 동일시되는 만큼만 성공한다. 언제라도 그대가 홀로 설 수 있는 순간… 그것이 거기에 있어도—나는 그런 것이 아예 없다고 말하는 것이 아니다— 더 이상 그대 의식에 영향을 주지 못한다.

이것이 의식의 아름다움이다. 의식은 어떤 것으로부터도 빠져나올 수 있다. 거기엔 벽이 없다. 거기엔 장애물이 없다. 그것은 곧 그대가 영국인이기 이전의 순간이다. 민족주의의 넌센스를 이해할 때 그대는 영국인이 아닌 것이다. 그대의 흰 피부가 바뀐다는 얘기가 아니다. 피부는 여전히 흴 것이다. 그러나 그대는 이제 흰 것에 동일시되지 않는다. 검은색을 반대하지 않는다. 그대는 그 모든 부질없음을 안다. 나는 그대가 그것을 안다고 해서 영국인이 아니라는 얘기가 아니다. 그대가 영어를 잊어버릴 것이라는 얘기가 아니다. 그것은 여전히 그대의 기억 속에 있을 것이다. 그러나 그대의 의식은 빠져나왔다. 그대의 의식은 언덕 위에 서서 골짜기를 내려다보고 있다. 지금 영국인이라는 동일시는 골짜기에 죽어 있고 그대는 언덕 위에 집착 없이 초연히 서 있다.

동양의 전(全) 방법론은 '관조', 이 한 낱말로 요약할 수 있다. 그리고 서양의 전 방법론은 '분석'이라는 한 낱말로 요약할 수 있다. 분석한다면 끝없이 주변만 맴돌 것이다. 관조함으로써 그대는 간단히 순환을 벗어난다.

분석은 악순환이다. 그대가 정말로 분석을 시도한다면 무척 당황할 것이다. 어떻게 분석이 가능한가? 가령 문제를 과거에서 찾는다고 하자. 어디에서 끝낼 것인가? 정확히 어느 시점에서? 과거의 어느 시점에서 그대의 성욕은 시작됐는가? 열네 살 때? 그러면 그것은 느닷없이 찾아왔는가?

그것은 분명 이미 몸속에 준비되어 있었을 것이다. 그러면 언제? 그대가 태어났을 때? 그대가 어머니의 자궁 속에 있었을 때는 그 씨앗이 없었던가? 그러면 언제? 그대가 임신된 순간? 하지만 그 이전에 성의 반쪽은 어머니의 난자에서 성숙되고 있었고 나머지 반쪽은 아버지의 정자에서 성숙되고 있었다. 그런 식으로 끝이 없다… 어디에서 끝날 것인가? 그대는 아담과 이브에게로 가야 할 것이다. 그런데 거기서도 끝나지 않는다. 그대는 신(Father God) 자신에게로 가야 할 것이다. 애당초 신은 왜 아담을 창조했는가?

분석은 항상 반쪽밖에 안 된다. 분석은 아무도 온전히 돕지 못한다. 분석은 도움이 될 수 없다. 그것은 현실을 약간 상향 조정해 준다. 그것이 전부이다. 그것은 일종의 조절장치이다. 분석을 통해 그대는 문제의 발단과 문제의 원인을 좀더 이해하게 된다.

그 약간의 지적인 이해로써 사회생활에는 좀더 적응하겠지만 그대 자체는 여전히 같은 사람으로 남아 있다. 분석을 통해서는 변형이 일어나지 않는다. 분석을 통해서는 급진적인 변화가 일어나지 않는다.

관조(觀照)는 하나의 혁명이다. 그것은 급진적인 변화이다. 바로 뿌리로부터의! 관조는 존재계에 완전히 새로운 인간을 창조한다. 관조는 의식을 모든 조건반사에서 끌어내주기 때문이다. 몸과 마음은 조건반사화돼도 의식은 늘 조건반사화되지 않은 상태로 남아 있다. 의식은 순수하다. 늘 순수하다. 그것은 처녀이다. 그것의 처녀성은 더럽혀질 수 없다.

동양의 접근방식은 그대가 이 처녀성의 의식에, 이 순수성에, 이 순진무구함에 주의하게 만드는 것이다. 사라하가 왕에게 거듭 말하고 있는 것도 그것이다. 우리의 초점은 하늘에 있고 서양의 초점은 구름에 있다. 구름은 기원을 가지고 있다. 구름의 근원을 알려면 대양으로 가야 할 것이다. 다음엔 광선과 수증기, 그 다음 구름의 형상으로 가야 할 것이다… 그렇게 계속 가다 보면 그것은 하나의 원으로 움직일 것이다. 형상을 취하여 온 구름이 나무와 사랑에 빠져 지상으로 쏟아진다. 그런 다음 강물이 되어 대양으로 흘러가고, 증발하여 다시 광선으로 올라간다. 또다시 구름이 되어 지상으로 떨어지고….

그것은 끝없이 순환한다. 그것은 하나의 수레바퀴이다. 어디로부터 벗어날 것인가? 하나에서 또 다른 하나로 이어지면서 그대는 윤회할 것이다.

하늘은 기원이 없다. 하늘은 창조된 것이 아니다. 그것은 어떤 것에 의해 생산된 것이 아니다. 실은 어떤 것이 존재하기 위해서는 하늘이 필수적으로, 우선적으로 필요하다. 하늘은 다른 무엇보다도 먼저 존재해야만 한다. 기독교의 신학자에게 물어보라. 그는 신이 세상을 창조했다고 말한다. 신이 세상을 창조하기 이전에 하늘이 있었는지 그에게 물어보라. 만일 하늘이 없었다면 신은 어디에서 존재했는가? 신도 공간이 필요했던 것은 분명하다. 만일 공간이 없었다면 세상을 어디에 창조했는가? 세상을 어디에 올려놨는가? 신이 존재하기 위해서도 공간은 필수이다… 신이 공간을 창조했다는 말은 있을 수 없다. 그것은 어리석은 말이다. 그렇다면 그가 존재할 공간도 없었을 테니 말이다. 공간은 신보다 우선적으로 있어야 한다.

하늘은 항상 있어왔다. 동양의 접근방식은 하늘에 주의를 두는 것이다. 서양의 접근방식은 더욱더 구름들에 민감해지게 한다. 그것은 약간의 도움은 되겠지만 본질을 자각하게 하지는 못한다. 주변, 그렇다, 주변에 대해서는 좀더 자각하게 될 것이다. 그러나 중심은 자각하지 못한다. 주변은 하나의 태풍이다. 그대는 태풍의 눈을 찾아야 한다. 그것은 오직 관조를 통해서만 가능하다.

관조한다고 그대의 세뇌된 조건들이 바뀌는 것은 아니다. 관조한다고 육체의 근육이 바뀌는 것은 아니다. 그러나 관조를 통해 그대는 모든 근육과 조건을 넘어서는 체험을 하게 될 것이다. 그 넘어섬의 순간, 그 초월의 순간 문제는 사라진다. 문제는 존재하지 않는다.

지금 이것은 그대에게 달렸다… 몸은 여전히 근육이 있고 마음은 여전히 세뇌된 조건들을 지니고 다닐 것이다. 지금 이것은 그대에게 달렸다. 만일 이따금 문제를 원한다면 몸과 마음으로 들어가 문제를 갖고 즐길 수 있다. 그러나 원하지 않는다면 그대는 초연할 수 있다. 몸과 마음에 문제의 인상이 새겨져 있더라도 그대는 초연히 떨어져 있을 것이다.

그것이 붓다가 움직이는 방식이다. 그대는 기억을 사용할 수 있다. 붓다 역시 기억을 사용한다. 그러나 붓다는 그것과 동일시하지 않는다. 붓다는 기억을 하나의 메커니즘으로 사용한다. 가령 나는 언어를 사용하고 있다. 언어를 사용해야 할 때는 마음과 그에 따른 모든 인상들을 사용하지만, 나의 실체는 마음이 아니라는 사실을 나는 항상 자각하고 있다. 따라서 주인은 항상 나이고 마음은 하인의 상태로 있다. 마음은 부를 때만 온다. 마음의 실용적인 가치는 인정하나 마음이 지배자가 되어서는 안 되는 것이다.

그러니 그대의 질문은 옳다. 문제는 존재할 것이다. 그러나 그것들은 오직 몸과 마음속에 씨앗으로서만 존재할 것이다. 어찌 과거를 바꿀 수 있겠는가? 그대는 과거에 가톨릭 신자였다. 40년 간 가톨릭 신자였는데 어찌 그 40년을 비가톨릭 신자로 바꿀 수 있겠는가? 그러진 못한다. 그 40년의 기간은 여전히 가톨릭 신자로 남아 있을 것이다. 그러나 그대는 그 상황에서 벗어날 수 있다. 지금 그대는 그것이 단지 신분에 불과했다는 사실을 안다. 그 40년은 없앨 수도 없고 없앨 필요도 없다. 그대가 그 집의 주인이라면 그럴 필요가 없다. 그대는 그 40년을 유익한 길로, 창조적으로 이용할 수도 있다. 그 제정신이 아닌 교육마저도 창조적인 길로 이용할 수가 있는 것이다.

"뇌 속에, 몸의 근육 속에 각인되어 있는 것들은 다 어쩝니까?"

그렇다 하더라도 그것들은 하나의 씨앗으로, 잠재력으로 있을 것이다. 만일 그대가 너무 외로워서 문제들을 원한다면 그것들을 취하라. 불행 없이는 너무 불행하다고 느낀다면 그것들을 취하라. 그것들은 언제라도 취할 수 있는 상태에 있다. 그러나 그럴 필요가 없다. 그것은 필수가 아니다. 그것은 그대의 선택에 달려 있기 때문이다.

미래의 인류는 분석의 길을 취할 것인가, 아니면 관조의 길로 바꿀 것인가를 결정해야 할 것이다. 나는 두 방법 모두를 사용한다. 특히 서양에서 온 구도자들을 위해서는 분석을 사용한다. 나는 그들을 여러 분석적인 그룹에 집어넣는다. 그 그룹들은 정신분석가들이 만들어냈다. 그 그룹들은 발전했다. 프로이트가 온다 해도 엔카운터 그룹이나 프라이멀 테라피 그룹을 알아보기는 힘들 것이다.

"무슨 일이 일어나고 있는가? 이 사람들이 몽땅 미쳐가고 있는가?"

하지만 이들은 그의 작업의 지류이다. 프로이트는 선구자였다. 그가 없었더라면 프라이멀 테라피도 없었을 것이다. 그가 모든 게임의 시초이다.

서양인들이 찾아오면 나는 그들을 그런 그룹들 속에 집어넣는다. 그들에게는 그것이 좋다. 사람은 먼저 자신이 쉬운 것부터 해야 한다. 그러면서 나는 조금씩 방법을 바꿔나간다. 먼저 그들은 엔카운터나 프라이멀 테라피 같이 정화에 좋은 그룹을 해야 한다. 그런 다음 인텐시브 엔라인먼트 그룹을 하게 하고 다음 비파사나 명상을 시킨다. 비파사나는 관조(觀照)이다. 엔카운터에서 비파사나에 이르기까지 위대한 통합이 있다. 엔카운터에서 비파사나로 이동할 때 그대는 서양에서 동양으로 이동하는 것이다.

세 번째 질문
사랑하는 오쇼, 당신의 행위 역시 세상에 선(善)과 악(惡)을 똑같은 비율로 창조합니까?

무슨 행위 말인가? 그대는 내게서 행위를 발견할 수 있는가? 말하는 것말고?

나는 말하면서도 내가 말한 것을 부정하기 위해 모든 주의를 기울인다. 그래서 끝에는 공(空)만 남도록… 나는 부정법을 사용한다. 만일 내가 하나를 더하라고 말한다면 금방 하나를 빼라고 말한다. 그래서 최종적 결과는 제로(zero)이다.

나는 행위자가 아니다. 나는 아무 행위도 하지 않는다. 행위라고 한다면 내가 말하는 것이 전부인데, 그것은 너무 모순적이어서 선도 악도 창조할 수 없다. 나는 계속해서 모순된 말을 한다. 그대가 이 무위(無爲)의 상태를 이해할 수 있다면 의식의 가장 높은 가능성을 이해하리라.

지고의 의식은 행위자가 아니다. 그것은 존재 자체이다. 만일 거기 행위와 같은 것이 나타난다면 그것은 놀이일 뿐이다. 나의 이야기는 그저 놀이일 뿐이다. 나는 그대가 나에 대해 신념을 갖지 않도록 모든 노력을 기울인다. 내가 그런 가능성을 남기지 않으니 그럴 리가 없을 것이다. 그토록 모순적인 나에 대해 어찌 신념을 창조할 수 있겠는가? 그대가 아무리 신념을 창조하려고 해도 금방 그것의 모순을 발견할 것이다.

어떤 기독교 선교사가 나를 만나러 와서는 말했다.

"당신은 많은 말씀을 해왔습니다. 이제는 당신의 철학을 소개할 기독교의 교리문답 같은 요약된 소책자가 필요합니다."

내가 말했다.

"그것은 어려운 일이다. 누가 만일 나를 '요약'하려고 한다면 그는 미쳐버릴 것이다. 어떤 식으로 말을 가려내고 무슨 말을 선택해야 할지 난감할 것이다."

내가 죽고 나면 많은 사람들이 나에 관해 박사논문을 쓰려다가 머리가 어떻게 될 것이다. 나는 말할 수 있는 건 죄다 말했고, 부정할 수 있는 건 죄다 부정했기 때문이다.

네 번째 질문

사랑하는 오쇼, 불신적인 질문이 하나 있습니다.

당신은 왜 그토록 에고를 반대하십니까?

에고 또한 신(神)의 현현, 즉 존재가 벌이는 놀이 아닙니까?

만일 그대가 진정으로 그것을 이해한다면 에고가 있더라도 상관없다. 내가 계속 에고를 반대하는 것도 거기에 목적이 있다. 그대는 없고 신(神)만 남게 하기 위함이다. 에고도 신의 유희라는 것을 이해할 만큼 그대가 깊은 이해에 도달했다면 더없이 좋다! 그렇다면 아무 문제도 없고 아무것도 버릴 필요가 없다. 그때는 버릴 무엇이 없기 때문이다.

에고 역시 신의 유희라는 것을 이해한다면 그대에겐 에고가 없는 것이다. 모든 것이, 에고조차도 신의 것이다. 그것이 '에고 없음'의 뜻이다.

하지만 주의하라! 그대는 스스로에게 속을 수도 있다. 마음은 아주 교활하다. 신의 이름으로 에고를 지키려고 노력할 수도 있다. 그것은 그대에게 달려 있으니 빈틈없이 지켜봐라. 모든 것이 신의 현현임을 그대가 진정으로 이해하고 있다면 그대 자신은 존재하지 않는다.

그렇다면 에고는 어디 있는가? 에고가 무슨 의미인가? 그것은 이런 뜻이다.

"나는 개인적인 삶을 갖고 있다. 나는 보편적인 흐름의 일부가 아니다. 나는 강물의 일부가 아니다. 나는 역류하여 헤엄쳐 갈 것이다. 내게는 나만의 목적지가 있다. 나는 존재계가 어디로 가는지 개의치 않겠다. 나는 개인적인 목적이 있고 그것을 발견하고 성취하기 위해 노력한다."

에고란 개인적인 목적을 갖는다는 뜻이다. 에고는 백치 같다.

백치(idiot)는 아주 멋있는 낱말이다. 그것은 개인적인 관습, 개인적인 특징, 개인적인 스타일을 가진다는 뜻이다. 에고는 백치 같다. 그것은 말한다.

"나는 우주의 일부가 아니다. 나는 개인적이다. 나는 분리되어 있다. 나는 하나의 섬이다. 나는 대륙에 속해 있지 않다."

전체에 속하지 않는다는 이 생각, 분리된 존재라는 이 생각이 에고이다.

그 때문에 모든 신비가들은 "에고를 버리라"고 말해온 것이다. 무슨 말인가? 그들은 "분리되지 말아라"는 것이다. 에고를 버리라는 것은 "분리되지 말아라. 존재와 하나가 돼라"는 것이다.

강물을 역류하지 말아라. 그것은 바보짓이다. 그러면 금방 지치고 좌절할 것이다. 강물과 함께 흘러라! 내내 강물과 함께 흘러라. 그대는 강의 일부이다. 그때 이완되고 휴식과 기쁨이 있을 것이다.

강물과 함께 흐를 때 기쁨이 있다. 강물을 거스르면 긴장과 불안이 뒤따른다. 에고는 불안과 긴장을 야기시킨다.

그대는 묻는다.

"에고 또한 신(神)의 현현, 즉 존재가 벌이는 놀이 아닙니까?"

그대가 진정으로 그렇게 이해한다면 적어도 그대에게는 에고를 버리라고 말하지 않겠다. 그대는 에고를 버릴 필요가 없다. 그러나 마음을 잘 주의하고 경계하라. 마음은 아주 교활하다.

짧은 우화 하나를 들었다.

원숭이와 하이에나가 함께 정글을 걸어가고 있었다. 그때 하이에나가 말했다.

"저기 수풀 속을 지날 때마다 매번 덩치 큰 사자가 덤벼들어 나를 공격하고 달려들곤 해!"

"그럼 이번에는 내가 함께 가줄게."

원숭이가 말했다.

"그리고 내가 너를 지켜줄게."

그래서 그들은 함께 걸어갔다. 그들이 막 그 수풀에 이르자 사자가 덮쳐 하이에나를 공격하기 시작했다. 원숭이는 얼른 나무 위로 올라가 그 광경을 지켜보았다. 사자가 사라지고 난 후, 반쯤 죽은 하이에나가 원숭이에게 물었다.

"왜 내려와서 나를 도와주지 않았지?"

원숭이가 말했다.

"네가 너무 웃고 있어서 네가 이기고 있는 줄 알았지."

에고를 주의하라! 그것은 자기를 보호하는 방법과 수단을 잘도 찾아낸다. 에고는 합리화를 잘 시킨다. 에고는 능수능란한 합리주의자이다. 합리화는 에고의 바탕이다.

다섯 번째 질문
사랑하는 오쇼, 저의 걱정이 멈출 수 있도록 제발 이렇게 말해주세요. "아룹, 그대에게는 모든 것이 완벽히 아름답게 흘러가고 있다.
그대가 마음으로 아무리 노력한다 해도 괜찮다.
그것은 이미 너무 늦었다.
내가 그대를 내 날개 아래 안전하게 지키고 있고,
이제 그대는 되돌아갈 길이 없다.
그대는 점점 더 축복받게 될 것이다."
감사합니다, 오쇼.
저는 그렇게 되고 싶은데 이따금 마음이 흔들립니다.

이 질문은 아룹이 했다. 첫째, 그대는 내가 "그대에게는 모든 것이 완벽히 아름답게 흘러가고 있다"고 말해야 한다고 한다.
그러나 내가 그렇게 말한다고 해서 실제로 그렇게 되지는 않을 것이다. 그런 말이 그대를 위로해준다 해도 나는 위로나 해주려고 여기에 있는 것이 아니다. 진실을 받아들이든가 아니면 아예 개의

치 말아라. 위로는 거짓이다. 그것은 가지고 노는 장난감이고 단지 시간 떼우기에 불과하다. 시간 떼우기는 시간의 낭비이다.

또 한 가지, 그대는 말한다.

"모든 것이 완벽히 아름답게…."

어렵다… '완벽한 아름다움'… 어렵다. 관조(觀照)를 제외하고는 여기 이 지상에 완벽한 것은 아무것도 없다. 추함도 완벽하지 않고 아름다움도 완벽하지 않다. 행복도 완벽하지 않고 불행도 완벽하지 않다. 오직 관조만이 완벽하다. 관조할 때는 추함도 아름다움도 느끼지 않고 행복도 불행도 느끼지 않는다. 다만 관조만을 느낄 뿐이다.

나의 모든 노력은 그대를 관조자로 만드는 것이다. 그대는 모든 것이 아름답기를 바라면서도 관조자가 되려고 하지는 않는다. 그대는 더욱 신나는 체험을 원한다. 그래서 끝없이 위로를 구하는 것이다. 사람들은 날 찾아와 진정한 도움은 구하지 않고 위로나 해주기를, 등이나 토닥거려 주기를 바란다. 만일 내가 모든 것이 잘돼 가고 있다고 말해준다면 기분이야 좋겠지만 얼마나 그 느낌이 지속되겠는가? 그것은 조만간에 없어질 것이다. 그러면 다시 내게 와야 하고 내가 또 그대의 등을 토닥거려 주길 기다려야 할 것이다. 이것은 하등 도움이 못된다. 그대는 탈바꿈해야 한다. 그리고 그런 것은 내게 의존적이 되게 한다. 그러나 나는 그대가 내게 의존하게 만들지 않을 것이다. 그대는 반드시 독립해야 한다. 그대는 그대 자신이 돼야 한다. 그대 스스로 우뚝 서지 않으면 안된다.

"그대가 아무리 노력한다 해도 괜찮다. 그것은 이미 너무 늦었다!"

결코 늦지 않았다. 그대는 언제라도 돌아갈 수 있다. 거기 마음이 항상 도사리고 있기 때문이다. 그대는 다시 낡은 껍질 속으로 미끄러질 수 있다. 그대는 다시 그것과 동일시될 수 있다. 정말로 너무 늦은 때는 그런 질문을 하지 않을 것이다. 그때 그대는 되돌아간다는 것이 불가능함을 알 것이다. 그것은 그대의 확신이 되고 그대 스스로의 앎이라서 내 증명 따위는 필요없을 것이다. 증명이 필요하다는 것은 곧 그대 자신이 아직 체험하지 못했다는 증거이다. 그대는 흔들리고 있다.

이런 이야기를 들었다.

물라 나수르딘이 법정에 서 있었다. 검사가 말했다.

"이 범죄는 능수능란한 범인의 소행이었습니다. 범행수법이 노련하고 치밀합니다."

얼굴을 붉히며, 피고인 물라 나수르딘이 일어서서 말했다.

"재판관님, 아부해도 소용없습니다. 나는 고백하지 않을 것입니다."

하지만 그대는 고백했다. 아룹은 고백했다. 이것은 질문이 아니다. 이것은 그녀가 불안했다는 고백이다. 그것은 자연스럽다. 적어도 이 단계에서는. 불안하지 않기를 기대하는 것이 비인간적인 것이다. 이따금 그녀는 동요된다… 그것은 인간적이고 자연스럽다. 그것을 부정하지 말고 스크린 뒤에 숨기지 말고 그냥 받아들이는 것이 좋다.

"제 걱정이 멈출 수 있도록 제발 이렇게 말해주세요."

단지 내가 그렇게 말해준다고 해서 그 걱정이 끝나겠는가? 그것이 그렇게 쉬운 일이라면 모든 사람에게 그렇게 말했을 것이다. 그것은 그렇게 쉽지 않다. 내가 무엇을 말하든 그대는 그대 식으로 해석할 것이다. 그리고는 또 새로운 걱정거리를 찾아낼 것이다. 내가 무슨 말을 하든 그대는 반드시 해석할 것이다. 그대는 그 말을 전적으로 받아들일 수 없다. 전적으로 신뢰할 수 없다. 나는 그대가 꼭 전적으로 신뢰해야 한다고 하는 것이 아니다. 다만 그대가 흔들리는 것이 자연스럽다는 것이다.

나는 그대에게 어떤 부자연스러움도 요구하지 않는다. 나는 그대에게 어떤 어리석음도 요구하지 않는다. 그것은 자연스럽다! 그대는 가끔 흔들리고, 가끔 내게 반발하고, 가끔은 아주 부정적이다. 가끔씩 그대는 모든 걸 버리고 이전의 세계로 돌아가고 싶어진다. 나는 그대가 죄를 짓고 있다고 말하는 게 아니다. 그것은 아주 인간적이다. 아주 자연스럽다. 오히려 그렇지 않은 것이 뭔가 이상하다. 뭔가 탈이 난 것이다.

그대는 내가 무슨 말을 하든 죄다 걱정으로 재해석할 것이다. 설령 내가 "그렇다, 아룹. 그대에게 모든 것이 완벽히 아름답게 흘러가고 있다"고 말한다 해도 그대는 이렇게 생각할 것이다. "오쇼가 농담하나? 정말 그렇다는 말일까?" 금세 걱정이 끼여들 것이다. 그대는 그렇게 해석하게 되어 있다.

이 짤막한 이야기를 들어보라….

한 목사가 늦은밤에 집회를 마치고 귀가하고 있었다. 한참 차를 몰던 중 불현듯 저녁 독송을 하지 않은 것이 생각났다. 목사는 조용한 시골길의 한쪽에 차를 세우고 차 밖으로 나와 헤드라이트의 불빛을 이용해 독송을 시작했다.

얼마 안 되어 곧 대형 트럭이 따라왔다. 무슨 일이 생겼다고 생각한 트럭운전사가 차를 세워 창문을 내리고 물었다.

"여보시오, 거기 무슨 일이 생겼소?"

"아니오, 아무 일도 없소. 고맙소."
목사가 대답했다.
다시 트럭에 시동을 건 운전사가 차를 몰며 큰소리로 말했다.
"당신 거기서 엄청나게 좋은 책을 읽는 게 틀림없군!"

한 번 생각해보라. 적막한 골목길에서 자동차의 불빛으로 책을 읽고 있는 사람… 무슨 생각이 들겠는가? 설마 성경을 읽고 있다고 상상할 수 있겠는가? 무엇 때문에 그리 서둘러서 성경책을 읽겠는가? 참았다가 집에 가서 읽을 수도 없을 만큼 성경이 그렇게 재미있는가? 트럭운전사는 분명 자기 식대로 해석한 것이다. 그는 말했다.

"당신 거기서 엄청나게 좋은 책을 읽는 게 틀림없군!"

그대는 끊임없이 해석한다. 그리고 물론 그대 식으로 해석한다. 내 말은 들리지도 않을 것이다. 그대 식대로 들을 것이다. 만일 그대에게 걱정이 있다면 그것을 걱정할 것이다. 만일 그대에게 의심이 있다면 그것을 의심할 것이다. 만일 그대가 부정적이라면 그것을 부정할 것이다. 만일 그대에게 신뢰가 있다면 그것을 신뢰할 것이다.

아룹은 말한다.

"제가 걱정을 멈출 수 있도록 제발 제게 말해주세요."

안 된다, 그렇게 쉽게 걱정이 멈추진 않는다. 내가 말해준다 해도 소용이 없을 것이다. 그대 자신이 노력해야 한다. 내가 말하는 것을 그대 자신이 실행해야 한다. 그대는 약간 더 실제적이 되어야 한다. 그대는 관조하지 않으면 안 된다.

굶주림에 지친 세 명의 방랑자가 있었는데, 어느 집에 이르자 그 집에서 밥을 짓고 있었다. 집주인은 그들에게 그날 하룻밤을 집에 머물러도 좋으며 가장 좋은 꿈을 꾼 사람에게는 뜨거운 밥을 주겠다고 말했다.

그리하여 다음날 아침 첫 번째 방랑자가 말했다.

"나는 내가 왕이 된 꿈을 꾸었네."

두 번째 방랑자가 말했다.

"그건 아무것도 아니야. 나는 내가 신이 된 꿈을 꾸었지."

그러자 세 번째 방랑자가 말했다.

"내 꿈은 아주 평범해서 전혀 승산이 없어 보이는군. 나는 그 뜨거운 밥이 차갑게 식어버린 꿈을 꾸었지. 그래서 내려가서 다 먹어버렸네."

이것이 내가 말하는 실제적이 되라는 뜻이다! 그러니 아룹, 실제적이 돼라. 내가 말하는 것을 실행하라. 내 말만 가지고는 도움이 안 된다… 그리고 밥은 정말로 식어가고 있다. 그대는 내가 그대의 꿈을 지원해주길 바라지만 밥은 식어가고 있다. 얼른 내려가서 밥을 먹어라.

내가 만일 "아룹, 그대에게는 모든 것이 완벽히 아름답게 흘러가고 있다. 그대가 마음으로 아무리 노력한다 해도 괜찮다. 그것은 이미 너무 늦었다. 내가 그대를 내 날개 아래 안전하게 지키고 있고, 이제 그대는 되돌아갈 길이 없다"고 말한다면 그대에게 꿈만 안겨주는 것이다.

내가 그렇게 말할 수 없는 것은 무엇보다도 그 안전과 무사에 대한 욕구가 영성의 성장을 방해하기 때문이다. 나는 그대를 위험한 영토에 밀어넣고 있다. 나는 그대를 끝없는 나락에 밀어넣고 있다. 그대는 내 날개 아래서 안전하고 싶어하나 나는 그대를 안전치 않은, 무사하지 않은 존재의 소용돌이 속으로 내던지고 있다. 나는 수호자가 아니다. 나는 파괴자이다. 나는 그대의 보호자가 아니다. 그대가 진정으로 나를 이해한다면 나는 그대의 위험스런 삶이 될 것이다.

그대가 나를 이해했다면 그대는 항상 불안전한 상태로 존재할 것이다. 그대는 결코 안전과 무사를 구하지 않을 것이다. 오히려 안전과 무사를 혐오할 것이다. 그것들을 적들로 간주할 것이다. 실제로 그렇다. 그대는 상처 받을 것은 다 상처 받도록 열려 있는, 삶의 열려 있는 모든 가능성을 즐길 것이다. 그렇다, 죽음에 대해서도 열려 있다. '모든 것'에는 죽음도 포함되어 있다. 진정한 삶이란 매 순간 죽음과 만나는 것이다. 오직 허위적이고 플라스틱 같은 삶만 안전하다.

나는 그렇게 말할 수 없다… 내 날개 아래 그대를 안전하게 지켜주고 또한 되돌아갈 길은 없다고 말할 수 없다. 그대는 떨어질 수 있다. 사다리의 맨 꼭대기 층에서도 떨어질 수 있다. 깨닫지 않는 한 언제든 되돌아갈 수 있다. 그대는 되돌아갈 수 있다. 그대는 거부당하고 배반당하고 거절당할 수 있다. 다시 또 불행 속으로 떨어질 수 있다. 사다리 전체를 통과하기 전에는 맨 마지막 층계에서도 떨어질 수 있다. 사다리를 다 통과하기 전까지는 심지어 마지막 층에서도 떨어질 수가 있다. 그대가 완전히 무(無)가 되지 않는 한은 언제든 되돌아갈 수 있다. 어렴풋하게, 약간의 에고만 있어도 그대는 충분히 되돌아갈 수 있다. 에고는 다시 농축되고 합쳐질 수 있다. 그것은 또다시 새로운 여행이 될 수 있다.

그리고 안전은 나의 길이 아니다. 산야신으로 존재한다는 것은 기꺼이 불안전한 삶을 산다는 의미이다. 그것은 가장 위대한 용기이다. 그리고 그 위대한 용기와 함께 무진장한 지복이 찾아온다.

"그대는 점점 더 축복받게 될 것이다."

나는 에밀 꾸에(Emile Coue)가 아니다. 나는 최면술사가 아니다. 그렇다, 그대는 그런 식으로 스스로에게 최면을 걸 수 있다. 그것이 바로 꾸에의 방법론이었다. 그는 환자들에게 말하곤 했다.

"밤마다 잠들기 전에 생각하고 꿈꾸고 상상하고 마음속에 떠올리시오. 매일 아침 잠에서 깨어난 후 반복하고 또 반복하시오. '나는 더 좋아지고 있다. 나는 더 건강해지고 있다. 나는 더 행복해지고 있다…'고 반복하시오. 계속해서 반복하시오."

그렇다, 그것은 약간의 도움은 된다. 그것은 그대 주변에 환상을 창조한다. 하지만 그대가 환상을 창조하도록 내가 도와주길 바라는가? 나의 모든 노력은 그 최면을 푸는 데 있다. 나의 방법은 전혀 최면이 아니다. 나는 그대가 어떤 환상에도 최면당하지 않기를 바란다. 나는 그대가 모든 환상을 깨끗이 버리기를 바란다.

환상을 버린 상태에서, 완전한 각성상태에서 깨달음은 바로 곁에 있다.

다음 아룹은 말한다.

"감사합니다, 오쇼. 저는 그렇게 되고 싶지만 이따금 마음이 흔들립니다."

봐라! 그녀의 상태는 그렇지 않았다. 그녀는 그렇게 바랄 뿐이었다. 그대는 얼마나 스스로를 속일 수 있는가!

"저는 그렇게 되고 싶지만 이따금 마음이 흔들립니다."

나는 그대가 흔들리는 것을 비난하지 않는다. 이따금 흔들리는 것은 괜찮다. 이따금 흔들리는 것은 아주 인간적이다. 그것은 완벽히 옳다! 절대로 그것을 비난하지 말아라. 그것을 수용하라. 흔들리지 않으려고 위장하지 말아라. 그것은 마음이고 속임수이며 그대를 바르게 이끌어주지 못할 것이다. 그냥 그대로 두라. 그냥 그대로 인정하라. 그리고 더욱더 주의 깊게 지켜보라. 더욱더 관조하라. 오직 그 관조를 통해서만 그대는 안전할 것이다. 오직 그 관조를 통해서만 나날이 축복스러워질 것이다. 내가 그 말을 되풀이해줘서가 아니라 말이다. 오직 그 관조 속에서만 그 동요는 멈출 것이다. 오직 그 관조 속에서만 그대는 그대 존재의 중심에 이를 것이다—죽음이 없고 오직 삶만이 충만한 곳, 사라하가 말하는 사람이 넥타를 마시는 곳.

여섯 번째 질문

사랑하는 오쇼, 제가 그 명백한 것을 못 보게 가로막고 있는 것이 정확히 무엇입니까? 저는 정말 제가 무엇을 해야 하고 무엇을 하지 말아야 하는지 모르겠습니다. 저는 언제 그 침묵의 소리를 들을 수 있을까요?

"제가 그 명백한 것을 못 보게 가로막고 있는 것이 정확히 무엇입니까?"
바로 보고자 하는 그 욕망이다. 명백한 것은 욕망의 대상이 아니다. 명백한 것은 이미 있는 것이다.

욕망이 들어가면 그것은 멀어진다. 그대는 그것을 추구하게 된다. 바로 그 순간 거리가 생긴다. 이제 그것은 명백하지 않다. 그것은 이제 바로 곁에 있지 않다. 그것은 저 멀리로 멀어졌다. 어떻게 명백한 것을 추구할 수 있겠는가? 그것은 바로 거기에 있다. 그것이 명백하다는 걸 이해했다면 어떻게 그것을 추구할 수 있겠는가? 그것은 그냥 거기에 있다. 그것을 구하고 욕망을 가질 필요가 어디 있는가?

명백하여 누구나가 아는 것은 신성한 것이다. 평범한 것은 고결한 것이다. 사소한 것은 심오하다. 일상 가운데, 평범한 행동들 가운데 그대는 매순간 신을 만나고 있다. 신밖에 없기 때문이다. 그대가 만나는 사람은 오직 신밖에 없다. 신은 무수한 형상들 속에 존재한다. 신은 아주 명백하다. 오직 신만이 존재한다! 그러나 그대는 찾고 구한다… 그리고는 놓친다. 바로 그 추구 때문에 그대는 신을 아주 멀리, 저 멀리에 떼어놓는다. 그것은 에고의 함정이다.

그것을 이해하도록 하라… 에고는 누구나 아는 명백한 것에는 흥미가 없다. 거기서는 에고가 존재할 수 없기 때문이다. 에고는 바로 곁에 있는 것에는 조금도 흥미가 없다. 에고는 멀리 있는 것, 저 먼 곳에 있는 것을 좋아한다. 생각해보라. 인간은 달에는 도달했지만 자기 자신의 가슴에는 아직도 도달하지 못했다. 멀리 떨어져 있는 것… 인간은 공간여행을 개발했지만 아직 영혼의 여행은 개발하지 못했다. 인간은 에베레스트에는 도달했지만 자기 자신의 존재에는 관심이 없다. 바로 곁에 있는 것은 놓치고 멀리 떨어져 있는 것만 추구했다. 왜?

에고가 그것을 좋아하기 때문이다. 여행이 힘들어야 에고는 만족한다. 뭔가 증명할 것이 있기 때문이다. 힘들다는 것은 뭔가 증명할 것이 있다는 것이다. 에고는 달에 가는 것은 좋아하나 자기 자신의 존재를 찾아가는 것은 별로 바라지 않는다.

오래된 이야기가 있다.

신(神)이 세상을 창조했다. 그리고 나서 지상에 살았다. 상상해보라… 그는 무수한 문제들에 부딪쳤다. 온갖 사람이 찾아와 불평을 털어놓았다. 쉬는 시간이면 온갖 사람들이 찾아와 문을 두드렸다. 밤이면 사람들이 몰려와 말했다.

"이럴 수가 있습니까? 오늘은 비가 필요했는데 너무 더웠어요."

그리고 나면 바로 다른 사람이 찾아와 이렇게 말했다.

"비를 내리면 안 됩니다. 비가 오면 오늘 할 일이 엉망이 되고 맙니다."

신은 거의 미칠 지경이었다….

"어떻게 한다? 저 많은 사람들, 저 많은 욕망들, 모든 사람들이 저마다의 기대와 만족을 원하나 그들의 욕망은 너무 모순적이다! 농부는 비를 원하고, 옹기장이는 비가 오면 자기가 빚은 옹기가 망가질까 봐 비를 원하지 않는다. 옹기장이는 뜨거운 햇빛을 원한다…."

그러자 신은 자문관들을 불러 물었다.

"어떻게 하면 좋겠는가? 사람들이 나를 미치게 하고 있다. 그들 전부를 만족시킬 수는 없다. 언젠가는 그들이 나를 살해할지도 모른다! 나는 어디론가 숨고 싶다."

그러자 여러 가지 안건이 나왔다. 누군가 말했다.

"좋은 수가 있습니다. 에베레스트로 가십시오. 그 산은 히말라야의 가장 높은 봉우리이니 절대 아무도 오르지 못할 것입니다."

신이 말했다.

"모르는 소리! 바로 몇 초 후에―신에게는 그것이 바로 몇 초 후이다―에드몬드 힐러리가 텐싱과 함께 도착할 것이다. 그러면 또다시 문제가 시작된다. 일단 알려지면 사람들은 헬리콥터를 타고서라도 찾아올 것이다. 수단과 방법을 안 가릴 것이다. 안 된다. 소용없다. 몇 초만 지나면 사람들이 또 알아낼 것이다."

신의 시간개념은 다르다는 것을 기억하라. 인도에서는 우리의 수십만 년이 신의 하루라고 생각한다. 그러니 몇 초….

그때 다른 사람이 제의했다.

"달로 가시면 어떨까요?"

신이 말했다.

"달 역시 먼 곳이 아니다. 몇 초만 있으면 누군가가 달에 도착할 것이다."

그 다음 그들이 멀리 떨어진 별을 제안했으나 신이 말했다.

"그런 식으로는 문제가 풀리지 않는다. 그건 시간만 지연시킬 뿐이다. 나는 영구적인 해결책을 원한다."

그때 나이 든 신하가 다가와 신의 귀에 뭐라고 속삭이자 신이 말했다.

"그대가 옳다. 그렇게 하리라."

나이든 신하가 말했다.

"인간이 절대로 가지 않는 곳이 딱 한 곳 있습니다. 인간 자신 속에 숨으십시오."

그 이래로 신은 인간 자신 속에 숨어왔다. 그곳은 과연 인간이 생각하지 못하는 곳이다.

너무나 명백한 것은 무시당해 왔다. 에고가 관심을 갖지 않기 때문이다. 에고는 힘들고 어렵고 험준한 것을 좋아한다. 거기에는 도전이 있기 때문이다. 승리할 때는 내세울 수 있다. 그러나 뻔한 사실에 승리한다면 무슨 가치가 있는가? 그대는 위대한 승리자가 아닌 것이다. 그래서 인간은 줄곧 명백한 것을 놓치고 멀리 있는 것을 구하고 있다. 그러나 명백한 것도 놓친다면 어찌 먼 곳에 있는 것을 얻을 수 있겠는가?

"제가 그 명백한 것을 못 보도록 가로막고 있는 것이 정확히 무엇입니까?"

바로 그 욕망이 그대를 빗나가게 하고 있다. 욕망을 버리면 명백한 것을 볼 것이다.

"제가 무엇을 해야 할지 모르겠습니다."

그대가 할 일은 아무것도 없다. 그대는 다만 주변에서 일어나는 모든 것을 주의 깊게 지켜보라. 행위는 또 다른 에고의 함정이다. 행위를 하면 에고는 만족한다. 뭔가 할 것이 있으니까. 행위는 에고의 음식이다. 그것은 에고를 강화시킨다. 아무 행위도 하지 않으면 에고는 마룻바닥으로 떨어진다. 에고는 죽는다. 에고는 더 이상 영양분을 얻지 못한다.

그러니 비행위자가 돼라. 신과 진리, 그리고 그것의 추구에 관한 한 아무것도 하지 말아라. 무엇보다도 그것은 추구의 대상이 아니다. 따라서 그대는 그것에 대해 아무것도 할 수 없다. 그냥 존재하라. 다르게 말해보자. 그대가 존재상태에 있다면 신이 그대를 찾아온다. 인간은 절대로 그를 찾을 수 없다. 그가 인간을 찾는다. 그냥 그 고요한 공간에 있어라. 아무것도 하지 말고 다른 어디로도 가지 말고 꿈꾸지 말고. 그 고요한 공간 속에서 문득 그대는 신을 발견하리라. 그는 항상 거기에 있었다! 다만 그대가 침묵하지 못해서 그를 볼 수 없었을 뿐이다. 그대는 그의 고요함을, 작은 목소리를 들을 수 없었다.

"저는 언제 침묵의 소리를 들을 수 있을까요?"

언제? 그대는 그릇된 질문을 하고 있다. 지금이 아니면 영원히 없다! 지금 들어라. 그것이 거기에 있으니. 음악은 흐르고 있다. 음악은 사방에 흐르고 있다. 다만 그것을 들을 수 있도록 침묵하라. 절대 '언제'라고 묻지 말아라. '언제'란 미래를 끌어들인다는 뜻이다. '언제'란 희망하고 꿈꾼다는 뜻이다. '언제'란 지금이 아님을 뜻한다. 그러나 그것은 항상 지금 있다. 그것은 항상 현재이다. 신에게는 오직 하나의 시간, 지금밖에 없다. 오직 한 곳, 여기

밖에 없다. '거기'와 '그때'를 버려라.

마지막 질문

사랑하는 오쇼, 말 때문에 당황한 적이 있으십니까?

이것은 리쉬가 한 질문이다. 말을 할 때마다 나는 매번 당황한다. 나는 말로 표현할 수 없는 것을 말하고 싶어하기 때문이다. 전할 수 없는 것을 전해야 하기 때문이다. 그러면 당연히 그대는 왜 내가 계속 말하고 있는지 물을 것이다.

나는 열심히 시도한다. 오늘은 아마 실패한 것 같다… 그럼 내일은? 어제는 실패했다… 오늘은? 나는 줄곧 말하는 방식을 바꾼다. 이런 식으로 말하면 이해하지 못해도 다른 식으로 말하면 더 잘 이해하겠지, 이런 식으로 말하면 누구는 알아듣지만 누구는 못알아듣겠지, 그러나 다른 식으로 말하면 그도 알아듣겠지 하면서 말이다. 그럼에도 나는 줄곧 당황한다… 그 메시지는 말로 표현할 수 없는 것이기에 말이 쉽게 나오지 않는다. 나는 성직자가 아니다. 나는 그대에게 교리를 전하지 않는다. 나는 그대에게 어떤 학설을 설명하려는 게 아니다. 내 안에서 어떤 것이 일어났다. 내게서 어떤 것이 일어났다. 나는 그것을 전하려고 노력할 뿐이다. 나는 그대와 교감하기 위해 노력한다.

말이란 아주 어색한 것이다. 그것들은 아주 옹색하고 협소하다. 그것들은 내가 담고자 하는 것을 담을 수 없다. 하여 나는 매순간 당황한다. 아무 체험도 없는 사람들은 결코 당황하지 않는다. 무슨 말이든지 할 것이다.

재미있는 이야기를 들었다. 그것에 대해 명상하라…

신부가 주교와 대화 도중에 말했다.

"당신은 괜찮겠지요, 주교님. 당신은 강론 하나를 준비해서 교구의 여러 성당에 전하면 되니까요. 그러나 저는 일요일마다 새로운 강론을 둘씩이나 해야 합니다."

주교가 응답했다.

"당신은 어떤 주제라도 거의 한순간에 알아보고 강론할 수 있어야 합니다. 나처럼 말이오."

"그럼 그렇게 해보시죠."

신부가 말했다.

"다음 일요일에 저희 성당에 오셔서 시범을 보여주세요."

주교가 그에 동의하여 다음 일요일에 신부의 교회로 가자, '변비'라는 낱말 하나가 적혀 있는 카드 한 장을 받았다. 그것이 주제였다. 그는 주저없이 강론을 시작했다.

"그리고 모세는 타블렛* 두 개를 들고 산으로 올라갔다."

성직자는 절대 당황하지 않는다. 그는 이용할 경전들이 수두룩해서 언제든 기억해낼 수 있다. 나는 내내 당황한다. 내가 말하려는 것은 객관적인 것이 아니기 때문이다. 내가 말하려 하는 것은 주관적인 것이다. 내가 그대에게 말하고 싶은 것은 나의 가슴이지, 마음이 아니다. 그러나 유감스럽게도 마음을 사용해야 한다. 다른 방법이 없기 때문이다. 가슴을 전하는 데도 부득이 마음을

---

* 십계명이 쓰인 '판'이라는 뜻과 '알약'이란 뜻이 있음.

사용해야 한다. 그러니 얼마나 어리석은가. 그것은 매우 부적절하고 불가능한 것을 시도하는 것이다! 그렇지만 다른 수가 없다… 어쩔 수가 없다.

그러므로 말 때문에 당황한 적이 있는지 묻는다면, 나는 늘 그렇다. 낱말 하나하나에 나는 망설인다. 과연 그 말로 전해줄 수 있을까? 어떤 식으로 전해질까? 지식은 별로 유익하지 않다. 나는 줄곧 말을 사용하지만 그것은 필요악이다. 침묵이 좋으리라. 훨씬 좋으리라. 그러나 막상 그대를 보면 망설이지 않을 수 없다. 만일 내가 침묵한다면 그대는 내게 더 가까이 오지 못할 것이다. 그대는 침묵의 언어를 이해할 수 없다. 어떻게 침묵을 이해하겠는가? 침묵을 이해한다면 말 속의 침묵도 들을 수 있을 것이다.

내가 만일 침묵한다면 그대들 가운데 기껏해야 5퍼센트 정도나 내 주변에 남아 있을 것이다. 그 5퍼센트는 말을 통해서도 이해할 수 있다. 그들은 말이 아닌 나의 침묵을 들을 수 있기 때문이다. 따라서 그 5퍼센트에게는 문제가 없다. 그러나 말을 이해할 수 없고 말 속에 담겨 있는 침묵을 이해할 수 없는 다른 95퍼센트는 방황할 것이다. 침묵은 그들을 조금도 도울 수 없을 것이다. 말을 하면 어쨌든 주위에서 서성거리기라도 할 것이다.

주위를 서성거리는 가운데 그 가능성이 생긴다. 어느 방심한 순간에 우연히도 나를 만날 수 있다. 어느 방심한 순간에… 자기 자신도 모르게 내게 가까이 올 수 있다. 우연히 나를 만나게 될 것이다. 어느 방심한 순간에 내가 그들의 가슴을 관통할 수 있으리라. 아마도 방아쇠가 당겨질 수 있다. 그것은 '아마도'이지만 충분히 가치가 있는 것이다.

그 5퍼센트는 어느 쪽이든 이해할 수 있지만 이 95퍼센트는 침묵을 통해서는 이해할 수 없을 것이다. 그리고 그 5퍼센트 또한 내가 처음부터 침묵을 해왔다면 그자리에 있지 못했을 것이다. 그 5퍼센트는 가능성을 보여준다. 그래서 95퍼센트가 마침내 90퍼센트, 85퍼센, 80퍼센트….

최소한 50퍼센트 정도는 침묵을 이해할 수 있다고 느끼는 날 나는 말을 멈출 것이다. 나는 말하는 것을 그다지 좋아하지 않는다. 이제껏 누구라도 그랬다. 노자도 그랬고 사라하, 붓다도 그랬다. 아무도 말하는 것을 좋아하지 않았다. 그러나 그들 모두 말을 사용해야 했다. 침묵으로 교감이 될 수 없어서가 아니다. 침묵은 교감이 될 수 있다. 그러나 그러기 위해서는 아주 높은 의식이 필요하다.

이런 일이 있었다….

인도의 두 위대한 신비가인 카비르와 파리드가 만나서, 이틀 동안 고요히 앉아 있었다. 제자들은 몹시 실망했다. 제자들은 그들의 대화를 원했다. 그들이 뭔가 가치 있는 대화를 해주길 바랐다. 그들은 여러 달 동안 기대해왔다. 카비르와 파리드가 만나서 풍성한 법담을 해주기를 학수고대해 왔다. 그러나 그들은 그냥 고요히 앉아 있을 뿐이었다. 제자들은 꾸벅꾸벅 졸고 하품을 해댔다.

"도대체 뭘 하는 건가? 이 두 분에게 무슨 일이 일어난 건가?"

이전에는 그들이 침묵한 적이 없었기 때문이다. 카비르는 제자들과 있을 때 침묵하지 않았다. 파리드도 제자들과 있을 때는 침묵하지 않았다. 그들은 끊임없이 제자들에게 방망이를 쳐주었다.

"그런데 왜? 무슨 일이 일어난 건가? 저분들이 벙어리라도 된 것인가?"

그러나 카비르와 파리드는 아무 말도 할 수 없었다. 그들에게 있어 말이란 부적합한 것이었다.

이틀 후, 카비르와 파리드가 서로를 포옹하고 작별인사를 한 다음—그것 역시 침묵 속에서— 제자들이 자기들 스승과 남겨졌을 때 그들은 스승에게 대들었다. 카비르의 제자들은 말했다.

"뭐가 잘못된 겁니까? 몇 달이나 학수고대해서 파리드님이 왔는데 당신은 한 말씀도 안하시다니요. 우리는 기다리고 또 기다려왔는데… 지쳤습니다! 그 이틀 동안은 정말 지옥이었습니다!"

그러자 카비르가 크게 웃었다.

"하지만 아무 할말이 없었다. 파리드는 침묵을 이해할 수 있었다. 만일 내가 무슨 말을 했다면 그는 나를 무식하게 봤을 것이다. 침묵이 가능하고 침묵을 통해 전할 수 있는데 무엇 때문에 말을 사용하겠느냐?"

그리고 파리드의 제자들도 파리드에게 물었다.

"무슨 일입니까? 왜 말씀이 없으셨습니까?"

파리드가 말했다.

"너희들은 미쳤느냐? 카비르와 내가 말을 하라고? 우리는 정확히 같은 공간 안에 있었다. 그러니 전할 것도, 말할 것도 없었다! 내가 그의 눈을 들여다보고 그가 내 눈을 들여다본 순간 우리는 서로를 알았다. 첫 순간에 대화는 끝났다!"

"그렇다면 이틀 동안… 그 이틀 동안 무얼 하고 계셨습니까?"

파리드가 말했다.

"우리는 그저 서로를, 서로의 공간을 즐기고 있었다. 우리는 서로의 손님이었다. 우리는 서로 겹쳐지고 서로 속에 스며들었다. 우리는 서로 어우러져 춤추고 노래했다. 그러나 그 모든 것은 침묵 속에서 일어났다. 침묵으로 전할 수 있는데 왜 말을 하겠느냐?"

나는 말 때문에 항상 당황한다. 그것이 충분하지 않음을, 그것이 적합치 않음을 잘 알기에 한마디 한마디를 망설이면서 꺼낸다. 말이란 과연 적합한 게 아니다. 진리는 그토록 광대무변한데 말은 너무나 협소하다.

오늘은 이만.

7

진리는
결코
성스럽지도
속스럽지도
않다

그것은 시작에 있고
중간에 있으며
끝에 있도다.
그럼에도 끝과 시작은
다른 어디에 없네.
해석적인 생각들로 하여
미혹된 모든 이들은
둘로 갈라진 마음으로 인하여
무(nothingness)와 자비를
둘이라 하네.

벌들은 꽃 속에
꿀이 있음을 아는도다.
삼사라와 니르바나가 둘이 아님을
미혹된 이들이 어찌 알겠는가?

미혹된 사람은 거울에 비친 모습을
실제의 자기 얼굴로 보네.
진리를 거부한 마음도 그처럼
진리가 아닌 것에 의지하네.

꽃향기는 만질 수 없으나
온누리에 충만히 스미어 있어
당장에 아는도다.
그렇듯 틀지어지지 않은 그 자체로 있음을 보고
신비스런 원들이 돌아가고 있음을
깨달아라.

진리는 있다. 진리는 그냥 있다. 진리는 그냥 그대로 있다. 진리는 있음 그 자체이다. 결코 존재 안으로 들어오지도 않고 존재 밖으로 나가지도 않는다. 진리는 결코 오지도 않고 가지도 않는다. 진리는 항상 머물고 있다. 실은 항상 머물고 있는 그것을 우리는 진리라고 부른다. 진리는 시작에 있고, 중간에 있으며, 끝에 있다. 그러나 실은 시작도 없고 중간도 없으며 끝도 없다. 진리는 모든 곳에 스며 있다.

깊이 살펴보면 진리 안에 시작이 있고 진리 안에 중간이 있으며 진리 안에 끝이 있다. 진리는 모두 안에 고루 깃들어 있다. 오직 진리만이 있기 때문이다. 진리는 무수한 형상으로 표현된 똑같은 현실이다. 형상은 다르지만 알맹이는, 본질은 똑같다.

형상은 파도와 같고 본질은 대양과 같다.

기억하라. 탄트라는 신에 대해 말하지 않는다는 것을. 신에 대해 말한다는 것은 왠지 신인동형설(神人同型說)과 같은 것이다. 그것은 인간의 상상으로 신을 창조하는 것이고 인간의 관점으로 신을 생각하는 것인데 그러면 한계가 생긴다. 신은 분명 인간과 같을 것이다. 그건 사실이다. 그러나 신은 말(馬)과 같기도 할 것이다. 그리고 개(犬)와 같기도 하고 바위 같기도 하며 별 같기도 할 것이다… 그는 분명 만물과 같을 것이다. 그렇다, 인간은 신의 여러 형상 가운데 하나일 것이다. 인간만이 꼭 신의 형상일 수는 없다.

한 번 신을 말(馬)의 모습으로 생각해보라. 그것은 어리석은 것 같다. 신을 개(犬)의 모습으로 생각해보라. 그것은 신성모독 같다. 그렇지만 우리는 계속해서 신을 인간으로 생각하고 있다. 이것은 신성모독 같지 않은가? 그것이 인간의 에고이다. 인간은 신을 인간과 같은 존재로 보며 대단히 만족해 한다. 성서에는 신이 인간을 창조할 때 자신의 모습을 본땄다고 적혀 있다. 확실이 이 성서는 인간이 썼다. 만일 말들이 자기들의 성서를 썼다면 그렇게 쓰지 않았을 것이다. 분명히 아니다. 그들은 심지어, 신은 인간의 모습을 본따 악마를 창조했다고 쓸 것이 분명하다. 말에게 그토록 잔혹하게 구는 인간이 어찌 신의 이미지일 수 있겠는가? 말에게 물어보면 인간에게는 거룩함이라고는 도무지 없는 것 같다. 아마도 인간은 악마일 거라고 말할 것이다. 신이 아닌, 바알세블(악마의 우두머리)의 전형이라고 할 것이다.

탄트라는 신인동형설 전체를 끝장낸다. 탄트라는 사물의 위치를 바로잡고 인간을 제자리로 데려온다. 탄트라는 위대한 비전이다. 탄트라는 인간을 중심에 두지 않는다. 그 어떤 것도 특별히 중심적인 위치에 두지 않는다. 그냥 있는 그대로, 여여하게, 타타타(tathata)하게, 그러한 그대로 실체를 바라본다. 탄트라는 신에 대해서 말하지 않는다. 탄트라는 신 대신에 진리를 말한다.

진리는 특정한 인격체가 아니고 특정한 개인이 아니다. 진리는 모든 특성을 가질 수 있다. 진리에는 한계가 없다. 성서는 '최초에 신이 세상을 창조했다' 라고 씌어 있다. 탄트라는 말한다. "어떻게 시작이 있을 수 있고 끝이 있을 수 있는가?" 그리고 시작이 없고 끝이 없다면 어떻게 중간이 있을 수 있겠는가? 그것은 영원이다. 시간이 아니다.

탄트라는 시간을 초월한 비전이다. 시간 속에는 시작이 있고 중간이 있고 끝이 있지만 영원은 시작도 없고 중간도 없고 끝도 없다. 진리는 단순히 존재할 뿐이다.

진리는 일시적이지 않다. 시간은 진리 안에서 물결치는 파도로 존재한다. 공간은 진리 안에서 물결치는 파도로 존재한다. 거꾸로 생각하지 말아라. 진리가 공간 속에 존재하는 것이 아니다. 진리가 시간 속에 존재하는 것이 아니다. 진리 안에 시간과 공간이 있다. 그들은 진리의 다양한 형태이다. 말이 진리의 한 형태이듯이 인간도 한 형태이고 공간도 하나의 형태이며 커다란 파도이다. 시간도 그러하다.

진리는 시작이 없고 끝이 없다. 진리는 시작된 곳이 없고 끝나는 곳이 없다. 진리는 초월이다.

진리는 그 스스로 존재한다. 다른 모든 것이 진리를 바탕으로 존재하는 것이다. 진리는 스스로 명백하다. 진리 외에 스스로 명백한 것은 없다. 진리는 곧 존재의 바탕이며 존재의 궁극적인 토대이다.

탄트라는 어떤 의식(儀式)도 만들지 않고 어떤 숭배도 만들지 않으며 사원이나 성직자제도를 만들지 않는다. 그것들은 불필요하다. 인간은 진리와 1 대 1로 직접적으로 만날 수 있다. 명상가가 따로 필요없고 성직자가 따로 필요치 않다. 성직자들은 자신들이 하는 말의 진정한 의미도 모르면서 진리, 신, 천국 등 온갖 것들을 말한다. 말(言), 단순히 말에 지나지 않는다. 그들은 체험이 없다.

그런 말들은 공허하기만 하다.

이따금 건강의 이상을 느껴왔던 어떤 유명한 신부에 관한 이야기를 읽었다. 그는 주치의를 불러 정밀검사를 받았다.
"저, 솔직하게 말씀드리지요. 안됐지만 폐가 안 좋은 상태이니 몇 달 간 스위스에서 쉬셔야겠습니다."
"오, 선생."
신부가 말했다.
"나는 그렇게 할 수 없답니다. 그건 불가능하죠. 경제적 여건이 허락치 않아요. 당신도 알다시피 나는 가난한 사람입니다."
"글쎄요, 그건 신부님에게 달렸습니다. 스위스냐 천국이냐 둘 중의 하나죠."
잠시 생각하더니 신부가 말했다.
"오, 그러면 좋아요. 스위스로 가죠."

누가 천국에 가고 싶어하는가? 늘 그것을 말하던 신부조차도 안 간다. 그것은 죽음을 미화시킨 책략에 지나지 않는다. 그대는 그것이 죽음이라는 것을 늘 알고 있다. 어떻게 스스로를 속일 수 있는가?
구제프는 종종 이런 말을 했다.
"만일 그대가 종교에서 벗어나고자 한다면 성직자 곁에서 살아라. 그러면 종교를 벗어날 것이다."
평범한 인간은 속을지 모르나 어찌 성직자가 속을 수 있겠는가? 그는 모든 속임수를 창조한 당사자이다. 성직자는 절대 속지 않는다. 그들은 자기들이 말하는 것 외에 다른 사실을 알고 있다. 그래서 그들은 속다르고 겉다른 행동을 한다.

어떤 랍비에 관한 이야기이다…

한 유대인 청년이 랍비를 찾아왔다.
"랍비님, 좀 중요한 문제가 있는데 조언을 바랍니다."
"그러고 말고."
"저, 문제는 말이죠, 제가 두 여자를 사랑하고 있는데요… 말하자면 제가 보기엔 그렇다는 거죠. 한 여자는 굉장히 예쁜데 가난합니다. 또 한 여자는 훨씬 좋은 배경이지만 너무 못생겼어요. 비록 돈은 많지만요. 이런 상황에서는 어떻게 하는 것이 좋을까요? 랍비님이 저라면 어떻게 하시겠습니까?"
"글쎄."
랍비가 말했다.
"네 가슴은 그 아름다운 여성을 사랑하는 것이 분명하다. 그러니 나라면 사랑을 택해 그녀와 결혼하겠다."
"맞습니다."
청년이 말했다.
"랍비님, 고맙습니다. 그렇게 하겠습니다."
청년이 막 떠나려고 할 때 랍비가 물었다.
"그런데 그 다른 아가씨의 주소가 어떻게 되지?"

성직자, 랍비, 교역자, 그들은 자기들의 말이 넌센스에 불과하다는 것을 잘 알고 있다. 그들의 말은 타인들을 위한 것이다. 타인들을 이용하기 위한 수단이다.

탄트라는 성직자 단체를 만들지 않는다. 성직자 단체가 없을 때 종교는 순수하다. 성직자를 끌어들이면 종교에 독이 퍼진다. 성직자를 끌어들이면 독이 퍼질 수밖에 없다. 거기엔 성직자의 투자물이 있기 때문이다.

어떤 사람이 선술집에 앉아 술을 마시고 있었는데, 다른 술취한 사람이 몸을 비틀거리며 술집을 나가는 것을 보았다. 술집을 나간 그 술취한 남자는 별안간 운전하는 몸짓을 하며 엔진소리와 경적소리까지 냈다.

손님이 놀라 술집주인에게 말했다.

"저 사람 참 안됐네. 자기가 뭘 하고 있는지 말해주지 그래요?"

술집 주인이 말했다.

"저 사람은 항상 저래요. 과음할 때마다 저러죠. 이제 저짓을 밤새도록 할 겁니다. 동네방네 돌아다닐 거요. 자기가 대단한 차라도 몰고 있다고 생각하죠."

그러자 손님이 말했다.

"그러면 그에게 사실을 말해줘야 하지 않소?"

그가 말했다.

"내가 왜 그것을 설명해요? 그가 주말마다 세차비를 만 원씩이나 내고 있는데요."

누군가의 환상 속에 그대의 투자물이 있다면 그대는 그 환상을 깨지 못한다. 그대는 그 환상을 지속시키고 싶다. 성직자가 끼여들면 그대의 모든 환상, 즉 그대의 신에 대한 환상, 영혼에 대한 환상, 천국에 대한 환상, 지옥에 대한 환상이 다 투자대상이다. 이제 거기엔 막대한 이해관계가 있다.

이제 그는 그대의 환상에 의존하고 그대의 환상에 빌붙어 살며 그대의 환상을 악용한다.

탄트라는 환상에서 깨어남이다. 그것은 어떤 성직자 단체도 창조하지 않았다. 탄트라는 말한다. 그것은 그대와 진리 그 자체의 대면이며, 그 사이에 아무도 끼어서는 안 된다고. 그대의 가슴이 진리를 향해 열려 있다면 진리 그 자체로 충분하다. 아무도 그것을 설명할 필요가 없다. 그대 혼자서도 충분히 알 수 있다. 사실은 설명이 많을수록 본질을 알 가능성은 적어진다.

진리는 시작에 있고 중간에 있으며 끝에 있다. 실은 중간도 없고 시작도 없으며 끝도 없다. 그것은 모두 하나이다. 진리는 지나가는 것이 아니다. 그것은 항상 거주하고 있다.

이것은 첫째 경문이다. 사라하는 왕에게 말한다.

> 그것은 시작에 있고
> 중간에 있으며
> 끝에 있도다.
> 그럼에도 끝과 시작은
> 다른 어디에 없네.
> 해석적인 생각들로 하여 미혹된
> 모든 이들은
> 둘로 갈라진 마음으로 인하여
> 무(nothingness)와 자비를
> 둘이라 하네.

끝과 시작은 다른 어디에 없다. 지금이 진리의 시간이고, 여기가 진리의 공간이다. 바로 이 순간 진리는 여기… 지금 모이고 있다. 바로 이 순간이 시작이고 중간이며 끝이다.

존재의 시작을 알기 위해 과거로 갈 필요가 없다. 바로 이 순간이 시작이다. 존재의 끝을 보려고 미래로 갈 필요가 없다. 바로 이 순간 끝나고 있다. 매순간이 시작이고 중간이며 끝이다. 존재는 매순간 새롭다. 존재는 매순간 죽어가고 매순간 새로 태어난다. 모든 것이 매순간 비현현화(非顯現化)되었다가 매순간 현현화의 상태로 돌아간다.

현대 물리학자들 사이에는 이러한 탄트라의 자세가 궁극의 진리일 것이라는 견해가 퍼져 있다. 아마도 매순간 모든 것이 사라졌다가 다시 돌아올 것이다. 불쑥 돌아올 것이다. 그러나 그 틈이 너무 짧아서 우리가 볼 수 없는 것이다. 그 때문에 존재는 신선하다고, 그토록 신선한 것이라고 탄트라는 말한다.

인간을 제외하면 모든 존재가 신선하다. 인간만이 짐덩어리를, 기억이라는 짐덩어리를 짊어지고 다닌다. 그 때문에 인간은 더럽고 둔탁해지고 짐에 버거워하는 것이다. 그렇지 않으면 모든 존재가 늘 새롭고 신선하다.

존재는 과거를 수반하지 않고 미래를 상상하지 않는다. 그것은 그냥 여기에 있다. 전적으로 여기에 있다! 과거를 수반할 때 그대의 많은 부분이 과거에, 이미 존재하지 않는 과거에 속박된다. 그리고 미래를 상상할 때 그대의 많은 부분이 미래, 아직 존재하지 않는, 아직 오지 않은 미래에 속박된다. 그대는 밀도가 없이 아주 얇게 퍼져버린다. 그리하여 그대의 인생은 열렬함이 없는 것이다.

탄트라는 말한다.

"진리를 알기 위한 단 하나의 조건이 있다면 그것은 열렬함, 전적인 열렬함이다."

이 전적인 열렬함은 어떻게 창조되는가? 과거를 버리고 미래를 버려라. 그러면 그대의 모든 에너지가 이 조그만 지금 여기로 집약되어 집중된다. 그 집중 속에서 그대는 불꽃처럼 타오른다. 그대는 활활 타오르는 불꽃이다. 모세가 산에서 본 바로 그 불꽃이다. 신이 불꽃 속에 서 있었으나 불꽃은 신을 태우지 않았다. 그 불꽃은 풀 한 포기조차 태우지 않았다. 풀은 여전히 신선하고 푸르게 살아 있었다.

삶 전체가 불꽃이다. 그것을 알려면 열렬히 살아야 한다. 그렇지 않으면 미지근하게 살 뿐이다. 탄트라는 말한다.

"삶의 유일한 계명이 있다면 그것은 '미지근하게 살지 말아라'이다."

미지근하게 사는 것은 삶의 길이 아니다. 이것은 점진적인 자살이다. 먹을 때는 열렬하게 먹어라. 금욕주의자들은 탄트라를 굉장히 비난해왔다. 그들은 탄트리카들이 단지 먹고 마시고 존재하고 탐닉하는 사람들이라고 말한다. 어떤 면에서는 맞는 말이지만 어떤 면에서는 틀렸다. 일반적인 먹고 마시고 존재하고 탐닉하는 사람들과 탄트리카 사이에는 커다란 차이가 있기 때문이다.

탄트리카는 말한다.

"이것이 진리를 아는 유일한 방법이다. 먹는 동안은 오직 먹기만 하라. 과거도 잊고 미래도 잊어라. 그때는 모든 에너지를 오직 음식에만 쏟아부어라. 음식을 향한 사랑과 애정과 감사함만 있게 하라."

어마어마한 에너지를 가지고 한 입 한 입 씹으면 음식의 맛뿐 아니라 존재의 맛까지 경험하게 될 것이다. 음식은 존재의 일부이기 때문이다. 음식은 생명력을 주고 활력을 준다. 음식은 프라나(氣)를 준다. 음식은 그대를 밀도 있게 해주고 그대가 살아 있게 도와준다. 그것은 보통 음식이 아니다.

음식은 아마도 그릇이다. 그 안에는 생명이 담겨 있다. 음식맛만 보고 그 안에 있는 존재를 맛보지 못한다면 그대는 미지근한 삶을 살고 있는 것이다. 그러면 그대는 탄트리카의 사는 법을 모른다. 물을 마실 때는 갈증 그 자체가 돼라! 열렬하게 마셔라. 그리하여 시원하게 떨어지는 한 방울 한 방울의 물이 그대에게 무한한 희열을 주도록. 물방울들이 목구멍을 타고 떨어질 때의 그 희열 속에서 그대는 신을 경험할 것이다. 존재를 경험할 것이다.

탄트라는 평범한 탐닉이 아니다. 탄트라는 비범한 탐닉이다. 탄트라는 신(神) 자신의 탐닉이기에 평범한 탐닉이 아닌 것이다. 그러나 탄트라는 말한다. 그것은 그대가 겪는 삶의 조그만 일상을 통해 일어난다고. 그 일상 속에 온전히, 완전히, 전적으로 몰입할 때 그 작은 일들은 크고 위대해진다.

사랑을 나눌 때는 사랑 자체가 돼라. 다른 것은 다 잊어라! 그 순간 다른 아무것도 생각하지 말아라. 사랑을 나누는 데 온 존재를 기울여라. 야성적이고 순진무구하게 사랑하라. 마음이 그 행위를 더럽히지 않는다는 점에서의 순진함 말이다. 행위에 대해 생각하지 마라. 행위에 대해 상상하지 말아라. 모든 상상과 생각은 퍼져서 얄팍하게 만든다. 모든 생각을 잊어라. 전적으로 행위하라. 그 속에 있어라. 그 행위 속에 몰입되고 녹고 사라져라. 그러면 그 사랑을 통해 신을 알리라.

탄트라는 말한다. 그것은 술을 통해 알 수 있고 음식을 통해 알 수 있으며 사랑을 통해 알 수 있다고. 그것은 모든 공간, 모든 구석, 모든 각도로부터 알 수 있다. 온 사방이 신의 것이기 때문이다. 모든 것이 진리이다.

그대가 신이 세상을 창조한 태초에 있지 않았다고 불행으로 여기지 말아라. 그의 창조는 바로 지금 이루어지고 있다! 여기에 있으니 그대는 행운아다. 그대는 신이 이 순간을 창조하는 것을 볼 수 있다. 또한 세상이 펑하고 사라지는 때를 놓칠 거라고 생각하지 말아라. 세상은 바로 지금 사라지고 있다. 세상은 매순간 창조되고 매순간 사라진다. 매순간 태어나고 매순간 죽는다.

그리하여 탄트라는 말한다.

"그대의 삶 또한 그러하게 하라. 매순간 과거에 죽고, 매순간 새로이 태어나게 하라. 짐을 짊어지고 다니지 말아라. 허공으로 존재하라. 그리고…."

그럼에도 끝과 시작은
다른 어디에 없네.

끝과 시작은 지금 여기에 있다.

해석적인 생각들로 하여 미혹된
모든 이들은
둘로 갈라진 마음으로 인하여
무(nothingness)와 자비를
둘이라 하네.

이 진리의 체험, 있는 그대로에 대한 이 실존적 체험, 이 여여함(眞如)의 체험을 묘사하는 데는 두 가지 길이 있다. 그것은 우리에게 긍정과 부정의 두 유형의 언어가 있는 까닭이다. 사라하의 주안점은 부정의 길에 있다. 그것이 붓다의 주안점이었기 때문이다.

붓다는 다음과 같은 이유로 부정의 길을 아주 좋아했다. 존재를 긍정적인 언어로 표현하게 되면 한계가 지어진다. 모든 긍정적인 언어는 한계를 지니고 있다. 부정적인 언어에는 어떤 한계도 없다. 부정의 길은 한계가 없다.

가령 존재를 모든 것, 신, 또는 절대(絶對)라고 부른다면 존재를 한정짓는 것이 된다. 그것을 '절대'라고 부르는 순간 그것으로 완결된 듯한, 더 이상 진행형이 아닌 듯한 암시가 들어간다. 그것을 '브라마(brahma)'라고 부르는 순간 그것이 완벽한, 그 이상은 없는 듯한 암시가 들어간다. 그것을 신이라고 부를 때 그대는 신을 한정짓는다.

그러나 존재는 너무나 광대하다. 그것은 한정지을 수 없다. 존재는 너무나 광대하여 모든 긍정적인 언어를 다 합친다 해도 모자라다.

그리하여 붓다는 부정의 길을 택했다. 그는 그것을 수냐(shunya), 무(無, nothingness), 제로(zero)라고 부른다. 한 번 들어 보라… 무(無). 그것을 맛보라. 그것을 이쪽 저쪽으로 돌려보라. 거기에는 아무 한계도 찾을 수 없다. 무(無)… 그것은 무한이다. 신(神)? 갑자기 경계가 생긴다. '신'하고 말하는 순간 존재는 축소된다. 그러나 '무' 하게 되면 모든 경계가 사라진다.

이러한 이유로 붓다는 부정의 길을 강조했다. 그러나 기억하라. 붓다가 말하는 무(無)는 단순한 무가 아니다. 붓다가 말하는 '무(nothingness)'는 어떤 것이 아님(no-thingness)을 의미한다. 그 어떤 것이 존재라고 규정할 수 없다. 모든 것이 존재 안에 있고, 모든 것을 존재가 포함하기 때문이다. 그것은 모든 부분들을 합친 것보다 크다.

지금 이것은 반드시 이해해야 할 것이다… 이것은 탄트라 자세 중의 하나이다.

장미꽃 한 송이를 바라보라. 이 꽃을 화학자에게 가져가 보라. 그는 이 꽃을 분석하여 꽃의 구성물, 즉 꽃의 재질이나 화학성분, 색깔 따위를 말해줄 것이다. 그는 꽃을 해부할 수 있다. 그러나 "이 꽃의 아름다움은 어디에 있는가?"라고 묻는다면 어깨를 으쓱

하며 이렇게 말할 것이다.

"이 안에서는 아무 아름다움도 발견할 수 없다. 내가 발견할 수 있는 건 이 다양한 색깔과 다양한 재질, 그리고 화학적 성분들이다. 그것이 전부이다. 나는 아무것도 빠뜨리지 않았고 아무것도 남겨두지 않았다. 무게를 달아보라. 틀림없는 꽃의 무게이다. 그러니 아무것도 남겨둔 게 없다. 그렇다면 그대가 착각한 게 분명하다. 그 아름다움은 그대의 투사였던 것이 틀림없다."

탄트라는 말한다.

"미(美)는 존재한다. 그러나 미(美)는 모든 부분을 합친 것보다 더 크다. 전체는 모든 부분들을 합산한 것보다 더 크다."

그것은 가장 심오한 탄트라 자세의 하나이다. 아름다움은 그 구성요소들보다 크다.

까르륵 웃으며 행복해 하는 조그만 아기, 거기엔 삶이 약동하고 있다. 그 아기를 외과의사의 수술대 위에 올려놓고 세밀히 해부해 보라. 해부하고 나서 무엇을 발견할 수 있는가? 그땐 솟구치는 기쁨도 없고 까르륵 웃음소리도 없을 것이다. 거기엔 순진무구함의 근거도 없고 생명의 근거도 없을 것이다. 아기를 해부하는 순간 아기는 죽는다. 생명은 사라진다. 하지만 외과의사는 아무것도 떠나지 않았다고 주장할 것이다.

"아기의 무게를 달아보라. 이전과 똑같은 무게다. 아무것도 떠나지 않았다. 바로 그 아기이다."

하지만 아기의 엄마에게도 바로 그 아기라고 설득할 수 있겠는가? 그것이 똑같은 아기라고 설득할 수 있겠는가? 그리고 만일 그 아기가 외과의사 자신의 아기라면 그것을, 테이블에 누워 있는 죽은 수족을 똑같은 아기라고 납득하겠는가?

거기엔 사라진 것이 있다. 그러나 그것을 무게를 달거나 자로

잴 수는 없을 것이다. 아마도 그것은 물리적인 것이 아니다. 아마도 그것은 물질이 아니다.

그렇지만 분명 떠난 것이 있다. 그 아기는 더 이상 춤추지 못할 것이다. 더 이상 웃지 못할 것이다. 그 아기는 먹지도 못하고 마시지도 못하고 잠들지도 못할 것이며, 울지도 사랑하지도 화내지도 못할 것이다. 뭔가가 떠난 것이다.

탄트라는 말한다.

"합계가 전체는 아니다. 부분의 총계가 전체는 아니다. 전체는 부분의 총계보다 더욱 큰 무엇이다. 그리고 더욱 큰 그 속에 삶의 체험이 있다."

무(無)는 어떤 것이 아님을 뜻한다. 모든 것을 다 합친다 해도 존재를 만들 수는 없다. 존재는 그보다 큰 차원이다. 존재는 항상 부분들보다 크다. 거기에 존재의 아름다움이 있다. 거기에 존재의 생명력이 있다. 그 때문에 존재는 그토록 환희로운 것이다. 그 때문에 존재에 축제가 있는 것이다.

그러므로 이 두 가지-긍정적인 언어와 부정적인 언어-는 꼭 기억해야 한다. 탄트라는, 특히 불교 탄트라는 부정적인 언어를 사용하고, 힌두 탄트라는 긍정적인 언어를 사용한다. 그것이 힌두교 탄트라와 불교 탄트라의 차이점이다. 진리를 표현하는 데 있어 붓다는 언제나 '아니다'를 사용한다. 한 번 사물에 특질을 부여하기 시작하면 사물이 그 특질로 제한된다고 붓다는 말한다.

따라서 붓다는 말한다.

"계속 제거하라. 계속 말하라. 네티 네티(neti, neti,), 이것은 아니다, 이것은 아니다, 이것은 아니다라고. 그리고 나서 모든 것을 부정한 후에 남는 것이 그것이다."

그러니 무(無)는 허공(虛空)을 뜻함이 아님을 기억하라. 그것은

진리는 결코 성스럽지도 속스럽지도 않다 267

꽉 찬 충만, 표현할 수 없는 꽉 찬 충만을 의미한다. 그 표현할 수 없는 것을 무(無)라고 표현해왔다.

> 해석적인 생각들로 하여 미혹된
> 모든 이들은
> 둘로 갈라진 마음으로 인하여
> 무(nothingness)와 자비를
> 둘이라 하네.

사라하는 말한다.

지나치게 분석적이고 해석적이며, 끊임없이 마음의 범주 안에서 생각하는 사람들은 항상 나뉘어 있고 분열되어 있다.

그들에게는 항상 문제가 끊이질 않는다. 그 문제는 실존적인 것이 아니라 그들 자신의 분열된 마음에서 생겨난 것이다. 그들의 마음이 하나로 통일되어 있지 못한 것이다.

자, 과학자에게 물어보라. 과학자는 마음은 두 부분, 즉 좌와 우로 나뉘어 있는데 양쪽의 기능이 다르다고 말한다. 다를 뿐만 아니라 서로 정반대로 작용한다. 왼쪽 마음은 분석적이고 오른쪽 마음은 직관적이다. 왼쪽 마음은 수학적이고 논리적이며 삼단논법적이다. 오른쪽 마음은 시적이고 예술적이고 심미적이고 신비적이다. 그것들은 서로 다른 영역에 속해 있으며 아주 작은 고리로 연결되어 있다.

이따금 그 연결고리가 끊어져 인간이 둘이 되는 경우가 일어난다. 2차 대전 때는 그 연결고리가 끊어져 두 얼굴의 인간이 된 경우가 허다했다. 그때 그는 한 사람이 아니다. 아침에 어떤 것을 말했다면 저녁에는 그것을 까맣게 잊고 딴 말을 했을 것이다. 아침에 작용한 반구와 저녁에 작용한 반구가 다른 것이다. 작용이 바뀐다.

현대의 과학자들은 그것을 주의 깊게 관찰했다. 요가는 그것을 아주 깊이 관찰했다. 요가는 말한다.

호흡이 바뀔 때… 호흡은 약 40분 간격으로 콧구멍을 바꾸며 일어난다. 지금까지 현대과학은 호흡이 왜 바뀌는지, 그것이 무엇을 암시하는지 몰랐지만 요가는 그것에 대해 깊이 사색해왔다.

왼쪽 콧구멍으로 호흡할 때는 오른쪽 마음이 작용하고 오른쪽 콧구멍으로 호흡할 때는 왼쪽 마음이 작용한다. 이것은 일종의 내부 정렬과 같다. 각각의 마음은 40분 간격으로 작용한다. 아무튼 인간은 이유는 정확히 모르면서도 40분마다 일을 바꿔야 한다고 느껴왔다. 그 때문에 각 학교나 대학에서는 40분마다 과목을 바꾸는 것이다. 40분이 지나면 한쪽 마음이 피로해진다. 40분이 최고 한계 같다. 그리고 나면 쉬어줘야 한다. 따라서 수학을 공부하고 있었다면 40분 후에는 시(詩)를 공부하는 것이 좋다. 그러면 다시 수학을 공부할 수 있게 된다.

이것은 2차 대전 때 여실히 드러났다. 그 연결고리는 아주 조그맣고 연약해서 보통의 우발적 사고로도 쉽게 부러질 수 있다. 그것이 한 번 부러지고 나면 인간은 두 사람으로 작용한다. 그때 그는 한 사람이 아니다. 40분이 지나면 다음 40분은 다른 인물이 된다. 만일 그가 돈을 꿨다면 40분 후에 그것을 부인하며 "나는 돈을 꾼 일이 없다"고 잡아뗄 것이다. 그가 거짓말하고 있는 것은 아니다. 그가 거짓말을 하는 것은 아님을 기억하라. 돈을 꾼 마음이 더이상 작용하고 있지 않아서 기억을 못하는 것이다. 다른쪽 마음은 결코 돈을 꾼 일이 없으므로 그는 딱 잘라 부인할 것이다.

"너 미쳤냐? 난 네게서 한 푼도 꾼 일이 없다."

이런 현상은 연결고리가 끊어지지 않은 사람들에게서도 일어난다. 그대 자신의 삶을 바라보면 지속되는 하나의 리듬을 발견할 것이다. 바로 한순간 전에는 아내를 무척 사랑했는데, 별안간 어떤 것이 찰칵 하더니 사랑이 식어버린다. 그대는 불안해진다… 그대의 연결고리는 이어져 있어서 희미하게나마 기억을 하고 있기 때문이다. '바로 몇 분 전의 기억으로는 사랑으로 넘쳤었는데, 웬 별안간 흐름이 끊어지고 굳어져버리다니.' 아마도 아내의 손은 잡고 있겠지만 마음은 딴 마음이다. 손은 그대의 손이지만 별안간 에너지가 흐르지 않는다. 이제는 손을 놓고 이 여자로부터 도망치고 싶다. 사실 그대는 '내가 지금 여기에서 뭘 하고 있는가? 왜 이 여자와 시간을 낭비하고 있지? 이 여자에게서 뭘 얻겠다고?' 하고 생각하게 된다. 그대는 몹시 초조해진다. 방금 전만 해도 '당신을 영원히 사랑해'라고 약속했기 때문이다. 그대는 자신이 잘못하고 있다고 고민하기 시작한다.

'바로 한순간 전에 약속을 해놓고 벌써 약속을 깨뜨리다니.'

그대는 누군가에게 화가 나 죽이고 싶을 만큼 분노하지만 조금만 지나면 분노가 사라진다. 더 이상 화가 안 난다. 심지어는 그 사람에게 연민까지 느끼게 된다. 그대는 다행으로 여긴다.

"그를 죽이지 않은 것은 잘한 일이야."

그대의 마음을 지켜보라. 그대는 끊임없이 이러한 이동을 발견할 것이다. 마음의 기어가 끊임없이 바뀌고 있다.

탄트라는 말한다.

"양쪽의 마음이 작은 연결고리로 이어져 있는 게 아니라 진정으로 함께 있는 조화의 상태가 있다. 이 합일이 남성과 여성의 진정한 만남이다. 오른쪽 마음은 여성이고 왼쪽 마음은 남성이기 때문이다. 연인과 사랑의 행위를 할 때, 오르가슴이 일어날 때 그대들의 마음은 합쳐진다. 그 때문에 오르가슴이 일어나는 것이다. 그 오르가슴은 여자 자체와는 상관없는 일이다. 오르가슴은 외부의 어떤 것과도 상관이 없다. 오르가슴은 바로 그대 내부에서 일어나고 있다. 지켜보라…."

탄트리카들은 사랑의 현상을 아주 깊이 관찰해왔다. 그들은 지상에서 가장 위대한 현상은 사랑이며, 인간이 할 수 있는 가장 위대한 체험은 오르가슴의 체험이라고 여기기 때문이다. 그들이 옳다. 하여 진리가 있다면 그것은 다른 무엇보다도 오르가슴에 가까울 것이다. 이것은 단순한 논리이다. 여기엔 큰 논리가 필요없다. 오르가슴은 인간이 체험할 수 있는 가장 큰 기쁨이어서, 이 기쁨이 신을 향한 문을 열어주리라는 것은 너무나 명백한 사실이다… 아마도 아주 조금씩, 아주 느리고, 그것의 일부이기는 하지만 그 속엔 신의 어떤 것이 들어온다. 잠시나마 남자와 여자는 자신을 잊는다. 더 이상 에고에 갇히지 않는다. 그들 각자를 둘러싸고 있던 캡슐은 사라진다.

정확히 어떤 현상인가? 심리학자들에게 물어볼 수도 있다… 탄트라는 많은 것을 발견했다. 그중 하나는, 여자와 성행위를 할 때 느끼는 오르가슴과 행복은 그 여자로 인한 것이 아니라는 사실이다. 모든 것은 그대 내부에서 일어나고 있고, 여자의 오르가슴과는 관계가 없다. 그들은 전혀 관계가 없다.

여자가 오르가슴을 느낄 때도 그녀는 그녀의 오르가슴을 느끼는 것이다. 그대와는 아무 관련이 없다. 아마도 그대에게서 자극은 받았을 테지만 그녀의 오르가슴은 그녀의 개인적인 오르가슴이다. 그대의 오르가슴은 그대의 개인적인 오르가슴이다. 그대들이 함께 있다 해도 그대의 오르가슴은 그대의 것이다. 그대가 오르가슴을 느낀다 해도 연인이 그 환희를 함께 느낄 수 없다. 그럴 수 없다.

그것은 절대적인 그대의 것이다. 그것은 개인적이다. 그녀는 그대의 얼굴표정에서, 그대의 육체를 보고 무언가 일어나고 있음을 짐작하지만 단지 외부적인 관찰일 뿐이다. 그녀는 그 안에 참여할 수 없다. 여자가 오르가슴을 느낄 때도 그대는 관망자에 불과할 뿐 그 이상의 참여자가 아니다.

그리고 둘이 동시에 오르가슴을 느낄 때도 각자가 느끼는 오르가슴의 환희는 더하지도 덜하지도 않을 것이다. 그대도 여자의 오르가슴에 영향받지 않고 여자의 오르가슴도 그대에게 영향받지 않을 것이다. 그대는 철저히 개인적이고 철저히 그대 자신 안에 있다. 그것은 모든 오르가슴은 본질적으로 자위적이라는 뜻이다. 여자는 단지 조력자이며 구실일 뿐이다. 남자도 단지 조력자이고 구실에 불과할 뿐 필수조건이 아니다.

둘째로 탄트리카들이 관찰한 바로는 오르가슴은 성센터와 관련된 것이 아니다. 오르가슴과 성센터는 아무 상관이 없다. 만일 뇌와 성센터의 연결이 끊어진다면 오르가슴이 일어나도 아무런 즐거움을 못 느낄 것이다. 따라서 잘 살펴보면 오르가슴은 성센터에서 일어나는 것이 아니라 뇌에서 일어난다. 성센터로부터 어떤 자극이 뇌에 전달되면 거기에서 오르가슴이 일어난다. 현대의 연구결과도 그 관점에 완전히 동의하고 있다.

그대는 분명 유명한 심리학자인 델가도(Delgado)의 이름을 들었을 것이다. 그는 작은 기구를 발명했다… 그는 뇌 속에 전극을 장치한 후, 이 전극을 원격조정장치로 조정할 수 있게 했다. 그대는 버튼을 눌러서 조종하는 원격조정장치의 작은 상자를 휴대할 수 있다. 그 상자를 주머니에 넣고 다니면서 오르가슴을 원할 때마다 버튼을 누르면 된다. 그러나 성센터에서는 아무 변화도 없을 것이다. 그 버튼은 뇌만 자극할 것이다―그것은 성에너지로 뇌센터를 자극할 것이다. 그것이 직접적으로 뇌센터를 자극하면 그대는 굉장한 오르가슴을 체험하게 된다—아니면 다른 버튼을 누를 수도 있다. 그러면 금방 화가 치밀어오를 것이다. 또 다른 버튼을 누르면 심한 압박감을 느끼게 될 것이다. 그대는 상자 안에 있는 모든 버튼을 눌러 그대가 좋아하는 대로 기분을 바꿀 수 있다.

델가도는 먼저 동물들에게 그 실험을 했다. 특히 쥐에게 한 실험은 그를 놀라게 했다. 그는 자신이 가장 아끼는 훈련이 잘된 쥐의 뇌 안에 전극을 장치한 다음 여러 날을 거쳐 실험했다. 그 쥐는 아주 지능이 높은 쥐였다. 쥐의 뇌 안에 전극을 장치한 다음 쥐에게 상자를 주어 버튼 누르는 법을 훈련시켰다. 버튼을 누르면 오르가슴을 느낀다는 사실을 알게 되자 쥐는 미쳐갔다. 어느 날은 6천 번이나… 결국 그 쥐는 죽었다. 그 쥐는 도무지 움직이려 하지 않고 먹지도 않고 잠도 자지 않았으며… 모든 것을 잊어버렸다. 그냥 미친 듯이 버튼만 누르고 또 눌렀다.

현대심리학은 인간의 두뇌에 대하여 탄트라의 견해와 같다. 먼저, 오르가슴은 외부적인 사람, 즉 상대 남녀와 관련된 것이 아니다. 그대의 성에너지와 관련된 것도 아니다. 상대가 그대의 성에너지를 자극하면 성에너지는 뇌의 에너지를 자극한다. 뇌가 자극받는다. 오르가슴은 정확히 뇌 속에서, 머릿속에서 일어난다.

그 때문에 포르노 사진이 그토록 유혹적인 것이다. 포르노 사진은 직접적으로 그대의 뇌를 흥분시킬 수 있다. 오르가슴은 여자의 생김새에 좌우되지 않는다. 추녀도 미녀만큼 황홀한 오르가슴을 줄 수 있다. 그런데 왜 그대는 추녀를 좋아하지 않을까? 그것은 머리의 관심을 못 끌기 때문이다. 바로 그 때문이다. 그렇지 않으면 오르가슴에 있어서는 어느 쪽이든 다 가능하다. 엄청난 추녀든 클레오파트라와 같은 미녀든 그건 상관이 없다. 그러나 그대의 머리, 즉 뇌는 형상과 아름다움에 이끌린다. 탄트라는 말한다. 우리가 이 오르가슴의 메커니즘을 이해하게 되면 귀중한 이해를 얻게 된다고. —한 걸음 더, 현대심리학은 오르가슴이 뇌에서 일어난다는 점에 동의한다— 여자의 오르가슴은 우뇌에서 일어난다. 이에 대해서는 현대심리학은 아직 말할 단계가 아니나, 탄트라는 확실히 말한다. 여자의 오르가슴은 우뇌에서 일어난다. 그곳이 여성의 센터이기 때문이다. 그리고 남성의 오르가슴은 좌뇌에서 일어나는데 그곳이 남성의 센터이다. 탄트라는 이 점을 더욱 깊이 연구했다. 그 결과, 양쪽 뇌가 결합하면 무진장한 환희심과 전적인 오르가슴이 일어난다고 한다.

그리고 이 양쪽 뇌는 아주 쉽게 합쳐질 수 있다. 분석을 덜 할수록 양쪽 뇌는 가까워진다. 그 때문에 분석을 많이 하는 마음은 결코 행복하지 못한 것이다. 분석하지 않는 마음은 더욱 행복하다. 원시부족은 개화된 유식한 문명인들보다 훨씬 행복하다. 동물은 인간보다 훨씬 행복하다. 새들은 인간보다 더 행복하다. 그들에겐 분석적인 마음이 없다. 분석적인 마음은 양쪽 뇌의 간격을 더욱 크게 만든다.

논리적으로 생각할수록 두 마음의 틈새는 더욱 벌어지고 논리적인 마음이 줄어들수록 두 마음은 더욱 가까워진다. 그대의 접근방식이 시적이고 심미적일수록 양쪽 뇌는 더욱 가까워진다. 그러면 더욱 환희롭고 밝고 행복할 수 있다.

그리고 마지막 사항인데, 이것은 여러 세기가 지나야 과학자들도 알게 될 것이다. 마지막 핵심은 그 희열은 정확히 두뇌에서 일어나는 것도 아니라는 사실이다. 그 희열은 두뇌 뒤에서 지켜보고 있는 관조자로부터 일어난다. 만일 그 관조자가 지나치게 남성적 마음에 끌린다면 그다지 희열을 느낄 수 없을 것이다. 혹은 그 관조자가 지나치게 여성적 마음에 끌린다면 조금은 낫겠지만, 그래도 그렇게 큰 희열은 못 느낄 것이다.

여자는 남자보다 훨씬 더 행복한 피조물이라는 사실을 알 수 있는가? 그래서 여자들은 더 아름답고 순진하고 젊게 보이는 것이다. 여자들은 더 오래 살고 평화롭고 만족스럽게 산다. 그들은 그다지 고민하지 않고 자살하지 않으며 미치지 않는다. 남자의 자살률은 여자의 두 배이다.

남자는 여자보다 두 배나 많이 자살하고, 미치는 것도 마찬가지이다. 그리고 만일 전쟁도 자살과 살인행위에 포함시킨다면 남자들은 전쟁 외에는 한 일이 없다. 오랜 세월 동안 남자들은 전쟁을 준비하고 사람들을 죽여왔다.

여성적인 마음은 더욱 시적이고 심미적이며 직관적인 까닭에 훨씬 더 기쁨이 많다. 그러나 만일 어느 쪽에도 집착하지 않고 다만 관조할 뿐이라면 그 기쁨은 온전한 기쁨이고 최상의 기쁨이다. 이러한 기쁨을 우리는 아난다(anand)라고 부른다. 이 관조(觀照)를 아는 것, 이것이 '하나' 되는 것이다. 절대적 하나가 되는 것이다. 그때 그대 안의 남녀는 완전히 사라진다. 그들은 '하나' 속으로 사라진다.

그러한 경지에서 성(性)은 자동적으로 사라진다. 그 경지에서는 성이 불필요하기 때문이다. 하루 24시간 내내 오르가슴으로 사는데 무엇이 또 필요한가?

관조할 때 그대는 오르가슴의 상태에 있다. 그때의 오르가슴은 일시적인 것이 아니다. 그것은 그대의 본성 자체이다. 그것이 무아지경이라는 것이다.

해석적인 생각들로 하여 미혹된

모든 이들은
둘로 갈라진 마음으로 인하여
무(nothingness)와 자비를
둘이라 하네.

존재는 무(無)라고 사라하는 말한다. 하지만 걱정하지 말아라. 우리는 모든 것이 비어 있다는 의미에서 '무'라고 하는 것이 아니다. 실제는 꽉 찬 충만을 의미한다. 그것이 꽉 찬 충만이어서 '무'라고 부르는 것이다. 만일 그것을 무엇이라고 한다면 한계가 지어지는데, 존재에는 한계가 없다. 그래서 우리는 그것을 '무'라고 한다. 그렇지만 불교도들은 묻고 또 물어왔다.
"만일 아무것도 없다면 자비심은 어디서 나오는가? 아무것도 없다면 붓다는 왜 자비심을 말하는가?"
사라하는 말한다.
"'무(無)'와 '자비'는 에너지의 양면이다."
존재에 있어 무(無)란 비에고적이라는 뜻이다. 에고는 '나는 특별한 무엇이다'라는 뜻이다. 만일 존재가 특별한 어떤 것이 아닌데 내가 이 존재와 함께 가야 한다면, 내가 이 존재의 일부가 돼야 한다면 나는 에고를 버리지 않으면 안 된다. 에고는 나를 특별한 무엇으로 만들어주고 나를 한정짓고 정의해준다. 존재에 아무 자아도 없다면 그것은 '없음'이고 무아(無我, anatta)이다. 그러면 나 또한 '없음'이 되어야 한다. 그때 이 두 '없음'이 만나 서로 속으로 녹아들 것이다. 나라는 에고가 없어야 한다. 그 속에 자비가 있다.

에고와 함께 열정이 있고, 비에고와 함께 자비심이 있다. 에고와 함께 폭력이 있고 비에고와 함께 사랑이 있다. 에고와 함께 공격성, 분노, 잔혹함이 있고 비애고와 함께 친절과 나눔, 애정이 있다. 따라서 사라하는 자비심은 일부러 만드는 것이 아니라 한다. 그대가 무(無)의 경지로 살 수 있다면 자비심은 저절로 나올 것이다.

이런 이야기를 들었다.

어떤 사람이 돈을 융자받기 위해 은행장을 만났다. 은행장이 꼼꼼히 따져본 후 이렇게 말했다.

"당신의 요청은 거절해야 마땅하지만, 기회를 드리죠. 자, 내 한쪽 눈은 유리인데, 어느 쪽이 유리 눈인지 맞춰보시오. 그러면 돈을 대출해주겠소."

잠시 은행장을 유심히 살펴본 고객이 말했다.

"은행장님, 오른쪽 눈이 바로 그 눈입니다."

"맞아요."

은행장이 말했다. 은행장은 과연 그가 어떻게 알았을까 놀라워했다.

"어떻게 알았소?"

"저,"

고객이 대답했다.

"오른쪽 눈이 훨씬 더 자비롭게 보여서 분명 그 눈이 유리눈일 거라고 생각했죠."

에고, 즉 계산적이고 교활한 마음은 절대 자비로울 수가 없다. 에고에는 폭력성이 있다. 그대가 에고적이라면 그대는 폭력적이다. 평화적일 수가 없다. 평화적이고 싶다면 '나'라는 것을 버리지 않으면 안 된다. '무'가 되지 않으면 안 된다. '무'에서 비폭력이 나온다. 그것은 연습한다고 될 문제가 아니다. 비폭력은 '무'가 될 때 가능하다. 그때 자비심이 흐른다. '나'라는 것은 에너지의 흐름을 가로막는 벽이다. 그 벽만 없으면 자비심은 쉽게 일어난다.

사라하는 말한다.

"'무'와 자비는 둘이 아니다."

그대가 '무'가 되면 거기에 자비가 있다. 혹은 그대가 자비스러워지면 그대는 자신이 그 어떤 것이 아님을, 그 어떤 사람도 아님을 알게 될 것이다.

존재의 성격을 이러한 무(無)로 표현하는 것은 에고의 소멸을 위한 커다란 진보이다. 이는 또한 붓다가 인류에게 기여한 가장 위대한 공로 중의 하나이다. 모든 종교들은 똑같은 에고를 미묘한 방식으로 세련되게 하고 있을 뿐이다. 도덕적인 사람들은 '나는 도덕적이다'라고 생각하고 윤리주의자들은 '나는 다른 사람들보다 훨씬 모범적이다'라고 생각한다. 종교수련을 하는 사람들은 자기가 다른 사람들보다 훨씬 종교적이라고 생각한다. 그러나 이런 생각들은 전부 에고의 특질들이다. 이런 생각들은 궁극적인 도움이 못될 것이다.

붓다는 에고를 세련되게 하는 것이 중요한 게 아니라, 그대 안에 아무도 없다는 데 대한 이해와 각성이 중요하다고 말한다.

그대는 내면을 바라본 적이 있는가? 내면으로 들어가 그 주변을 살펴본 적이 있는가? 거기 누가 있는가? 그대는 아무도 발견하지 못할 것이다. 오직 침묵만이 있을 뿐, 아무도 마주치지 못할 것이다.

소크라테스는 말한다. "너 자신을 알라"고. 붓다는 말한다. "너 자신을 알게 된다면 '너 자신'이란 없다"고. 내면에는 아무도 없다. 거기에는 순수한 침묵만이 있다. 그대는 어떠한 벽도 어떠한 자아도 마주치지 않을 것이다. 그것은 허공이다. 존재 자체만큼 허공이다. 그 허공으로부터 모든 것이 흘러나온다. 그 '무'로부터 모든 것이 흘러 나온다.

> 벌들은 꽃 속에
> 꿀이 있음을 아는도다.
> 삼사라와 니르바나가 둘이 아님을
> 미혹된 이들이 어찌 알겠는가?

그것을 지켜본 적이 있는가? 어느 조그맣고 아름다운 호수 주변에 꽃들이 피어 있다. 꽃나무 곁에는 개구리들이 앉아 있지만 그들은 그 꽃 속에 꿀이 있다는 것을 모른다. 그러나 벌들은 꽃 속에 꿀이 있음을 안다. 물새, 백조, 물고기, 개구리들은 바로 그 꽃나무들 곁에 살고 있으면서도 그 사실을 모른다. 꽃 속에 꿀이 있다는 것을 알려면 꿀벌이 되지 않으면 안 된다. 사라하는 탄트리카는 꿀벌과 같고 금욕주의자는 개구리와 같다고 말한다. 그는 꽃들 곁에 살면서도 전혀 자각이 없다. 자각하지 못할 뿐 아니라 그것을 부정하기까지 한다. 벌들이 탐닉적이고 바보들이며 스스로를 파멸하고 있다고 생각한다.

사라하는 금욕주의자는 개구리와 같고 탄트리카는 꿀벌과 같다고 한다. 성(性) 속에는 고결한 무엇이 있다. 성에너지에는 존재의 문을 여는 열쇠가 있다. 그러나 개구리들은 그 사실을 모른다. 성에너지에서 생명이 태어난다는 그 명백한 사실은, 성(性) 속에 생명의 핵심이 있다는 의미라고 탄트라는 말한다. 새로운 아기가 성에너지를 통해 태어나고 새로운 존재가 성에너지를 통해 존재계로 들어온다. 새로운 손님이 성에너지를 통해 존재계를 찾아온다. 성에너지는 가장 창조적인 에너지이다. 우리가 그것을 깊이 관찰한다면 거기서 더욱 위대하고 창조적인 가능성을 발견할 수도 있으리라.

탄트라는 말한다.

"섹스는 성에너지의, 리비도의 가장 낮은 층이다. 만일 각성을 통해 그 심층을 깊이 탐구한다면 숨어 있는 지고의 가능성, 즉 사마디를 얻을 것이다."

섹스는 진흙 속에 떨어진 사마디와 같다. 그것은 진흙 속에 떨어져 있는 다이아몬드와 같다. 다이아몬드를 씻어보라. 진흙은 그 것을 파괴할 수 없다. 진흙은 오직 겉에만 묻어 있을 뿐, 진흙을 씻어내면 다이아몬드는 다시 그 찬란함과 우아함을 빛낼 것이다.

섹스 속에 다이아몬드가 숨겨져 있다. 사랑 속에 신이 숨겨져 있다. 예수가 신은 사랑이라고 말할 때, 아마도 탄트라에서 이 생각을 얻었을 것 같다. 유대교의 신은 전혀 사랑적이지 않기 때문이다. 유대전통에서는 그런 생각이 나올 수 없다. 유대교의 신은 분노의 신이다.

유대교의 신은 말한다.

"나는 질투와 분노의 신이다. 나를 반대하는 자는 복수를 면치 못하리라."

유대교의 신은 대단히 독재적인 신이다. 사랑은 유대교의 관념에 어울리지 않는다. 예수는 신은 사랑이라는 생각을 어떻게 하게 됐을까? 그것은 인도의 탄트라 학파를 통해 얻었을 가능성이 높다. 탄트리카들을 통해 그것이 퍼져나갔을 가능성이 많다.

사라하는 예수보다 3백 년을 앞서 살았다. 누가 아는가? 어쩌면 사라하의 생각이 퍼져나갔을지도 모른다. 그렇게 생각하는 데는 확실한 이유가 있다. 예수가 인도에 왔을 가능성도 꽤 많고 인도의 전도사들이 이스라엘로 퍼졌을 가능성도 많기 때문이다.

하지만 한 가지 확실한 건, 신을 사랑의 에너지로 고찰한 것은 탄트라라는 사실이다. 하지만 기독교인들은 오해했다. 예수도 '신은 사랑(God is love)이다' 라는 암시를 했지만 그들은 오해했다. 그들은 그것을 '신이 사랑하고 있다(God-loving)'라고 해석해버렸다. 예수는 신이 사랑하고 있다고 말한 것이 아니다. 예수는 신은 사랑이라고, 신=사랑이라고 말한 것이다. 그것은 하나의 공식이다. 사랑=신이다. 사랑 속에 깊이 들어가면 신을 발견할 것이다. 그 외에 신을 발견할 수 있는 길은 없다.

> 벌들은 꽃 속에
> 꿀이 있음을 아는도다.
> 삼사라와 니르바나가 둘이 아님을
> 미혹된 이들이 어찌 알겠는가?

누가 미혹된 이들이고 개구리들인가? 금욕주의자들, 이른바 마하트마들, 신이 세상을 반대한다고 하며 세상을 거부하는 이들이다. 이것은 바보짓이다! 만일 신이 세상을 반대한다면 왜 계속 세상을 창조하는가? 그가 정말로 반대한다면 언제라도 그만둘 수 있는 일이다. 그가 마하트마들에게 동의한다면 이미 오래전에 이 일을 멈추었을 것이다. 하지만 그는 계속해서 세상을 창조하고 있다. 그는 반대하는 게 아니라 오히려 전적으로 세상을 지지하는 것 같다.

탄트라에서는 신은 세상을 반대하지 않으며, 삼사라와 니르바나는 둘이 아닌 하나라고 말한다. 금욕주의자는 성에너지와 싸운다. 그 싸움을 통해서 그는 신으로부터 멀어지고 삶으로부터 멀어지고 생명의 원초적 근원으로부터 멀어진다. 그리고 나서 왜곡된다… 당연히 그렇게 된다. 싸우면 싸울수록 그대는 더 비뚤어진다. 그런 다음 환상을 품게 된다. 뒷문으로 다시 환상이 찾아온다.

그리하여 금욕주의자는 표면상으로는 성과 싸우고 삶과 싸우면서, 마음속에서는 환상을 품는다. 억압할수록 더욱 사로잡히게 된다. 금욕주의자는 강박증적인 사람이다. 탄트리카는 아주 자연스럽다. 그에게는 강박관념이 없다. 하지만 아이러니하게도 금욕주의자가 탄트리카를 강박관념적이라고 한다. 탄트리카에 대해 "왜 이들은 성을 이야기하는가?" 하고 묻지만, 실제로 성에 잡혀 있는 사람은 금욕주의자들이다. 그들은 성을 언급하지 않을 뿐 아니라 비록 언급한다 해도 성을 비난하기 위해서지만, 실지로는 끝없이 성을 생각하고 있다. 그들의 마음은 성의 주변을 맴돌고 있다.

신을 거역한다는 것은 어려운 일이다. 아무리 노력해도 실패할 것은 확실하다. 그러나 마음은 어떻게 해서든지 방법을 찾을 것이다.

한 유대인이 친구와 대화 도중 이렇게 말했다.
"나는 혼자 자는 쪽을 좋아하네. 독신생활을 좋아하지. 사실 결혼한 후에도 아내와 나는 계속 각 방을 써왔네."
"그런데,"
친구가 말했다.
"만약 한밤중에 사랑을 나누고 싶으면 어떻게 하는가?"
"오, 그러면 휘파람을 불지."
놀란 친구가 계속 물었다.
"그러면 거꾸로 자네 부인이 원할 때는 어떻게 하지?"
"오,"
그가 대답했다.
"그녀가 내 방문을 두드린다네. 그리고는 묻지. '이키, 당신이 휘파람 불었나요?"

한 방을 쓰는가, 아닌가가 무슨 의미가 있는가? 마음은 여하간에 방법을 찾아낼 것이다. 마음은 휘파람을 불기 시작할 것이다. 여자는 물론 휘파람을 불 수 없다. 여자에게는 휘파람을 부는 따위의 저속한 행동은 하지 않기를 기대한다. 그러나 방 앞에 와서 문을 두드리며 물을 수는 있다. "이키, 당신이 휘파람 불었나요?"

마음은 아주 교활하다. 그럼에도 확실한 건 삶의 현실을 피할 수 없다는 것이다. 만일 피하려고 노력한다면 교활한 마음은 수단 방법을 찾아 더욱 교활해질 것이다. 그러면 그대는 더욱 마음의 함정에 빠지게 된다. 과연 금욕주의자가 진리를 깨달았다는 얘기는 들은 적이 없다. 불가능하다. 삶을 부정하는데 어떻게 진리를 깨달을 수 있겠는가?

진리는 생명력으로 넘쳐야 한다. 진리는 삶과 함께 흘러야 하고 삶 속에 있어야 한다. 그 때문에 나는 나의 산야신들에게 삶을 떠나라는 말을 절대 하지 않는 것이다. 삶 속에 있어라. 그 안에 전적으로 있어라! 거기에, 시장통 어딘가에 문이 있다.

삼사라와 니르바나는 둘이 아니라고 사라하는 말한다.

미혹된 사람이 어찌 그것을 이해할 것인가? 개구리가 어찌 그것을 이해할 것인가? 과연 어찌 이해할 수 있겠는가?

꿀벌이 돼라!

적어도 나의 산야신들은 이것을 마음속 깊이 간직하라. 꿀벌이 돼라. 개구리가 되지 말아라. 이 삶의 꽃들 속에 신의 꿀이 담겨 있다… 모아라!

미혹된 사람은 거울에 비친 모습을

실제 자기 얼굴로 보네.
진리를 거부한 마음도 그처럼
진리가 아닌 것에 의지하네.

마음은 거울과 같다. 그것은 오직 반사할 뿐이다. 그것은 결코 실재가 아닌, 결코 실물이 아닌 체험의 그림자만 보여줄 뿐이다. 그것은 호수와 같다. 만월이 호수에 비친 것을 본다. 그러나 그 반사체는 실재의 달이 아니다. 그 반사체가 실재의 달이라고 생각한다면 절대로 실재의 달을 못 볼 것이다.

사라하는 말한다.

미혹된 사람은 거울에 비친 모습을 실제 자기 얼굴로 보네.

반사체를 제 얼굴로 보면 어떻게 되는가? 거울에서 제 얼굴을 보게 되면 착각이 일어난다. '저건 내 얼굴이야'라고 생각한다. 그러나 그것은 그대의 얼굴이 아니다. 그대 얼굴의 반사체일 뿐이다. 거울 속에는 반사체만 있을 뿐 실재의 얼굴은 있을 수 없다.

마음은 거울이다! 그것은 실체를 반사한다. 그러나 그 그림자를 믿기 시작하면 허상을, 상상을 믿는 것이다. 그 믿음은 곧 벽이 될 것이다. 사라하는 말한다.

"진리를 알고자 한다면 마음을 내려놓아라."

그렇지 않으면 마음은 끝없이 반사할 것이고 그대는 그림자만 보게 될 것이다. 마음을 내려놓아라! 진정 실체를 알고자 한다면 그림자를 거부하라.

가령, 호수에 비친 만월을 본다. 자, 그대는 어디에서 만월을 찾을 것인가? 호수로 뛰어들 것인가? 달을 찾으러 호수 속 깊이 잠수

할 것인가? 그러면 결코 찾지 못할 것이다. 오히려 그대 자신마저 잃어버릴 것이다. 진정으로 달의 실체을 원한다면 그림자를 거슬러 가라. 정반대의 방향으로 가라. 그러면 달을 찾을 것이다. 마음으로 가지 말아라. 마음과 정반대로 가라.

마음은 분석적이다. 그대는 종합하라. 마음은 논리를 믿는다. 그대는 논리를 믿지 말아라. 마음은 아주 계산적이고 교활하다. 그대는 순진무구하라. 마음과 반대로 가라! 마음은 증거와 원인을 요구한다. 그대는 증거와 원인에 개의치 말아라. 신뢰는 마음과 정반대로 나간다. 마음은 대단히 의심이 많다. 만일 의심한다면 마음으로 갈 것이다. 의심하지 않는다면 마음을 거역하게 되리라. 의심하지 말아라! 삶은 사는 것이지 의심하는 것이 아니다. 삶은 신뢰하는 것이다. 신뢰와 손을 잡고 가라. 그러면 진리를 찾을 것이다. 의심을 통해 간다면 길을 잃게 된다.

진리를 구하는 것은 마음의 정반대를 구하는 것이다. 마음은 거울이고 그림자이기 때문이다. 마음을 내려놓은 것, 그것이 명상의 모든 것이다. 사념을 내려놓고 생각을 내려놓고 정신의 작용을 내려놓는 것이 곧 명상의 전체이다.

그대가 사념을 투사하지 않고 실체를 바라볼 수 있을 때 진리가 거기에 있다. 그때는 그대가 진리이고 모든 것이 진리이다. 마음은 엄청난 미혹과 환상, 꿈의 능력이다.

꽃향기는 만질 수 없으나
온누리에 충만히 스미어 있어
당장에 아는도다.
그렇듯 틀지어지지 않은 그 자체로 있음을 보고
신비스런 원들이 돌아가고 있음을

깨달아라.

위대한 경문이다!

꽃의 향기는 만질 수 없으나

그대는 꽃의 향기를 만질 수 없다.

온누리에 충만히 스미어 있어 당장에 아는도다…

그러나 그대는 그것을 냄새맡을 수 있다. 그대는 그것을 볼 수는 없으나 냄새맡을 수 있다. 그것은 그대를 에워싸고 있다. 그대는 그것을 만질 수 없다. 그것은 만져서 알 수 있는 것이 아니다. 그것은 만질 수 있는 것이 아니다. 만일 만져서 알 수 있는 것을 진리의 기준으로 삼는다면 그때는 그것이 진리가 아니라고 말할 것이다. 진리는 생각으로 알 수 있는 것이 아니다. 만일 생각으로 알려 한다면 그대는 놓치리라.

진리는 체험될 수는 없으나 알려질 수 없다. 진리는 깨달을 수는 있으나 단정될 수 없다. 꽃의 향기와 같이 눈으로 볼 수 없고 귀로 들을 수 없지만… 만일 "그 향기를 듣고 보지 않는 한 나는 믿지 않겠다"면 그대는 장막을 치는 것이고 결코 그 향기를 맡을 수 없을 것이다.

하여 그 향기를 믿지 않는다면, 도무지 믿지 않는다면 그대의 냄새맡는 능력은 상실될 것이다. 사용하지 않고 신뢰하지 않는 능력은 곧 소멸되기 때문이다. 신뢰는 하나의 능력이다! 그대는 참 오랫동안 의심을 통해 살아왔다. 참 오랫동안 의심과 결탁해왔다.

그대는 "먼저 논리적인 증거가 필요하다. 나는 의심스럽다"고 말한다. 그래서 그대는 의심으로 남아 있다. 그러나 신뢰는 오직 신뢰를 통해서만 알 수 있다. 바로 향기가 후각에 의해서 알 수 있듯이. 그대가 냄새맡을 수 있다면 향기를 맡으리라. 만일 그대가 신뢰한다면, 신뢰가 거기에 있다.

사라타(shraddha), 즉 신앙이 신념이 가리키는 것은 신뢰를 알 수 있는 건 의심이 아니라는 것, 회의(懷疑)가 아니라는 것이다. 만일 고집스럽게 의심한다면 늘 의심 속에 남아 있을 것이다.

  온누리에 충만히 스미어 있어
  당장에 아는도다.

신뢰가 있으면 즉시 알리라. 당장! 단 한순간도 놓치지 않는다.

  그렇듯 틀지어지지 않은 그 자체로 있음을 보고

그러면 무엇이 진리인가? 나는 진리에 대한 그토록 아름다운 정의를 본 적이 없다.

  틀지어지지 않은 그 자체로 있음을 보고…

자신을 틀짓지 말아라! 모든 틀은 일종의 갑옷이다. 모든 틀은 일종의 방어이다. 모든 틀은 도피의 수단이다. 열려 있어라. 틀지우지 말아라.

  틀지어지지 않은…

그대가 틀지어지지 않은 상태로 있다면, 그대가 그냥 열려 있다면, 어떤 갑옷도 입지 않고 논리나 의심, 이러저러한 것으로 자신을 방어하지 않는다면, 그냥 열려 있다면… 틀지어지지 않고 방어하지 않고 열린 하늘 그대로 있다면, 모든 문들이 열려 있다면… 친구든 적이든 누구든 들어오게 하라. 모든 문이 열려 있다. 그러한 개방 속에서 그대는 그 자체로 존재하고 여여함의 상태로 존재한다. 그대는 허공이다. 그대는 무(無)이다. 그대는 진리를 깨달으리라.

신비의 원들이 돌아가고 있음을 깨달아라.

그런 다음 그대는 이러한 여여함으로부터 두 개의 원이 돌아가고 있음을 볼 것이다. 하나는 니르바나의 원이고 다른 하나는 삼사라의 원이다. 이러한 여여함의 대양 안에서 두 개의 파도가 일고 있다. 하나는 물질의 파도이고 다른 하나는 마음의 파도이다. 그러나 둘 다 파도이다. 그대는 그 둘을 넘어서 있다. 지금 거기엔 분리가 없다. 차별이 없다. 진리는 마음도 아니고 물질도 아니다. 진리는 삼사라도 아니고 니르바나도 아니다. 진리는 속스럽지도 않고 성스럽지도 않다. 모든 차별은 사라졌다.

만일 궁극의 진리를 마음으로 알려 한다면 마음이 그것을 막을 것이다. 거짓된 마음만을 보게 될 것이다.

우화 하나를 읽었다… 그것에 명상하라.

어떤 사람이 진주문에 도착해서 자신의 이름을 댔다.
"카를리에 그라발입니다."
"당신이 온다는 기별은 없었는데, 지구에 살 때는 무슨 일을 했소?"

"고물상을 했습니다."

"그래요? 가서 물어보고 오겠소."

그러나 천사가 돌아왔을 때는 카를리에 그라발은 진주문과 함께 사라지고 없었다.

카를리에 그라발, 그 고물상인… 그대는 끝까지 습관을 버리지 못했다.

인간이 만든 세상에서는 마음이 대단히 유용할 것이다. 물질에 있어서는 마음이 유용할 것이다. 그러나 이 마음을 그대의 존재 깊은 곳까지 가져가는 것은 위험하다. 마음은 그곳을 어지럽힐 것이다.

이런 식으로 말해보자. 의심은 과학의 세계에 유용하다. 실제 의심 없는 과학은 존재할 수 없다. 의심은 곧 과학의 방법론이다. 과거에는 과학이 지배적이었고 성공적이었기에 의심이 유일한 탐구 방법이 된 것 같다. 그래서 내면을 탐구하는 데도 의심을 적용하는데, 그것은 옳은 방법이 아니다. 외부로 향할 때는 의심이 유용하나 내부로 들어갈 때 의심은 장벽이다. 신뢰하라. 의심을 줄여나가라… 안으로 들어가고자 한다면 더욱 의심을 줄여라. 마침내 의심이 하나도 없게 하라. 의심을 넘어설 때 그대는 본질에 있으리라. 그러나 외부의 세계를 탐구할 때는 신뢰가 유용하지 않다.

과거에 동양에서는 그랬다. 우리는 신뢰를 통해 내면의 실체를 알았기 때문에 과학 역시 신뢰를 통해 발전할 수 있다고 생각했다. 그러나 동양은 결코 과학을 발전시킬 수 없었다. 동양에서는 과학을 크게 발전시킬 수 없었다. 과학에 대해서는 할말이 없다. 이렇다 할 게 없다. 우리는 신뢰를 통해 내면을 탐구함으로써 신뢰만이 유일한 탐구수단이라고 생각했기 때문이다. 우리는 객관적인 것에 신뢰를 시도하여 실패해왔다. 과학에 관한 한 동양은 실패했다. 서양은 의심을 통해 과학에 성공해왔다. 지금은 같은 오류가 발생했다. 그들은 의심만이 옳고 의심만이 사실을 아는 타당한 수단이라고 생각한다. 그러나 그렇지 않다. 내면의 세계를 탐구하는 데 의심을 사용한다면 그 실패는 확실하다. 동양이 과학의 발전에서 실패한 만큼이나.

객관적인 세계에는 의심의 방법이 좋고 주관적인 세계는 신뢰의 방법이 좋다. 의심은 중심에서 테두리로 확산시키는 데 좋고 신뢰는 테두리에서 중심으로 들어오는 데 좋다. 신뢰와 의심은 새의 양날개와 같다.

미래의 인류는 의심과 신뢰를 함께 사용할 능력을 갖출 것이다. 그것은 지고의 통합이 될 것이다. 동양과 서양의 통합, 과학과 종교의 통합. 의심과 신뢰 양쪽을 다 사용할 수 있을 때… 의심이 필요하거나 밖으로 향할 때는 의심을 하고, 신뢰가 필요할 때는 의심을 내려놓고 신뢰한다. 이 둘을 자유로이 사용할 수 있는 사람은 이 둘을 넘어설 것이다. 이 둘을 확실히 초월할 것이다. 그러한 사람은 그 둘을 사용하면서 자신은 그 둘로부터 분리되어 있다는 사실을 알 터이기 때문이다. 그것이 초월이다. 그 초월은 위대한 자유이다. 위대한 자유, 그것이 바로 니르바나이다.

이 경문들에 대해 명상하라. 사라하는 단순한 언어로 어마어마한 것을 말하고 있다. 그의 위대한 통찰을 왕에게 보여주고 있다. 그대 또한 이 위대한 통찰을 함께 나눠라. 사라하와 함께 인간의 실체 속으로 깊이 들어가라.

그리고 그 길만이 궁극의 현실로 가는 유일한 길임을 항상 기억하라. 인간의 현실은 궁극의 현실로 가는 유일한 길이다. 그곳이 그대의 자리이기 때문이다. 인간은 오직 자기가 있는 곳으로부터 진보할 수 있다. 성(性)은 그대의 현실이다. 사마디는 성을 통해 다가설 수 있다. 바깥세계는 그대의 현실이다. 내면의 세계는 그것을 통해 다가설 수 있다.

그대의 눈은 밖을 보고 있지만 내면으로 그 눈을 돌릴 수 있다.

오늘은 이만.

8

사랑에
진실하라

1. 만일 개구리가 틀지어지지지않은 상태로
   존재할 수 있다면 꿀벌이 될까요?

2. 저에게도 희망이 있습니까?

3. 산야신의 삶에서는
   어떤 것이 자선활동입니까?

4. 제가 시간낭비를 하고 있을까요?

5. 어떻게 섹스에너지가
   사마디로 변형될 수 있습니까?

6. '오쇼'께서 코카콜라처럼 될까요?

첫 번째 질문

사랑하는 오쇼, 저는 개구리입니다.
탁하고 이끼 낀 어두운 물 속에서 헤엄치기를 좋아하고
질척질척한 진흙 속에서 꿈꾸고 있는 저는 개구리일 수밖에
없습니다. 그런데 과연 꿀이란 무엇입니까?
개구리가 틀지어지지 않은 상태로 존재할 수 있다면
꿀벌이 될까요?

물론이다! 모든 사람들은 꿀벌이 될 가능성을 갖고 있다. 모든 사람들은 꿀벌의 존재로 성장할 수 있다. 틀지어지지 않고, 살아 있고, 자연스러운 삶, 순간에서 순간을 사는 전적인 삶이 그것을 향한 문이고 열쇠이다. 과거에 영향받지 않고 살 수 있다면 그는 꿀벌이다. 그때는 온통 꿀뿐이다.

　그것을 개구리에게 설명한다는 것은 어려운 일이다. 그대의 질문은 당연하다. "과연 꿀이란 무엇입니까?" 개구리는 그 꿀을 맛본 적이 없다. 개구리는 꽃이 있고 꿀벌이 꿀을 모으는 꽃나무들의

뿌리 곁에서 살지만 그 차원에 들어가지 못했다.

사라하가 말하는 '개구리'는 과거의 잔영을 갖고 살아가는, 과거나 기억에 묶여서 사는 사람을 뜻한다. 과거를 통해 산다는 건 진정으로 사는 것이 아니다. 과거를 통해 산다는 건 인간으로서가 아니라 기계처럼 사는 것이다. 과거를 통해 살 때 그것은 반복이다. 지루한 반복이다. 그대는 희열을, 생명과 존재의 기쁨을 놓친다. 생명의 기쁨, 지금 여기에 존재할 수 있는 달콤함, 이 현존의 달콤함, 그것이 꿀이라는 것이다. 그 기쁨이 꿀이다… 그대 주변에 수만 송이의 꽃들이 피고 있다. 온 존재계가 꽃으로 충만되어 있다.

만일 그대가 꿀을 모으는 법을 안다면, 기쁨으로 넘치는 법을 안다면 그대는 황제이다. 그것을 모른다면 그대는 거지로 살아간다. 여기 새들이 노래하고 있다… 꿀이 쏟아져내리고 있다! 꿀벌은 꿀을 모을 것이나 개구리는 놓칠 것이다. 그대를 둘러싼 이 하늘과 태양과 사람들… 모두가 한량없는 꿀의 원천이다. 모두가 달콤함과 사랑으로 넘치고 있다. 만일 그대가 그것을 모으는 법과 그것을 맛보는 법을 안다면 그것은 온누리에 퍼져 있다. 신은 모든 곳에 퍼져 있다. 그 신의 맛을 사라하는 꿀이라 부른다.

꿀벌이 가지고 있는 몇 가지의 특성을 그대는 이해해야 한다. 그것들은 아주 위험스런 것들이다. 하나는, 꿀벌은 결코 어떤 꽃에도 집착하지 않는다는 것이다. 꿀벌은 어떤 꽃에도 집착하지 않는다는 것, 그것은 가장 심오한 비밀이다. 꿀벌은 가족을 거느리지 않는다. 아내도 없고 남편도 없다. 다만 꽃의 초대에 응할 뿐이다. 꿀벌은 자유롭다.

인간은 가족에게 매어 있다. 탄트라는 가족주의를 반대한다. 그 통찰력은 위대하다. 탄트라는 말한다.

"가족주의로 인해 사랑이 파괴되고 삶의 달콤함이 독으로 바뀐

사랑에 진실하라

다."

　가족은 서로에게 집착하며 서로를 소유하려고 한다. 서로의 존재를 향유하려 안하고 소유하려고 한다. 소유를 즐기게 되었다. 그것은 건너뛴 것이다. 그대는 아내와 함께 있으나 그녀를 향유하지 못한다. 그녀의 존재를 즐기지 못한다. 다만 소유할 뿐이다. 거기엔 정치성과 야심과 경제적인 이유가 있을 뿐이다… 거기 사랑은 없다.

　사랑은 소유하지 않는다. 나는 그대가 여자와 오래 살지 말라는 것이 아니다. 여러 생을 함께 살아도 좋다. 그러나 거기 가족주의는 없을 것이다. 내가 말하는 '가족'이란 법적인 소유를 말한다. 내가 말하는 '가족'이란 의무적인 요구를 뜻한다. 남편이 아내에게 "당신은 나를 사랑해야 할 임무가 있다!"고 하는 요구 말이다. 그 누구도 사랑의 의무는 없다. 남편이 강제로라도 아내의 사랑을 요구할 수 있으나, 강요된 사랑 속에 사랑은 없다. 오직 사랑하는 척할 수 있을 뿐이다. 아내는 의무를 완성한다. 남편은 의무를 완성한다. 그러나 사랑은 의무가 아니다! 사랑은 꿀이고 의무는 흰 설탕이다. 그대는 조만간에 당뇨병으로 고생할 것이다. 그것은 독이다. 의무는 순전히 흰 설탕이며 독이다. 그렇다, 맛은 비슷하다. 설탕도 약간의 꿀맛은 있다. 그러나 꿀은 아니다.

　가족주의는 대단히 소유적이다. 가족은 인간을 반대하고 보편적 형제애를 반대한다. 가족의 벽은 감옥과 같다. 그대는 그것에 익숙해져서 못 느낄 수도 있다.

　국경을 건너갈 때 그대는 굴욕감을 느끼지 않았는가? 그때 그대는 그 나라가 그대의 나라가 아니었음을 실감한다. 그것은 거대한 감옥이었다. 나가고 들어오면서 그대는 알 것이다. 검열소에서, 공항에서, 세관을 통과하면서 그대는 감옥수였다는 것을 알 것이다. 자유는 엉터리였다. 거룩한 헛소리에 불과했다. 그러나 한 나라 안에서만 살면서 국경을 건너보지 못한다면 절대 그것을 실감하지 못할 것이다. 그대는 그대가 자유롭다고 생각할 것이다. 그대는 자유롭지 못하다! 그렇다, 감옥은 크다. 어느 정도는 움직일 수 있다. 그러나 그대는 자유인이 아니다.

가족의 경우도 그러하다. 만일 그대가 경계선을 건너게 된다면 그대가 갇혀 있다는 사실을 알게 될 것이다. 그대가 이웃을 사랑하게 된다면 가족들이 반대할 것이다. 만일 그대가 다른 여자와 행복해 한다면 그대의 아내는 원수가 된다. 만일 그대가 다른 남자와 함께 춤춘다면 그대의 남편은 미칠 것이다. 그는 그대를 죽이려 할 것이다. 하루 전만 해도 "정말로 사랑해. 당신을 위해 죽을 수도 있소"라고 말한 그 사람이 말이다.

경계선을 넘음으로써 그대는 자신이 감옥수라는 사실을 알게 될 것이다. 경계선을 넘어보지 않으면 모든 것이 좋다는 무지의 축복 속에서 살 수 있다.

그것은 집착이며, 여러 꽃들에게서 다양한 꽃들을 경험하는 능력을 박탈하는 소유욕이다. 꿀벌이 꽃 한 송이에서만 꿀을 모은다고 생각해보라. 그 꿀벌은 그다지 풍요롭지 못할 것이다. 풍요로움은 다양성에서 온다. 그대의 삶은 지루하고 빈곤하다.

사람들은 내게 와서 말한다.

"저는 지루합니다! 어떻게 해야 합니까?"

그들은 지루해지려고 몸부림치면서 마치 지루함이 다른 이유로 생겼다고 생각한다. 자, 그대는 더 이상 사랑하지 않는 여자와 살고 있으나, 경전에는 한 번 서약을 하면 반드시 서약을 지켜야 한다고, 반드시 서약을 지키는 사람이 되라고 적혀 있다. 한 번 맹세를 하면 죽어도 그 맹세를 지켜야 한다. 아무런 경이로움도 없이 지루하기만 하다면 사랑이 식은 것이다!

그것은 마치 똑같은 음식을 날마다 먹지 않으면 안 되는 것과 같다. 과연 얼마나 오래 그 음식을 즐길 수 있겠는가? 아마도 첫날에는 맛있었을 것이다. 그렇다, 둘째 날에도, 셋째 날에도… 그러나 서서히 노이로제에 걸리게 된다. 그것을 먹고 또 먹고… 그러면 질리기 시작한다. 그 지루함 때문에 인간은 마음을 교란시키는 수만 가지 수단을 발명해냈다. 6시간을 TV 앞의 의자에 꽉 붙어 있든가—이 얼마나 어리석은가— 영화를 보고 라디오를 듣거나 신문을 읽는다. 아니면 바로 그대처럼 지루한 사람들이 모여 있는 클럽에 간다. 아무튼 관계의 지루함을 모면하기 위해 주의를 딴 데로 돌린다.

이를 이해하도록 노력하라. 탄트라는 말한다.

"꿀벌이 돼라. 자유로워져라!"

탄트라는 사랑하는 여자와 함께 있지 말라고 하는 것이 아니다. 사랑하는 여자와 함께 있어라. 그러나 그 서약은 사랑을 향한 것이지 여자를 향한 것이 아니다. 그 서약은 사랑을 향한 것이지 남자를 향한 것이 아니다. 이것이 근본적인 차이이다. 그대는 사랑에 서약을 했고 행복에 서약을 했다. 사랑이 사라질 때는, 행복이 떠나갈 때는 감사하다고 말하고 떠나라.

삶의 모든 경우에 있어서도 마찬가지다. 만일 그대가 의사인데 의사라는 직업에 싫증이 났다면 어느 순간에라도 그것을 버릴 수 있어야 한다. 그 대가가 아무리 클지라도. 위험이 뒤따를 때 인생은 모험이 된다. 하지만 그대는 생각한다.

"지금 나는 마흔 살, 마흔다섯 살이다. 어떻게 직업을 버릴 수 있단 말인가? 이렇게 수입이 좋은 일을 또 어디서 찾겠는가…"

그러나 정신적으로나 심리적으로 그대는 죽어가고 있다! 그대는 서서히 자살하고 있다. 만일 그대 자신을 파멸시키고 통장의 잔고만 유지하고 싶다면 그렇게 해도 괜찮다. 그때는 그대로 좋은 것이다.

그러나 그 직업이 더 이상 만족스럽지 않다고 느낄 때는 그만둬라! 이것이 탄트라 혁명이다. 어떤 것이 더 이상 마음을 끌지 못할 때, 매력과 독특한 기쁨의 특성을 상실했을 때 그것에 집착하지 말아라. 그때는 "미안해." 하고 떠나라. 지난일과 그 사람이나 그 일을 통해 일어났던 모든 것에 감사하되, 미래를 향해 열려 있어라. 이것이 꿀벌이 된다는 의미이다. 사라하는 말한다.

"오직 꿀벌만이 모든 꽃들 속에 꿀이 충만함을 안다."

하지만 나는 반대의 극단으로 가라고 말하는 것이 아니다. 어떤 사람들은 반대의 극단으로 가기도 한다. 사람이란 그토록 어리석다…. 바로 어제 나는 독일에 있는 행동분석 공동체(Action Analysis Commune)라는 어떤 공동체에 관한 글을 읽었다. 그들의 공동체에는 한 여자와 이틀 밤 이상을 함께 자면 안 된다는 규칙이 있다. 자, 이것은 또다시 바보 같은 짓이다. 인간은 못 말리는 바보들이다. 만일 한 여자와 이틀 밤을 계속 잔다면 공동체가 쫓아낸다.

자, 한 극단의 잘못이 증명되었는데, 이것은 또 다른 극단이다… 곧 이것도 잘못임이 증명될 것이다! 먼젓번의 극단은 억압이었다. 그대는 같은 여자와, 같은 남자와 이유도 모르면서, 왜 계속 자야 하는지 모르면서 여러 해를, 한평생을 함께 자야 했다. 가족의 안정을 바탕으로 사회가 존속한다고 사회와 나라가, 성직자와 정치가들이 말해왔다. 이 비정상적인 사회는 비정상적인 가족주의에 의존한다. 이 비정상적인 가족주의는 감옥 전체를 구성하고 있는 개체들이며 벽돌들인 것이다.

비정상적인 정치가들이 비정상적인 가족에 의존하고, 비정상적인 종교가 비정상적인 가족에 의존한다. 그들은 그대를 억압해왔다. 그들은 그대가 배우자나 그 관계로부터 벗어나는 걸 허용하지 않는다. 그들은 그 관계를 유지하지 않으면 범죄자이고 죄인이라고 말한다. 그들은 지옥과 지옥불로 그대를 겁준다.

같은 여자와 다음날 밤도 함께할 수 없다는 것은 반대 극단이다. 이것 역시 또 다른 억압이다. 다음날 밤도 그녀와 함께 있고 싶다면 그땐…? 그때는 그 규정이 억압이 될 것이다. 처음의 억압에서는 사랑이 식고 권태가 있었다. 두 번째의 억압에서는 친밀감이 사라지고 사람이 섬처럼 소외된다. 그대는 아무데서도 뿌리내리지 못할 것이다.

탄트라는 말한다.

"바로 중도에 길이 있다."

그대가 즐거울 수 있는 그 장소, 그 사람, 그런 일을 하라. 그렇지 않으면 바꿔라. 만일 한 여자와 평생 동안 즐거울 수 있다면 그것은 아름다운 일이다. 무진장 아름다운 일이다. 그대는 행운아다. 그러면 친밀감이 자라고, 그대들의 존재가 서로 안에 뿌리내려 한데 어우러질 것이다. 마침내 그대들은 한 사람, 한 영혼이 될 것이다. 그것은 위대한 체험이다. 그것을 통해 탄트라의 최정점을 알게 될 것이다! 하지만 이것은 가족주의가 아니다. 이것은 연애이다. 이것은 바로 그대가 사랑의 심연으로 들어간 것이다.

지금 이러한 유의 사람들, 이 A.A. 공동체와 같은 사람들은 위험하다! 그들은 자기들이 뭔가 대단한 것을 하고 있다고 생각하는데 그것은 단순한 반작용일 뿐이다. 사회가 잘못한 것에 대해 지나치게 반응하며 반대의 극단으로 가고 있는 것이다. 그것은 또 다른 잘못이 된다. 인간은 먼저 균형을 잡아야 한다.

둘째로… 사라하는 말한다.

"짜여지지 않고 틀지어지지 않은 존재의 상태."

만일 습관을 통해 살고 있다면 습관은 상투적인 것이기에 삶이 즐거울 리 없다. 어찌 똑같은 것을 가지고 계속 즐거울 수 있겠는가? 마음은 계속 같은 상태로 남아 있고, 곧 싫증날 것이다. 남자나 여자를 바꾼다 해도 그대 자신은 그대로이다. 그 50퍼센트는 항상 동일하다. 거기에 지루함이 있다.

탄트라는 말한다.

"먼저 결코 어떤 사람에게도 사로잡히지 말아라. 사람들에게서 자유로운 상태로 머물어라. 둘째, 과거로부터 자유로워져라."

그때 그대는 100퍼센트 자유롭다. 꿀벌처럼. 그대는 어디든 날 수 있다. 아무것도 그대를 붙잡지 못한다. 그대의 자유는 완전하다.

과거의 틀을 고집하지 말아라. 창의적이 되고 혁신적이 되도록 노력하라! 모험가가 돼라. 개척자가 돼라. 새로운 방식으로 삶을 향유하라. 즐거운 삶을 위한 새로운 길을 찾아라. 줄곧 옛 방식을 통해 새로움을 찾고 있는데, 새 방식을 찾아라.

거기엔 무한한 가능성이 있다… 그대는 다양한 문을 통해 똑같은 체험에 이를 수 있다. 각각의 문마다 다른 비전을 줄 것이다. 그때 삶은 풍요롭다. 거기 달콤함이 있고 즐거움이 있고 축제가 있다. 그것이 꿀이라는 것이다. 개구리의 경향성에 묶이지 말아라! 그렇다, 개구리도 깡총 하고 조금은 뛸 수 있다. 여기저기 뛰어다닐 수 있다… 그러나 개구리는 날 수 없기에 각각의 꽃마다 신성의 향기가 있다는 사실을 알지 못한다. 사라하가 말하는 꿀은 각각의 존재가 저마다 신성하다는, 신(神)에 대한 시적인 상징이다.

사람들은 내게 와서 묻는다.

"신을 알고 싶습니다. 신은 어디에 있습니까?"

이 질문은 어리석기 그지없다. 신이 없는 곳이 어디인가? 그대는 신이 어디에 있는지 묻는데, 그대는 눈먼 장님이다. 그대는 그를 볼 수 없는가? 세상엔 오직 신밖에 없는 것을? 나무 속에, 새 속에, 동물들 속에, 강물 속에, 산 속에, 남자 속에, 여자 속에… 신은 모든 곳에 있다. 신은 무수한 형상으로 그대를 에워싸고 춤추고 있다. 도처에서 그가 "안녕!" 하고 인사하고 있는데 그대는 듣지 못한다. 사방에서 그대를 부르고 있다. 사방에서 "내게로 와!" 하며 그대를 초대하고 있는데 그대는 눈을 감고 있다. 아니면 그대는 눈가리개를 하고 있어서 아무것도 볼 수가 없다.

그대의 시각은 아주 좁고 편중되어 있다. 만일 돈을 추구해서 오직 돈만 보고 있다면 다른 곳은 보이지 않는다. 만일 권력을 추구해서 오직 권력만 보고 있다면 그 외의 곳은 보이지 않는다. 그리고 신은 돈 속에 있지 않다는 것을 기억하라. 돈은 인간이 만든 것이고 신은 인간이 만든 것 속에 있을 수 없다. 내가 신은 모든 것 속에 있다고 말할 때 인간이 만든 것은 제외된다는 것을 기억하라. 돈 속에는 신이 없다. 돈은 인간의 교활한 발명품이다. 그리고 권력에도 신은 없다. 그것 역시 인간의 광기이다. 다른 사람을 지배하려는 생각은 정신병에 불과하다. '나는 권력이 있고 남들은 무력해야 한다'는 생각은 미친 자의 생각이고 파괴적인 생각이다.

신은 정치 속에도 없고 돈 속에도 없으며 야망 속에도 없다. 그러나 신은 인간이 그를 파괴하지 않은 곳이라면, 인간이 멋대로 창조하지 않은 곳이라면 어디에나 존재한다. 현대에 이것은 가장 어려운 것 중의 하나이다. 지금의 세상은 온통 인간의 창조물로 난무하기 때문이다. 그대는 그 사실을 알 수 있는가?

나무 곁에 앉아 있을 때는 신을 느끼기가 쉽다. 그러나 아스팔트 위에 앉아 있을 때는… 그대는 줄곧 아스팔트 위에서 신을 찾고 있으나 신은 보이지 않는다. 시멘트와 콘크리트 빌딩만으로 둘러싸인 현대의 도시에서는 어려운 일이다… 시멘트와 콘크리트의 정글에서는 신을 느끼지 못할 것이다. 인간의 창조물은 성장하지 않는 까닭이다. 인간의 창조물은 성장하지 않는다는 것, 그것은 많은 난제 가운데 하나이다. 인간의 창조물은 죽어 있다. 생명이 없다. 신의 창조물은 성장한다. 심지어는 산도 성장한다! 히말라야도 여전히 성장하고 있다. 여전히 높아지고 또 높아지고 있다. 나무들은 자란다. 아이들은 자란다.

인간이 만든 것은 자라지 않는다. 아무리 훌륭한 것도 그렇다. 비록 피카소의 그림이라 할지라도 결코 자라는 법이 없다. 그러니 시멘트나 콘크리트 빌딩에 대해서는 말할 나위가 있겠는가? 베토벤의 음악이라 할지라도 자라지 않는다. 그러니 테크놀로지나 인간이 만든 기계에 대해서는 말할 나위가 있겠는가?

지켜보라! 성장하는 곳에는 어디에나 신이 있다. 오직 신만이 성장하기 때문이다. 그 외의 것은 성장하지 않는다. 모든 것 가운데 오직 신만이 성장한다. 나무에서 새 잎이 나올 때, 그것은 신이 나오는 것이다. 새들이 날고 있을 때, 그것은 신이 날고 있는 것이다. 어린아이가 깔깔거리며 웃고 있을 때, 그것은 신이 깔깔거리며 웃고 있는 것이다. 여자나 남자의 눈에서 눈물이 흘러내릴 때, 그것은 신이 울고 있는 것이다.

생동하는 곳이라면 어디든 신이 있다. 주의 깊게 들어라. 좀더 가까이 오라. 주의 깊게 느껴라. 주의하라! 그대는 신성의 땅에 있다.

탄트라는 말한다. 그대의 신호등을 치운다면… 그것이 탄트라가 말하는 '틀지어지지 않은 삶의 방식'이다. 그 신호등을 치우고 원래대로 폭넓게 본다면 그대는 모든 방향으로 볼 수 있다는 것을 알게 될 것이다. 사회는 그대에게 고정된 방향만 보도록 기만해왔다. 사회는 그대를 노예로 개조해왔다.

커다란 모의가 있다… 모든 아이들이 손상되어 있다. 아이가 태어나는 순간부터 사회는 금세 해를 입히기 시작한다. 자신이 자각하기도 전에 사람은 벌써 노예이며 불구가 되어 있다. 수많은 통로를 통해서 불구가 되어버렸다. 불구가 된 사람은 가족이나 사회, 정부, 정치, 군조직에 의존해야 할 것이다. 그는 수많은 것들에게 의존해야 할 것이다. 그 의존성 때문에 그는 언제나 노예로 남아 있을 것이다. 결코 자유인이 될 수 없을 것이다. 그리하여 사회는 사람을 불구로 만든다. 아주 미묘한 방식으로 불구를 만든다. 그러나 그대는 모른다. 그대가 눈을 뜨기 이전에 이미 불구가 되어 있었다.

탄트라는 말한다.

"건강을 회복하라!"

사회로부터 받은 모든 상처들을 치유하라! 마침내는 사회가 심어놓은 모든 인상들을 자각하고 원상복구하여 그대의 인생을 살아가라. 이 삶은 그대의 것이지, 다른 누구의 사업이 아니다. 이것은 순전히 그대의 인생이다. 신이 그대에게 준 선물이다. 그대 이름의 머리글자가 새겨진 개인적인 선물이다. 삶을 향유하라. 삶을 살아라! 비록 많은 대가를 치른다 할지라도 치를 가치가 있다. 때로는 그대의 삶을 위해 목숨을 걸어야 할지라도 그것은 충분한 가치가 있다.

탄트라는 대단히 혁명적이다. 탄트라는 전적으로 다른 사회를 지향한다. 그 사회는 소유적이 아니고 금전 지향적이 아니며 권력 지향적이 아니리라. 그 사회는 다른 유의 가족주의, 즉 소유적이 아니고 생명 부정적이 아닌 가족제도를 지향한다. 지금의 우리 가족주의는 생명 부정적이다.

아이가 태어나면 온가족이 생명의 기쁨을 죽이려고 애쓴다. 아이가 즐거워하고 있으면 늘 말썽이다. 아이가 슬프고 우울한 표정으로 구석에 앉아 있으면 받아들여진다. 아빠는 말한다.

"좋아, 아주 좋아."

아이가 말썽을 일으키지 않아서 엄마도 아주 좋아한다. 아이가 싱싱하게 살아 있을 때면 언제나 위험하다. 온가족이 아이의 기쁨을 죽이려고 애쓴다.

그리고 모든 기쁨은 근본적으로 성(性)적 특성과 연관되어 있다. 사회나 가족은 너무 성을 두려워한 나머지 아이들이 성적으로 즐거워하는 걸 허용할 수 없다. 성적인 즐거움은 모든 즐거움의 기본이다! 그러나 사람들은 그것을 제한한다. 아이들은 자신의 성기조차 만질 수 없다. 그들은 성기를 가지고 놀 수 없다. 아빠나 엄마나 모두 두려워한다… 그들은 모두 두려워한다! 그들의 공포는 그들의 부모로부터 물려받은 것이다. 그들은 노이로제가 되어 있다.

그대는 보았는가? 아이가 성기를 가지고 놀라치면 얼른 달려들어 "그만해! 다시는 그런 짓을 해선 안 된다!" 하고 말한다. 그러나 아이는 특별한 짓을 한 게 아니다… 그냥 자신의 몸을 가지고 논 것뿐이다. 그리고 성기는 자연히 가장 민감하고 싱싱하고 쾌감을 주는 부분이다. 그때 문득 아이의 어떤 것이 단절된다. 그는 두려워하게 된다. 문득 아이의 에너지가 차단된다. 이제 그는 쾌감을 느낄 때마다 죄책감도 함께 느낄 것이다. 이제 그는 죄책감을 알게 됐다. 그리하여 쾌감을 느낄 때면 언제나 자신이 죄인이며 자신이 나쁜 짓을 하고 있다고 느낄 것이다.

내가 수많은 산야신을 관찰한 결과로, 사람들은 쾌감을 느낄 때마다 동시에 죄책감도 함께 느낀다는 것을 알았다. 그들은 반드시 주변 어딘가에 있다가 "그만! 뭘 하고 있니?" 하고 말하는 부모를 두리번거리며 찾기 시작한다. 그러나 우울할 때는 모든 게 좋다.

슬픔은 받아들여진다. 불행은 받아들여진다. 그러나 기쁨은 거부당한다.

아무튼 아이들은 삶의 기쁨을 알 기회가 없다. 아빠와 엄마가 사랑의 행위를 나눈다… 아이들은 그것을 안다. 아이들은 소리를 듣는다. 때때로 엄마와 아빠가 사랑을 나누는 걸 알지만 그들은 참여할 수 없다. 그 자리에 있을 수도 없다. 이것은 추하고 파괴적인 일이다. 아이들도 마땅히 참여해야 한다. 아빠와 엄마가 사랑을 나누는 주변에서 아이들이 놀 수 있어야 한다. 아이들도 아빠, 엄마와 함께 사랑의 기쁨을 누려야 한다.

사랑은 전혀 추하거나 은밀한 것이 아니고 숨길 것도 비밀스러운 것도 아니며 아름다운 현상임을 자녀들도 알아야 한다. 사랑은 죄가 아니라 기쁨이다! 만일 아이들이 아빠 엄마가 사랑을 나누는 것을 볼 수 있다면 그들의 기쁨은 가히 폭발적이 되어, 성으로 인한 수천 가지의 질병이 세상에서 사라질 것이다. 그들은 아빠, 엄마에게 존경심을 느낄 것이다. 그렇다, 언젠가는 그들 또한 사랑을 나눌 것이고, 그것이 커다란 축제임을 알 것이다. 아빠와 엄마가 마치 기도나 명상을 하듯이 사랑을 나누는 것을 볼 수 있다면 아이들은 깊은 감명을 받을 것이다.

탄트라는 말한다.

"사랑은 그러한 축제, 그러한 종교적인 경외(敬畏)와 존경으로 이루어져야 한다."

위대한 무엇이 일어나고 있음을 아이들도 느낄 수 있어야 한다. 그때 그들의 기쁨은 성장할 것이다. 그러한 기쁨 속에는 어떤 죄책감도 없을 것이다. 이 세상은 무진장하게 행복할 수 있을 것이다. 지금의 이 세상은 행복하지 않다. 행복한 사람은 간혹 어쩌다 만날 뿐이다. 아주 드문 현상이다. 그러나 행복한 사람만이 오직 정상인이다. 불행한 사람은 비정상적이다.

탄트라는 다른 비전을, 급격히 다른 삶의 비전을 가지고 있다. 그대는 꿀벌이 될 수 있다. 자유를 통해 그대는 꿀벌이 될 수 있다. 노예인 그대는 개구리이다. 자유로울 때 그대는 꿀벌이다.

자유의 메시지를 잘 들어라. 그대를 속박하는 모든 것으로부터 기꺼이 자유로워져라. 그대는 반드시 깨어 있고 주의하지 않으면 안 된다.

두 번째 질문
사랑하는 오쇼, 저는 당신이 혐오하는, 다소 물이 든 성직자와 정치가와 학자의 혼합인 학교 교장입니다.
제게도 희망이 있을까요?
그리고 저는 쉰여섯 살이나 됐습니다.
이번 생에는 인내하며 견디어내고,
다음 생에나 좀더 좋아질 희망을 갖는 것이 최선일까요?

성직자나 정치가나 학자들에게는 희망이 없다. 다음 생에 있어서도 마찬가지다! 그러나 그대는 성직자나 정치가나 학자의 신분을 언제라도 버릴 수 있고, 거기에 희망이 있다. 그러나 성직자에게는 희망이 없다. 정치가에게는 희망이 없다. 학자에게는 희망이 없다. 나는 그것에 대해 절대적이다. 다음 생에도, 다음의 다음 생에도 절대로 희망이 없다. 나는 성직자가 해탈했다는 말을 들어본 적이 없다. 정치가가 신을 만났다는 얘기는 한 번도 들어보지 못했다. 학자가 깨닫고 진리를 알

사랑에 진실하라 307

고 현명해졌다는 얘기는 도무지 들어본 적이 없다. 그렇다, 그것은 불가능하다.

학자는 지혜가 아닌 지식을 믿는다. 지식이란 외부로부터 온 것이고 지혜란 내면으로부터 온 것이다. 학자는 줄곧 정보를 신뢰하고 정보를 수집하며 무거운 짐을 지지만 내면은 성장하지 못한다. 내면은 여전히 동일한 상태로, 전과 같은 무지의 상태로 남아 있다.

정치가는 권력을 추구한다. 그것은 하나의 에고 트립이다. 궁극에 도달한 사람들은 겸허한 사람들이지 에고이스트들이 아니다. 에고이스트들은 절대로 도달하지 못한다. 그들의 이기심 때문이다. 에고는 그대와 신(神) 사이에 가로놓여 있는 가장 커다란 벽, 장벽일 뿐이다. 그러니 정치가들은 신에게 도달할 수 없다.

그리고 성직자… 성직자는 매우 교활하다. 성직자는 그대와 신 사이에서 중개자 노릇을 하려고 하지만 자기 자신도 신을 모른다. 그는 최고의 사기꾼이고 최고의 협잡꾼이다. 그는 인간이 할 수 있는 가장 큰 범죄를 저지르고 있다. 그는 자기가 신을 알고 있는 척한다. 뿐만 아니라 그대의 손에 신을 쥐어줄 수 있는 것처럼 한다. 자기를 따르면 그대를 신에게 이끌어줄 것처럼 한다. 그러나 그 자신도 신에 대해서 아는 바가 없다. 아마도 종교의식이나 기도하는 방법은 알 것이다. 그러나 신에 대해서는 모른다. 그러니 어떻게 그대를 이끌어 줄 수 있겠는가? 그는 장님이다. 장님이 장님을 이끌면 둘 다 시궁창에 빠질 것이다.

성직자에게는 희망이 없다. 정치가에게는 희망이 없다. 학자에게는 희망이 없다. 그러나 아난다 테자스, 그대에게는 희망이 있다. 이 질문은 아난다 테자스가 한 것이다. 그대에게는 희망이 있다. 그대에게는 모든 희망이 있다.

그리고 그것은 나이의 문제가 아니다. 그대가 쉰여섯, 혹은 일혼여섯, 백여섯 살이라 해도 상관없다. 그것은 시간의 문제가 아니므로 나이하고 상관이 없다. 영원으로 들어가는 것은 언제라도 적절한 순간이다. 영원은 지금 여기인 까닭이다! 그대가 쉰여섯이든 열여섯이든 무슨 차이가 있겠는가? 열여섯 살도 바로 지금 들어가야 하고 쉰여섯 살도 바로 지금 들어가야 한다. 모두 다 바로 지금 들어가야 한다. 그리고 열여섯 살이라고 좋은 점만 있는 것도 아니고 쉰여섯 살이라고 좋은 점만 있는 것도 아니다. 양쪽 다 다른 문제들이 있다. 나는 그것을 안다. 열여섯 살의 젊은이가 명상을 하려 할 때, 신을 만나고자 할 때는 쉰여섯 살의 사람과는 다른 문제에 처한다. 무엇이 다른가? 그 둘을 최종적으로 평가해본다면 그 차이는 질적인 것이지 양적인 것이 아니다.

열여섯 살의 젊은이는 오직 16년의 과거밖에 없다. 그런 면에서는 그가 56년의 과거를 가지고 있는 쉰여섯 살 된 사람보다 좀더 나은 상황이라 할 수 있다. 56년의 인생, 수많은 체험들, 수많은 지식 등 그는 버려야 할 짐이 더 크고 집착이 많다. 열여섯 살의 젊은이는 버려야 할 짐이 많지 않다. 약간의 짐, 작은 수화물, 작은 손가방, 나이 어린 소년의 손가방을 가지고 있을 뿐이다. 이런 면에서는 젊은 사람의 상황이 좀더 낫다.

하지만 또 다른 문제가 있는데 나이든 사람은 미래의 짐이 적다는 것이다. 쉰여섯 살, 그가 지상에서 70년을 살기로 되어 있다면 14년밖에 안 남은 것이다. 더 이상 미래도 없고 더 이상 상상도 없으며 더 이상 꿈도 없다. 거기엔 공간이 별로 없다. 죽음이 다가오고 있다. 열여섯 살은 먼 미래, 많은 상상, 많은 꿈들을 가지고 있다.

젊은 사람에게는 과거의 짐은 작지만 미래의 짐이 크고, 나이든 사람에게는 과거의 짐은 크지만 미래의 짐이 작다. 전체적으로 보면 똑같다. 똑같은 70년이다. 양쪽 다 70년의 세월을 버려야 한다. 젊은 사람에게는 과거에 16년이 있고 나머지가 미래에 있으나 그 미래도 과거처럼 버려야 한다. 따라서 최종적으로 계산해보면 차이가 없다.

아난다 테자스, 그대에게는 무한한 희망이 있다. 질문을 함으로써 이미 작업의 반은 시작된 것이다. 그대는 그대 안의 성직자, 정치가, 학자에 대해 자각하게 되었다. 잘했다. 질병을 자각하는 것, 질병을 아는 것은 치료의 절반을 한 것이다. 그리고 그대는 산야신이 되었다. 그대는 이미 미지를 향한 한 걸음을 내디딘 것이다.

나와 함께 가려면 그대 안의 성직자, 정치가, 학자들에게 작별을 고해야 할 것이다. 나는 그대가 그럴 수 있다고 확신한다. 그렇지 않으면 그대는 묻지도 않았을 것이다. 그대는 그것의 부질없음을, 오늘날까지 그대가 행해온 모든 부질없음을 느꼈다. 그대는 그것을 느꼈다. 그 자각은 무진장한 가치가 있다.

그러니 나는 그저 그대가 인내심을 가지고 다음 생(生)까지 기다리라고 말하지 않겠다. 그렇다, 나는 결코 미루는 것을 좋아하지 않는다. 모든 연기(延期)는 위험스럽고 아주 기만스러운 것이다. "미루자. 이번 생에는 아무것도 할 수 없다"고 한다면 그대는 상황을 회피하는 것이다. 그대는 할 수 있다! 단순히 안그런 척하고 있을 뿐이다. 그리고 "지금 뭘 할 수 있겠는가? 나는 너무 늙었다"라고 하는 것은 자신을 방어하는 책략이다.

임종의 자리에서도, 그 마지막 순간에서도 변화가 일어날 수 있다. 심지어는 죽어가면서도 한순간에 눈을 뜰 수 있다… 그리고 변화가 일어날 수 있다. 죽음이 오기 전에 모든 과거를 떨쳐버리고 완전히 새롭게 죽을 수 있다. 그것은 새로운 방식의 죽음이다. 그것은 산야신으로서의 죽음이고 깊은 명상 속에서의 죽음이다.

깊은 명상 속에서 죽는 것은 전혀 죽음이 아니다. 그 죽음은 영원에 대한 각성으로 충만되어 있기 때문이다.

그것은 한순간에 일어날 수 있다! 그러니 미루지 말아라. "이번 생에는 인내하며 견뎌내고…?" 하고 묻지 말아라. 안 된다. 지금 당장 버려라. 그것은 가치가 없다! 왜 그런 짐을 짊어지고 다니는가? 왜 미루는가? 만일 이번 생을 미룬다면 다음 생도 다르지 않을 것이다. 그 때문에 성직자나 정치가나 학자에게는 희망이 없다고 하는 것이다. 또다시 성직자, 또다시 정치가, 또다시 학자. 다음 생도 이번 생과 똑같을 것이다. 그것이 어떻게 다르겠는가? 똑같은 윤회일 뿐이다.

그리고 이번엔 내가 도와줄 수 있다. 그러나 다음 생에도 내가 도울 수 있을지는 알 수 없다. 이번엔 아무튼 어둠 속을 헤매다가 나를 만났다. 다음번은 아무도 모른다… 이번엔 혁명을 일으킬 수 있는 사람과 만나는 데 56년이 걸렸지만, 누가 아는가, 다음번엔 더 많은 짐을 지게 될지? 확실히 더 많은 짐을 지게 될 것이다. 전생의 짐, 내세의 짐… 그리하여 스승에게 오는 데, 스승을 찾는 데 70년이 걸릴지도 모른다.

그 때문에 나는 정치가나 성직자나 학자에게는 미래에도 희망이 없다고 말하는 것이다. 그러나 그대에게는 무한한 희망이 있다. 그대는 성직자가 아니고 학자가 아니며 정치가가 아니기 때문이다. 그대가 어찌 그들일 수 있겠는가? 그러한 것들은 그대의 주변 사항일 뿐이고 그대의 본질은 항상 자유롭다. 그대 자신을 개구리라는 존재의 관점에서 생각하지 말아라. 꿀벌이 돼라!

세 번째 질문

오쇼, 산야신의 삶에서는 어떤 것이 자선활동입니까?

이 질문은 산야신이 한 것이 아니다. 이것은 필립 마틴이 한 것이다. 필립 마틴, 먼저 산야신이 돼라. 그대는 타인들에 대해 물어서는 안 된다. 그것은 신사적이지 않다. 그대는 그대 자신에 관해서만 물어야 한다. 산야신이 돼라. 그리고 나서 물어라. 하지만 질문 자체는 의미가 있다. 그러니 어쨌건 대답을 하겠다. 나는 필립 마틴이 조만간에 산야신이 될 것 같은 느낌이 든다. 질문에도 그런 조짐이 보인다.

먼저, 세상의 모든 종교들은 지나치게 자선, 드얀(dhan)을 권장했다. 그 이유는 인간은 언제나 돈에 대하여 죄의식을 느껴왔기 때문이다. 자선단체에서는 남을 도와주면 죄의식이 줄어든다고 말해왔다. 영어의 고어에서 'gilt'이라는 낱말이 돈을 의미한다는 것을 알면 그대는 놀랄 것이다. 독일어에는 돈을 의미하는 'geld'라는 낱말이 있는데 '황금(gold)'과 밀접한 낱말이다. guilt, gilt, geld, gold… 아무튼 돈에는 죄의식이 깊이 깔려 있다.

돈이 있을 때마다 그대는 죄의식을 느낀다. 다른 수많은 사람들은 돈이 없으니 그렇게 느끼는 것이 당연하다. 어찌 양심의 가책을 느끼지 않을 수 있겠는가? 그대가 돈을 갖고 있을 때 다른 누군가는 그대로 인해 더 가난해졌음을 그대는 안다. 그대가 돈을 갖고 있을 때, 다른 어딘가에선 기아로 죽어가는데 그대의 통장은 자꾸만 불어나고 있음을 그대는 알고 있다. 어떤 어린이들은 약을 구하지 못해 죽어갈 것이고 어떤 가난한 이들은 양식이 없어 죽어갈 것이다. 그대가 이러한 일들을 어찌 모른 척할 수 있겠는가? 그들의 모습이 뒤쫓아다닐 것이다. 그대가 돈이 많으면 많을수록 그러한 것들이 더 의식될 것이다. 그대는 양심의 가책을 느낄 것이다.

자선은 그대의 죄책감을 덜어준다.

"나는 뭔가를 하고 있다. 나는 사람들을 위한 병원을 열고 학교를 세울 것이다. 나는 이곳 저곳에 자선사업을 하고 있다."

그대는 좀더 행복해질 것이다. 사람들은 빈곤하게 살아왔다. 사람들은 결핍되어 살아왔다. 99퍼센트의 사람들이 가난하게 살아왔다. 대부분의 사람들이 거의 굶어죽다시피 하고 오직 1퍼센트의 사람들만이 돈을 갖고 풍족하게 살아왔는데, 그들은 항상 죄책감을 느껴왔다. 그들을 돕기 위해 종교는 자선이라는 관념을 발전시켰다. 그것은 그들을 죄책감에서 해방시켜 준다.

그러므로 나는 먼저 이렇게 말하고 싶다. 자선은 미덕이 아니라, 단지 그대의 정신을 온전하게 유지시켜 주는 무엇일 뿐이라고. 그렇지 않으면 그대는 미칠 것이다. 자선은 미덕이 아니다. 푸냐(punya)가 아니다. 자선한다고 선행을 한 것이 아니다. 그것은 그대가 돈을 축적하기 위해 저지른 모든 악행에 대한 참회일 뿐이다. 내게 있어서 자선은 대단한 것이 아니다. 그것은 참회이다. 자선을 통해 참회하고 있는 것이다. 백만 원을 벌면 천 원을 자선한다. 그것은 하나의 참회이다. 기분이 나아질 것이다. 에고가 좀더 보호받는 것 같아 기분이 나쁘지 않다. 그대는 신에게 이렇게 말할 수 있다.

"나는 착취만 한 것이 아니라 가난한 사람들을 도왔습니다."

하지만 한 손으로는 백만 원을 빼앗고 다른 손으로는 천 원을 주는 것이 무슨 도움인가? 이자도 안 되는 금액이다!

자선이란 이른바 가난한 사람들이 아닌 부자를 돕기 위해 종교인들이 고안해낸 술책이었다. 내가 보기에 자선은 가난한 사람이 아닌 부자를 돕기 위한 술책이다. 이것을 명확히 해두자. 자선으로 가난한 사람이 도움을 받았다면 그것은 결과였고 부산물이었지 그 목적은 아니었다.

나는 내 산야신들에게 뭐라고 말하는가? 나는 자선을 베풀라는 말을 하지 않는다. 내게는 그 낱말이 추해 보인다. 나는 서로 나누라고 말한다. 그 안에는 전혀 다른 특질이 있다. 나눔… 가지고 있는 것을 나누라. 나눔으로써 타인을 돕는 것이 아니라, 나눔으로써 그대는 성장할 것이다. 나누면 나눌수록 그대는 더 성장할 것이다.

그것이 무엇이든 나누면 나눌수록 더 많이 갖게 될 것이다. 그것은 돈만의 문제가 아니다. 만일 그대가 지식을 갖고 있다면 지식을 나눠라. 만일 그대가 명상을 가지고 있다면 명상을 나눠라. 사랑을 가지고 있다면 사랑을 나눠라. 그대가 가지고 있는 것, 그것을 나눠라. 그것을 모든 곳에 흩뿌려라. 바람에 날리는 꽃의 향기처럼 퍼지게 하라. 그것은 특별히 가난한 사람들에게만 해당되는 것이 아니다. 나눌 수 있다면 누구든지 함께 나눠라… 그리고 가난에도 여러 종류가 있다.

어떤 부자는 사랑이 없어서 가난할 수 있다. 그에게는 사랑을 나눠라. 어떤 가난한 사람은 사랑은 있지만 좋은 음식을 먹어본 적이 없을 것이다. 그와는 음식을 나눠라. 어떤 부자는 모든 것을 가지고 있지만 지혜가 없을 수도 있다. 그에게는 그대의 지혜를 나눠라. 그것 역시 가난이다. 가난의 종류는 수천 가지가 있다. 그대가 가진 것, 그것을 나눠라.

하지만 기억하라. 나는 그것이 미덕이고 그것으로 인하여 그대가 천국의 특석에 앉으리라고, 천국의 귀빈으로 대우받으리라고 말하지 않는다. 그렇다, 그대가 가진 것을 나눌 때 그대는 지금 여기에서 더욱 행복해진다. 축적만 하는 사람은 결코 행복하지 않다. 축적하는 사람은 바로 변비에 걸려 있는 사람이다. 그는 쉼없이 축적한다. 쉬지도 못하고 남에게 주지도 못한다. 자기가 번 것을 죄다 축적만 하고 있다. 그는 결코 그것을 즐기지 못한다. 그것을 즐기기 위해선 최소한 나누어야 한다. 나눌 때 비로소 즐길 수 있기 때문이다.

그대가 정말로 음식을 즐기고 싶다면 친구들을 불러야 할 것이다. 그대가 정말로 음식을 맛있게 먹고 싶다면 손님들을 초대해야 할 것이다. 그렇지 않으면 그 음식은 맛이 없을 것이다. 그대가 술을 즐기고 싶다면, 방안에서 혼자 술 마시는 것이 뭐 그리 즐겁겠는가? 그대는 친구들을, 다른 술꾼들을 찾아야 할 것이다. 그대는 나누어야 한다!

기쁨은 항상 나눔 속에 있다. 기쁨은 홀로 존재하지 않는다.

어떻게 혼자서, 혼자서만 행복할 수 있겠는가? 생각해보라! 어떻게 완전히 혼자서만 행복할 수 있겠는가? 그럴 수 없다. 기쁨은 하나의 관계이다. 그것은 하나의 조화이다. 실은 산에서 혼자 사는 사람들조차도 역시 존재계와 나누고 있다. 혼자가 아니다… 그들은 별과 산과 새와 나무들과 나눈다. 그들은 혼자가 아니다.

생각해보라. 마하비라는 12년 동안 혼자 정글에서 살았지만 혼자가 아니었다. 권위 있게 말하건대, 그는 혼자가 아니었다. 그의 주변에는 새들이 찾아와 노닐었고 동물들이 곁에 앉았다 가곤 했으며, 꽃나무들은 그에게 무수한 꽃송이를 뿌려주었다. 그리고 별들이 찾아오고 태양이 찾아왔으며 밤과 낮, 여름과 겨울… 사시사철… 그는 기쁨으로 충만했다! 그는 인간에게서 떨어져 있었다. 그는 인간들에게 너무 많이 상처 받아 일정 기간 혼자 떨어져서 치유의 시간을 가져야 했다. 그렇듯 산야신들은 자신들의 상처를 치유하기 위하여 때때로 혼자가 된다. 그렇지 않으면 사람들이 자꾸만 상처를 들쑤셔서 상처가 아물지 못할 것이다. 사람들은 상처가 치유될 기회를 주지 않을 것이다. 자기들이 준 상처를 회복할 기회를 주지 않을 것이다.

12년 동안 마하비라는 침묵하여 바위나 나무 밑에 서 있거나 앉아 있었다. 그러나 그는 혼자가 아니었다. 그 주변엔 무수한 존재들로 붐볐다. 모든 존재들이 그에게 녹아들었다. 그런 어느 날 치유의 날이 왔다. 그의 상처는 치유되었고, 자신이 더 이상 어느 누구에게서도 상처 받을 수 없는 존재임을 알게 되었다. 그는 초월했다. 더 이상 어떤 사람도 그를 상처 줄 수 없었다. 그는 다시 인간과의 관계를 맺기 위해 돌아왔고, 자신이 얻은 기쁨을 나누었다.

자이나 경전에는 그가 세상을 떠난 사실에 대해서만 말하고 그가 세상으로 돌아온 사실에 대해서는 말하지 않는다. 그것은 사실의 반쪽이다. 사실의 전체 내용이 아니다.

붓다는 숲속으로 갔다가 다시 돌아왔다. 그대가 무엇을 가지고 있다면 어찌 계속 거기에 있을 수 있겠는가? 그대는 돌아와서 그것을 나누어야 한다. 그렇다, 나무들과 나누는 것도 좋지만 나무들은 그다지 이해력이 깊지 않다. 그들은 벙어리들이다. 동물들과 나누는 것도 좋다. 그들은 아름답다. 그러나 인간과의 대화만큼 아름다운 것은 없다. 감응, 인간의 그 깊은 감응만큼 아름다운 것은 없다! 그들은 세상으로, 인간에게 돌아와 자신들의 기쁨을, 자신들의 축복을, 자신들의 법열을 꼭 나누어야 했다.

'자선'이란 좋은 낱말이 아니다. 그것은 아주 부담스러운 낱말이다. 나는 나눔을 권장한다. 나의 산야신들은 서로 나누라. 자선이라는 낱말에는 추한 면이 있다. 그것은 그대가 다른 사람보다 더 우월하다는 것처럼 보인다. 마치 다른 사람이 거지라서 그대의 도움이 꼭 필요한 것처럼 보인다. 그것은 좋지 않다. 다른 사람을 낮추어 보고 그대는 가졌고 남은 못 가진 것으로 보는 것은 좋지 않다. 그것은 비인간적이다.

나눔은 전적으로 다른 시각이다. 그것은 남이 가졌는가 아닌가의 문제가 아니다. 핵심은 그대가 너무 많이 가져서 그것을 나누어야 한다는 데 있다. 자선을 할 때는 남이 그대에게 감사해 주길 기대한다. 나눔은 오히려 그대의 과도한 에너지를 나누게 해준 그들에게 그대가 고마워한다.

나눔은 그대의 충만으로부터 나오고, 자선은 타인들의 빈곤에서 비롯된다. 나눔은 그대의 풍요로부터 나온다. 거기에 질적인 차이가 있다.

그렇다, 나는 나누라고 하지, 자선을 베풀라고 말하지 않는다. 나눠라! 그대가 가진 것이 무엇이건, 나눠라… 그러면 성장할 것이다. 주면 줄수록 더 얻는다는 것, 그것이 기본 법칙이다. 주는 것에 절대 구두쇠가 되지 말아라.

네 번째 질문
사랑하는 오쇼, 명상하는 중에도 저의 마음은 여전히
시간당 5백 마일은 갑니다.
저는 결코 침묵을 체험하지 못했습니다. 관조할 때마다
마치 빛이 번쩍하듯 잠시 관조가 되다가는 곧
사라지고 맙니다. 제가 시간낭비를 하고 있는 걸까요?

그대의 마음은 너무 느리다. 시간당 5백 마일밖에 못 가는가? 그대는 그것이 빠르다고 생각하는가? 그대는 너무 느리다. 마음은 속력을 넘어서 있다. 그것은 빛보다도 빠를 만큼 빠르다. 빛은 1초에 18만 6천 마일을 가지만 마음은 그보다 훨씬 빠르다. 하지만 조금도 걱정할 필요가 없다. 그것이 마음의 멋이고 대단한 점이다! 그것을 부정적으로 여기거나 싸우지 말고 차라리 친구가 돼라.

그대는 말한다.

"명상중에 저의 마음은 시간당 5백 마일은 갑니다."

가게 놔둬라! 더 빨리 가게 놔둬라! 그대는 주시자이다. 그대는 마음이 그토록 빨리 가는 것을, 그 엄청난 속력을 지켜보라. 그것을 즐겨라! 그 마음의 유희를 즐겨라.

산스크리트에는 그에 대한 특별한 용어가 있는데, 치드발라스(chidvilas), 즉 의식의 유희라고 부른다. 그것을 즐겨라. 별들을 향해 질주하는, 그토록 빨리 여기저기 이동하며 온갖 것 속에 뛰어드는 마음의 유희를 즐겨라. 거기에 무슨 잘못이 있는가? 그것을 아름다운 춤처럼 생각하라. 그것을 받아들여라.

그대는 마음을 멈추려고 노력하는 것 같은데 그것은 불가능하다. 그 누구도 마음을 멈출 수 없다. 그렇다, 마음이 멎는 때가 있다. 그러나 무작정 노력한다고 해서 멎는 것이 아니다. 마음은 진정한 이해에 의해서 멎는다.

그대는 그냥 무슨 일이 일어나고 있는지, 왜 이 마음이 질주하고 있는지 지켜보라. 괜히 이유도 없이 질주하는 것이 아니다. 그대 마음속에 분명 야망이 있을 것이다… 왜 이 마음이 질주하고 있는지, 어디에서 질주하고 있는지 보도록 노력하라. 만일 돈에 대한 마음이 일어난다면, 이해해보라… 마음이 문제가 아니다. 그대는 돈에 대한 몽상을 시작한다. 복권 같은 것에 당첨이 되고, 다음 그것을 어떻게 쓸까, 뭘 살까 계획까지 세우고 있다. 아니면 자신이 대통령이나 국무총리가 되었다고 생각하고 이제 무엇을 해야 할까, 국가를 혹은 세계를 어떻게 운영할까 생각하기 시작한다.

마음이 무엇을 향해 가고 있는지 마음을 잘 살펴보라. 분명 그대 안에 원인자가 깊숙이 심어져 있다. 그 원인자가 제거되지 않는 한 마음은 멈춰지지 않는다.

마음은 단순히 그대 안에 깊이 심어져 있는 원인자의 명령을 따를 뿐이다. 만일 성에 대해 생각하고 있다면, 마음속 어딘가에 성욕을 억압하고 있는 것이다. 마음이 어디에서 돌진하고 있는지 지켜보라. 그대 자신을 잘 살펴보고 어디에 원인자가 있는지 찾아내라.

신부가 굉장히 걱정하며 성당 경비에게 말했다.
"들어보시오. 누가 내 자전거를 훔쳐갔소."
"그것을 어디에 두었었죠, 신부님?"
그 경비가 물었다.
"그 초대받은 교구집 근처요."
가장 좋은 방법은, 신부가 주일강론에서 십계명을 얘기해보는 것이라고 경비가 제안했다.
"도둑질하지 말라는 계명이 나오는 시점에서 신부님과 제가 사람들 표정을 살펴보면 도둑을 가려낼 수 있을 겁니다."
일요일이 왔다. 신부가 십계명을 줄줄 읊기 시작했다. 그러다가 이야기의 맥이 끊기고 주제가 바뀌어 질질 끌다가 흐지부지되고 말았다.
"신부님,"
강론 후, 경비가 말했다.
"왜 도중에 강론이 끊겼는지…."
"길세스, 알아요, 알아. 그런데 말이오, 내가 '간음하지 말지니라.' 하고 말했을 때 갑자기 자전거를 둔 곳이 기억났단 말이오."

사랑에 진실하라 319

그대가 자전거를 어디에 놔두었는지 한 번 보라. 마음은 이유가 있어 그토록 바삐 움직이고 있는 것이다. 마음을 멈추려면 이해와 각성이 필요하다. 마음을 멈추려고 애쓰지 말아라. 그렇다면 애초부터 성공할 수 없다. 둘째 만일 성공한다 해도-오랫동안 꾸준히 노력한다면 성공할 수 있다- 그대는 멍청해질 것이다. 그것을 통해서는 어떤 깨침도 일어나지 않을 것이다.

먼저, 그대는 성공할 수 없다. 그리고 그것은 다행이다. 만일 그대가 성공할 수 있다면, 어찌어찌해서 마음을 멈추었다면 그건 대단히 불행한 일이다. 그대는 우둔해지고 지성을 잃게 될 것이다. 지성은 그러한 마음의 속력과 함께 연마된다. 그 마음의 속력과 함께 그대의 생각과 이성과 지성은 날카롭게 연마된다. 부디 마음을 멈추려고 애쓰지 말아라. 나는 우둔한 사람들을 좋아하지 않는다. 나는 사람들이 바보가 되는 것을 돕기 위해 여기에 있는 것이 아니다.

종교라는 이름하에 무수히 많은 사람들이 바보가 되었다. 그들은 왜 마음이 그렇게 쏜살같이 달려가고 있는지 먼저 그 원인을 이해하려고 노력도 안하고 그저 마음을 없애려고만 한다. 그래서 사람들은 거의 백치가 되었다. 마음은 아무 이유 없이 그렇게 움직이지 않는다. 그렇지만 사람들은 겹겹이 쌓여 있는 원인들을, 무의식의 깊은 층들을 이해하지 못하고 그저 멈추려고만 애쓴다. 마음을 멈추는 것은 가능하나, 그러려면 대가를 치러야 할 것이다. 지성을 잃게 되는 대가 말이다.

인도를 돌아보라. 그대는 무수히 많은 구도자, 마하트마들을 발견할 수 있다. 그들의 눈을 들여다보라. 그렇다, 그들은 좋은 사람들이다. 착한 사람들이다. 그러나 어리석다. 그들의 눈 속엔 지성이라고는 찾아볼 수가 없다. 아무런 광채도 나지 않는다. 그들은 비창조적인 사람들이다. 그들은 도대체 아무것도 창조한 적이 없다. 그저 자리에 앉아 있을 뿐이다. 그들은 식물처럼 무기력하다. 그들은 살아 있는 사람들이 아니다. 그들은 과연 세상을 유익하게 한 적이 없다. 그들은 그림이나 시나 노래를 창조한 적이 없다. 시를 창조하려 해도 지성이, 일정한 마음의 특성이 필요하기 때문이다.

나는 그대에게 마음을 없애라고 하지 않겠다. 오히려 이해하라. 이해를 통해 기적이 일어난다. 기적은 이해와 함께 있다. 원인을 이해하고 그 원인들을 깊이 자각할 때, 그 원인들을 깊이 자각함으로써 원인은 사라지고 마음의 속도가 느려진다. 그러나 지성은 살아 있다. 마음에 초점을 맞춘 것이 아니기 때문이다.

이해를 통해 원인을 제거하지 않는다는 것이 어떤 행위인지 아는가? 가령 차를 운전하고 있다 하자. 그대는 액셀러레이터를 밟고 있는 동시에 브레이크를 밟으려고 하는 것이다. 차는 고장나 버리고 사고까지 날 수 있다. 그 일은 동시에 할 수 없다. 브레이크를 밟고 있다면 액셀러레이터는 밟지 말아라. 더 이상 밟지 말아라. 만일 액셀러레이터를 밟고 있다면 브레이크를 밟지 말아라. 양쪽을 동시에 하지 말아라. 그렇지 않으면 모든 조직을 고장낼 것이다. 그것은 상반되는 일이다.

그대는 야심을 갖고 있으면서 마음을 멈추려고 애쓰는가? 야심은 마음에 가속도를 붙인다. 그대는 마음을 가속시키면서 동시에 브레이크를 밟는 것이다. 마음의 섬세한 조직이 모두 파괴될 것이다. 마음은 아주 섬세한 현상이다. 모든 존재 가운데 가장 섬세하다. 그러니 마음에 대해 어리석게 굴지 말아라. 마음은 멈출 필요가 없다.

그대는 말한다.

"저는 결코 침묵을 체험하지 못했습니다. 관조할 때마다 마치 빛이 번쩍하듯 잠시 관조가 되다가는 곧 사라지고 맙니다."

그대는 행복하게 느껴라! 그 정도도 굉장히 값진 것이다. 그러한 섬광, 그 섬광은 평범한 섬광이 아니다. 그것들을 당연시 여기지 말아라! 그러한 작은 일별도 일어나지 않은 사람들이 무수히 많다. 그들은 관조가 무엇인지 단 한순간도 모르는 채로 살다가 죽을 것이다. 그대는 요행이다. 운이 좋다.

하지만 그대는 감사해 하지 않는다! 그대가 감사해 하지 않는다면 그 섬광들은 곧 사라질 것이다. 감사함을 느껴라. 그러면 그것들은 자랄 것이다. 감사함과 함께 모든 것이 자란다. 그대가 축복받았음을 행복해 하라. 그러면 그것들은 성장할 것이다. 만물은 긍정적일 때 성장한다.

"관조할 때마다 마치 빛이 번쩍하듯 잠시 관조가 되다가는 곧 사라지고 맙니다."

그냥 짧은 상태대로 놔둬라! 단 한순간이라도 일어났다면 그것은 계속 일어날 것이다. 그대는 경험했고 그 경험을 통해 점점 더 그러한 상태가 창조될 것이다.

"제가 시간을 낭비하고 있는 걸까요?"

시간은 그대의 소유물이 아니니 그대는 시간을 낭비할 수 없다. 그대는 그대가 소유하고 있는 것만을 낭비할 수 있다. 시간은 어떤 식으로든 소비될 것이다. 그대가 명상을 하건 안하건 시간은 소비될 것이다. 시간은 분주히 움직이고 있다. 그대가 무엇을 하건—어떤 것을 하건 안하건— 시간은 흘러간다. 시간은 저장할 수 없는 것인데 어찌 낭비될 수 있겠는가? 오직 저장될 수 있는 것만 낭비될 수 있다. 그대는 시간을 소유하지 못한다. 그런 생각은 잊어버려라!

그리고 시간을 소유할 수 있는 최선의 방법은 그러한 작은 일별들을 경험하는 것이다. 결국엔 그러한 관조의 순간들만 남고 나머지는 모두 없어지기 때문이다. 그대가 모았던 돈, 그대가 얻었던 명성, 그대가 획득했던 사회적 지위는 사라져버리고 오직 관조의 섬광이었던 그 몇몇 순간들, 그 순간들만 헛되지 않는다. 그대가 이 생을 떠날 때는 오직 그러한 순간들만 함께 있을 것이다. 오직 그 순간들만이 영원에 속하기 때문이다. 그 순간들은 시간을 벗어나 있다.

그러한 일별을 기뻐하라. 그것은 항상 서서히 일어난다. 한 방울 한 방울이 모여 거대한 대양이 된다. 그것은 한 방울로 시작되나, 그 한 방울이 모여 큰 바다가 된다. 그대는 다만 그것을 감사하게, 축복으로, 고마운 마음으로 받아들여라.

그리고 마음을 멈추려고 애쓰지 말아라. 마음이 속력을 내도록 놔둬라… 그대는 다만 지켜보라.

다섯 번째 질문
사랑하는 오쇼,
어떻게 하면 성에너지가 사마디로 변형될 수 있습니까?

탄트라와 요가는 인간의 내면에 관한 확실한 지도를 가지고 있다. 그대가 그 지도를 이해한다면 많은 도움이 될 것이다. 그 이해는 굉장히 많은 도움을 줄 것이다.

탄트라와 요가는 인간의 생리기능, 육체가 아닌 미묘한 생리기능에 일곱 개의 센터가 있다는 것을 전제로 한다. 사실상 그것들은 은유지만 인간의 내면을 이해하는 데 대단히 유용하다. 그것들은 일곱 차크라들이다.

처음에 있으면서 가장 기본적인 차크라는 물라다라(muladhar)이다. 물라다라는 가장 근본적이고 기초적이라는 뜻이다. 그래서 그것을 물라다라라고 한다. 물라다라는 기본을, 뿌리를 의미한다. 물라다라 차크라는 성에너지를 직접 얻을 수 있는 센터지만 사회는 이 차크라를 심하게 손상시켰다.

이 물라다라 차크라는 세 가지 측면에서 볼 수 있는데 하나는 구강, 즉 입이고 둘째는 항문이며 셋째는 생식기이다. 이것들은 물라다라의 세 가지 측면이다. 아이의 삶은 입과 함께 시작된다. 그런데 잘못된 성장과정으로 많은 사람들이 계속 입의 상태에 남아 있다. 그들은 조금도 성장하지 않았다. 그 때문에 사람들은 그렇게 담배를 피우고 껌을 씹고 줄기차게 먹는 것이다. 이것은 입에 고착된 현상이다. 그들은 여전히 입의 상태에 머물고 있다.

키스를 하지 않는 원시사회가 있다. 실제 아이들이 잘 성장한다면 키스는 없어질 것이다. 키스는 인간이 아직도 입의 상태에 머물러 있다는 표시이다. 그렇지 않으면 왜 입으로 섹스를 하는가? 원시족들이 문명인들이 키스한다는 사실을 처음 알았을 때 그들은 비웃었다. 서로 키스한다는 것을 그들은 우습게 생각했다. 그것은 또 비위생적으로 보인다. 서로에게 온갖 질병들을 옮기고 감염시킬 뿐이다.

더구나 그게 무슨 짓인가? 무엇을 위해? 하지만 인간은 계속 입의 상태에 머물러왔다.

아기의 입은 만족되지 못했다. 엄마는 아이가 필요로 하는 만큼 충분한 젖을 주지 않았다. 아이는 불만족스러운 상태로 남아 있다. 그리하여 성장한 후에는 담배를 피우거나 키스를 하고 껌을 씹을 것이다. 아니면 과식가가 되어 끊임없이 이것 저것을 먹을 것이다. 만일 아이가 필요로 하는 만큼 충분한 젖을 먹고 자란다면 물라다라는 손상되지 않는다.

만일 그대가 흡연가라면 고무 젖꼭지를 물어보라. 그대는 놀랄 것이다. 그것은 많은 사람들에게 도움을 주었다. 나는 그것을 많은 사람들에게 주었다. 만일 누가 와서 금연법을 물어보면 나는 이렇게 말한다.

"가짜 젖인 고무 젖꼭지를 물어보라. 그것을 입에 물고 있어라. 그것을 목에 걸고 있다가 담배생각이 날때마다 입에 갖다대고 즐겨라. 그러면 놀랍게도 3주 안에 담배에 대한 욕구가 사라질 것이다."

그대는 아직도 젖의 어떤 부분에 끌리고 있다. 그 때문에 남자들은 그토록 여성의 유방에 집중되어 있는 것이다. 거기엔 다른 이유가 없어 보인다. 왜, 왜 인간은 그토록 여성의 유방에 끌리는가? 그림, 조각, 영화, 포르노 사진 등 모든 것이 유방 중심적으로 보인다. 그리고 여성들은 끝없이 유방을 감추려고 하면서도 실제로는 드러낸다. 그렇지 않으면 브래지어는 쓸데없는 것이다. 그것은 감추면서 동시에 드러내는 행위이다. 그것은 아주 모순된 행위이다. 지금 미국에서는 온갖 어리석은 일들이 극단으로 치닫고 있는데, 그곳에서는 실리콘이나 여타의 화학성분을 여성의 유방에 주사하고 있다. 그들은 유방을 실리콘으로 가득 채워 유방을 크게 만들고 미성숙한 인간들이 좋아하는 모양으로 만들어준다. 이 유치한 생각… 아무튼 인간은 입의 상태에 머물러 있다.

이것은 가장 낮은 차원의 물라다라이다.

다음 소수의 사람들은 입에서 항문으로 고착된다. 두 번째로 큰 손상은 대소변 훈련과 함께 일어나기 때문이다. 아이들이 조금 자라게 되면 억지로 대소변을 보게 한다. 아이들은 마음대로 대장을 조절할 수 없다. 그것은 시간이 걸린다. 아이들이 마음대로 대장을 조절하려면 여러 해가 걸린다. 그러니 어떻게 하겠는가? 그들은 강제적으로 그냥 항문조직을 닫아버리게 된다. 이 때문에 사람들은 항문에 고착되게 된 것이다.

그래서 그토록 많은 사람들이 변비에 걸려 있는 것이다. 변비 때문에 고생하는 존재는 인간밖에 없다. 동물들은 변비 때문에 고생하지 않는다. 야생의 동물들은 변비 때문에 고생하지 않는다. 변비는 보다 심리적인 현상이다. 그것은 물라다라를 손상시킨다. 그리고 변비 때문에 인간 마음에는 다른 많은 문제들이 생겼다.

인간은 비축자가 된다. 지식의 비축자, 돈의 비축자, 도덕의 비축자… 비축자가 되어 불행해진다. 그는 아무것도 놔줄 수 없다! 손에 쥐고 있는 것은 뭐든지 쥐고 있다. 이러한 항문 중시와 함께 물라다라에 커다란 손상이 일어난다. 다음 생식기로 가야 하는데 계속 입이나 항문에 고착되어 있다면 결코 생식기로 가지 못하기 때문이다. 이것은 그대가 완전히 성적으로 되는 것을 방지하기 위한 사회의 책략이다.

사람들은 항문에 고착되어 생식기를 덜 중요하게 생각한다. 그래서 동성연애자가 그렇게 많은 것이다. 세상에서 항문 중시가 사라지지 않는 한 동성애는 사라지지 않을 것이다. 대소변 훈련은 대단히 위험한 훈련이다. 그다음 그럭저럭 사람들은 오랄과 항문에서 벗어나 생식기에 이르는데, 그때는 성에 대한 엄청난 죄의식을 느낀다. 성은 죄를 의미하므로.

기독교는 성을 엄청난 죄라고 생각한다. 그래서 그리스도는 기적으로 태어났지 남녀의 관계에서 태어난 것이 아니며 마리아가 처녀였다는 바보 같은 얘기를 끊임없이 증명하려고 애쓴다. 성이 그토록 큰 죄악인데 어찌 예수의 어머니가 성관계를 할 수 있겠는가? 다른 평범한 사람이라면 몰라도 어찌 예수의 어머니가 성관계를 가질 수 있겠는가? 그처럼 고결한 예수가 어찌 섹스로부터 태어날 수 있겠는가?

이런 얘기를 들었다.

소녀의 안색이 좋아 보이지 않았다. 소녀의 엄마가 그녀를 의사에게 데려갔다. 그리고는 소녀의 엄마가 이러쿵저러쿵 전부 설명했다. 그녀는 그런 성격이었다.

"따님은 임신했습니다."

의사가 말했다.

"선생님, 말도 안 됩니다. 내 딸은 남자와 키스 한 번 한 적이 없습니다. 너 그런 적 있니?"

"아뇨, 엄마. 남자는 손도 잡아본 적 없어요."

의사가 의자에서 일어나더니 창가로 걸어가, 하늘을 뚫어지게 바라보았다. 긴 침묵이 흘렀다. 그러자 소녀의 엄마가 물었다.

"밖에 무슨 일이라도 생겼나요, 선생님?"

"아뇨, 아무 일도요. 지난번 이런 일이 일어났을 때는 동방에서 별이 떴었죠. 이번에는 놓치지 않고 꼭 보고 싶네요."*

성은 너무나 지탄받아 왔다. 그대는 그것을 즐길 수 없다. 그 때문에 에너지는 입이나 항문이나 생식기에 계속 고정되어 있다. 그것은 위로 올라갈 수 없다.

탄트라는 그 손상된 세 가지를 완화시켜야 한다고 말한다. 따라

---

* 의사는 예수의 처녀탄생설을 언급하고 있다.

서 그 중요한 작업은 먼저 물라다라에서 시작해야 한다고 탄트라는 말한다. 입의 자유를 위해 비명 지르고, 웃고, 소리 지르고, 울고, 흐느끼는 것은 아주 이롭다. 그 때문에 내가 선택한 엔카운터나 게슈탈트, 프라이멀과 같은 그룹은 입에 대한 고착을 풀어주는 데 유익하다. 그리고 항문에 대한 고착을 푸는 데는 프라나야마나 바스트리카, 빠른 혼돈호흡이 아주 유익하다. 그것은 항문센터를 직접적으로 자극해서 항문조직이 이완되고 완화되도록 도와줄 수 있다. 그러므로 다이내믹 명상은 무한한 가치가 있는 것이다.

그 다음 성센터, 성센터는 죄의식과 비난의 부담에서 해방되어야 한다. 그대는 다시 성을 배워야 한다. 그때 비로소 손상된 성센터가 건강하게 작용할 수 있다. 그대는 아무 죄책감 없이 성을 즐기도록 다시 배워야 한다.

죄책감에도 여러 종류가 있다. 힌두교인들은 정액의 에너지를 대단히 중요한 에너지로 생각하여 한 방울의 손실만 있어도 모든 에너지를 잃을 거라는 공포를 갖고 있다. 정액을 비축하라! 이것은 꼭 변비적인 태도이다. 정액은 조금도 손실되지 않는다. 그대에게는 무한히 역동적인 힘이 있다. 그대는 그 에너지를 날마다 창조하고 있다. 아무것도 잃을 것이 없다.

힌두교인들은 정액에 대해 지나치게 강박관념적이다. 단 한 방울의 정액도 잃어서는 안 된다고도 생각한다. 그들은 두려워한다. 그래서 성교를 할 때마다 굉장한 좌절과 부담감을 느낀다. 그들은 굉장한 에너지를 손실하고 있다고 생각하는 것이다. 그러나 조금도 잃지 않는다. 그대의 에너지는 무한하다. 그대는 하나의 발전기이다. 그대는 날마다 에너지를 창조한다. 실은 사용하면 할수록 에너지는 더 많아진다. 그것은 바로 몸과 같다. 근육은 사용할수록 좋아진다. 많이 걸을수록 그대는 더 건강해질 것이다. 달리면 달릴수록 필요한 에너지가 더 많이 생길 것이다. 한 번도 달리지 않은 사람이 갑자기 달리면 더 힘이 있으리라고 생각하면 안 된다. 그는 힘이 없다. 그의 근육은 달릴 만큼 안 될 것이다. 신이 그대에게 준 모든 것을 사용하라. 그러면 더욱 갖게 될 것이다.

따라서 힌두교인들에게 있는 비축에 대한 광기는 변비의 일종이다. 그런데 지금 미국인의 광기는 마구 버리는 데 있다. 계속해서 버린다. 의미가 있든 없든 계속해서 버린다. 그래서 여든 살이 된 사람도 끝없이 유치한 생각을 한다. 성(性)은 좋은 것이다. 성은 아름다운 것이다. 그러나 그것이 다가 아니다. 성은 알파이지만 오메가가 아니다. 인간은 성을 넘어가야 한다. 그러나 그것은 넘어가야 하지 비난할 문제는 아닌 것이다. 인간은 성을 통해 성을 넘어가야 한다.

탄트라는 성에 대한 가장 건강한 자세를 가지고 있다. 탄트라는 말한다.

"성은 좋은 것이고 건전하고 자연스러우며 단순한 재생산 이상의 무한한 가능성이 있다."

또한 성은 단순한 오락 이상의 무한한 가능성을 지니고 있다. 성에는 궁극의 어떤 것이, 사마디의 어떤 것이 있다.

물라다라 차크라는 이완되어야 한다. 변비로부터 이완되고 설사로부터 이완되어야 한다. 물라다라 차크라는 100퍼센트의 최대치로 가동되어야 한다. 그러면 에너지가 올라갈 것이다.

두 번째 차크라는 스와디스타나(svadhishthan)인데, 그것은 단전, 즉 죽음의 센터이다. 이 두 개의 센터는 굉장히 손상받았다. 인간이 성과 죽음을 두려워해왔기 때문이다. 그래서 죽음을 회피해왔다.

"죽음에 대해서는 말하지 말아라! 죽음은 잊어라. 죽음은 존재하지 않는다. 설령 그것이 존재한다 할지라도 주의하지 말아라. 아무

주의도 보내지 말아라. 늘 그대는 영생할 것이라고 생각하라. 죽음을 피하라!"

탄트라는 말한다.

"성을 피하지 말아라. 죽음을 피하지 말아라."

그 때문에 사라하는 화장터에 가서 명상을 했다. 죽음을 피하지 않기 위해. 그는 화살 만드는 여자와 함께 건강하고 전적이고 최고의 성적인 삶을 살았다. 여자와 화장터에서 살면서 죽음과 성, 이 두 센터를 이완해야 했다. 죽음과 성은 일단 받아들이면 더 이상 두려운 것이 아니다. 성은 일단 받아들이게 되면 더 이상 두려움이 없다. 그대의 두 낮은 센터는 이완된다.

그 두 센터는 사회에서 계속 손상받았다. 지나치게 손상받았다. 그 센터들이 회복된다면… 다른 다섯 센터는 손상받지 않았다. 그 다섯 센터는 사람들이 살지 않으니 손상될 필요가 없었다. 이 두 센터는 자연히 손상될 기회가 많았다. 성센터, 즉 물라다라에서 탄생이 일어났고 스와디스타나, 즉 두 번째 센터에서 죽음이 일어날 것이다. 이 두 가지는 삶에서 누구나가 겪게 되는 일이다. 그래서 사회는 두 차크라들을 파괴하여 인간을 조종하고 인간을 억압하려고 해왔다.

탄트라는 말한다.

"사랑을 나누는 동안 명상하라. 누군가가 죽어갈 때 명상하라. 가서 지켜보라. 죽어가는 사람 곁에 앉아 그의 죽음에 참여하고 느껴라. 죽어가는 사람과 함께 깊은 명상으로 들어가라."

사람이 죽고 있을 때는 죽음을 경험하기가 쉽다. 사람이 죽을 때 스와디스타나 차크라에서 엄청난 에너지가 나오기 때문이다… 죽는 사람에게서 스와디스타나의 에너지가 풀어진다. 죽음으로써 억눌렸던 스와디스타나 차크라의 에너지가 모두 풀려날 것이다.

그것이 풀리지 않고는 죽을 수 없다. 그래서 죽는 사람이 있을 때는 그 기회를 놓치지 말아라. 만일 죽어가는 사람 가까이 갈 기회가 있다면 조용히 그 옆에 앉아 명상하라. 사람이 죽을 때 사방에 퍼지는 그 갑작스런 에너지의 폭발 속에서 그대는 죽음을 경험하게 될 것이다. 그것은 그대에게 깊은 안도감을 줄 것이다. 그렇다, 죽음이 일어나고 있지만 아무도 죽지 않는다. 그렇다, 죽음이 일어나고 있지만 죽음이란 실제로 없는 것이다.

성행위를 할 때 명상하라. 그리하여 그 행위 속에 사마디의 향기가 스며들 수 있도록. 죽음을 명상할 때 그 속에 깊이 침잠하라. 죽음 속에 있는 영원의 향기를 맛볼 수 있도록. 이 두 체험은 그대의 에너지가 쉽게 올라가도록 도와줄 것이다. 다른 다섯 센터는 다행스럽게도 손상되지 않았다. 그들은 완벽하게 조화로운 상태여서 에너지만 흐르면 문제가 없다. 이 처음의 두 센터들이 회복되면 에너지는 흘러간다. 그러니 죽음과 사랑을 명상의 대상으로 삼아라.

마지막 질문
사랑하는 오쇼,
'오쇼' 께서 코카콜라 광고처럼 전세계에 퍼질까요?

물론이다···.
오늘은 이만!

9

마음은
그 자체로
티없이
순수하다

겨울이 오면
바람에 흔들리는 고요한 물결
바위처럼 굳어져 얼음의 형상을 취하네.
미혹된 이들이
해석적인 생각들로 동요될 때
아직 틀지어지지 않은 것은
견고한 고체로 굳어버리도다.

마음은 그 자체로 티없이 순수하여
삼사라나 니르바나의 불순물로
결코 더럽혀질 수 없네.
진흙 속 깊은 곳의 귀중한 보석은
빛나지 않으나
그 광영은 영원히 살아 있네.

지혜는 어둠 속에서 빛나지 못하나
어둠 속에 빛이 들어오면
고통은 단번에 사라지네.
씨앗에서 새싹이 돋아나오고
새싹에서 잎들이 무성해지도다.

마음을 하나나 여럿으로 생각하는 사람,
빛을 버리고 세속으로 들어가네.
이는 두눈을 뜬 채로
타오르는 불꽃 속에 들어가는 것이라네.
이보다 더 불쌍한 사람이
어디 있겠는가?

 아, 존재의 아름다움이여! 그 순전(純全)한 환희여! 그 기쁨, 노래, 춤이여! 하지만 우리는 여기에 있지 못한다. 우리는 존재하는 것처럼 보이나 실은 존재하지 못한다. 우리는 존재와의 접촉을, 존재에서의 우리 뿌리를 상실했기 때문이다. 우리는 뿌리 없는 나무, 즙이 말라버린 수액이 흐르지 않는 나무와 같다. 나무는 이제 꽃을 피우지 못할 것이다. 그리고 과일도… 새들조차 우리 안에 보금자리를 꾸미려고 찾아오지 않을 것이다.

우리는 죽어 있는 상태다. 우리는 아직 태어나지 않았기 때문이다. 우리는 육체적인 탄생을 태어났다고 여기나 그것은 탄생이 아니다. 우리는 아직도 잠재적인 가능성일 뿐, 실현되지 않았다. 그러기에 우리는 불행하다. 실현된 것은 축복이나 잠재적인 가능성은 불행이다. 왜 그런가? 잠재적인 것은 쉴 수 없기 때문이다. 잠재적인 것은 끊임없이 불안하다. 뭔가가 일어나려고 하고 있으니 불안할 수밖에 없다. 그것은 공중에 매달려 있다. 그것은 연옥 속에 있다.

그것은 하나의 씨앗과 같다… 씨앗이 어찌 편하게 쉴 수 있겠는가? 휴식과 이완은 오직 꽃들만이 안다. 씨앗은 깊이 고뇌한다. 씨앗은 끊임없이 마음을 졸여야만 한다. 그 마음 졸임… '나의 잠재력이 과연 실현될 수 있을까? 내가 과연 좋은 토양을 찾을 수 있을까? 알맞은 하늘을 찾을 수 있을까? 내가 과연 싹 틀 수 있을까, 아니면 태어나지도 못한 채 그냥 죽고 말 것인가?' 씨앗은 속으로 떨고 있다. 씨앗은 근심하고 고뇌한다. 씨앗은 잠들 수 없다. 씨앗은 불면증으로 고통 받는다.

잠재적인 것은 열망한다. 잠재적인 것은 미래를 동경한다. 그대 자신에게서 이를 보지 못하였는가? 그대는 끊임없이 무엇이 일어나길 기대하건만 그것은 일어나지 않는다. 그대는 끊임없이 매달리고 바라고 요구하고 꿈꾸건만 그것은 일어나지 않는다! 그리고 삶은 자꾸 흘러간다. 삶은 자꾸만 그대의 손에서 미끄러지고 죽음이 점점 다가온다. 그런데 그대는 아직 실현되지 않았다. 무엇이 먼저 올지 누가 아나? 실현, 깨달음, 개화(開花)? 아니면 죽음이 먼저 올지 누가 아는가? 결국 그대는 두려워하고 고뇌하고 떨고 있다.

소렌 키에르케고르는 인간은 두려움에 떨고 있다고 말했다. 그렇다, 인간은 하나의 씨앗이기에 두려워 떨고 있다. 프레드릭 니체는 인간은 하나의 다리라고 말했다. 정확히 그렇다! 인간은 안식처가 아니라 건너기 위한 다리이다. 인간은 통과하는 문이다. 인간의 상태에서는 쉴 수 없다. 인간은 하나의 존재가 아니다. 날아가는 도상에 있는 화살이다. 두 영원 사이에 있는 팽팽한 밧줄이다. 인간은 하나의 긴장이다. 오직 인간만이 불안으로 고통 받는다. 지상에서 불안으로 고통 받는 동물은 오직 인간밖에 없다. 그 원인은 무엇일까?

잠재력으로써 존재하는 건 오직 인간뿐이다. 개는 실현되었다.

더 이상 일어날 건 아무것도 없다. 물소는 실현되었다. 그것은 이미 일어났으니 더 이상 아무것도 없다. 일어날 수 있는 가능성은 모두 일어났다. 물소에게 "그대는 아직 물소가 아니다"라고 말한다는 것은 어리석다. 그러나 인간에게는 "그대는 아직 인간이 아니다"라고 말할 수 있다. 인간에게는 "그대는 미완성이다"라고 말할 수 있다. 개에게 "그대는 미완성이다"라고 말한다면 바보 같을 것이다. 개들은 이미 더없이 완전하다.

인간은 어떤 가능성, 미래를 가지고 있다. 인간은 열려 있다. 하여 우리가 과연 그 가능성을 이룰 수 있을까, 이번에는 반드시 이룰 수 있을까 하는 끝없는 공포가 있다. 이전에 우리는 얼마나 많이 놓쳐왔는가? 또다시 놓칠 것인가? 하여 우리는 행복하지 못하다. 존재는 계속 축제를 벌이고 있다. 거기엔 항상 유쾌한 노래와 터질 듯한 기쁨과 열락(悅樂)이 있다! 온 존재계가 연회 속에 있다. 그것은 축제이다. 온 존재계가 매순간 오르가슴 속에 있다! 웬일인지 인간만이 이방인이 되었다.

인간은 순진함의 언어를 잊어버렸다. 인간은 존재와 연결되는 법을 잊어버렸다. 인간은 자기 자신과 연결되는 법을 잊어버렸다. 자기 자신과 연결된다는 것은 명상을 뜻한다. 존재계와 연결된다는 것은 기도를 뜻한다. 인간은 바로 그 언어를 잊어버렸다. 그래서 우리는 이방인 같다. 우리 자신의 집에서 이방인 같다. 자기 자신에게 이방인처럼 보인다. 우리는 우리가 누구인지 모른다. 왜 우리가 존재하는지 모른다. 무엇을 위해 우리가 줄곧 존재하고 있는지 모른다. 그것은 끝없는 기다림 같다. 고도를 기다리는.

고도가 과연 올 것인가는 아무도 모른다. 실제, 이 고도는 누구인가? 아무도 그것을 모른다. 하지만 인간은 무언가를 기다리지 않으면 안 된다. 하여 어떤 관념을 창조해놓고 그것을 기다린다.

신(神)은 곧 그 관념이다. 천국이 곧 그 관념이다. 니르바나가 곧 그 관념이다. 인간은 아무튼 자신 속에 뭔가로 가득 채우지 않으면 심한 공허함을 느낀다. 그래서 기다려야 하는 것이다. 기다림은 목적과 방향이 있는 느낌을 준다. 적어도 기다림이 있으니 그대는 흐뭇하다—아직은 아니지만 언젠가는 일어나겠지. 그런데 과연 그것이 무엇인가?

우리는 심지어 질문도 올바로 제기하지 못한다. 그러니 어찌 올바른 대답을 기대하겠는가? 우리는 질문도 올바로 하지 못하는 것이다! 일단 올바른 질문이 제기되면 답은 그리 먼 곳에 있지 않음을 기억하라. 그 답은 바로 곁에 있다. 실은 올바른 질문 속에 이미 답이 들어 있다. 올바른 질문을 한다면 바로 그 질문 속에서 답을 발견할 것이다.

따라서 오늘 먼저 그대들에게 말하고 싶은 것은, 우리는 놓치고 있다는 것이다. 우리가 마음의 언어로 존재와 연결되려 하기 때문에 줄곧 놓치고 있다는 사실이다. 마음은 그대를 존재계로부터 단절시키는 길이다. 마음은 그대를 제거하는 길이지 북돋워주는 길이 아니다. 생각은 장애물이다. 사념들이 만리장성처럼 그대를 에워싸고 있고 그대는 사념을 통해서 더듬거리고 있다. 그러면 신에게 닿을 수 없다. 신이 멀리 있어서가 아니다. 신은 바로 곁에 있다. 기도만 하면 바로 연결되는 것이다. 그러나 그대가 생각 같은 것을 하고 있다면, 곰곰이 생각하고 분석하고 해석하고 철학화하는 따위를 하고 있다면 신에게서 더욱 멀어지게 될 것이다. 생각이 많으면 많을수록 더더욱 신으로부터 멀어진다. 생각을 통해 실체를 본다는 것은 어려운 일이다. 생각은 거대한 안개를 창조한다. 생각은 그대를 장님으로 만든다.

생각이 많은 마음은 놓치는 마음이라는 것, 생각은 실체와 연결되는 언어가 아니라는 것, 이것이 탄트라의 기본적인 입장이다. 그러면 무엇이 실체와 연결되는 언어인가? 무념(無念)이다. 실체에 있어 언어는 무의미하다. 침묵이 중요하다. 침묵은 풍요로운 언어이다. 언어는 죽어 있다. 그러므로 우리는 침묵의 언어를 배워야 한다.

바로 이런 일이다. 그대는 어머니의 자궁 속에 있었다… 그대는 그것을 까마득히 잊고 아홉 달 동안 단 한 마디도 안했으나 깊은 침묵 속에서 엄마와 합일되어 있었다. 그대는 엄마와 하나였다. 그대와 엄마 사이에 벽이 없었다. 그대는 분리된 자아가 아니었다. 그 깊은 침묵 속에서 그대의 엄마와 그대는 하나였다. 거기엔 더없는 단일성이 있었다. 그것은 결합이 아니었다. 단일체(單一體)였다. 그대들은 둘이 아니었으니 결합이 아니라 단순히 단일체다. 그대들은 둘이 아니었다.

그대가 다시 침묵하게 되는 날 같은 일이 일어난다. 그대는 다시 존재의 자궁으로 떨어진다. 다시 그대는 연결된다. 완전히 새로운 방식으로 연결된다. 이미 엄마의 자궁에서 그것을 경험했으니 엄밀히 말해 완전히 새롭다고는 할 수 없으나, 아무튼 그대는 그것을 잊고 있었다. 내가 인간은 존재와 연결되는 언어를 잊어버렸다고 말할 때 바로 그런 의미이다. 엄마의 자궁 속에서 엄마와 연결되었던 때처럼 그것이 길이다. 그대의 모든 진동이 엄마에게 전달되고 엄마의 모든 진동이 그대에게 전달되었다. 거기엔 단순한 이해가 있었다. 그대와 엄마 사이에 어떤 오해도 존재하지 않았다. 오해는 생각이 개입될 때 생긴다.

생각없이 어찌 누군가를 오해할 수 있는가? 그럴 수 있는가? 나에 대해 생각하지 않는다면 나를 오해할 수 있겠는가? 어떻게 오해가 있을 수 있겠는가? 그리고 어찌 생각으로 날 이해할 수 있겠는가? 불가능하다. 생각하는 순간 그대는 해석하게 된다. 생각하는 순간 그대는 날 보지 않는다. 내게서 벗어나 있다. 그대의 생각들 뒤로 숨는다. 생각은 과거의 기억으로부터 온다. 나는 여기 현재에 있다. 지금 나는 여기에 있는데 그대는 과거의 기억을 불러들인다.

그대는 분명 문어를 알 것이다… 문어들이 자신을 숨기고 싶을 때는 검은 먹물을 주변에 내뿜는다. 그러면 아무도 문어를 찾을 수 없다. 문어는 자신이 내뿜은 먹물의 안개 속에 자취를 감춘다. 그것이 문어의 안전수단이다. 그대가 주변에 사념의 안개를 풀어놓을 때도 똑같은 상황이 벌어진다. 그대는 그 속에서 행방불명된다. 그러면 그대는 연결될 수 없다. 아무도 그대와 연결될 수 없다. 마음에 연결되는 것은 불가능하다. 그대는 오직 의식에만 연결될 수 있다. 의식은 과거가 없다. 마음은 단지 과거에 지나지 않는다.

그러니 탄트라가 말하는 첫 번째는 그대는 오르가슴의 언어를 배워야 한다는 것이다. 다시 말하지만, 연인과 사랑의 행위를 할 때 무슨 일이 일어나는가? 잠시—그것은 아주 드문 현상이다. 인간이 개화되면서 더욱 드물게 되었다— 잠시 동안 그대는 마음에서 벗어난다. 충격으로 인해 그대는 마음에서 떨어진다. 마음 밖으로 튕겨져나온다. 마음을 벗어나면서 느끼는 그 잠시 동안의 오르가슴 속에서 그대는 다시 존재와 연결된다. 그대는 다시 자궁 속으로, 그대 여자의 자궁, 혹은 그대 남자의 자궁 속으로 돌아간다. 지금은 분리되지 않았다. 거기 다시 결합이 아닌 단일성이 존재한다.

사랑의 행위를 하는 순간 결합이 시작된다. 그러나 오르가슴이 일어나면 결합이 아닌, 단일성이 있다. 이원성은 사라진다. 그 깊은 절정의 체험 속에서 일어나고 있는 것은 무엇인가?

탄트라는 그 절정의 순간에 일어나는 체험이 존재와 연결되는 언어라고 거듭 상기시킨다. 그것은 본성의 언어이고 그대 존재의 언어이다. 그러므로 어머니의 자궁 안에 있었던 견지에서 생각하든가 사랑하는 이의 자궁 안에서 잠시 자신을 잊고 마음이 작동하지 않았던 견지에서 생각하든가 둘 다 좋다.

그러한 무심(無心)의 순간은 사마디를 향한 일별이고 깨침(satori)을 향한 일별이며 신을 향한 일별이다. 사랑은 바로 그 언어이다.

사랑의 언어는 침묵이다. 두 연인들이 진정으로 깊은 조화 속에 있을 때, 칼 융이 말한 '동시 발생성' 속에 있을 때, 서로의 떨림이 동시에 일어날 때, 같은 울림으로 진동하고 있을 때 거기에 침묵이 있다. 그때 연인들은 말하고 싶어하지 않는다. 오직 남편과 아내만이 말할 뿐, 연인들은 침묵 속에 침잠한다.

실제 남편과 아내는 침묵할 수 없다. 언어가 서로를 피하는 길이기 때문이다. 만일 상대를 피하고 싶지 않다면 말이 필요없다. 말을 한다는 것은 서로의 현존이 아주 귀찮은 것이다. 남편과 아내는 얼른 자신의 먹물을 풀어놓는다. 무엇이라도 해서 자신의 주변에 먹물을 풀어놓아 그 안개 뒤에 숨는다.

언어는 연결방법이 아니다. 많든 적든 회피의 수단이지 연결을 위한 방법이다. 깊은 사랑 안에 있을 때는 사랑하는 이의 손은 잡더라도 침묵을 지킬 것이다… 한 점의 파문도 없는 완전한 침묵, 그 파문 없는 의식의 호수를 통해 교감이 일어난다. 서로의 메시지가 전해진다. 그것은 말 없는 메시지이다.

탄트라는 말한다. 인간은 사랑의 언어, 침묵의 언어, 서로의 현존의 언어, 가슴의 언어, 본성의 언어를 배워야 한다고.

우리는 비실존적인 언어를 배워왔다. 우리가 배운 언어는 존재와는 동떨어져 있다. 물론 실용성이야 있지만… 어떤 목적은 충족시켜 주지만 보다 높은 의식을 탐구하는 데는 장애물이다. 낮은 차원에서는 괜찮다. 시장에서는 시장에서 필요한 언어가 있다. 그 곳에서는 침묵이 무가치할 것이다. 그러나 보다 깊고 보다 높이 올라가는 것은 언어가 해줄 수 없다.

바로 어제 차크라에 관한 이야기를 했었다. 물라다라 차크라와 스와디스타나 차크라의 두 차크라에 대해 이야기했는데, 물라다라는 바탕, 뿌리를 의미한다. 그것은 성센터, 혹은 생명의 센터, 탄생의 센터라고 부를 수 있다. 그대는 물라다라로부터 태어난다. 어머니와 아버지의 물라다라로부터 이 몸을 얻었다. 다음의 차크라는 스와디스타나였는데 그것은 자아의 거주지를 말한다. 그것은 죽음의 차크라이다. 자아의 거주지인 스와디스타나를 죽음의 센터라 명명하다니 이상한 이름이다. 그대는 실지로 그곳에 존재한다. 죽음 속에? 그렇다.

그대는 죽을 때 비로소 순수한 존재에 이른다. 오직 그대가 아닌 것만이 죽기 때문이다. 육체는 죽는다. 육체는 물라다라에서 태어나 죽음과 동시에 사라진다. 그러나 그대는? 그대는 사라지지 않는다. 물라다라에서 주어진 모든 것은 스와디스타나에 의해 소멸된다. 그대의 어머니와 아버지는 그대에게 일정한 메커니즘을 주었으나 죽음으로 그것은 소멸된다. 하지만 그대는? 그대는 그대의 어머니와 아버지가 서로를 알기 이전에도 존재했다. 그대는 항상 존재해왔다.

예수는 말한다. 누군가 아브라함에 대하여 물었을 때, 예언자 아브라함에 대해 어떻게 생각하는지 물었을 때 예수는 이렇게 말했다.

"아브라함? 나는 아브라함이 존재하기 이전부터 존재했다."

아브라함은 예수가 태어나기 거의 2천 년 내지 3천 년 전의 인물인데 예수는 말한다.

마음은 그 자체로 티없이 순수하다

"나는 아브라함이 존재하기 이전부터 존재했다!"

무슨 말인가? 육체에 관해서라면 어떻게 예수가 아브라함보다 먼저일 수 있겠는가? 그것은 육체에 관한 말이 아니다. 그는 '나-있음'에 대해 말하고 있다. 그의 순수한 있음, 그것은 시작이 없고 끝이 없다.

스와디스타나라는 이 이름은 아름답다. 그것은 일본말로 하라(단전)로 알려져 있는 그 센터이다. 그래서 일본에서는 하라 센터를 통해 죽거나 자살하는 것을 하라키리라고 한다. 이 스와디스타나는 물라다라가 준 것만 앗아갈 뿐, 영원으로부터 온 그대의 의식은 앗아가지 못한다.

힌두교인들은 의식의 위대한 탐험가였다. 그 센터를 스와디스타나라고 부른 것은 사람은 죽을 때 자신의 정체를 알게 되기 때문이다. 사랑 속에서 죽을 때 그대는 자신이 누구인지 알게 될 것이다. 명상 속에서 죽을 때 그대는 자신이 누구인지 알게 될 것이다. 과거에 대해 죽을 때 그대는 자신이 누구인지 알게 될 것이다. 마음에 대해 죽을 때 그대는 자신이 누구인지 알 것이다. 죽음은 자신을 아는 길이다.

고대의 인도에서는 죽을 때 스승을 불렀다. 제자는 스승 안에서 죽어야 하기 때문이다. 제자는 스승 안에서 죽어야만 자신이 누구인지 알게 된다.

사회는 이 두 센터를 너무나 손상시켰다. 이들은 사회가 쉽게 이용할 수 있는 센터들이다. 이 두 센터 위에 다섯 센터가 있다. 세 번째가 마니푸라(manipura)이고 네 번째가 아나하타(anahata)이며 다섯 번째는 비슈다(vishuddha)이다. 여섯 번째는 아기야(agya)이고 일곱 번째는 사하스라르(sahasrar)이다.

세 번째 센터인 마니푸라는 감상과 감정의 센터이다. 우리는 줄곧 마니푸라의 감정을 억눌러왔다. 마니푸라는 다이아몬드를 뜻한다. 삶은 감상과 감정과 웃음, 울음, 눈물과 미소가 있기에 가치가 있다. 삶은 이러한 모든 것들 때문에 가치가 있다. 이들은 삶의 영광이다. 그러기에 그 차크라를 마니푸라, 즉 다이아몬드 차크라라고 불렀다.

오직 인간만이 이 소중한 다이아몬드를 가질 능력이 있다. 동물들은 울 수 없다. 당연히 웃을 수도 없다. 눈물은 오직 인간만이 누릴 수 있는 차원이다. 눈물의 아름다움, 웃음의 아름다움, 눈물의 시와 웃음의 시는 오직 인간만이 누릴 수 있다. 다른 동물들은 물라다라와 스와디스타나의 이 두 차크라만 가지고 살아간다. 그들은 단순히 태어났다가 죽는다. 그 둘 사이에 별다른 것이 없다. 만일 그대의 인생이 단순한 태어남과 죽음뿐이라면 그대도 동물이다. 아직 인간이 아니다. 수많은 사람들이 오직 이 두 차크라로 존재한다. 그들은 도무지 그것들을 넘어서지 못한다.

우리는 감정을 억누르도록 교육받아 왔다. 우리는 감정적이지 않도록 교육받아 왔다. 감정적인 행위는 이롭지 않으니 현실적이고 독해지라고, 부드럽거나 연약해선 안 된다고, 그러면 남들이 악용할 것이라고 교육받아 왔다. 독해져라! 최소한 남에게는 독하다는 것을 보여줘라. 최소한 남에게는 무서운 인물인 척, 약한 존재가 아닌 척하라. 주변에 공포분위기를 조성하라. 웃지 말아라. 그대가 웃으면 주변사람들을 겁줄 수 없다. 울지 말아라. 울면 그대가 겁쟁이임을 보여주는 것이다. 그대의 인간적인 약점들을 보여주지 말아라. 완벽한 척하라. 세 번째 센터를 억눌러 용사가 돼라. 인간이 아닌 용사가, 군인이, 가식적인 사람이 돼라.

탄트라에서는 이 세 번째 센터를 이완시키기 위해 많은 노력을 했다. 감정은 반드시 해방되고 이완되어야 한다. 울고 싶으면 울고, 웃고 싶을 땐 울어야 한다. 그러한 억압적인 넌센스를 버리고 맘껏 표현할 수 있어야 한다. 그대는 오직 감정과 정서, 감수성을 통해서 교감의 울림에 이를 수 있기 때문이다.

그대는 그런 경험이 없는가? 아무리 많은 말을 해도 정작 하고 싶은 건 한마디도 할 수가 없는데 눈물이 뺨 위로 흘러내리면… 모든 것이 표현된다. 눈물은 보다 많은 것을 말할 수 있다. 몇 시간 동안 말해도 표현할 수 없는 것을 눈물은 단번에 모두 말할 수 있다. 그대는 연신 "나는 아주 행복하다"고 말해도 얼굴의 표정은 정반대를 보여주나 약간의 미소가 있으면, 진정한 미소만 있으면 아무 말이 필요없다. 그 미소가 모든 것을 표현한다. 친구를 보면 얼굴표정이 밝아진다. 기쁨으로 빛난다.

세 번째 센터는 더욱 열려 있어야 한다. 세 번째 센터는 생각을 반대하기 때문에 허용이 된다면 긴장된 마음이 보다 쉽게 이완될 것이다. 진실되고 민감해지라. 더욱 감동하고 더욱 느끼고 더욱 웃고 울어라. 그리고 그대는 필요 이상으로 표현할 수 없다는 것을, 과장할 수 없다는 것을 기억하라. 그대는 한 방울의 눈물도 필요 이상으로 흘릴 수 없고, 또 필요 이상으로 웃을 수 없다. 그러니 겁내지 말아라. 인색하지 말아라.

탄트라는 삶의 모든 정서를 허용한다.

이들은 보다 낮은 센터들이지만 평가면에서 더 낮다는 건 아니다. 이 세 센터들은 사다리의 낮은 층들이다. 그 다음 네 번째 센터, 아나타라고 하는 가슴의 센터가 있다. 아름다운 단어이다. 아나타란 부딪치지 않은 데서 울리는 소리를 의미한다. 그것은 선객(禪客)들이 말하는 "한 손바닥이 치는 소리를 듣는가?"라고 할 때의 그 뜻이다. 가슴의 센터는 정 중앙에 있다. 그 아래 세 개의 센터가 있고, 세 개의 센터는 그 위에 있다. 가슴은 낮은 차원에서 높은 차원을 향한, 혹은 높은 차원에서 낮은 차원을 향한 문이다. 가슴은 교차로와 같다.

그런데 가슴은 철저히 무시되어 왔다. 그대는 가슴적으로 살도록 교육받지 못했다. 오히려 가슴의 영토로 들어가는 것이 허용되지 않아왔다. 그것은 위험하므로. 그것은 소리없는 소리의 센터이다. 그것은 비(非)언어적이고 부딪치지 않은 데서 나는 소리이다. 언어는 부딪침의 소리이다. 우리는 목소리의 화음으로 소리를 창조한다. 그것은 부딪쳐야 소리가 난다. 언어는 두 손바닥이 부딪쳐 내는 소리이고 가슴은 한 손바닥이 내는 소리이다. 가슴에는 언어가 없다. 그것은 언어를 초월해 있다.

우리는 철저히 가슴을 피하고 무시해왔다. 마치 우리의 존재에서 가슴이 존재하지 않는 것처럼, 혹은 기껏해야 숨쉬기 위한 펌프처럼 취급해왔다. 그러나 그렇지 않다. 폐는 가슴이 아니다. 가슴은 폐 뒤에 깊숙이 숨겨져 있다. 더욱이 가슴은 육체적인 것이 아니다. 가슴은 사랑이 일어나는 지점에 자리잡고 있다. 그 때문에 사랑은 감상적이 아닌 것이다. 감상적인 사랑은 네 번째가 아닌 세 번째 센터에 속한다.

사랑은 단순히 감상적이지만은 않다. 사랑은 감상보다 더 깊은 차원이다. 사랑은 감상보다 훨씬 확실한 것이다. 감상은 일시적이다. 그러나 감상적인 사랑이 진정한 사랑의 체험으로 오해되고 있다. 어느 날 이성과 사랑에 빠지고 다음날이면 식어버리는 것을 그대는 사랑이라 하나 그것은 사랑이 아니다. 감상일 뿐이다. 그대는 여자를 좋아했다. 사랑했다가 아니라 좋아했다고 하는 것을 기억하라. 그것은 좋아한 것이었다. 마치 아이스크림을 좋아하듯이. 그것은 좋아한 것이었다. 좋아함은 가기도 하고 오기도 한다. 좋아함은 일시적이고 오래 지속될 수 없다. 좋아함은 오래도록 머물 능력이 없다. 그대는 어떤 여자를 좋아했다. 그 여자를 사랑했다. 그리고는 끝났다. 그 좋아함은 끝났다. 그것은 바로 아이스크림을 좋아하는 것과 같다. 아이스크림을 다 먹고 더 이상 생각이 없는데 누가 또 아이스크림을 주면 "이제 그건 메스꺼워. 그만해! 이젠 더 이상 못 먹겠어"라고 말할 것이다.

좋아함은 사랑이 아니다. 결코 좋아하는 것을 사랑으로 오해하지 말아라. 그렇지 않으면 그대의 일생은 부목처럼 떠돌게 될 것이다. 그대는 이 사람 저 사람에게 떠돌아다니게 될 것이다. 결코 친밀감이 자라지 못할 것이다.

네 번째 센터, 아나타는 매우 의미심장하다. 그대가 엄마와 처음으로 연결된 곳이 가슴이었기 때문이다. 그대가 엄마와 연결된 곳은 머리가 아닌 가슴속이었다. 깊은 사랑 속에서, 깊은 오르가슴 속에서 그대는 머리가 아닌 가슴을 통해 다시 연결된다. 명상이나 기도에서도 같은 차원이 일어난다. 그대는 가슴을 통해, 가슴에서 가슴으로 존재와 연결된다. 그렇다, 그것은 머리에서 머리가 아닌, 가슴과 가슴의 대화이다. 그것은 비언어적인 것이다.

그리고 가슴의 센터는 소리없는 소리가 일어나는 센터이다. 가슴의 센터에서 휴식할 수 있다면 그대는 옴카르, 옴 소리를 들을 것이다. 그것은 위대한 발견이다. 가슴으로 들어간 사람들은 내면에서 '옴'과 같은 소리의 암송을 듣는다. 그대는 저절로 일어나는 암송소리를 들어본 적이 있는가? 그대가 소리내서 나오는 것이 아닌 소리 말이다.

그 때문에 나는 만트라를 좋아하지 않는다. 만트라는 "옴, 옴, 옴." 하고 계속 암송함으로써 가슴의 심리적인 대용품을 만들어내는데 그것은 유익하지 않다. 그것은 하나의 속임수이다. 몇 년 동안 만트라를 암송하여 마치 가슴의 소리인 양 거짓 소리를 만들어낼 수 있으나 그것은 진정한 소리가 아니다. 가슴의 소리를 알려면 인위적으로 옴 소리를 암송해선 안 된다. 그대는 다만 침묵해야 한다. 그러면 어느 날 문득 만트라가 거기에 있다. 어느 날 문득 침묵의 심연 속 '무(無)'에서 울려오는 소리를 듣는다. 그것은 그대의 가장 깊은 중심에서 일어나고 있다. 그것은 그대 내면의 침묵의 소리이다. 마치 고요한 한밤의 소리와 같은 침묵의 소리, 그처럼 아주 깊은 차원의 소리가 내면에서 울려나온다.

그것이 저절로 일어난다는 것은 아무리 반복해도 지나치지 않다. 그것은 그대가 만들어내는 소리가 아니다. 그대가 "옴, 옴." 하고 반복해서 나는 소리가 아니다. 그대는 단 한 마디도 말하지 말아라. 그냥 조용히 있어라. 그냥 침묵하라. 그러면 그 소리가 스프링처럼 튀어나온다. 불현듯 그 소리가 흐르고 있다. 그것이 거기에 있다.

그대는 그것을 듣는다. 그대는 소리내지 않으나 그것을 듣는다.

그것이 회교도들이 모하메드가 코란을 들었다고 말하는 바로 그 의미이다. 그것은 그 의미이다. 그것은 바로 그대 가슴의 가장 깊은 중심에서 울리는 소리이다. 그대가 암송하는 것이 아닌, 저절로 듣게 되는 것이다. 모하메드는 코란을 들었다. 그는 내면에서 울리는 그것을 들었다. 그는 정말로 깜짝 놀랐다. 그것은 한 번도 들어본 적이 없는 그토록 미지의 것이었다. 그것은 그토록 익숙치 않은 것이었다. 이야기에서는 그가 병이 났다고 한다… 그것은 참으로 불가사의했다! 방안에 앉아 있는데 갑자기 내면에서 옴, 옴 같은 소리가 들린다면 그대는 "내가 미쳤나?" 하고 느끼게 될 것이다. 그대는 소리내지 않았는데, 아무도 소리내지 않았는데 말이다. 내가 미치고 있나?

모하메드는 언덕에 앉아 있을 때 그 소리를 들었다. 그는 벌벌 떨고 식은땀까지 흘리며 집으로 돌아왔다. 그는 고열을 앓았다. 그는 정말로 혼란스러웠다… 그가 아내에게 말했다.

"담요를 모조리 가져와서 날 덮어주시오! 이렇게 떨리기는 처음이오. 무시무시한 열병이 찾아왔소."

하지만 그의 아내는 모하메드의 얼굴에서 빛나는 광채를 보았다.

"무슨 열병이 이렇담? 그의 눈은 빛나고 있어. 참으로 아름답게 불타고 있구나. 이 집 안에 영광이 찾아왔어. 거대한 침묵이 온 집 안에 깃들었구나."

심지어는 그의 아내도 듣기 시작했다. 그녀가 모하메드에게 말했다.

"제가 보기엔 열병이 아닙니다. 신의 축복을 받은 거예요. 두려워하지 마세요! 무슨 일이 일어난 거죠? 말해봐요!"

그의 아내는 최초의 회교도가 되었다. 카지아가 그녀의 이름이었는데, 그녀는 최초의 신도가 되었다. 그녀가 말했다.

"저는 볼 수 있어요. 당신에게 신이 찾아오셨습니다. 당신에게 위대한 일이 일어났습니다. 당신의 가슴에서 무언가가 흘러나와 사방을 덮고 있습니다. 당신은 빛이 되셨어요! 당신의 이런 모습은 처음 봅니다. 뭔가 범상치 않은 일이 일어났어요. 왜 그리 당신이 걱정하고 떨고 있는지 말해줘요. 아마도 그것은 새로운 것이겠죠. 하지만 내게 말해줘요."

모하메드는 그녀가 어떻게 생각할지 몹시 두려워하면서 말했지만 그녀는 곧 교화되었다. 그녀는 최초의 회교도이다.

그것은 항상 그런 식으로 일어났다. 힌두교는 베다가 신(神) 그 자신의 암송이라고 말한다. 그것은 그들이 들었다는 얘기다. 인도에는 성경(聖經)을 지칭하는 슈르티(shruti)라는 낱말이 있는데 슈르티는 들은 적이 있다는 뜻이다.

그것은 이 가슴의 센터, 아나하타 차크라에서 들려온다. 하지만 그대는 아무런 내면의 소리도 못 듣는다. 옴카르도 만트라도 아무 소리도 못 듣는다. 그것은 곧 그대가 가슴을 피해왔다는 뜻이다. 폭포수가 떨어지고 물이 굽이쳐 흐르고 있는데 그대가 피해 온 것이다. 그대는 그 길을 지나치고 다른 통로를, 지름길을 택했다. 네 번째 센터를 피해 세 번째 센터에서 곧바로 지름길로 가려 한다. 네 번째 센터는 신뢰와 신앙이 탄생하는 가장 위험스런 센터이기 때문이다. 마음은 그것을 피해야 한다. 그곳을 피하지 않으면 의심이 존재할 수 없기 때문이다. 마음은 의심을 통해 산다.

이것은 네 번째 센터이다. 탄트라는 말한다. 사랑을 통해 이 네 번째 센터에 도달한다고.

다섯 번째 센터는 비슈다라고 불린다. 비슈다란 순수성을 의미한다. 순수성과 순진무구함은 확실히 사랑 뒤에 온다. 그 이전에는 절대 불가능하다. 오직 사랑만이 불순물을 정화시킬 수 있다. 오직 사랑만이… 그 외는 그 무엇도 불순물을 정화시킬 수 없다. 가장 추한 사람도 사랑을 할 때는 아름다워진다. 사랑은 넥타이다. 그것은 모든 독소를 씻어낸다. 따라서 다섯 번째 차크라는 비슈다라고 불린다. 비슈다는 순수, 절대 순수를 뜻한다. 그것은 목 센터에 있다.

그리고 탄트라는 말한다. "오직 네 번째를 통과하여 다섯 번째 센터에 이르렀을 때만 말하라. 오직 사랑을 통해서만 말하라. 그렇지 않으면 말하지 말아라. 자비를 통해서만 말하라. 그렇지 않으면 말하지 말아라." 그렇지 않으면 무슨 의미가 있는가? 그대가 가슴의 센터를 통과했을 때나 신의 소리를 들었을 때, 혹은 신이 폭포수처럼 흐르고 있을 때, 한 손바닥이 내는 소리를 들었을 때, 그때만 말하라. 그때 그대는 목센터를 통해 메시지를 전할 수 있

마음은 그 자체로 티없이 순수하다   349

다. 그때 비로소 진리가 말을 통해 전달될 수 있다. 그대가 진리를 체험했다면 그때는 말을 통해서도 진리를 전할 수 있다.

아주 극소수의 사람들만이 다섯 번째에 이른다. 아주 드물게. 대부분의 사람들은 네 번째에도 이르지 못한다. 그러니 어찌 다섯 번째에 이르겠는가? 다섯 번째에 이르는 사람은 아주 드물다. 그리스도나 붓다나 사라하, 그들은 다섯 번째를 통과했다. 그들은 말조차도 무한히 아름답다. 그들은 말을 통해서도 침묵을 전할 수 있다. 그러니 그들의 침묵이야 어떻겠는가? 그들은 말함에도 말하지 않는다. 그들은 말로 할 수 없는 것, 형언할 수 없는 것, 표현할 수 없는 것을 말한다.

그대 또한 목을 통해 말하지만 그것은 비슈다가 아니다. 그 차크라는 완전히 죽어 있다. 그 차크라가 작용할 때 그대의 언어는 꿀같이 달콤하다. 그때의 언어는 향기가 있다. 그때의 언어는 음악이고 춤이다. 그때는 무엇을 말하든 시가 되고 순전한 기쁨이 된다.

그리고 여섯 번째 차크라는 아즈나이다. 아즈나는 명령을 뜻한다. 여섯 번째 차크라에 이를 때 비로소 조화로운 상태에 있을 수 있다. 그 이전에는 절대 그러지 못한다. 여섯 번째 차크라에 이르면 그대가 주인이 된다. 그 전에는 절대 그렇지 못하다. 그 이전에는 그대는 노예였다. 여섯 번째 차크라에 이르면 그대가 말하는 대로 이루어질 것이다. 그대가 바라는 대로 이루어질 것이다. 여섯 번째 차크라에 이르면 그대는 의지를 지닌다. 그 이전에는 절대 그러지 못한다. 그 이전에는 결코 의지가 있을 수 없을 것이다. 그리고 이것은 역설적이다.

네 번째 차크라에서 에고가 사라지고 다섯 번째 차크라에서 모든 불순물이 사라진 다음 그대는 의지를 지니게 된다. 그 의지를 통해서는 해를 입힐 수 없다. 사실상 그것은 이제 그대의 의지가 아니다. 그것은 신의 의지이다. 네 번째에서 에고가 사라졌고 다섯 번째에서 불순물이 사라졌기 때문이다. 이제 그대는 더없이 순수한 존재이다. 그대는 다만 그릇이고 악기이고 전달자일 뿐이다. 이제 그대는 존재하지 않는다. 그리하여 의지를 지니게 된다. 이제는 신의 뜻이 그대의 뜻이다.

극소수의 사람만이 이 여섯 번째 차크라에 이르게 된다. 어떤 면에서는 이것이 마지막인 까닭이다. 세상의 차원에서는 이것이 마지막 단계이다. 이것을 넘어서면 일곱 번째 차크라가 있지만 그때는 완전히 다른 세계, 분리되어 있는 실재의 경지로 들어간다. 이 여섯 번째는 마지막 경계이며 최후의 관문이다.

일곱 번째 차크라는 사하스라르이다. 사하스라르는 천 장의 연꽃잎을 의미한다. 그대의 에너지가 일곱 번째, 사하스라르로 올라갈 때 그대는 연꽃이 된다. 이제 그대는 꿀을 모으러 다른 꽃에 갈 필요가 없다. 오히려 다른 꿀벌들이 그대에게 오기 시작한다. 이제는 지상의 모든 꿀벌들이 그대에게 매료된다. 때로는 다른 행성의 꿀벌조차 그대를 찾아오기 시작한다. 그대의 사하스라르가 열렸다. 그대의 연꽃은 완전히 개화되었다. 이 연꽃이 니르바나이다.

가장 낮은 차크라인 물라다라, 육체와 감각의 생명은 가장 낮은 것에서 탄생한다. 그리고 일곱 번째 차크라에 이를 때 진정한 생명이, 감각이 아닌 영원의 생명이 탄생한다. 이것이 탄트라의 생리학이다. 이것은 의학서적의 생리학이 아니다. 부디 그것을 의학서적에서 찾지 말아라. 그것은 거기에 없다. 그것은 은유이다. 그것은 표현이고 이해를 돕기 위한 지도이다. 그대가 이 지도대로 간다면 절대로 사념의 안개에 휩싸이지 않을 것이다. 그러나 만일 네 번째 차크라를 피한다면 그대는 머리로 빠지게 된다. 머리로 있다는 것은 사랑이 없다는 것이다. 사념으로 있다는 것은 신뢰가 없다는 뜻이다. 생각으로 있다는 것은 직시하지 않는다는 뜻이다.
이제 경문으로 들어가자.

> 겨울이 오면
> 바람에 흔들리는 고요한 물결
> 바위처럼 굳어져 얼음의 형상을 취하네.
> 미혹된 이들이
> 해석적인 생각들로 동요될 때
> 아직 틀지어지지 않은 것은
> 견고한 고체로 굳어버린다.

사라하는 말한다… 겨울이 오면… 낱말 하나하나 잘 들어라. 각각의 말에 대해 명상하라.

> 겨울이 오면
> 바람에 흔들리는 고요한 물결
> 바위처럼 굳어져 얼음의 형상을 취하네.

물결 한 점 없는 고요한 호수는 의식에 대한 상징이다. 파도가 일지 않고 동요하지 않으며 바람이 불지 않는 물결 한 점 없는 고요한 호수… 이것은 의식에 대한 은유이다. 호수는 유동체이고 흐름이고 침묵이다. 그것은 견고하지 않다. 바위와 같지 않다. 그것은 장미꽃처럼 부드럽고 연약하고 어디로든 흐를 수 있다. 그것은 막힘이 없다. 그것은 유연하고 생명으로 넘치며 역동적이다. 그러나 전혀 동요하지 않는다. 호수는 고요하고 평화롭다. 이것이 의식의 상태이다.

겨울이 오면… '겨울'이란 욕망이 일어난 상태를 말한다. 왜 그것을 겨울이라 부르는가? 욕망이 일어나면 결코 만족하지 못하므로 추운 사막의 땅에 있는 것과 같다. 욕망은 사막이다. 그것들은 그대를 미혹시킨다. 욕망에는 만족이란 것이 없다. 그것들은 그 무엇도 성취하지 못한다. 그것은 사막의 땅이고 매우 춥다. 죽음처럼 춥다. 사막에서는 생명이 흐르지 못한다. 욕망은 생명을 응고시킨다. 그것들은 생명에 이롭지 못하다.

그리하여 사라하는 말한다.

"겨울이 오면…." 그대 안에 욕망이 일어나면 겨울날씨가 된다… 바람에 흔들리는 고요한 물결… 사념들이 일어나는 것, 수만 가지 사념들이 사방에서 일어나는 것, 그것은 바람의 상징이다. 바람이 불어온다. 거센 바람이 몰아닥친다. 갈망과 야심과 되고픈 것으로 가득 찬 욕망의 상태에 사념들이 들이닥친다.

실제로 욕망은 사념을 부른다. 욕망이 없는 한 사념은 일어날 수 없다. 욕망이 일어남과 동시에 사념들이 밀려온다. 바로 한순간 전에는 아무 생각도 없었는데 차 한 대가 지나가자 욕망이 일어났다. 그대는 이 차를 가지고 싶다. 이제 금세 수천 가지 사념들이 일어나기 시작한다. 욕망은 생각을 초대한다. 하여 욕망이 일어날 때는 사방에서 사념들이 찾아올 것이다. 의식의 호수 위로 바람이 불어올 것이다. 욕망은 차갑다. 사념들이 자꾸만 호수를 뒤흔든다.

겨울이 오면
바람에 흔들리는 고요한 물결
바위처럼 굳어져 얼음의 형상을 취하네.

그때 호수는 얼기 시작한다. 호수는 바위처럼 굳어진다. 그것은 유연성을 잃고 얼어버린다. 이것이 탄트라에서 말하는 마음이다.

그것에 대해 명상하라. 마음과 의식은 둘이 아니라 동일한 현상의 두 가지 상태, 두 가지 측면이다. 의식은 액체이고 유연하나 마음은 바위 같고 얼음 같다. 의식은 물과 같다. 의식은 물과 같고 마음은 얼음과 같으나 그 본질은 같다. 같은 물이 얼음이 되고 얼음은 녹아서 다시 물이 된다. 얼음은 사랑과 온기를 통해 녹아서 다시 물이 될 수 있다.

세 번째 단계에서 물은 증발하여 보이지 않게 되고 사라진다. 그것이 니르바나, 사라짐이다. 이제 그것은 보이지 않는다. 물은 액체이나 볼 수가 있다. 그러나 그것이 증발하면 그냥 사라져버린다. 보이지 않은 본체 속으로 사라져버린다. 이는 물의 세 가지 상태이고 마음의 세 가지 상태이기도 하다. 마음은 얼음을 뜻하고 의식은 흐르는 액체, 니르바나는 증발을 뜻한다.

> 겨울이 오면
> 바람에 흔들리는 고요한 물결
> 바위처럼 굳어져 얼음의 형상을 취하네.

호수는 틀지어지지 않은 상태이다. 물은 어떤 그릇에도 담길 수 있다. 물은 담는 그릇대로의 모양이 될 것이다. 그러나 얼음은 아무 그릇에나 부을 수 없다. 그것은 저항하고 투쟁할 것이다.

두 부류의 사람들이 내게로 온다. 물처럼 오는 사람이 있다… 그의 헌신은 단순하고 아주 순수하며 어린아이와 같다. 그는 저항하지 않는다. 그에게는 시간을 허비하지 않고 즉시 작업할 수 있다. 반면 엄청난 저항과 공포를 갖고 오는 사람이 있다. 그는 자신을 방어하고 무장하는데, 그때의 그는 얼음과 같다. 그를 유연하게 만들기란 여간 힘든 것이 아니다. 그는 자기를 유연하게 만드는 모든 노력에 대항하며 자신의 정체를 잃을까 봐 두려워한다. 그가 완고함을 잃게 되는 것은 사실이다. 그렇다, 그는 완고함의 정체성을 잃을 것이다. 그러나 그 완고함이라는 것은 불행만 가져올 뿐이다.

완고한 상태는 죽어 있는 바위와 같다. 그 안에서는 아무것도 꽃필 수 없다. 그대는 흐를 수 없다. 그러나 흘러야 풍성하다. 흐를 때 에너지가 있다. 흐를 때 삶의 활력이 있고 흐를 때 창조적이 된다. 흐를 때 그대는 신의 일부이다. 얼음이 되면 더 이상 이 거대한 흐름의 일부가 아니다. 그때는 이 거대한 대양의 일부가 아니다. 그것은 얼어 있고 정체되어 있는 작은 섬이다.

> 미혹된 이들이
> 해석적인 생각들로 동요될 때
> 아직 틀지어지지 않은 것은
> 견고한 고체로 굳어버린다.

주의하라. 더욱더 틀지어지지 않은 상태로, 조직화되지 않은 상태로 존재하라. 개성을 가지지 마라. 그것이 탄트라가 말하는 바이다. 그것은 이해하기조차 어려운 가르침이다. 오랜 세월 동안 우리는 개성을 지녀야 한다고 교육받아 왔기 때문이다. 개성이란 이미 굳어진 조직을 의미한다. 개성이란 과거나 어떤 강요된 훈련을 의미한다. 개성이란 그대가 더 이상 자유롭지 못하다는, 짜여진 규칙만 따른다는 의미이다. 그대는 결코 그 규칙들을 넘어서지 못한다. 그대는 완고하다. 개성적인 사람은 굳어 있는 사람이다.

탄트라는 말한다.

"개성을 버려라. 유연해져라. 더욱 흘러라. 순간에서 순간을 살아라."

그것은 무책임하라는 말이 아니다. 그것은 보다 각성하라는 뜻이므로 더욱 큰 책임을 뜻한다. 그저 개성을 통해 살 때는 그대 자신이 깨어 있을 필요가 없다. 개성이 알아서 해준다. 개성을 통해 살 때는 잠들어 있기가 쉽다. 개성의 자동 시스템으로 그대가 깨어 있을 필요가 없는 것이다. 하지만 아무런 개성도 없을 땐, 개성의 단단한 조직이 주변을 둘러싸지 않을 때는 매순간 깨어 있어야 한다. 매순간 자신이 하고 있는 행위를 직면해야 한다. 매순간 그대는 새로운 상황에 감응해야 한다.

개성적인 사람은 정체된 사람이다. 그는 과거는 있지만 미래가 없다. 개성이 없는 사람은… 그리고 내가 말하는 개성이란 흔히 말하는 개성을 뜻하는 것이 아니다. 흔히 말하는 '개성이 없다'는 말은 언어의 잘못된 사용법이다. 사람들은 누구나 다 개성을 지니고 있기 때문이다. 아마도 어떤 개성은 사회에서 싫어할 것이나, 그렇다고 그에게 개성이 없는 것은 아니다.

성자에게 개성이 있듯 죄인도 마찬가지다. 둘 다 개성을 갖고 있다. 그대는 죄인의 개성을 비난하고 싶어서 죄인은 개성이 없다고 말하나 죄인에게도 개성이 있다. 그에게 기회를 줘보라. 당장 물건을 훔칠 것이다. 그가 개성을 갖고 있기 때문이다. 기회를 주면 당연히 그는 훔칠 것이다. 기회를 주면 뭔가 나쁜 짓을 할 것이다. 그가 개성을 가지고 있다는 뜻이다. 감옥에서 나오는 순간 그는 생각한다.

"이제 뭘 하지?"

다시 그는 감옥에 들어가고, 또다시 풀려나온다… 이제껏 누구도 감옥생활을 통해 교화된 적이 없다. 실은 감옥에 가두는 것이 사람을 더 지능범으로 만드는 결과를 낳았다. 그것이 전부이다. 아마도 다음번엔 이전처럼 쉽게 그를 붙잡을 수 없을 것이다. 그뿐이다, 그를 더욱 교활하게 만들 뿐이다. 하지만 그에게도 개성은 있다.

그대는 볼 수 없는가? 술주정꾼도 개성을 갖고 있다. 대단한 옹고집의 개성을. 다시는 술을 마시지 않겠다고 수없이 결심하고도 그는 그 개성에 패배한다. 개성은 죄인에게도 있다. 성자에게 개성이 있는 것처럼 말이다.

탄트라가 의미하는 '비개성'은 개성으로부터의 자유이다. 성자의 개성이나 죄인의 개성이나 개성은 둘 다 그대를 단단한 바위처럼, 얼음처럼 만든다. 그대는 어떤 자유도 누리지 못한다. 그대는 쉽게 움직일 수 없다. 새로운 상황이 벌어지면 새롭게 감응할 수 없다. 그대의 개성이 있는데 어찌 새로운 방식으로 감응하겠는가? 그대는 옛날 식대로 반응해야 한다. 옛날 것, 알고 있고 잘 훈련된 방식. 그대는 그것에 능숙하다. 개성은 하나의 알리바이이다. 그대 자신은 살아 있을 필요가 없다.

탄트라는 말한다.

"비개성적이 돼라. 개성 없이 존재하라. 개성이 없으면 자유롭다."

사라하는 왕에게 말한다.

"왕이여, 내게는 개성이 없다. 그대는 나를 옛날의 딱딱한 학자로, 왕국의 판디트로 되돌려놓으려 하는가? 그대는 나를 과거로 되돌려놓길 원하는가? 나는 그것을 버렸다. 나는 개성이 없는 사람이다. 나를 보라! 이제 나는 아무런 규칙도 따르지 않는다. 오직 각성만을 따를 뿐이다. 나를 보라. 이제 나는 수련하지 않는다. 내게는 오직 각성만이 있을 뿐이다. 나의 유일한 은신처는 나의 각성이다. 나는 그 속에서 살고 있다. 나는 어떤 양심도 가지고 있지 않다. 오직 각성만이 유일한 은신처이다."

양심은 개성이고 양심은 사회의 책략이다. 사회는 그대 안에 양심을 심어놓아 그대가 각성의 필요성을 못 느끼게 한다. 그대가 양심을 통해 정해진 규칙을 따르게 한다. 그것을 따르면 상을 주고 거역하면 벌을 준다. 그것은 그대를 로봇으로 만드는 것이다. 일단 마음속에 양심이 작용하는 원리를 심어놓으면 사회는 그대를 조종할 수 있다. 양심을 따를 때는 신용을 얻는 대신에 평생을 노예로 살 것이다. 마치 델가도가 그대 안에 전극을 장치했던 것처럼 양심을 그대 안에 심어넣을 수 있다. 그것은 미세한 전극이지만 그대를 죽여왔다. 그대는 더 이상 흐르지 않고 활력도 없다.

사라하는 왕에게 말한다.

"나는 고체가 아니다. 왕이여, 나는 모든 틀을 버렸다. 이제 나는 어떤 신분도 없다. 나는 순간에 존재할 뿐이다."

> 마음은 그 자체로 티없이 순수하여
> 삼사라나 니르바나의 불순물로
> 결코 더럽혀질 수 없네.
> 진흙 속 깊은 곳의 귀중한 보석은
> 빛나지 않으니
> 그 광영은 영원히 살아 있도다.

사라하는 말한다.

"마음은 그 자체로 티없이 순수하다…."

사념 없는 마음은 순수 의식의 마음이다. 해석이나 분석적인 사념이 없고 물결 한점 없는 마음, 철학화되지 않은 있는 그대로의 마음은 고요한 의식의 호수이다. 탄트라는 말한다.

"걸을 때는 걸어라. 앉아 있을 때는 앉아 있어라. 존재할 때는 존재하라!"

생각없이 존재하라. 어떤 생각에도 방해되지 말고 삶이 그대를 통해 흐르게 하라. 아무 두려움 없이 삶이 그대를 통해 흐르게 하라. 두려워할 건 아무것도 없다. 그대는 아무것도 잃을 것이 없다. 아무것도 겁낼 것 없다. 오직 태어난 것만 죽을 것이기 때문이다. 그리고 태어난 것은 여하간에 소멸될 것이다. 그러니 겁낼 것이 없다.

삶이 그대를 통해 흐르게 하라.

> 마음은 그 자체로 티없이 순수하여
> 삼사라나 니르바나의 불순물로
> 결코 더럽혀질 수 없네.

그리고 사라하는 말한다.

"그대는 내가 더러워졌다고 생각하여 나를 순수한 사람들의 세상에 데려가려고 왔는가? 나는 지금 티끌 없는 마음의 본질로서 존재한다. 나는 이제 고체의 얼음이 아니다. 나를 더럽힐 수 있는 것은 이제 아무것도 없다. 내 안에 사념의 파문이 일지 않는 까닭이다. 내게는 아무런 욕망이 없다."

어마어마한 이야기이다. 그래서 사라하는 말한다….

> 삼사라나 니르바나의 불순물로
> 결코 더럽혀질 수 없네.

"그렇다, 그것은 불가능하다. 니르바나도 나를 오염시킬 수 없다! 그러니 삼사라가 어찌 나를 오염시키겠는가? 이 화살 만드는 여인은 나를 오염시킬 수 없다. 이 화장터도 나를 오염시킬 수 없고 미친 내 행위도 나를 오염시킬 수 없다. 그 무엇도 나를 더럽힐 수 없다. 나는 모든 더러움을 넘어서 있다. 이제 나는 더러워질 수 없는 경지에 들어갔다. 심지어는 니르바나조차도 나를 더럽힐 수 없다!"

심지어는 니르바나조차, 심지어는 니르바나의 불순물조차라니, 무슨 말인가? 사라하는 말하고 있는 것이다.

"나는 세상을 갈망하지 않는다. 심지어는 니르바나조차도 갈망하지 않는다."

갈망한다는 것은 불순해지는 것이다. 욕망은 불순하다. 무엇을 갈망하는가는 상관이 없다. 그대는 돈을 갈망할 수 있다. 그것은 불순하다. 그대는 권력을 갈망할 수 있다. 그것은 불순하다. 그대는 신(神)을 갈망할 수 있다. 그것은 불순하다. 그대는 니르바나를 갈망할 수 있다. 그것은 불순하다. 욕망은 불순하다. 대상은 문제가 아니다. 무엇을 갈망하는가는 중요치 않다. 갈망할 때… 욕망이 일어나는 순간 사념이 일어난다. 한 번 차가운 겨울이 찾아오면, 욕망이 일어나면 바람이 불기 시작한다. 만일 어떻게 니르바나에 이를까, 어떻게 깨달을 수 있을까를 생각한다면 사념들을 불러들이게 될 것이다. 그대의 호수는 동요되고 다시 얼음조각이 되어 완고해지고 바위처럼 굳고 정체될 것이다. 그대는 흐르지 못하게 될 것이다. 흐름은 생명이다. 흐름은 신이고 니르바나이다.

사라하는 말한다.

"아무것도 나를 더럽힐 수 없으니 걱정하지 마라. 나는 불순해질 수 없는 경지에 이르렀다."

진흙 속 깊은 곳의 귀중한 보석은
빛나지 않으나
그 광영은 영원히 살아 있도다.

그대가 나를 진흙 속에, 더러운 진흙 속에 내던진다 해도 더러운 진흙은 나를 더럽힐 수 없다. 나는 그 고귀한 보석의 경지에 도달했다. 나는 고귀한 보석이 되었다. 나는 내 자신을 알았다! 지금 그대가 이 보석을 더러운 진흙 속에 내던진다면 보석은 빛나지 않을 테지만 그 고귀함은 소멸되지 않는다. 그 광영은 그대로 있을 것이다. 여전히 고귀한 보석일 것이다.

그대 자신을 잘 관찰하여 그대의 초의식을 보게 되는 순간부터는 아무것도 그대를 더럽힐 수 없다.

진리는 체험이 아니다. 진리는 체험하고 있는 상태이다. 진리는 각성의 대상이 아니다. 진리 자체가 각성이다. 진리는 밖에 없다. 진리는 바로 그대의 내면이다.

쇠렌 키에르케고르는 말했다.

"진리는 주체성이다."

진리가 만일 대상적인 것이라면 그대는 그것을 얻을 수도 있고 잃을 수도 있다. 그러나 진리는 그대 자신이다. 어떻게 그것을 잃을 수 있겠는가? 한 번 진리를 알게 되면 그것은 영구적이다. 이제는 되돌아갈 수 없다. 진리가 만일 어떤 체험이라면 그것은 오염될 수 있다. 하지만 진리는 체험하고 있는 상태이다. 그것은 그대의 가장 깊은 의식이다. 그것은 그대 자신이다. 그것은 그대의 존재이다.

지혜는 어둠 속에서 빛나지 못하나

어둠 속에 빛이 들어오면
고통은 단번에 사라진다.
씨앗에서 새싹이 돋아나오고
새싹에서 잎들이 무성해진다.

사라하는 말한다.

지혜는 어둠 속에서 빛나지 못하나…

마음의 어둠, 틀지어진 존재로서의 어둠, 에고의 어둠, 수천 가지 사념들의 어둠을 그대는 문어처럼 자꾸만 내뿜고 있다. 그대가 자꾸 창조하고 있는 그 어둠 때문에 그대 내면의 보석은 빛나지 못한다. 그렇지 않다면 내면의 보석은 등불처럼 빛날 것이다. 그대가 이 먹물의 창조를 그만둘 때, 이 먹구름의 창조를 그만둘 때 빛은 거기에 있다.
그리고… 고통은 단번에 사라진다.

이것이 탄트라의 메시지다. 위대하고 혁명적인 메시지다. 다른 종교들은 그대가 기다리지 않으면 안 된다고 말한다. 기독교, 이슬람교, 자이나교에서는 마지막 심판의 날까지 기다려야 한다고, 선행과 악행이 모두 결산될 때까지 기다려야 그에 따라 상벌을 받을 것이라고 말한다. 그대는 미래를, 심판의 날을 기다려야 하는 것이다.

힌두교와 자이나교와 여타의 종교들은 그대의 악행과 선행이 균형을 이루어야 한다고 말한다. 악업이 소멸되고 선업이 쌓여야 한다고 말한다. 그로 인해 그대는 기다려야 할 것이다. 그것은 오랜 시간이 걸릴 것이다. 그대는 수만 생 동안 수많은 선행과 악행을 해왔다. 그것을 골라내고 균형을 잡는다는 것은 거의 불가능할 것이다.

기독교와 유대교와 회교의 심판의 날은 비교적 간단하다. 적어도 그대가 모든 행위를 청산할 필요가 없으니 말이다. 신이 알아서 할 것이다. 그가 심판할 것이다. 그건 그의 일이다. 하지만 회교나 힌두교는 그대 자신이 되돌아보아서 악행은 제거하고 선행은 회복시켜야 한다고 하니, 그것만도 수만 생이 걸릴 것 같다.

탄트라는 혁신적이다. 탄트라는 말한다… 고통은 단번에 사라진다. 그대 자신을 들여다보는 순간… 그 한순간의 내면의 비전으로 고통은 사라진다. 고통은 실제로 존재한 적이 없기 때문이다. 그것은 악몽이었다. 그대가 고통받고 있는 것은 악업 때문이 아니다. 탄트라는 그대가 고통스러운 것은 그대가 꿈꾸고 있기 때문이라고 말한다. 그대는 아무것도 한 바가 없다. 선행도 악행도 한 바가 없다.

이는 무진장하게 아름답다! 탄트라는 그대는 아무것도 한 바가 없고 행위자는 신이라고 말한다. 신이 행위자인데 그대가 뭘 할 수 있겠는가? 만일 그대가 성자였다면 그것은 신의 의지였다. 만일 그대가 죄인이었다면 그것은 신의 의지였다. 그대는 아무것도 한 바가 없다. 어찌 그대가 할 수 있겠는가? 그대와 신이 떨어져 있지 않은데 어찌 그대가 할 수 있겠는가? 그대는 어떤 것도 신과 분리된 의지를 가질 수 없다. 그대의 행위는 신의 의지이고 우주의 의지이다.

그리하여 탄트라는 그대는 선행도 악행도 행한 바가 없다고 말한다. 이것을 깊이 이해해야 한다. 그대의 가장 깊은 의식을 봐야 한다. 잘 살펴봐야 한다. 그것이 전부다. 그대의 의식은 순결하다. 그 순결성은 영원하다. 삼사라나 니르바나에 의해 오염되지 않았다.

순수한 의식의 비전을 보게 되면 그대의 모든 고통은 끝난다. 즉시, 단번에! 그것은 1초도 안 걸린다.

씨앗에서 새싹이 돋아나오고
새싹에서 잎들이 무성해진다.

그때 변화가 시작된다. 그때 씨앗은 쪼개진다. 탄트라는 말한다. 씨앗은 에고라고. 에고의 씨앗이 쪼개지면… 껍질 속에 갇힌 씨앗은 에고의 상태이고 쪼개진 씨앗은 비에고의 상태이다. 그대는 씨앗을 땅에 묻었다… 씨앗이 사라지지 않는 한, 씨앗이 쪼개져 죽지 않는 한은 성장할 수 없다. 에고는 하나의 알과 같다. 알을 까고 나와야 성장할 수 있다.

씨앗이 한 번 쪼개지면 비에고의 상태가 된다. 그때 싹이 튼다. 싹은 무념, 무욕, 무심이다. 그때 잎이 나온다. 잎은 앎, 체험, 빛, 깨우침, 사마디이다. 그때 꽃이 핀다.

꽃은 사치다난다(satchitanand), 즉 존재, 의식, 진리이다. 그런 다음 과실이 열린다. 과실은 니르바나, 존재를 향한 궁극적 사라짐이다. 일단 씨앗이 쪼개지면 모든 것이 따라나온다. 해야 할 일은 오직 씨앗을 땅속에 묻는 것, 씨앗이 사라지게 하는 것이다.

스승은 땅이고 제자는 씨앗이다.

마지막 경문이다.

마음을 하나나 여럿으로 생각하는 사람,
빛을 버리고 세속으로 들어가네.

이는 두눈을 뜬 채로
타오르는 불꽃 속에 들어가는 것이라네.
이보다 더 불쌍한 사람이
어디 있겠는가?

마음을 하나나 여럿으로 생각하는 사람…

생각은 항상 분열적이다. 그것은 분열되어 있다. 생각은 프리즘과 같다. 그렇다. 마음은 프리즘과 같다. 순수한 백색 광선이 프리즘을 통과하면 일곱 색깔로 나뉘어 무지개가 나타난다. 세상은 무지개다. 마음을 통해, 마음의 프리즘을 통해, 한 줄기의 빛이, 진리의 빛이 들어와 무지개가, 환영이 된다. 세상은 환영(幻影)이다.

마음은 분열되어 있다. 마음은 전체를 볼 수 없다. 마음은 항상 이원성의 관점에서 생각한다. 마음은 이중적이다. 혹은 변증법적이라고 말할 수도 있다. 그것은 유신론이나 무신론의 관점에서 생각한다. 사랑을 말하는 순간 거기 미움이 있다. 자비를 말하는 순간 거기 분노가 있다. 탐욕을 말하는 순간 그 반대, 자선이 있다. 자선을 말하는 순간 탐욕이 있다. 그들은 동시에 있다. 그들은 하나의 꾸러미이며 분리되어 있지 않다. 하지만 마음은 끊임없이 창조한다.

'아름답다'고 말할 때는 동시에 추하다고 말하는 것이다. 추함이 뭔지 모른다면 어찌 아름답다고 말할 수 있겠는가? '신성하다'고 나누는 것은 '더럽다'고도 말하는 것이다. '신'을 말하며 나누는 데는 '악마'도 포함되어 있다. 악마 없이 어찌 신을 말할 수 있겠는가? 그들은 동시에 있다.

마음은 분열되어 있다. 그러나 존재는 하나이다. 불가분적인 하나이다. 그러면 어쩌는가? 마음을 내려놓아라. 프리즘을 통해서 보지 말아라. 프리즘을 치우고 흰빛이 드러나게 하라. 그대 안에 존재의 단일성이 스며들게 하라.

　　마음을 하나나 여럿으로 생각하는 사람,
　　빛을 버리고 세속으로 들어가네.

만일 존재를 하나나 여럿, 이중성이나 비이중성의 관점에서 생각한다면, 개념으로써 생각한다면 빛을 내던지고 세상으로 들어간 것이다. 거기엔 마음을 버리느냐, 아니면 빛을 버리느냐의 두 가지의 가능성밖에 없다. 그것은 그대의 선택이다.

한 번은 어떤 사람이 라마 크리슈나에게 왔다. 그는 라마 크리슈나를 아주 높이 찬양하고 라마 크리슈나의 발을 거듭 만졌다.
"당신은 더없이 위대한 분입니다. 당신은 세상을 포기하셨습니다. 당신은 너무나도 위대한 분입니다! 당신은 참으로 세상을 포기한 분입니다!"
라마 크리슈나가 듣고 있다가 웃으며 말했다.
"기다려라! 그것은 말도 안 된다. 사실은 정반대이다."
"무슨 말씀이십니까?"
"나는 아무것도 포기하지 않았다. 포기는 그대가 한 것이다. 그대가 위대한 사람이다!"
"절 놀리시는군요? 제가 포기했다고요? 저는 속인입니다. 저는 물질을 탐내고 욕심이 아주 많은 사람입니다. 야심가이고 금전 지향적이죠. 어떻게 저를 위대하다고 하십니까? 아닙니다, 아니고 말고요. 농담이시겠지요!"

라마 크리슈나가 말했다.

"아니다. 내게도 두 가지 가능성이 있었고 그대에게도 두 가지 가능성이 있었다. 그대는 세상을 택하고 신을 포기했고, 나는 신을 택하고 세상을 포기했다. 누가 더 진정한 포기자인가? 그대는 보다 위대하고 보다 귀중한 것을 포기하고 하찮은 것을 선택했다. 나는 하찮은 것을 포기하고 귀중한 것을 선택했다. 만일 훌륭한 다이아몬드와 돌이 있다면 그대는 돌을 택하고 다이아몬드를 포기한 것이고, 나는 다이아몬드를 택하고 돌을 포기한 것이다. 그런데 나를 위대한 사람이라고, 위대한 포기자라고 하는가? 그대는 제정신인가? 나는 신에 푹 빠져 있다. 나는 귀중한 것을 선택했다."

그렇다, 나 역시 라마 크리슈나, 마하비라, 붓다, 예수, 모하메드, 사라하와 일치한다. 그들은 포기하지 않았다. 그들은 신에 푹 빠졌다. 정말로 신에 푹 빠졌다. 그들은 진정으로 신을 향유했고 존재와 축제를 벌였다. 하찮은 돌을 쫓아다니는 우리, 우리야말로 위대한 포기자이다.

거기엔 오직 두 가지 가능성밖에 없다. 마음을 포기하고 빛을 선택하느냐, 아니면 빛을 포기하고 마음을 선택하느냐, 그것은 그대에게 달렸다.

마음을 하나나 여럿으로 생각하는 사람,
빛을 버리고 세속으로 들어가네.
이는 두눈을 뜬 채로
타오르는 불꽃 속에 들어가는 것이라네.
이보다 더 불쌍한 사람이

어디 있겠는가?

사라하는 말한다.
"왕이여, 그대는 나를 도우러 왔는가? 그대가 내게 자비를 베푼다고 생각하는가? 확실히 왕국의 사람들은 모두 그런 식으로 여길 것이다. 왕이 화장터로 갔으니 사라하에 대한 자비심이 얼마나 큰 것인가 하고 생각할 것이다. 그대는 그대가 자비심 때문이 왔다고 생각하는가? 나를 웃기지 마라! 실은 나야말로 그대에게 자비심을 느낀다. 나야말로 그대를 가엾게 느낀다. 그대는 바보다!"

이는 두눈을 뜬 채로
타오르는 불꽃 속에 들어가는 것이라네.
이보다 더 불쌍한 사람이
어디 있겠는가?

"그대는 눈을 뜨고 싶어하나 눈이 멀어 있다. 그대는 장님이다! 그대는 그대가 뭘 하고 있는지 모른다… 그대는 세상 속에서 삶을 누리고 있다고 생각하는가? 그대는 활활 타오르는 불 속에 있을 뿐이다."

붓다가 왕국을 떠나 국경을 지났을 때 바로 그 일이 일어났다. 그가 마부에게 말했다.
"이제 돌아가라. 나는 밀림으로 가겠다. 나는 세상을 포기했다."
늙은 마부가 말했다.
"왕자님, 저는 늙을 만큼 늙었습니다. 저는 당신의 아버님보다도 나이가 많습니다. 제 충고를 들으십시오. 당신은 순전히 바보 같은 짓을 하고 있는 겁니다. 이 아름다운 왕국, 이 궁전, 아름다운 아내, 모든 인간들이 매달리는 호사한 생활을 떠나 어디를 가려 하십니까? 무엇을 위해서?"

붓다는 대리석 궁전을 뒤돌아보며 말했다.

"저곳은 불타고 있다. 활활 타오르고 있다. 온세상이 불타고 있다. 나는 포기하는 것이 아니다. 포기할 게 아무것도 없다. 나는 다만 불로부터 도망갈 뿐이다. 그렇다, 저기에는 왕국도 없고 진정한 기쁨도 없다."

사라하는 왕에게 말한다.

> 이는 두눈을 뜬 채로
> 타오르는 불꽃 속에 들어가는 것이라네.
> 이보다 더 불쌍한 사람이
> 어디 있겠는가?

"생각해보라. 그대가 나를 불쌍하게 여겨 도우려고 왔는가? 아니다. 상황은 정반대이다. 그대야말로 가여운 존재이다. 그대는 활활 타오르는 불 속에서 살고 있다. 주의하라! 깨어나라! 그리고 가능하면 빨리 그곳을 벗어나라. 모든 아름다움, 모든 진실, 모든 선함은 오직 무심(無心)을 통해서만 체험할 수 있다."

탄트라는 그대 안에 무심을 창조하는 과정이다.

무심은 니르바나를 향한 문이다.

오늘은 이만.

10

힁글 데 지,
비피티 쟁 댕

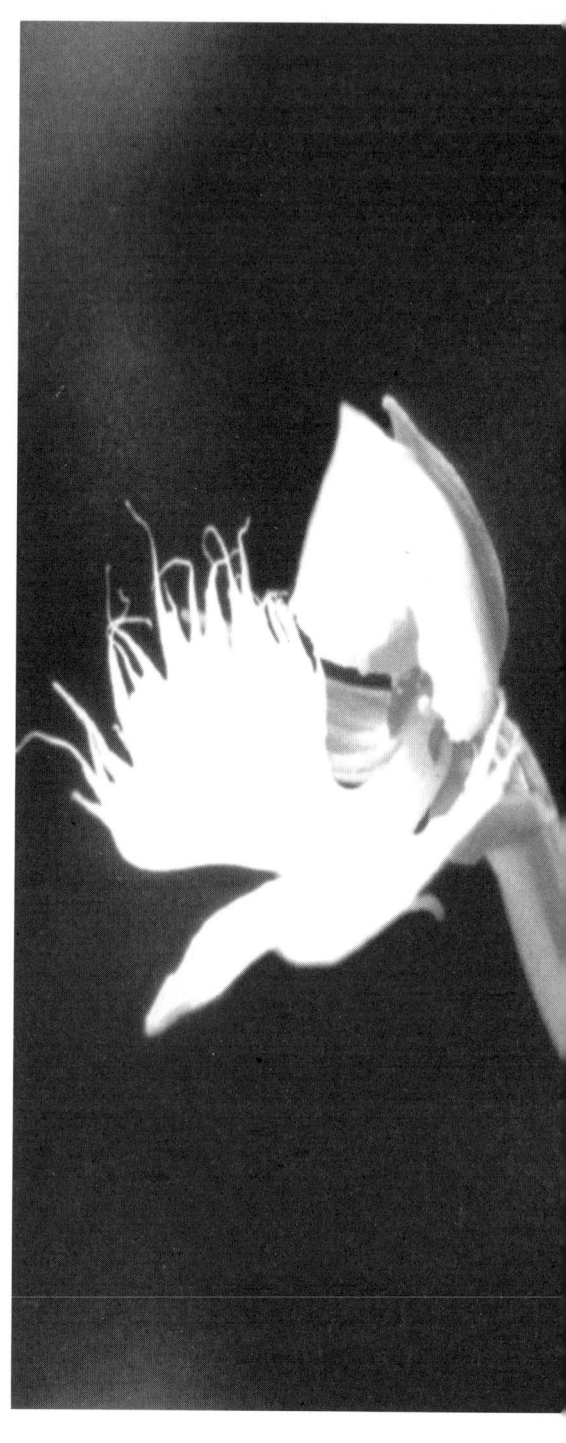

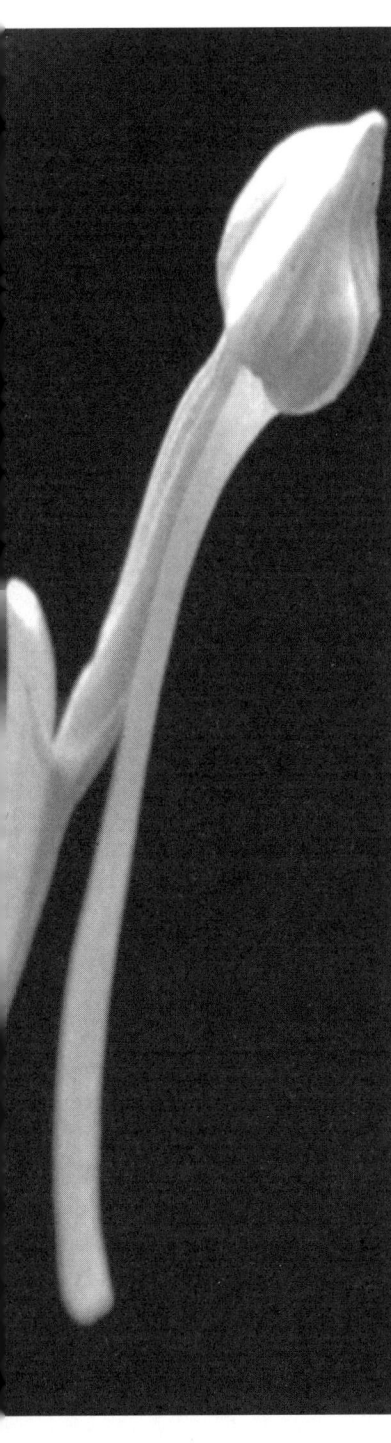

1 힝글 데 지, 비피티 쟁 댕-두 란 나, 데 잔 방

2 기도란 유용한 것입니까?

3 역사적으로 대다수의 남성들은
두 부류의 여성을 필요로 하는 반면,
여러 남성을 필요로 하는 여성은
극소수인 것 같지요…?

4 당근과 당나귀

5 지금 저는 각성의 정도가 몹시 빈약합니다.
무엇이 새로운 겁니까?

6 당신이 제 속을 뒤집어놓으면
저는 어찌해야 합니까?

7 삼사라란 무엇입니까?

첫 번째 질문
사랑하는 오쇼,
힝글 데 지, 비피티 쟁 댕- 두 란 나, 데 잔 방,
힝글 데 지비티 댕글리지

훌륭하다. 프라바! 아름답다. 그것은 전위적이다. 내가 그대를 몰아붙여 제정신이 들게 하고 있구나. 한 걸음만 더… 그러면 깨달음이 있으리라.

두 번째 질문
사랑하는 오쇼, 기도는 유용한 것입니까?
만일 그렇다면 제게 기도하는 법을 가르쳐주십시오.
제 말은, 신의 사랑을 받을 수 있고
그의 은총을 느낄 수 있는 기도 말입니다.

 첫째, 기도는 유용하지 않다. 전혀. 기도는 효용성이 없다. 실용성이 없다. 기도는 상품이 아니다. 그대는 기도를 이용할 수 없다. 기도는 물건이 아니며 어떤 것의 수단이 아니다. 어떻게 기도를 이용할 수 있겠는가?

나는 질문자의 마음을 이해할 수 있다. 종교는 사람들에게 기도가 신을 만나는 수단이라고 가르쳐왔다. 그러나 그렇지 않다! 기도 자체가 신이다. 기도는 어떤 것을 향한 수단이 아니다. 기도로 가득 차는 것 그 자체에 목적이 있다. 기도로 충만될 때 그대는 성스럽다. 기도가 그대를 신에게 인도해줘서가 아니다. 기도로 충만될 때 그대는 자신의 신성을 발견한다.

기도는 수단이 아니다. 기도 그 자체가 목적이다.

하지만 인간의 마음은 오랜 세월 동안 이러한 오류를 고집해왔다. 사랑도 수단이 되었고 기도도 그렇고 명상도 마찬가지다. 결코 수단으로 전락되어선 안 되는 것들이 죄다 수단으로 전락되어 왔다. 그리하여 아름다움이 상실된 것이다.

사랑은 유용하지 않다. 기도도 그렇고 명상도 그렇다.

"기도는 유용합니까?" 하고 묻는 것은 기도가 무슨 의미인지 모르는 것이다. 그대는 갈망한다. 그대는 신을 원한다. 그대는 신을 손에 쥐고 싶은 것이다. 지금 신을 손에 쥘 수 있는 수단을 찾고 있는데, 신은 손에 쥘 수 없다!

그대는 신을 소유할 수 없다. 그대는 신을 담을 수 없다. 그대는 신을 해석할 수 없다. 그대는 신을 체험할 수 없다. 그러면 신에 대해 뭘 할 수 있는가? 오직 한 가지, 그대 자신이 신이 될 수 있다. 그대는 그것에 대해 아무것도 할 수 없다. 바로 그대 자신이 신이기 때문이다. 그대가 그것을 인정하든 말든, 그것을 깨닫든 말든 그대는 신이다. 이미 존재하는 것만 어떻게 할 수 있다. 이미 일어난 것만 어떻게 할 수 있는 것이다. 새로 보태질 수 있는 것은 아무것도 없다. 오직 계시(啓示)만이, 오직 발견만이 있을 뿐이다.

기도는 어떤 실용성도 없다. 기도를 이용하는 순간 그것은 추해진다. 기도를 이용하는 것은 신성모독이다. 그대에게 기도를 이용하라고 한 사람들은 비종교적일 뿐만 아니라 반(反)종교적이다. 그들은 자신이 뭘 말하는지 모르고 있다. 그들의 말은 넌센스이다.

기도로 충만하라. 실용성을 위해서가 아니라 기쁨을 위해서.

기도로 충만하라. 뭘 이루기 위해서가 아니라 그것을 통해 그대가 있기에. 그것을 통해 그대의 존재가 있기에! 그대는 기도를 통해 현존한다. 그것이 없으면 그대는 존재하지 못한다. 그것은 미래 어딘가의 목적지가 아니다. 그것은 이미 여기에 있는 것, 이미 현실화되어 있는 것을 발견하는 것이다.

더욱이 기도를 물질의 관점에서 생각하지 말아라. 그러면 기도는 종교가 아닌 경제의 일부가 된다. 만일 기도가 수단이라면 그것은 실리주의의 일부이다. 수단이란 모두 실리주의의 일부이고, 목적은 실리성을 넘어서 있다. 종교의 관심사는 수단이 아닌 목적에 있다. 종교의 목적은 어디로 도달하는 것에는 관심이 없다. 종교의 관심사는 오직 한 가지, 우리가 어디에 있는지를 아는 것이다.

이 순간을 누리는 것, 그것이 기도이다. 지금 여기에 존재하는 것, 그것이 기도이다. 새들의 지저귐을 듣는 것, 주변사람들의 현존을 느끼는 것, 애정을 가지고 나무를 쓰다듬는 것, 그것이 기도이다. 깊은 존경심으로, 생명에 대한 경외심으로 아이를 바라보는 것, 그것이 기도이다.

그러니 먼저… "기도는 유용합니까?"라고 묻지 말아라.

그리고 둘째, 그대는 말한다.

"만일 그렇다면 기도하는 법을 가르쳐주십시오."

'만일(if)'로 시작한다면 기도는 배울 수 없다. 그 '만일'과 함께 의심이 시작된다. '만일'은 기도의 마음이 아니다. 기도는 신뢰를 필요로 한다. 거기엔 '만일'이 없다. 그렇다, 절대적으로 그렇다.

미지의 것, 불가시적인 것, 비형상적인 것을 신뢰할 수 있을 때 기도가 있다. '만일'로 시작한다면 그 기도는 기껏해야 가설이 될 것이다. 그 기도는 학설이 될 것이다. 그러나 기도는 학설이 아니다. 기도는 물질이나 학설이 아닌, 하나의 체험이다. 기도는 '만일'로 시작할 수 없다. 그것은 시작부터 잘못이다. 첫 단추를 잘못 끼우는 것이다.

만일이라는 조건을 버리면 기도 속에 있게 될 것이다. 모든 조건들을 버려라. 인생을 가설을 통해 살지 말아라. "만일 그것이 그렇다면, 만일 신이 있다면 기도하겠다"고 말하지 말아라. 과연 신이 '만일'에 지나지 않는다면 어찌 기도할 수 있겠는가?

신이 그저 '마치… 있는 것처럼(as if)'에 불과하다면 그대의 기도 또한 '마치… 있는 것처럼'이 될 것이다. 그것은 공허하다. 그대는 신을 향해 절하고 몇 마디 읊조릴 테지만 그것은 가슴에서 우러나오는 것이 아니다. 가슴은 결코 만일(if)과 함께 있을 수 없다.

과학은 가설을 통해 탐구하지만 신은 가설을 통해 탐구할 수 없다. 그대는 요구한다.

"만일 사랑이 있다면 제게 사랑을 가르쳐주십시오."

만일 사랑이 있다면? 그렇다면 그대 가슴에 어떤 울림도 일어나지 않은 것이다. 그렇다면 그대는 사랑이라는 봄도 모르고 사랑의 산들바람에 전율해본 경험도 없는 것이다. 그대가 아는 사랑이란 그저 남들에게서 들은 것이다. 책에서 읽었거나 낭만적인 시에서 사랑에 대해 읽은 것이다. 사랑이라는 낱말은 알았지만 그대 자신의 체험은 한순간도 없었던 것이다. 그리하여 그대는 부탁한다.

"만일 사랑이 있다면 가르쳐주십시오."

하지만 '만일' 과 함께는 사랑을 배울 수 없다.

그대는 한 번도 사랑의, 기도와 축복의 순간을 체험해본 적이 없는가? 나는 그렇게 빈곤한 사람은 결코 본 적이 없다. 그대는 밤의 침묵에 귀기울여 본 적이 없는가? 그 침묵에 전율하고 감동하고 그리하여 탈바꿈된 적이 없는가? 그대는 태양이 지평선 위로 떠오르는 것을 본 적이 없는가? 떠오르는 태양과 깊은 친밀감을 느껴본 적이 없는가? 그대 안에서 솟구치는 생명력을, 사방에서 쏟아지는 생명력을 느껴본 적이 없는가? 아마도 잠시겠지만 누군가의 손을 잡고 서로에게서 흐르는 그 무엇을 느껴본 적이 없는가? 두 사람의 존재가 겹쳐져 무언가가 서로 속으로 흐르는 것을 체험해본 적이 없는가? 그대는 장미꽃을 보다가 그 향기에 취해서 문득 다른 세계로 전이된 경험이 없는가?

이러한 순간들이 기도의 순간들이다. '만일'로 시작하지 말아라. 그대 인생에서 아름다웠던 모든 순간들을 모아라. 그 순간들이 모두 기도의 순간들이다. 그러한 순간들을 기도를 위한 사원의 반석으로 삼아라. 가설이 아닌 바로 그 순간들이 그대의 반석이 되게 하라. '만일' 이라는 벽돌은 허구이다. 확신, 절대 확신으로 반석을 세워라. 오로지 그때, 오로지 그때만 그대는 기도의 세계에 들어갈 수 있다. 그것은 무궁한 세계이다. 그것은 시작은 있으나 끝이 없다. 그것은 대양이다.

그러니 부디 "만일 그렇다면"이라고 말하지 말아라. 그것은 확실히 그렇다! 그리고 아직 그것을 확신하지 못한다면 삶 속의 심미적 체험, 사랑의 체험, 마음을 초월했던 체험들에서 확신을 찾아내어 그 체험들을 한데 모아라.

보통, 마음은 습관적으로 그것들을 모으지 않는데 그러한 체험들은 마음의 논리성에 어긋나기 때문이다. 그래서 우리는 그것들을 주목하지 않는다. 그러한 체험은 빈번히 일어난다. 누구에게나 자주 일어난다. 반복해보자. 정말 빈곤한 사람은 아무도 없다. 그런 체험들은 가장 빈곤한 사람들에게도 일어난다. 인간은 반드시 그런 체험을 하도록 되어 있다. 인간은 그런 식으로 존재하게 되어 있다. 그런 체험들은 반드시 일어난다. 하지만 우리는 그것들을 주목하지 않는다. 그것은 위험한 순간이기 때문이다. 그런 체험들이 진실이라면 논리적인 마음에게 어떤 일이 일어날까? 그러한 순간들은 아주 비논리적인 순간들이다.

지금 새소리를 듣는데 그대 안의 무엇이 노래하기 시작한다. 이것은 아주 비논리적이다! 그대는 어떻게 그런 일이 일어나는지, 왜 그런 일이 일어나는지, 왜 그렇게 일어나야만 하는지 규명할 수 없다. 마음은 미궁에 빠진다.

마음이 할 수 있는 유일한 방침은 그것을 주목하지 않는 것, 그것을 잊어버리는 것이다!

"아마도 일시적인 기분에 불과하겠지. 아마도 어떤 비정상적인 순간이겠지. 일시적으로 정신이 나간 거겠지."

마음은 이렇게 해석한다.

"이건 아무것도 아니야. 그저 기분에 불과해. 잠시 감정적이고 감상적이 된 거야. 그게 다야. 이것은 진짜 체험이 아니야."

이것은 부정의 수단이다. 일단 그대가 부정적이 되기 시작하면 삶 속에서 기도의 토대가 되는 순간을 체험하지 못하게 된다. 그러기에 "만일 그렇다면…"이라는 질문을 하는 것이다.

첫째로 나는 이렇게 제안한다.

"삶 속으로 들어가, 그 모든 순간들을 상기하라."

그대는 분명 해변가에서 조가비를 모으는 어린 시절이 있었다. 그 위로는 햇살이 쏟아지고 짜릿한 바닷바람이 불어왔었다. 그대는 무진장한 기쁨 속에 있었다. 도대체 어떤 왕이 그처럼 즐거울 수 있을까? 그대는 거의 세상 꼭대기에 있었다. 그대는 황제였다… 기억하라… 그것이 기도의 반석들이다.

그대는 나비를 쫓아서 뛰어가던 어린아이였다. 그것이 기도의 순간이었다. 처음으로 그대는 이성과 사랑에 빠져 가슴이 설레이고 울렁거렸었다… 첫사랑, 우정, 그것이 기도의 순간이었다.

지난날 가운데 마음을 넘어갔던 순간들, 마음으로 해석하거나 분석할 수 없었던 순간들, 그냥 마음을 초월해버렸던 순간들을 한데 모아라. 비록 얼마 안 되는 순간이라도 도움이 될 것이다. 그 순간에는 '만일'이 없을 것이다. 그때는 확신을 가지고 움직인다. 그때는 가설이 아닌 신뢰가 있다. 어린 시절에는 체험한 것을 왜 지금이라고 체험하지 못하겠는가? 그대가 전율로 가득 찼던 경이로운 순간들을 모아라.

바로 어제 나는 아주 단순한 노인에 관한 이야기를 읽었다. 철학자이자 사색가인 영국인 존슨 박사가 그 노인의 집에 머물고 있었다. 모닝 티를 마시고 있을 때였다. 노인이 말했다.

"존슨 박사, 나도 젊었을 때는 철학자가 되려고 했었다네."

존슨 박사가 물었다.

"그런 일이 있었습니까? 그런데 왜 철학자가 안되셨습니까?"

그 사람이 웃으며 말했다.

"그런데 삶에 자꾸만 쾌활함이 솟구쳐서…"

…쾌활함.

"그 쾌활함 때문에 철학자가 될 수 없었소. 계속해서 그걸 억누르고 있기는 어려운 일이었소!"

나는 그 대답을 좋아한다. 그런 쾌활한 순간들이 기도의 순간들이다. 철학자는 기도할 수 없다. 사색가는 기도할 수 없다. 모든 사색은 조건과 함께, 의심과 함께 출발하기 때문이다. 그러나 기도는 신뢰와 함께 출발한다.

그래서 예수는 말한다.

"오직 어린아이와 같이 천진한 사람만이 하늘나라에 들어갈 것이다."

두눈이 경이로움으로 가득 차 있는 사람, 그들에게는 매순간이 놀라움의 순간이다. 그들의 심장은 아직도 전율하고 있다. 오직 그들만이…

그러니 먼저 조건을 버려라. 그리고 확실한 체험들을 모아라 그것이 기도에 대한 첫 번째 교훈이다.

둘째, 그대는 말한다.

"제게 기도하는 법을 가르쳐주십시오."

거기엔 방법이 없다. 기도는 기술이 아니다. 명상은 배울 수 있다. 명상은 하나의 기술이고 방법이다. 그러나 기도는 방법이 아니다. 기도는 연애이다! 기도는 실천할 수는 있지만 배울 수 없다.

한 번은 이런 일이 있었다. 예수에게 몇몇 제자들이 물었다.

"주님, 우리에게 기도하는 방법을 가르쳐주십시오."

그래서 예수가 어떻게 했는지 아는가? 그는 꼭 선사같이 행동했다. 그는 그냥 바닥에 무릎을 꿇고 기도하기 시작했다! 제자들은 당황했다. 그들은 분명 어깨를 으쓱했을 것이다.

"우리는 가르쳐달라고 했는데, 지금 뭘 하고 있는 건가? 그냥 기도하다니. 그의 기도가 어떻게 우릴 돕는단 말인가?"

나중에 제자들이 물은즉 예수가 대답했다.

"그러나 그것밖에 길이 없다. 거기엔 따로 기술이란 것이 없다!"

예수는 기도했다. 그 밖에 뭘 할 수 있겠는가? 만일 제자들이 조금만 더 깨어 있었다면 그들도 예수 곁에 조용히 앉아 그의 손을 잡거나 옷자락을 만졌을 것이다. 그것은 높은 차원의 접촉이다! 그랬더라면 기도가 일어날 수 있었다.

나는 그대에게 기도를 가르칠 수 없으나, 내 자체가 기도이다. 그리고 나는 기도하기 위해 무릎을 꿇을 필요가 없다. 내 자체가 기도이기 때문이다. 그대는 그저 내 존재를 마셔라. 마실 수 있을 만큼 한껏 내 현존을 마셔라. 그러면 기도의 본질을 알리라. 매일 아침 나는 그대에게 기도를 가르치고 있다! 그대가 내게 오는 순간마다 나는 기도를 가르치고 있다. 나는 기도 속에 존재한다. 좀 더 열려 있어라. 그저 그대의 문을 열어놓고 내 존재의 미풍이 그대를 통과하게 하라. 그것은 전염성이 있다. 기도는 전염된다.

나는 그대에게 기도하는 방법을 가르쳐줄 수 없으나 그대가 기도로 충만하게 할 수는 있다. 나의 현존에 더욱 조율돼라. 그리고 그러한 질문들은 장애물이니 마음에 품지 말아라. 그저 상처 받기 쉬운 열린 마음으로 있어라… 그러면 기도가 일어날 것이다. 어느 날 문득 그대는 가슴이 노래하고 그대 안의 새로운 에너지가 춤추고 있는 것을 볼 것이다. 그것은 마치 한밤중에 한 줄기의 광선이 들어오듯 그대를 찾아온다.

그것이 기도이다! 그대는 기도할 수 없다. 기도가 일어나는 것을 허용할 수 있을 뿐이다. 명상은 그대가 할 수 있지만 기도는 그대가 할 수 없다. 명상은 보다 과학적인 길이라서 배울 수 있다. 그러나 기도? 기도는 완전히 비과학적이고 가슴의 차원이다. 나를 느껴라. 그러면 기도를 느끼리라. 나를 만져라. 그러면 기도를 만지리라. 내 얘기를 들어라. 그러면 기도로 충만된 말을 들을 것이다.

그 다음 이따금 조용히 앉아서 대화가, 존재와의 대화가 흐르게 허용하라. 존재를 신이라고 부르든 아버지, 어머니라고 부르든 모두 좋다. 그러나 의례적으로 되뇌이지 말아라. 기독교의 기도처럼 되뇌이지 말아라. 힌두교의 기도처럼 되뇌이지 말아라. 만트라를 되뇌이지 말아라. 나모카라를 되뇌이지 말아라. 인도, 티벳, 중국의 어떤 만트라도 되뇌이지 말아라… 되뇌이지 말아라! 그대 자신의 만트라를 창조하라. 앵무새가 돼지 말아라. 그대 자신이 직접 신에게 말할 수는 없는가? 예행연습을 하지 말아라. 기도를 준비하지 말아라. 어린아이가 엄마나 아빠를 마주하듯이 직접 신과 대면할 수 없는가? 그대 자신은 신에게 말할 것이 없는가? 그냥 인사라도 하면 안 되는가?

기도가 일어나게 나둬라. 그것을 준비하지 말아라. 준비된 기도는 가식적인 기도이다. 반복적인 기도는 기계적인 것이다. 그대는 기독교의 기도를 되뇌일 수 있는데 그것은 인위적으로 주입되고 부과된 것이다. 그런 기도는 잠들기 전마다 되뇌일지라도 그것을 통해 깨어나지 못할 것이다. 그런 기도는 감응적인 것이 아니기 때문이다!

매일 밤 기도를 한 마디만 했던 유명한 수학자가 있었다. 그는 항상 하늘을 보면서 기도했다.

"어제와 같음."

어제와 똑같은 말을 날마다 반복할 이유가 뭔가? 날마다 똑같은 기도를 반복하는데… '어제와 같음', 이 편이 낫다! 왜 신을 날마다 똑같은 말로 성가시게 하는가? 할말이 있다면 말하라. 그러나 할말이 없다면 그냥 이렇게 말하라.

"오늘은 아무 할말이 없습니다."

아니면 그냥 침묵하라. 무엇 때문에 꼭 말해야 하는가? 진실하라. 적어도 신과의 관계에서는 진실하라. 그것이 기도이다. 그대의 가슴을 열어라.

이런 얘기를 들었다.

모세가 숲속을 지나고 있을 때, 누더기옷을 몸에 걸친 더럽고 초라한 양치기가 기도하고 있었다. 그때는 기도시간이었고, 양치기는 기도중이었다.

호기심이 난 모세는 양치기의 뒤로 가서 기도내용을 엿들었다. 무슨 그런 기도가 있을까? 그것은 가관이었다.

"하느님, 제가 죽으면 천국에 보내주십시오. 제가 당신을 보살피겠습니다. 만일 당신에게 이가 있다면 제가 잡아드리겠습니다."

양치기는 이가 많았다. 그래서 확신을 갖고 말했다.

"당신에게 이가 있다면 제가 잡아드리겠습니다. 제가 당신을 깨끗이 목욕시켜 드리겠습니다. 그리고 당신을 위해 요리하겠습니다. 정말 맛있는 요리를 할 것입니다. 그리고 당신의 양들을 보살피겠습니다. 당신을 위해 따뜻한 우유도 준비하겠습니다."

…그리고 이것저것.

"그리고 저는 맛사지도 잘할 수 있습니다!"

그것은 너무 심했다. 이를 잡아주겠다는 대목은 정말 심했다. 충격받은 모세가 말했다.

"이를 잡아드리겠다니 무슨 터무니없는 소리냐? 하느님에게 이가 있다는 말이냐?"

그 초라한 양치기는 당황했다.

"난 그를 본 적이 없으니 정확히 모르죠. 내가 아는 것은 고작 내 자신뿐이니까요. 나는 이가 많거든요."

모세가 말했다.

"그만둬라! 절대 그런 식으로 기도하지 마라! 그것은 신성모독이다. 너는 지옥으로 떨어지리라!"

양치기는 벌벌 떨며 땀까지 흘렸다.

"하지만 나는 평생을 이런 식으로 기도한 걸요. 뭐든지 마음 속에 떠오르는 것을 말합니다. 그리고 난 잘 몰라요… 당신이 바른 기도법을 가르쳐주세요."

그래서 모세는 그에게 바른 기도법을 가르쳐주었고, 초라한 양치기는 그의 양을 데리고 떠났다. 그때 별안간 우뢰와 같은 신의 목소리가 온 숲속을 진동했다. 신은 노여움에 가득 차 있었다.

"미친 것! 세상에 가서 사람들을 내게 데려오라고 보냈더니 오히려 내 사람들을 내쫓고 있구나. 사랑하는 자… 그는 사랑하는 자였다. 그는 기도를 가장 잘하는 자 중의 한 명이었다. 그런데 그를 상심시키고 그의 신앙심을 꺾어놓다니. 당장 그에게 가서 사과하고 너의 기도법을 취소하라!"

그래서 모세는 양치기에게 가서 무릎꿇고 사죄했다.

"미안하다. 나를 용서하라! 내가 틀렸고 네가 옳았다. 하느님은 너를 칭찬하셨다. 내 기도법을 취소해야겠다."

그것이 정확한 기도법이다. 그대의 기도가 성장하도록, 기도가 저절로 일어나도록 하라. 그렇다, 언제든 그대가 신과 가볍게 대화하고 싶어지는 순간들을 기다려라. 날마다 그것을 되뇌일 필요는 없다. 그럴 필요가 없다. 느낌이 일어날 때, 기도가 느낌에서 우러나오도록 하라. 기도를 의례적으로 하지 말아라.

때로는 샤워중에 떨어지는 물 밑에서 갑자기 기도하고 싶은 충동을 느낀다. 그때 기도하라. 그것은 더없이 좋다. 그때는 욕실 안이 기도하기에 더없이 좋은 곳이다. 교회에 갈 필요가 없다. 충동이 일어난 그 순간 그대의 욕실은 교회가 된다. 그때 기도하라. 가벼운 대화를 나눠라. 얼마나 아름다운가! 기도가 가슴에서 우러나올 때 신은 듣는다. 그리고 그 기도에 감응한다.

어떤 때는 여자와 성행위를 하는 중에 불현듯 기도하고 싶은 충동이 일어난다. 바로 그 순간에 기도하라! 그보다 더 좋은 순간은 없다. 그대는 신과 가장 가까이 있다. 생명에너지와 가장 가까이 있다. 오르가슴이 폭발하고 있을 때… 기도하라! 하지만 기다려라. 그것을 형식으로 만들지 말아라. 자발적으로 일어나게 하는 것, 그것이 탄트라의 자세이다.

그리고 마지막 질문을 보자.

"제 말은, 신의 사랑을 받을 수 있고 그의 은총을 느낄 수 있는 기도 말입니다."

또다시 그대의 질문은 그릇됐다.

"제 말은, 신의 사랑을 받을 수 있는 기도 말입니다."

그대는 탐한다! 기도는 신을 사랑하는 것이다. 그렇다, 신 쪽에서는 천 배의 사랑을 주지만 그것을 바라서는 안 된다. 그것은 기도의 소산이다. 신의 사랑은 기도의 성과물이 아니라, 자연스레 따라오는 것이다. 그렇다, 신의 사랑은 홍수처럼 흘러넘칠 것이다. 그대가 신을 향해 한 걸음 내디디면 신은 그대를 향해 천 걸음을 다가온다. 그대가 한 방울을 주면, 신에게 한 방울의 사랑을 바치면 그는 바다와 같은 사랑을 준다. 그렇다, 그런 식으로 일어난다. 하지만 그것을 요구해서는 안 된다. 욕망은 잘못이다. 그대가 단지 신의 사랑을 받기 위해 기도한다면 그 기도는 거래이다. 그것은 비즈니스이다. 비즈니스에 주의하라!

미국의 한 조그만 학교에서 교사가 꼬마에게 물었다.
"인류의 역사에서 누가 가장 위대한 사람이지?"
그런 질문을 받으면 미국인들은 당연히 "에이브러햄 링컨", 인도인들은 "마하트마 간디"라고 하며, 영국 아이들은 "윈스턴 처칠"이라고 말한다.
그때 작은 유대인 소년이 일어서서 말했다.
"예수님이오."
그 꼬마가 승리했다. 그 꼬마가 상을 받았다.
하지만 교사가 물었다.
"너는 유대인인데 왜 예수라고 대답했지?"
꼬마가 말했다.
"마음속으로는 항상 모세가 가장 훌륭하다고 생각하지요. 하지만 비즈니스는 비즈니스니까요."

기도를 비즈니스로 만들지 말아라. 그냥 순수하게 바쳐라. 다만 가슴으로부터 바치고 아무 보답도 요구하지 말아라. 그러면 무수히 온다… 천 배, 만 배로 신이 그대를 향해 흐른다. 그러나 다시 기억하라. 그것은 자연스레 따라오는 일이지, 기도의 성과물이 아님을.

세 번째 질문
사랑하는 오쇼, 당신은 남성은 두 부류의 여성을
필요로 한다는 융의 의견을 말씀하셨습니다.

역사적으로, 대다수의 남자가 그런 식으로 느끼는 것 같은데, 반면에 여러 남자를 필요로 하는 여자는 극소수인 것 같습니다. 남성심리학에서는 이러한 관점이 근거 있는 얘기일까요?
만일 그렇다면 왜인가요?

 이 질문은 아난다 프렘이 한 것이다. 먼저 그녀는 말한다. "역사적으로, 대다수의 남자가 그런 식으로 느끼는 것 같은데…."

역사는 단지 허튼 소리에 불과하다. 그리고 역사는 남자들이 창조해왔다. 여자들은 역사를 쓰지 않았다. 역사는 남성 지향적이고 남성 지배적이며 남성이 만든 것이다. 지금의 역사는 허구의 역사이다.

남자는 여자를 손쉽게 착취하고 여자가 반역할 수 없도록 세뇌시켜 왔다. 노예들은 항상 반역할 수 없도록 최면당해 왔다. 남자는 여자의 마음을 그들이 원하는 방식으로 세뇌시켜 왔다.

그대는 말한다.

"역사적으로, 대부분의 남자들이 그런 식으로 느끼는 것 같은데…."

왜냐하면 남자는 더 자유롭고, 주인이기 때문이다. 여자는 노예처럼 살았다. 여자들은 노예의 신분을 받아들였다. 그대는 그 노예의 신분을 철저히 버리지 않으면 안 된다. 그대는 그 속에서 빠져나와야 한다.

바로 어젯밤에 읽은 책에는, 6세기경 기독교의 고위 지도층들이 모여 여자에게도 영혼이 있는가를 결정하는 대집회가 있었다는 내용이 있었다. 다행스럽게도 그들은 여자에게도 영혼이 있다고 결정했는데, 겨우 한 표 차의 승리였다. 그것은 아슬아슬한 것이다.

한 표의 차! 한 표만 적었더라도 역사적으로 여자에게는 영혼이 없었을 것이다. 이 영혼은 아슬아슬한 것이다.

남자는 여자의 심리학 전체를 뭉그러뜨렸다. 그대가 알고 있는 것은 진짜 여자의 심리가 아니다. 그것은 남자가 만들어낸 심리학, 남자가 창조한 심리학이다. 그대가 더욱 자유로워지면 그대 역시 같은 식으로 느낄 것이다. 남자나 여자나 실제로는 생각처럼 그렇게 다르지 않기 때문이다. 남자 여자가 다른 것은 사실이다! 남녀의 생리현상은 다르다. 남녀의 심리상태는 확실히 다르다. 그러나 차별이 있는 것은 아니다. 남녀에게는 다른 점보다도 유사점이 훨씬 많다.

생각해보라. 남자는 같은 음식을 날마다 먹으면 질리는데 여자라고 안 질리겠는가? 여자 역시 질릴 것이다. 다를 것이 뭐가 있는가? 남자가 질리는 것이 당연한 것처럼 여자 역시 질린다. 성적인 관계가 영적인 관계로 발전되지 않는 한 그 관계는 곧 질리게 될 것이다.

그것을 명확하게 하자. 성적인 관계 그 자체로는 영속적인 연애가 될 수 없다. 성적인 것은 일시적인 것이기 때문이다. 일단 사랑의 행위를 하고 나면 그 관계는 끝나버린다. 이제는 그 대상에게 흥미가 없다. 남녀 사이에 성적인 관계 이상의 것이 일어나지 않는다면, 보다 높고 영적인 차원의 만남으로 올라가지 않는다면… 그 만남은 성을 통해 이뤄낼 수 있다. 반드시 이뤄내야 한다. 그렇지 않으면 성적인 관계는 단지 육체적인 것에 불과하다. 그것이 영적인 어떤 것, 영적인 결합 같은 것이라면 아무 문제가 없을 것이다. 그러면 함께 있어도 좋다. 그러면 다른 이성을 동경하지 않을 것이다. 그것으로 마무리됐다. 그대는 영혼의 동반자를 찾았다.

그러나 만일 육체적인 관계로만 지속된다면 육체는 금세 질리고 지루해진다. 육체는 전율과 새로움을 원하고 신선한 감각을 원한다. 육체는 항상 새로운 것을 갈망한다….

ATS(영국 여자 국방군) 운전자가 솔즈베리 평야를 횡단하는 오랜 여행 끝에 자정이 되어 목적지인 외딴 야영장에 도착했다. 하사가 그녀에게 그 트럭을 어디에 둘 것인지 지시한 후에 물었다.
"오늘 밤 어디서 잘 건가?"
자기는 트럭 안의 운전대 밑에서 잘 수밖에 없다고 아가씨가 설명했다. 추운 밤이었다. 하사가 잠시 생각하더니 말했다.
"원한다면 내 침대를 써라. 내가 바닥에서 자겠다."
그녀는 그 제안을 고맙게 받아들였다. 그의 침대로 들어간 아가씨는 차갑고 딱딱한 바닥에 누워 있는 하사에게 미안한 마음이 들어 몸을 내밀고 말했다.
"옳은 일이 아닌 것 같군요. 내 옆에 끼어 자는 것이 좋겠어요."
그렇게 하기로 한 하사가 말했다.
"그런데 어떻게 하지? 당신은 싱글처럼 자고 싶나? 부부처럼 자고 싶나?"
아가씨가 깔깔 웃으며 말했다.
"부부처럼 자는 것이 좋겠군요, 그렇지 않아요?"
"좋아. 난 멍청이가 아니야. 그럼 부부처럼 자지."
하사관은 그녀에게 등을 돌리고 누워 잠이 들었다.

결혼은 지루하다. 그 때문에 도처에 그렇게 지루한 얼굴들이 많은 것이다. 결혼은 엄청난 지루함이다. 그것이 영성으로 발전하지 않는 한. 그러나 영성으로 발전하는 일은 드문 일이어서 남자들은 딴 곳을 보기 시작한다. 여자들 역시 딴 곳을 보기는 마찬가지일 테지만 여자들은 자유롭지 못했다. 그래서 그렇게 창녀가 많은 것이다. 그렇지만 남창들은 별로 없다. 그렇다, 런던에는 약간의 남창들이 있지만 그래도 거의 없는 거나 마찬가지다. 왜?

매춘은 결혼의 부산물이다. 결혼이 사라지지 않는 한 매춘은 계속될 것이다. 그것은 하나의 부산물로 결혼이 있는 한 항상 존재할 것이다. 이른바 마하트마들은 매춘을 중단시키려고 노력하면서도 결혼을 강요한다! 그들은 그 무모함을 모른다. 매춘은 결혼으로 인해 발생하는 것이다! 동물들 사이에는 매춘이란 것이 없다. 동물들은 결혼하지 않기 때문이다. 그대는 과연 동물들이 매춘하는 것을 본 적이 있는가? 동물들 사이엔 문제가 없다! 도대체 왜 매춘이 있어야 하는가?

그 추한 현상이 존재하는 것은 결혼이라는 추한 상황 때문이다. 그럼에도 남창들이 별로 많지 않은 것은 여자들이 자유롭지 못하기 때문이다. 그들은 철저히 억눌려왔다. 그들은 성적인 기쁨도 누릴 수가 없는 것이다. 그들은 그것을 기대할 수도 없다. 오직 부도덕한 여자, 현숙치 못한 여자, 숙녀적이지 못한 여자만이 성적인 기쁨을 바란다. 숙녀는 어떤 기쁨도 기대해선 안 된다. 숙녀들은 보다 고상하므로.

이것은 진정한 역사가 아니다. 이것은 만들어진 역사이고 날조된 역사이다. 어떠한 관념을 수천 년 동안 계속 고수한다면 그것은 거의 사실처럼 된다. 그것은 진실된 심리학이 아니다. 진실된 심리학을 알려면 여자에게 보다 전적인 자유를 줘봐야 할 것이다. 그러면 그대는 놀라리라. 여자들은 남자들을 훨씬 능가한다.

여자들을 보라. 남자는 거의 항상 똑같은 회색 양복을 입고 다니는데… 여자? 여자들은 날마다 새로운 사리(인도의 전통의상)를 입는다. 나는 여자들의 마음을 본다. 만일 여자들에게 완전한 자유가 주어진다면 여자들은 남자들을 훨씬 능가할 것이다! 남자는 계속해서 똑같이 살 수 있다. 그대가 한 번 보라. 남자들의 옷은 그다지 다채롭지 않다. 남자들만 있다면 유행 같은 것은 생기지 않는다. 유행은 무슨 유행인가? 공식적인 똑같은 회색 양복, 똑같은 타이, 남자들은 그다지 양복이 없다. 그러나 여자? 백화점은 온통 여자들을 위한 물건뿐이다! 진짜 고객은 여자들이다.

남자는 생산자이고 여자는 고객이다. 시장에 있는 90퍼센트의 물건들이 여자들을 위한 것이다. 왜? 그들은 더 새로운 것을 원하고 더 새로운 체험과 새로운 전율을 원한다. 아마도 그것은 억압된 성욕의 분출구일 것이다. 남편을 새로 바꿀 수 없으니 새 사리가 대용품이 되고 새 차가 대용품이 되고 새 집이 대용품이 되는 것이다. 그들은 에너지를 다른 어딘가에 쏟고 있는 것이다. 이것은 진실이 아니다.

여자들의 심리는 너무 많이 짓눌리고 파괴되어 무엇이 진정한 심리인지 알 수 없게 되었다. 역사에 귀기울이지 말아라. 역사는 추악한 기록이다. 그것은 오랜 노예제도의 기록이다. 적어도 여자들은 역사를 귀담아듣지 말아야 한다. 여자들은 모든 역사책을 불사르고 역사를 다시 써야 한다.

그대는 놀라겠지만, 일단 어떤 관념이 부여되면 마음은 그 관념에 따라 작용된다. 마음은 관념을 모방하기 시작한다. 여자들은 오랫동안 최면 속에서 살아왔다.

그렇다고 사람들이 그저 동물들처럼 돼야 한다는 말은 아니다. 내 말은 성(性)은 도약을 위한 디딤판이 돼야 한다는 것이다. 만일 남녀 관계가 오직 섹스에만 한정된다면 그 이상은 아무것도 없다. 그러면 결혼이 매춘을 창조할 것이다. 그러나 그 결혼이 육체보다 깊은 차원의 것이라면 매춘은 불필요하다.

남자건 여자건 사람은 저마다 제한 없는 공간이다… 그대는 탐험하고 또 탐험한다. 남자건 여자건 사람에겐 저마다 무한한 생명력과 무한한 신선함이 있다. 새로운 잎들이 올라오고 새로운 꽃들이 피어날 것이다. 새로운 환경, 새로운 분위기. 사랑을 한다면, 정말로 친밀하다면 함께 있는 여자가 결코 똑같은 여자로 보이지 않을 것이다. 함께 있는 남자가 결코 똑같은 남자로 보이지 않을 것이다. 생명은 그토록 무한한 활력이다… 그렇지만 그대는 사랑하지 않는다! 그대는 육체에 고착되어 있다. 그대는 내면을 들여다보지 않는다. 그대는 끊임없이 변하고 있는 내면의 하늘을 바라보지 않는다… 더많은 변화가 필요한가? 그러나 그대는 그것을 살펴보지 않는다. 당연히 육체는 변화가 없고 흥분은 식어버린다. 흥분이 식을 때 인생은 지루해진다. 지루해지면 그대는 노이로제에 걸려 도움을 구하게 된다. 그대는 삶이 지루한 것이다. 그대는 정신분석가에게 간다. 과거에는 성직자에게 갔으나 지금은 정신분석가에게 간다. 그대는 뭔가 잘못되고 있다고 생각하여 도움을 구한다. 그대는 인생을 즐기지 못한다. 삶 속에 아무런 기쁨이 없다. 그대는 자살을 생각한다. 그대는 흥분하는 대로 움직이면 죄인이 되고, 사회적이고 확립된 제도에 묶여 있으면 지루하게 된다. 그것은 커다란 딜레마이다. 그대는 어디로도 움직일 수 없다! 그 두 개의 뿔 사이에서 그대는 짓눌리고 죽어간다. 제도 속에 살 것인가? 그러면 지루한 인생을 살 것이다. 제도를 벗어나 살 것인가? 그러면 자신이 죄인 같아 보인다. 그대는 죄의식을 느끼게 된다.

여자는 절대적 자유를 얻어야 한다. 여자의 자유와 함께 비로소 남자도 자유롭다. 다른 사람을 노예로 만드는 한 진정으로 자유로울 수 없기 때문이다. 주인은 노예의 노예이다. 남자는 존재할 수 없기에 진정으로 자유롭지 못하다. 인류의 반이 강제로 노예로 남아 있는데 어찌 그가 자유로울 수 있겠는가? 그의 자유는 그저 그런 정도이고 피상적이다. 여자가 자유로워질 때 남자 또한 자유로워질 것이다.

자유와 함께 더욱 깊은 차원의 관계로 들어설 수 있다. 만일 그런 차원이 안 된다면 지루한 상태로 남아 있을 필요도 없고 서로에게 매달려 남아 있을 필요도 없다.

이따금 건강상태가 이상하다고 느낀 한 남자가 주치의에게 가서 검진을 부탁했다. 의사가 검사결과를 보여주며 말했다.

"담배와 술과 섹스를 끊지 않으면 12개월 이내에 죽게 됩니다."

얼마 후에 남자가 다시 와서 말했다.

"보시오, 나는 정말 비참하오. 정말 죽을 지경입니다. 제발 조금씩이라도 좋으니 담배를 피울 수 있겠소?"

"그럼 좋습니다. 하루에 필터 달린 궐련을 다섯 대 이상 피우지 마시오."

무뚝뚝하게 의사가 말했다.

몇 주 후에 그 남자가 다시 왔다.

"이보세요, 한 잔이 그리워 죽겠네요… 제발…?"

"좋아요, 그러면 하루에 1리터 반만 마시세요. 그리고 독한 술은 절대 안돼요."

시간이 흘러가, 환자가 다시 의사에게 왔다. 의사가 말했다.

"네, 네, 그렇지만 당신 부인만입니다. 절대 흥분하지 마세요!"

삶은 흥분을 필요로 한다. 영적인 흥분을 줄 수 없다면 육체적인 흥분이라도 필요한 것이다. 삶에 보다 질 높은 흥분을 줘라. 그러면 저질적인 흥분은 사라진다. 그것들은 불필요하다. 삶에 양질의 흥분을 주지 않는다면 저질적인 흥분밖에 못 얻을 것이다.

인간은 자기 자신을 열어놓도록 노력해야 한다. 융은 교활하다. 융이 말하는 것은 케케묵은 허튼소리이다. 남자는 적어도 모성타입, 즉 아내 타입의 여자와 애인 같고 영감을 주는 여자의 두 명의 여자가 필요하다는 말은 언제나 남자가 해왔다. 만일 남자에게 두 여자가 필요하다면 여자에게도 아버지 타입의 남자와 돈 환(Don Juan)* 같은 타입의 두 남자가 필요하다.

그런데 내가 말하려고 하는 것은, 심지어는 20세기에 있어서도 예전처럼 남성 우월주의적인 프로이트나 융과 같은 사람들이 있다는 것이다. 여자들 스스로가 생각해야 한다. 남자는 별로 도움이 못된다. 여자들 스스로가 자각해야 한다. 그리고 이제는 여자 스스로 이해할 수 있는 기회가 많다.

아난다 프렘의 질문은 근본적으로 여자에 관한 것이 아니다. 그것은 그녀 자신의 마음에 관한 것이다. 그녀는 매달리는 타입인데, 그 집착 또한 역사적인 세뇌 때문이다. 여자들은 지나치게 매달린다. 불안전과 안전에 대해, 재정에 대해, 이것 저것에 대해 여자는 두려워하기 때문이다. 여자는 지나치게 두려워한다. 여자는 많은 두려움을 갖고 있다! 여자들이 두려움을 잘 타도록 만든 것은 남자들의 수법이다. 두려워할 때 쉽게 지배할 수 있기 때문이다. 두려워하지 않는 사람은 지배할 수 없다. 그래서 두려움을 창조했다!

먼저 남자는 여자들의 마음에 순결에 대한 두려움을 창조했다. 남자는 지나치게 순결에 가치를 부여하여 커다란 두려움을 창조했다. 오랜 세월 동안 남자는 그 두려움을 창조해왔다. 그래서 모든

---

* 돈 환(Don Juan) : 방탕한 생활을 한 스페인의 전설적인 귀족의 이름을 딴, 방탕아, 바람둥이의 상징.

처녀들은 두려워한다… 만일 순결을 잃으면 모든 걸 잃는다고. 그 공포 때문에 처녀들은 남자들과 관계나 우정을 만들 수 없고 자유롭게 움직일 수 없다. 여자는 어떤 혼전체험도 있어선 안 되는 것이다.

거기에 공포가 있다. 그녀는 처녀이지 않으면 안 되는 것이다.

그 차별을 잘 보라. 사내애들에게는 "동정을 지켜라"라고 말하지 않는다. 그들에겐 "사내는 사내다"라고 말한다. 그러면 처녀는 처녀가 아닌가? 처녀도 처녀이다! 왜 사내만 사내인가? 남자들에게는 순결을 요구하지 않는다. 남자들은 자유롭다.

순결이라는 것으로 엄청난 세뇌를… 그리고 여자들이 처녀성을 잃을까 봐 지나치게 두려워하게 되면… 생각해보라. 스무 살이 되도록 20년 간이나 순결을 지켜왔다면 그녀는 불감증이 될 것이다. 그녀는 결코 성을 즐길 수 없을 것이고 결코 사랑으로 흐를 수 없을 것이다. 어떤 오르가슴도 느끼지 못할 것이다. 오랜 세월 동안 수많은 여성들이 오르가슴을 전혀 느끼지 못해 왔다. 그녀들은 오르가슴이 뭔지도 모르며 단순히 남자들을 위한 수단이 될 뿐이다. 이것은 엄청난 퇴보이다.

지나치게 처녀성을 중요시하여 꼭 처녀여야 한다는 세뇌를 20년 간이나 지키며 성을 경계해왔다면 그 습관은 쉽게 버리지 못할 것이다. 어찌 20년 만에 별안간 그 생각을 버릴 수 있겠는가? 그저 어느 날 신혼여행에서 그 생각을 버려야 하는데 별안간 어떻게 버릴 수 있겠는가? 겉으로는 안그런 척하지만 마음속으로는 남편이 죄인이고 야수이며 추한 인간이라고 생각한다. 그대가 죄라고 생각하는 행동을 남편이 하고 있으니 말이다. 그대는 결코 어떤 남자도 허용하지 않았다. 사랑은 죄이므로. 그런데 이 남자가 그 짓을 하고 있다!

아무튼 아내는 남편을 용서할 수 없다. 실제로 특히 인도에서는 아내는 남편을 존경하지 않는다. 존경할 수가 없다. 겉으로는 온갖 존경심을 보여주지만 실제론 존경할 수 없다. 마음 깊은 곳에서는 자신을 죄짓게 하는 이 남자를 증오한다. 죄인인 남편을 어찌 존경할 수 있겠는가? 그가 아니었더라면 그대는 처녀였다. 남편 때문에 그대는 타락했다. 그래서 사회는 그토록 "남편을 존경하라"고 가르치는 것이다. 당연히 남편을 존경할 수 없다는 것을 사회는 알고 있기에 억지로라도 존경하도록 만드는 것이다. 남편을 존경하라! 그대로 둔다면 아내는 남편을 증오할 것이기 때문이다. 이 남자는 자신을 지옥으로 떨어지게 할 남자이다.

그리고 이러한 죄악으로부터 아이가 태어난다. 어찌 그대의 아이들을 사랑할 수 있겠는가? 죄로부터 태어난 아이들을. 무의식 깊은 곳에서는 아이들마저도 미워할 것이다. 아이들의 현존은 그대의 죄를 자꾸만 상기시킬 터이므로.

이러한 어리석음 때문에 사회 전체가 고통받아 왔다. 사랑은 죄가 아니라 미덕이다. 사랑의 능력은 많으면 많을수록 더 미덕이다. 사랑을 누릴 능력은 종교인의 기본 특성이다. 나는 그렇게 정의한다.

아난다 프램은 대단한 집착가이다. 그녀는 자기의 진실이 다른 모든 여자들에게도 진실이라고 생각한다. 어떤 면에서는 그녀가 옳다. 다른 모든 여자들도 똑같은 식으로 세뇌되어 왔기 때문이다. 그러나 그것은 진실이 아니다. 다른 여자건 아난다 프램 그대이건 그 어느 쪽도 그것은 진실이 아니다.

개인으로 존재할 능력을 지니라. 그러면 자유를 경험할 것이다. 여자는 결코 한 개인으로 생각되지 않았다. 여자는 어려서는 딸이었고 젊어서는 아내, 중년이 되면 어머니, 더 늙으면 할머니가 된다. 한 번도 자기 자신이 아니다. 어떤 때는 딸, 어떤 때는 아내,

어떤 때는 어머니, 어떤 때는 할머니일 뿐, 결코 자기 자신으로 존재하지 못한다. 항상 다른 누구와의 관계 속에 있다!

개인성은 필요 요건의 기본이다. 여자는 여자이다! 딸로서의 존재는 두 번째이다. 아내로서의 존재는 두 번째이다. 어머니로서의 존재는 두 번째이다. 여자는 여자이다. 여성성이 일차이다. 여자가 한 개인으로 존재하게 될 때 세상은 더욱 아름답고 기쁨이 충만한, 전혀 다른 세상이 될 것이다.

지금은 권태와 질투투성이다. 남자는 여자에게 싫증났고 여자는 남자에게 싫증났다. 남자도 질투하고 여자도 질투한다. 권태로움 뒤에는 왜 질투가 그림자처럼 따라오는가? 권태로움은 질투를 끌어들인다. 수많은 사람들이 나를 찾아오는데, 그들은 자신들이 원하지 않는데도 왜 자꾸 질투가 일어나는지 이해하지 못한다. 그것의 메커니즘을 이해하지 못한다.

들어보라. 그대가 어떤 여자에게 싫증이 났다. 그대는 속으로 그녀도 틀림없이 그대에게 싫증났을 거라고 생각한다. 그것은 자연스럽다! 그리고 그녀가 그대에게 싫증났다면 분명 딴 남자를 두리번거리고 있을 것이다. 우유배달부, 우체부, 운전사, 그 누구라도 가능한 사람이라면. 그녀는 분명 딴 곳을 보고 있다. 그대도 권태로워지면 다른 여자를 쳐다보기 시작한다. 그러니 그것은 당연한 추측이다. 그때 질투가 일어난다. 그녀가 분명 딴 남자에게 관심을 줄 테니 질투가 일어난다. 그녀가 다른 남자에게 관심을 갖는 건 당연하지 않은가? 주변엔 수많은 남자가 있고, 그대에게는 싫증이 났다. 그것은 그녀의 인생이다. 그녀의 삶이 위태로운 것이다.

여자는 질투한다. 그녀는 남편이 자신에게 싫증난 것을 안다. 남편의 표정이 예전처럼 밝지도 않고 퇴근 후에 즐거운 마음으로 집으로 뛰어오지도 않는다. 이제는 그냥 그녀를 묵인할 뿐이다.

실은 그녀보다는 신문 보는 걸 더 좋아한다. 그리고 툭하면 흥분을 한다… 사소한 일에도 버럭 화를 내고 거칠게 군다. 그 모든 부드러움, 신혼의 부드러움은 사라졌다. 그녀는 남편이 싫증내고 있다는 것을, 더 이상 그녀에게 관심이 없다는 것을 안다.

그때 문득, 그녀는 본능적으로 남편이 다른 데 흥미를 갖고 있다고 생각한다. 질투! 그러던 어느 날 남편이 행복한 표정으로 집에 돌아오기라도 하면 그녀는 불안하다.

"그에게 분명 여자가 생긴 거야. 그렇지 않으면 왜 저렇게 행복해 보이겠어?"

만일 남편이 휴가나 출장이라도 간다면 그녀는 불안하다. 그가 너무 자주 출장을 간다면 그건 더 확실해진다… 질투는 관계의 독소이며 권태의 일종이다.

그에게 싫증이 안 났다면 그런 마음이 일어날 리도 없고 질투도 안 생길 것이다. 질투는 상대방이 다른 사람에게 관심을 가져서가 아니라, 그대 자신의 다른 사람에 대한 관심 때문에 생기는 것이다.

물론 여자들은 덜 자유롭고 권태에서 벗어나기가 쉽지 않기 때문에 더 질투가 많다. 남자들은 밖에서 활동하기 때문에 가능성과 기회가 더 많다는 것을 여자들은 알고 있다. 여자들은 집에 묶여 있고 아이들과 집 안에 갇혀 있어서 많은 자유를 가지기 어렵다. 그들은 질투하게 되고, 질투하면 할수록 더 매달린다. 공포심을 느낀다. 만일 남편이 떠나기라도 하면 어쩔 것인가? 노예는 자유보다 안전에 더 매달린다. 노예는 자유보다 무사(無事)에 더 집착한다. 그런 일이 일어난 것이다. 프램, 그것은 여성의 심리와는 아무 상관이 없다. 그렇다, 나는 이해한다. 여자에게 그런 상황이 일어났다. 그것은 추한 현상이다. 그런 현상은 없어져야 한다. 남자와 여자가 좀더 깨어난다면 미래엔 그래선 안 된다. 양쪽 다 지옥에 살고 있는 것이다….

지주 부부는 농산물 품평회의 주된 후원자였다. 개회식이 있은 다음 지주 부부는 예의상 소작인과 차지농들과 섞여서 품평회를 죽 둘러보았다. 그런데 바깥양반이 맥주품평 코너에서 너무 많은 시간을 보내는 바람에 혼자서 다른 곳을 둘러보던 지주 부인이 우승한 숫소를 보고 감탄했다. 그렇게 잘 치장된 수컷은 처음 본 것이다.

"어머, 저 짐승 정말 멋지네요, 자일즈." 하고 그녀는 그곳 담당자인 시골뜨기에게 말했다.

"그래요, 부인. 이 숫소는 작년에 3백 번이나 암소와 교배하러 갔다니까요."

"정말이에요? 그럼 부디 우리 바깥양반에게 가서, 1년에 3백 번이나 교배하는 숫소가 여기 있노라고 전해줄래요?"

자일즈는 공손하고 바쁜 걸음으로 지주에게 가서 그 말을 전했다.

"정말 흥미로운 일이군." 하며 그 바깥양반이 말했다.

"늘 똑같은 암소하고 했겠지?"

"오, 물론 아니죠, 어르신. 각기 다른 암소 3백 마리하고 했지요."

"아하! 가서 우리 마나님에게 그걸 좀 알려주게나."

동물들은 단체를 만들어 생활하지 않아서 그렇게 행복하다. 그리고 잘 들어라. 나는 결혼에 반대하는 것이 아니다. 나는 보다 고차원적인 결혼을 권장하는 것이다. 지금의 결혼제도가 매춘을 조장했기에 그 결혼제도를 반대하는 것이다. 나는 보다 고차원적인 결혼을 권장한다.

만일 그대가 이성과 친밀감을, 영적인 친밀감을 가질 수 있다면 자연스럽게 함께 살게 된다. 그것을 강요하는 다른 법은 필요없다. 그러면 함께 사는 것이 자연스러운 기쁨이 될 것이다. 그 기쁨이 지속되는 동안에는 함께 살아라. 그러나 그 기쁨이 사라지면 함께 존재하는 의미가 없다. 전혀 없다! 그러면 서로를 짓누르고 서로를 죽이는 결과밖에 안 된다. 그때는 피학증 환자나 가학증 환자가 될 뿐이다. 그대는 노이로제에 걸린다.

언젠가 내 생각이 두루 퍼지게 된다면—인간은 죽어 있는 규칙에 너무 익숙해져 사는 법을 잊어버렸으니 그것은 무척 어려워 보인다— 언젠가 사람들이 살아 있는 삶을 살고 위험을 감수하고 살 만큼 용감해진다면 그때 진정한 결혼이 존재할 것이다. 그러면 그대는 동시에 여러 명의 영혼의 동반자를 발견할 것이다. 거기 매춘은 없을 것이다.

물론 대다수의 사람들은 계속해서 짝을 바꿀 테지만 그렇다고 문제가 될 건 전혀 없다. 남녀가 걱정하는 유일한 문제는 "아이들은 어쩌지?"인데 그건 큰 문제가 아니다. 나의 계획안(案)은 가족개념이 아닌 공동체 개념이다. 가족개념은 사라져야 한다. 그리고 공동체로 살아야 한다.

가령 하나의 공동체가 있다. 아이들은 공동체의 아이로서 공동체가 아이들을 보살펴야 한다. 누가 엄마인지는 알고 있어야 하지만 아빠는 알려질 필요가 없다. 그럴 필요가 없다. 그것이 인류의 원상태, 모계 중심적인 생활방식이었다. 이후에 가부장적으로 된 사회에서 아버지가 중요시되었다. 가부장제도와 함께 수천 가지의 질병이 발생했다. 가장 커다란 질병은 사유재산이다. 그것은 가부장 제도와 더불어 생겨났고 그 관념이 사라질 때까지 사회는 사유재산으로 인해 진통을 겪을 것이다.

공동체—아이들이 공동체에 속하고 공동체가 아이들을 돌볼 수 있는 곳. 주로 엄마가 아이들을 보살필 것이나 그녀가 짝을 바꾼다 해도 전혀 문제가 없다. 아이들은 항상 보살펴질 것이다. 설령 그녀가 죽는다 해도 공동체가 보살펴줄 것이다.

재산이 공동체에 속하고 개인에게 속하지 않을 때 진정한 공산주의가 될 것이다. 소련도 진정한 공산주의는 실현하지 못했다. 아버지라는 존재가 있는 한 그것은 실현될 수 없다. 불가능하다. 가족주의와 함께, 아빠 엄마 자식들로 이루어진 가족개념과 함께 사유재산이 존재한다. 그때 사유재산이 생겨난다. 이 핵가족 개념이 사라지고 새로운 개념의 공동체가 이룩될 때 사유재산은 사라질 수 있다. 현재는 그것이 가능하다. 세계는 지금 공동체가 존재하고 그 공동체를 통해 공산주의가 실현될 수 있는 의식의 상태로 올라왔다. 그렇지 않으면 공산주의는 이룩될 수 없다. 공산주의가 먼저 이룩되지는 않는다. 그것은 불가능하다. 만일 공산주의가 먼저 이룩된다면 오직 독재적인 현상만 초래할 뿐이다. 그것은 소련이나 중국에서처럼 추악한 사회현상만 초래할 뿐이다.

성(性)에 관한 한 먼저 공동체 생활을 확립하라. 그러면 재산의 개념은 사라질 것이다. 재산은 성적 소유의 일부이다. 그대는 여자를 소유하면서 재산을 소유한다. 그대는 남자를 소유하면서 재산을 소유한다. 그때는 재산을 소유하지 않으면 안 된다. 그대가 아무도 소유하지 않는다면 왜 재산 때문에 신경쓰겠는가? 그때의 재산은 쓰기 위한 것이지 소유하기 위한 것이 아니다. 소유하지 않는다면 재산을 쉽게 쓸 수 있다. 소유욕이 많은 사람들은 그것을 쓸 수 없다. 그들은 항상 두려워한다. 그들은 구두쇠이다. 그렇지만 않다면 사람들은 더욱 자유롭게 재산을 사용할 수 있다.

하지만 먼저 가족주의가 사라져야 한다.

나는 모든 가족주의가 사라진다는 것이 아니다. 오직 영적인 가족만 남고 비영적인 가족들은 사라질 것이다. 그러나 그것이 좋다. 영성이 충분치 않은 사람들이 왜 억지로 권태롭게 살아야 하는가? 아무 기쁨도 없는 관계를 왜 억지로 유지해야 하는가? 왜? 이것은 범죄이다.

네 번째 질문
사랑하는 오쇼, 저는 조금은 깨어 있고 조금은 포기했다는
생각을 자주 했습니다. 아직도 마음속에 그런 상상이
교차하고 있지만 실제로는 그것을 믿지 않습니다.
그리고 이 모든 깨달음과 헌신에 대한 당신의 말씀은 바로
우리를 광기로 몰고 가는 당나귀 앞의 당근이고,
당근은 실재하지 않을지도 모른다는 의심이 생깁니다.
그런 생각을 하면 저는 단번에 화가 나고
어리석고 냉담해집니다.

당근은 존재한다… 그러나 당나귀는 존재하지 않는다. 지금 그것은 그대의 선택에 달렸다. 그대는 당나귀가 될 수 있다. 그러면 당근은 존재하지 않는다. 만일 그대가 당근의 관점에서 본다면 당근이 존재하고 당나귀는 사라진다. 당근이 존재하지 않는다고 생각하면 화가 나고 어리석고 냉담해지는 것은 당연하다. 그대는 당나귀가 될 터이기 때문이다. 당근이 없다고 생각하기보다는 그대 자신의 내면을 들여다보는 것이 어떤가?

그대는 존재하는가?

나의 관점은 이렇다. 깨달음은 존재하나 그대는 존재하지 않는다! 각성은 존재하나 에고는 존재하지 않는다! 그것이 나의 모든 관점이다.

하지만 선택은 여전히 그대에게 있다. 그것은 그대에게 달렸다. 그대가 불행을 원한다면 에고와 함께 불행할 수 있다. 그때는 에고를 선택해야 한다. 그때는 당나귀를 선택해야 한다. 그대는 줄곧 당근이 존재하지 않는다고 믿어야 한다. 그러나 당근은 존재한다! 그리고 한 번 당근을 느끼게 되면 당나귀는 사라진다. 그것은 하나의 생각이었다. 당근과 더불어 축복이 있다. 에고와는 지옥만 있을 뿐이다. 그대가 원하는 대로 마음대로 선택하라.

다섯 번째 질문

사랑하는 오쇼, 저는 당신을 만나기 전에는
불행했으며 조금도 깨어 있지 못했습니다.
지금은 '약간의 각성' 으로 인해 불행합니다.
무엇이 새로운 것입니까?

그대는 모르는가? 그 '약간의 각성' 이 가치없다고 생각하는가? 그것은 첫 광선이다… 태양은 멀리 있지 않다. 그 빛줄기를 잡을 수 있다면, 그 빛줄기의 방향으로 나아갈 수 있다면 곧 빛의 근원에 도달할 것이다.

어둠 속에 한 줄기 빛이라도 존재한다면 그것은 충분히 빛과 신의 증표이다. 그것을 '약간의 각성' 이라고 부르지 말아라.

하지만 나는 이해한다. 우리는 그토록 오랫동안 비자각 속에서 살아왔다. 우리는 그토록 오랫동안 무의식적으로 살아왔다. 그토록 오랫동안 기계처럼 살아왔다. 그래서 약간의 각성이 있어도 우리의 낡은 습관들은 무척 무겁고 크게 느껴진다.

한 번은 ATS와 연결된 젊은 여성이 진찰을 받으러 갔다. 그녀의 옷을 벗긴 의사가 조수를 불러 말했다.

"이것 봐, 내 평생 이렇게 큰 배꼽은 처음 보네!"

젊은 의사가 말했다.

"맙소사, 아가씨, 정말 큰 배꼽입니다! 의학잡지용으로 사진을 찍어도 좋을까요?"

그 아가씨는 지겨워졌고 도대체 이 모든 게 무슨 소용인지 이해할 수 없었다.

"당신도 나만큼 오랫동안 구세군에 있었다면 큰 배꼽을 가졌을 거예요."

이것은 더욱 큰 호기심을 유발했다.

"구세군이요? 그게 어쨌단 말이오?"

"나는 그 깃발을 10년 동안이나 들고 다녔어요!"

그대는 수만 생 동안 깃발을 들고 다녔다. 그래서 배꼽이 아주 커다랗게 됐다. 무의식은 그대의 자서전이다. 그대가 알고 있는 그대는 죄다 무의식에 불과하다. 그리하여 한 줄기 빛이 들어와도 그대는 신뢰할 수 없다. '아마도 꿈이나 환상을, 투사체를 보고 있는 게 아닐까? 아마도 뭔가 속임수가 아닐까?' 설령 신뢰한다 해도 그대의 거대한 과거에 비하면 그것은 너무 작아 보여 도움이 되리라고 믿기지 않는다.

하지만 그대에게 한 가지만 말하자. 행성 전체를 뒤덮는 어둠보다도 작은 촛불 하나가 더욱 강력하다. 어둠은 힘이 없다. 어둠은 무기력하다. 작은 촛불 하나가 훨씬 더 많은 가능성이 있다. 그것은 있음이기 때문이다! 어둠은 그저 있음의 부재(不在)에 불과하다···

어떤 사람이 피멍이 들어서 외과를 찾아왔다.

"무슨 일이 있었습니까?"

의사가 말했다.

"마누라가 그랬어요. 그녀는 정말 악몽이에요."

"그만하시오, 얼간이 양반! 그녀가 당신을 찬 것이 틀림없지만 이 상처는 그 때문이 아니오!"

"들어보시오, 선생님. 그녀가 악몽을 꾸고 있었나 봐요… 그녀가 소리쳤지요. '나가요, 빨리. 내 남편이 집에 오고 있어요!' 그때 난 당연히 반쯤 깬 상태로 창 밖으로 뛰어내렸단 말입니다."

그것은 아득히 오래된 무의식적인 습관이다. 하지만 그대 자신을 그 '약간의 각성'에 초점을 맞춰 잘 보라. 그것은 그대의 희망이다. 그 작은 빛줄기를 통해 문이 열린다. 그대는 그것을 볼 수 없는가? 그대는 내게 무엇이 새롭냐고 묻는가?

여섯 번째 질문

사랑하는 오쇼,

저는 가톨릭 신자입니다. 저는 당신의 말씀을 아주 좋아하지만, 제 종교를 반대하는 말씀을 하실 때면 속이 확 뒤집어집니다. 저는 어찌해야 합니까?

 듣는 데는 세 가지 차원이 있다. 첫째는 자기에게 좋은 것만 듣고 자기를 반대하는 건 안 듣는 것이다. 많은 사람들이 그러고 있는데, 그러면 고된 여행이 될

것이다. 그러나 여기에서는 그것을 안 듣기가 어렵다. 어찌 피할 것인가? 그것이 그대를 전에 들어버리는데 말이다.

그러면 그대는 철학자나 판디트, 학자들의 수법을 쓸 필요가 있다. 그대에게 반대되는 말을 들을 때는 그것이 하찮은 것이라고 생각하는 것이다. 그러면 괜찮다. 그것은 별로 중요하지 않게 된다. 그리고 그대는 변화되지 않는다. 그대는 사소한 면이나 세세한 면에서는 아마 약간의 차이가 있겠으나 기본적으로는 오쇼가 자신과 일치한다고 마음에 새기는 것이다.

이런 일이 있었다.

한 여성이 의사를 찾아가 자신은 정열이 없다고 호소했다. 여자를 검진한 의사는 특별한 식이요법을 처방해주며 처방대로 하면 정열이 왕성해질 거라고 말했다. 그것을 따른 그녀가 몇 주 후에 다시 와서 말했다.

"뭔가 잘못돼 가고 있어요! 지난밤에는 너무 정열적이 돼서 남자친구의 귀를 물어뜯었어요."

"오, 시시한 일은 걱정하지 말아요."

의사가 말했다.

"그건 단지 단백질일 뿐입니다. 탄수화물이 아니죠."

이것이 첫째 방법이다.

"단지 하찮고 세세한 항목만… 별로 중요하지 않으니 걱정할 필요없다."

이것은 그대를 위안해주고 그렇게 속이 뒤집어지지도 않을 것이다. 그리고 둘째 방법은 해석이다. 사라하가 계속해서 말하고 있는 것도 그것이다. 해석적이 돼라! 해석을 하면 그대의 생각과 가까워진다. 그것은 언제라도 할 수 있다. 약간의 기술과 약간의 논리, 약간의 말만 갖고 놀 수 있으면 된다. 그것이 전부이다. 별탈 없이 그대는 잘할 수 있다. 그대가 정말로 가톨릭 신자였다면 별로 어렵지 않을 것이다.

이 이야기를 들어보라….

영국 해군들이 매춘부들이 살고 있는 집 옆에서 도랑을 파고 있었다. 그때 교구 목사 한 사람이 걸어와 모자를 벗고 들어갔다. 팻이 마이크에게 말했다.

"저거 봤나? 저 인간들 중에 하나가 교구 목사라니!"

조금 뒤에는 랍비가 도착하더니 목깃을 여미고 안으로 들어갔다. 팻이 마이크에게 말했다.

"선민의 성직자가 저런 곳에 들어가다니 끔찍하지 않은가?"

마지막으로 가톨릭 신부가 도착해서 옷으로 머리를 둘둘 감더니 잽싸게 그 창녀집으로 들어갔다.

"팻, 안됐기도 하지. 여자들 중 하나가 병들어 누워 있는 게 틀림없네."

이것은 해석이다. 랍비가 들어가면 랍비 소임이 아닌 다른 일 때문이다. 목사가 들어가면 목사 소임이 아닌 다른 일 때문이다. 그러나 가톨릭 신부가 도착하면… 그대는 달리 해석할 수 있다. 지금 어떤 아가씨가 병이 난 것 같다고….

이것이 나를 피하는 둘째 방법이다.

그리고 셋째는 여기 있는 이 사람이 미쳤다고 생각하는 것이다. 그것은 그중에서도 가장 확실한 방법이다. 다른 모든 것이 효과가 없다 해도 그것만큼은 효과가 있다. 그저 이 사람이 돌았다고 생각하라! 오직 돈 사람만이 가톨릭에 어긋나는 말을 할 수 있다. 그것은 그대에게 도움이 될 것이다. 그대의 속을 조금도 뒤집어놓지 않을 것이다.

새로 발령받은 신부가 자기의 방대한 구역을 걸어다니면서 신자들을 만나야겠다고 생각했다. 어느 날 신부는 지저분한 길을 한참을 걸어 자녀가 열네 명이나 되는 신앙심 깊은 가족을 찾아왔다.
"안녕하세요? 코넬리 씨! 당신의 가족 수가 이 구역에서 가장 많다는 것은 아일랜드가 보증하죠."
"안녕하세요? 신부님! 하지만 이 구역의 가장 대가족은 저희가 아닙니다. 그건 저기 언덕 위에 사는 돌리안 가족이죠."
돌리안과 그의 열여섯 명의 자녀들을 만난 사건은 신부를 짜증나게 했다. "이 열여섯 명의 어린 가톨릭 신자들에게 신의 가호가 있기를." 하고 신부가 말했다.
"죄송합니다, 신부님. 우리는 개신교 신자예요!"
"그렇다면 더 있을 필요가 없군요."
신부가 말했다.
"당신은 더러운 섹스광일 뿐이오!"

내가 그대와 일치하면 "이 사람은 위대하다!"고 생각하고, 그대와 일치하지 않으면 "이 사람은 미쳤다"고 생각하면 그대에게 도움이 될 것이다.
그런 것들이 그대들의 속을 뒤집어놓지 않고 움직이게 하는 요령들이다. 이제 그대는 비밀을 알았으니 그렇게 할 수 있다. 그러나 속 뒤집어지지 않는 게 다라면 왜 여기에 있는가? 여기서 하는 내 모든 노력은 될 수 있는 대로 그대의 속을 확 뒤집는 것인데 왜 나와 함께 있는가? 그대의 속을 죄다 뒤집지 않고는 그대를 탈바꿈시킬 수 없다. 그대를 파괴하지 않고는 그대를 새로 창조할 수 없다. 내가 과감하게 하지 않는 한 그대에게 길이 없다. 희망이 없다.

내가 계속 그대의 머리를 치는 것은 자비심 때문이다. 그것밖에 방법이 없기 때문이다! 더 세게 쳐야 한다… 내가 어찌할 수 있겠는가? 그대가 그렇게 단단한 머리를 가지고 있는데. 속이 뒤집어지는 것은 뭔가 진실을 느꼈기 때문이다. 그렇지 않으면 속이 뒤집어지지 않았을 것이다.

그대가 속이 뒤집어진 것은 귀중한 것임을 항상 기억하라. 그것에 대해 깊이 생각하고 명상하고 그 메시지를 잘 들어라… 그것에 대해 깊이 고찰하라. 그것을 오래도록 그대 존재 안에 품고 모든 각도에서 바라보라. 속이 뒤집어졌다는 것은 단순히 지금껏 믿어 온 모든 것이 거짓일 뿐임을 자각하게 되었다는 의미이다. 오직 진실만이 속을 뒤집어놓는다. 오직 진실만이 무엇을 창조할 수 있다. 하여 오직 진실만이 파괴한다.

나는 하나의 혼돈이다… 그대가 진정으로 나와 함께 가려 한다면 혼돈을 통과하지 않으면 안 된다.

파괴하는 것, 그대의 개성을 없애고 이념을 없애고 마음을 없애는 것, 그것이 사라하의 메시지이고 탄트라의 모든 메시지이다. 그것은 자살행위이다. 나는 어쩔 수 없이 그 일을 해야만 한다. 그리고 그것이 그대에게 그다지 고맙게 여겨지는 일이 아니라는 것을 나는 알고 있다.

마지막 질문
사랑하는 오쇼, 삼사라란 무엇입니까?

삼사라란 이 이야기이다.
런던의 안개가 템즈 강 위로 소용돌이치고 있을 무렵, 한 젊은 떠돌이가 밤을 새우기 위해 무거운 걸음을 옮겨 제방 위에 자리를 잡았다. 그때 돌연 부드러운 목소리에 정신을 차린 젊은이는 갈색 머리의 미인이 롤스로이스에서 내리는 것을 보았다.

"가엾기도 하시지."
그녀가 말했다.
"당신이 앉아 있는 곳은 틀림없이 춥고 끔찍하게 축축할 거예요. 부디 내 집으로 오셔서 오늘밤을 지내시지요."

물론 떠돌이는 초대에 응하고 그녀 곁에 탑승했다. 잠시 차를 몰아 어느 저택 앞에 차를 세운 갈색 머리의 여자가 차에서 내리며 떠돌이에게 따라오라고 신호했다. 집사가 문을 열어주자 숙녀는 떠돌이를 소개하고, 떠돌이에게 음식을 주고 목욕을 하게 한 후에 손님방의 아늑한 침대에서 자게 하라고 지시했다.

잠시 후 잠자리에 들던 갈색 머리 미인의 마음에는 손님이 분명 뭔가 필요할 것이라는 생각이 떠올랐다. 그래서 잠옷을 걸치고 서둘러 손님방으로 갔다. 그녀가 방 모서리를 돌았을 때 방문 틈새로 새어나오는 불빛은 그 젊은이가 깨어 있다는 표시였다. 그녀는 살짝 문을 두드리고 안으로 들어가 그가 왜 잠을 못 이루는지 물었다.

"배가 고픈가요?"
"전혀요. 당신의 집사가 훌륭한 식사를 차려주었습니다."

"그러면 혹시 침대가 불편한가요?"
"아니에요, 부드럽고 따뜻해요."
"그러면 틀림없이 동반자가 필요한 거로군요. 조금 옆으로 가보세요."
젊은이는 기쁨에 넘쳐서 옆으로 움직였다… 그리고는 템즈 강으로 빠졌다!

오늘은 이만.

THE ROYAL SONG OF SARAHA

I bow down to noble Manjusri,
I bow down to him who has
Conquered the finite.

[1]

As calm water lashed by wind
Turns into waves and rollers,
So the king thinks of Saraha
In many ways, although one man.

[2]

To a fool who squints,
One lamp is as two,
Where seen and seer are not two,
Ah! the mind works
On the thingness of them both.

[3]

Though the house lamps
Have been lit,
The blind live on in the dark.
Though spontaneity
Is all-encompassing and close,
To the deluded it remains
Always far away.

[4]

Though there may be many rivers,
They are one in the sea.
Though there may be many lies,
One truth will conquer all.
When one sun appears,
The dark, however deep,
Will vanish.

[5]

As a cloud that rises from the sea
Absorbing rain, the earth embraces,
So, like the sky, the sea remains
Without increasing or decreasing.

[6]

So from spontaneity that's unique,
Replete with the
Buddha's perfections,
Are all sentient beings born,
And in it come to rest.
But it is neither concrete
Nor abstract.

[7]

They walk other paths
And so forsake true bliss,
Seeking the delights
That stimulants produce.
The honey in their mouths,
And to them so near,
Will vanish if at once
They do not drink it.

[8]

Beasts do not understand the world
To be a sorry place.
Not so the wise
Who the heavenly nectar drink
While beasts hunger for the sensual.

[9]

To a fly that likes the smell
Of putrid meat,
The fragrance
Of sandalwood is foul.
Beings who discard nirvana
Cover coarse samsara's realm.

[10]

An ox's footprints filled with water
Will soon dry up;
So with a mind that's firm
But full of qualities
That are not perfect,
These imperfections
Will in time dry up.

[11]

Like salt sea water that turns sweet
When drunk up by the clouds,
So a firm mind
That works for others,
Turns the poison of
Sense-objects into nectar.

[12]

If ineffable,
Never is one unsatisfied,
If unimaginable,
It must be bliss itself.
Though from a cloud
One fears the thunderclap,
The crops ripen
When from it pours the rain.

[13]

It is in the beginning,
In the middle,
And the end;
Yet end and beginning
Are nowhere else.

All those with minds
Deluded by interpretative thoughts
Are in two minds
And so discuss nothingness and
Compassion as two things.

[14]

Bess know that in flowers
Honey can be found.
That samsara and nirvana
Are not two
How will the deluded
Ever understand?

[15]

When the deluded in a mirror look
They see a face, not a reflection.
So the mind that has truth denied
Relies on that which is not true.

[16]

Though the fragrance of a flower
Cannot be touched,
Tis all pervasive
And at once perceptible.
So by unpatterned being-in-itself
Recognize the round
Of mystic circles.

[17]

When in winter
Still water by the wind is stirred,
It takes as ice the shape and
Texture of a rock.
When the deluded are disturbed
By interpretative thoughts,
That which is as yet unpatterned
Turns very hard and solid.

[18]

Mind immaculate in its very being
Can never be polluted by
Samsara's or nirvana's impurities.
A precious jewel deep in mud
Will not shine, though it has luster.

[19]

Knowledge shines not in the dark,
But when the darkness is illumined,
Suffering disappears at once.
Shoots grow from the seed
And leaves from the shoots.

[20]

He who thinks of the mind
In terms of one or many
Casts away the light and
Enters the world.
Into a raging fire
He walks with open eyes-
Who could be more
Deserving of compassion?

[21]

For the delights of kissing
the deluded crave

*declaring it to be the ultimately real—
like a man who leaves his house
and standing at the door
asks a woman for reports
of sensual delights.*

[22]

*The stirring of biotic forces
in the house of nothingness
has given artificial rise to pleasures
in so many ways.
Such yogis from affliction faint
for they have fallen from
celestial space, inveigled into vice.*

[23]

*As a brahmin,
who with rice and butter
makes a burnt offering in blazing fire
creating a vessel for nectar
from celestial space,
takes this, through wishful thinking,
as the ultimate.*

[24]

*Some people, who have
kindled the inner heat
and raised it to the fontanel,
stroke the uvula with the tongue
in a sort of coition
and confuse that which fetters
with what gives release,
in pride will call themselves yogis.*

[25]

*As higher awareness, they teach
what they experience within.
What fetters them they will call
liberation. A glass trinket colored
green, to them is a priceless emerald.
Deluded, they know not a gem
from what they think it should be.*

[26]

*They take copper to be gold.
Bound by discursive thought,
they think these thoughts
to be ultimate reality.
They long for the pleasures
experienced in dreams.
They call the perishable body-mind
eternal bliss supreme.*

[27]

*By the symbol EVAM they think
self-clearness is achieved.
By the different situations that
demand four seals they call
what they have fancied spontaneity.
But this is looking at
reflections in a mirror.*

[28]

*As under delusion's power a herd of
deer will rush for the water in a
mirage which is not recognized,
so also the deluded quench not*

their thirst, are bound by chains
and find pleasure in them,
saying that all is ultimately real.

[29]

Non-memory is convention's truth
and mind which has become
no-mind is ultimate truth.
This is fulfillment, this is the
highest good. Friends,
of this highest good become aware.

[30]

In non-memory is mind absorbed;
just this is emotionality perfect
and pure. It is unpolluted by
the good or bad of worldliness
like a lotus unaffected by
the mud from which it grows.

[31]

Yet with certainty must all things
be viewed as if they were
a magic spell....
If without distinction you can
accept or reject samsara or nirvana,
steadfast is your mind,
free from the shroud of darkness.
In you will be self-being,
beyond thought and self-originated.

[32]

This world of appearance

has from its radiant beginning
never come to be; unpatterned,
it has discarded patterning.
As such it is continuous and unique
meditation; it is non-mentation,
stainless contemplation,
and no-mind.

[33]

Mind, intellect, and the formed
contents of that mind are It,
so too are the world and all that
seems from It to differ,
all things that can be sensed,
and the perceiver, also dullness,
aversion, desire and enlightenment.

[34]

Like a lamp that shines in the darkness
of spiritual unknowing,
it removes obscurations of a mind
as far as the fragmentations of
intellect obtain.
Who can imagine the self-being of
desirelessness?

[35]

There's nothing to be negated,
nothing to be affirmed or grasped;
for It can never be conceived.
By the fragmentations of the intellect
are the deluded fettered;
undivided and pure remains

spontaneity.

[36]

*If you question ultimacy with the
postulates of the many and the one,
oneness is not given,
for by transcending knowldege are
sentient beings freed.
The radiant is potency
latent in the intellect,
and this is shown to be meditation;
unswerving Mind is our true essence.*

[37]

*Once in the realm that's full of joy
the seeing mind becomes enriched
and thereby for this and that
most useful;
even when it runs after objects
it is not alienated from itself.*

[38]

*The buds of joy and pleasure
and the leaves of glory grow.
If nothing flows out anywhere
the bliss unspeakable will fruit.*

[39]

*What has been done
and where and what in itself
it will become, is nothing;
yet thereby it has been useful
for this and that.*

*Whether passionate or not
the pattern is nothingness.*

[40]

*If I am like a pig that
covets worldly mire,
you must tell me what fault
lies in a stainless mind.
By what does not affect one,
how can one now be fettered?*

오쇼에 대하여

오쇼의 가르침은 어떠한 틀로도 규정하기 힘들 만큼 다양한 주제를 다루고 있다. 그의 강의는 삶의 의미를 묻는 개인적인 문제에서부터 현대사회가 안고 있는 시급한 정치·사회적인 문제에 이르기까지 거의 모든 주제를 망라한다. 오쇼의 책은 그가 직접 저술한 것이 아니라, 다양한 국적의 청중들에게 들려준 즉흥적인 강의들을 오디오와 비디오로 기록하여 책으로 펴낸 것이다. 그는 자신의 강의에 대해 이렇게 말했다. "내가 무슨 말을 하건 그 말은 지금 이 시대의 당신들을 위한 것일 뿐만 아니라 다가오는 미래 세대를 위한 말이기도 하다."

런던의 선데이 타임스(Sunday Times)는 20세기를 빛낸 천 명의 위인들 중 한 사람으로 오쇼를 선정했으며, 미국의 작가 탐 로빈스(Tom Robbins)는 오쇼를 '예수 이후로 가장 위험한 인물'로 평가기도 했다. 인도의 선데이 미드데이(Sunday Mid-Day)는 인도의 운명을 바꾼 열 명의 인물을 선정했는데, 그 중에는 간디, 네루, 붓다 등의 인물과 더불어 오쇼가 포함되어 있었다.

오쇼는 자신의 일에 대해 새로운 인간이 탄생하도록 기반을 닦는 것이라고 했으며, 이 새로운 인간을 '조르바 붓다(Zorba the Buddha)'로 부르곤 했다. 조르바 붓다란 니코스 카잔차키스의 소설 속 주인공인 그리스인 조르바처럼 세속의 즐거움을 누리는 동시에, 붓다와 같은 내면의 평화를 겸비한 존재를 일컫는다. 오쇼의 가르침에 일관되게 흐르는 정신은, 과거로부터 계승되어온 시대를 초월한 지혜와 오늘날의 과학문명이 지닌 궁극적인 가능성을 한데 아울러 통합하는 것이다.

또한 오쇼는 점점 가속화되는 현대인들의 생활환경에 맞는 명상법을 도입하여 인간의 내면을 변화시키는 데 혁명적인 공헌을 하였다. 그의 독창적인 '역동 명상법'들은 심신에 쌓인 스트레스를 풀어줌으로써 일상생활 속에서 더 수월하게 평화와 고요함을 경험할 수 있게 해준다.

아래의 두 책을 참고하여 오쇼의 생애에 대해 더 자세하게 알아볼 수 있다.

- 「Autobiography of a Spiritually Incorrect Mystic」
- 「Glimpses of a Golden Childhood」

오쇼 국제 명상 리조트
Osho International Meditation Resort | www.osho.com/meditationresort

위치
인도 뭄바이(Mumbai)에서 남동쪽으로 160킬로 떨어진 뿌네(Pune)에 위치하고 있는 오쇼 국제 명상 리조트는 휴가를 즐기기에 매우 적합한 곳으로, 우람한 나무들이 주거지역을 둘러싸며 40에이커에 달하는 아름다운 정원을 형성하고 있습니다.

특징
매년 100개국이 넘는 나라로부터 수많은 방문객들이 오쇼 국제 명상 리조트를 찾아오고 있습니다. 이 독창적인 명상 리조트는 축제를 즐기듯 즐거운 분위기 속에서 더 평온하며 더 깨어있는 창조적인 방식으로, 새로운 삶의 길을 경험할 수 있는 기회를 제공합니다. 몇 시간의 단기 프로그램에서부터 해를 넘기는 장기 프로그램에 이르기까지, 선택의 폭이 매우 다양합니다. 아무것도 하지 않고 그저 휴식을 취하는 것도 오쇼 국제 명상 리조트에서 제공하는 프로그램 중의 하나입니다.

모든 프로그램은 '조르바 붓다(Zorba the Buddha)' 라는 오쇼의 비전에 바탕을 두고 있습니다. 조르바 붓다는 날마다의 일상생활에 창조적으로 임하며 침묵과 명상 속에서 고요하게 휴식하는 새로운 유형의 인간을 뜻합니다.

명상 프로그램
활동적인 명상, 정적인 명상, 전통적인 명상법, 혁신적인 방편들, 오쇼의 역동 명상법에 이르기까지 각 개인에 맞는 명상 프로그램이 하루 종일 진행됩니다. 이 명상 프로그램들은 세계에서 가장 큰 규모의 명상홀인 '오쇼 오디토리엄(Osho Auditorium)' 에서 진행됩니다.

멀티버시티 Multiversity
오쇼 멀티버시티가 제공하는 다양한 종류의 개인 세션, 수련 코스와 그룹 워크숍은 창조적인 예술, 건강 요법, 인간관계 개선, 개인의 변형, 작업 명상, 비의적인 학문과 선(禪)적인 접근방식이 도입되었고, 프로그램의 범위 또한 스포츠와 레크리에이션 등을 망라하고 있습니다. 이처럼 다양한 프로그램들은 명상과 결합되어 성공적인 효과를 내고 있는데, 이것은 오쇼 멀티버시티가 인간을 여러 부분들의 조합으로 보는 것에서 그치지 않고, 그를 훨씬 뛰어넘는 존재로 인식하는 명상적 이해에 기반하기 때문입니다.

바쇼 스파 Basho Spa
고품격의 바쇼 스파에는 울창한 나무와 열대식물에 둘러싸인 야외 수영장, 독창적 스타일의 넉넉한 자꾸지(Jacuzzi), 사우나, 테니스장을 비롯한 여러 체육 시설 등이 아름답게 배치되어 있습니다.

먹거리
리조트 내의 여러 식당에서는 서양식, 아시아식, 인도식 채식 요리가 제공되며, 대부분의 식재료는 명상 리조트의 방문객을 위해 유기농법으로 생산된 것들입니다. 빵과 케이크 역시 리조트 내에서 자체적으로 만들고 있습니다.

야간 행사
야간에도 다양한 종류의 행사가 벌어집니다. 그중 최고로 꼽히는 댄스파티를 비롯해 별빛 아래서 행해지는 보름날 명상 프로그램, 각양각색의 쇼와 음악 공연, 그리고 여러 가지 명상법들이 진행됩니다. 이 밖에도 플라자 카페(Plaza Cafe)에서 친구들을 만나 즐기거나, 정적에 잠긴 아름다운 정원을 산책하는 것도 좋습니다.

편의 시설
리조트 내에는 은행, 여행사, 피시방이 준비되어 있습니다. 기본적인 생필품은 갤러리아(Galleria)에서 구입이 가능하며, 멀티미디어 갤러리(Multimedia Gallery)에서는 오쇼의 미디어 저작물을 구입할 수 있습니다. 그 밖에 더욱 다양한 쇼핑을 즐기고 싶은 분들은 뿌네 시내에서 인도의 전통 상품을 비롯한 다국적 브랜드의 여러 가지 물건들을 구입할 수 있습니다.

숙박 시설
리조트 내에서는 오쇼 게스트하우스(Osho Guesthouse)의 품격 있는 객실을 이용할 수 있습니다. 더 오랜 기간의 체류를 원하는 방문객은 '리빙 인(Living In)' 이라는 패키지 프로그램을 이용하거나, 리조트 밖에 있는 다양한 종류의 호텔과 아파트를 이용할 수도 있습니다.

더 많은 정보를 보시려면 아래의 웹사이트를 참고하시기 바랍니다.

www.OSHO.com

오쇼 닷컴에서 제공하는 내용

인터넷 매거진, 오쇼 서적, 오디오와 비디오, 영어와 힌디어로 된 오쇼 저작물들, 오쇼 명상법에 대한 정보, 오쇼 멀티버시티의 프로그램 스케줄, 오쇼 국제 명상 리조트에 관한 정보

관련 웹사이트

http://OSHO.com/resort
http://OSHO.com/magazine
http://OSHO.com/shop
http://www.youtube.com/OSHO
http://www.oshobytes.blogspot.com
http://www.Twitter.com/OSHOtimes
http://www.facebook.com/pages/OSHO.International
http://www.flickr.com/photos/oshointernational

아래의 주소를 통해 오쇼 국제 재단에 접촉할 수 있습니다.

www.osho.com/oshointernational

oshointernational@oshointernational.com